21世纪经济与管理规划教材·市场营销学系列

营销渠道管理

(第四版)

庄贵军 编著

北京大学出版社
PEKING UNIVERSITY PRESS

图书在版编目(CIP)数据

营销渠道管理/庄贵军编著.—4 版.—北京:北京大学出版社,2023.8
21 世纪经济与管理规划教材·市场营销学系列
ISBN 978-7-301-33996-1

Ⅰ.①营… Ⅱ.①庄… Ⅲ.①购销渠道—营销管理—高等学校—教材 Ⅳ.①F713.1

中国国家版本馆 CIP 数据核字（2023）第 078814 号

书　　　名	营销渠道管理（第四版） YINGXIAO QUDAO GUANLI(DI-SI BAN)
著作责任者	庄贵军　编著
责 任 编 辑	李沁珂　李　娟
标 准 书 号	ISBN 978-7-301-33996-1
出 版 发 行	北京大学出版社
地　　　址	北京市海淀区成府路 205 号　100871
网　　　址	http://www.pup.cn
微信公众号	北京大学经管书苑（pupembook）
电 子 邮 箱	编辑部 em@pup.cn　总编室 zpup@pup.cn
电　　　话	邮购部 010-62752015　发行部 010-62750672　编辑部 010-62752926
印 刷 者	河北文福旺印刷有限公司
经 销 者	新华书店
	787 毫米×1092 毫米　16 开本　23.75 印张　534 千字 2004 年 11 月第 1 版　2012 年 2 月第 2 版 2018 年 9 月第 3 版 2023 年 8 月第 4 版　2025 年 7 月第 3 次印刷
定　　　价	59.00 元

未经许可，不得以任何方式复制或抄袭本书之部分或全部内容。
版权所有，侵权必究
举报电话：010-62752024　电子邮箱：fd@pup.cn
图书如有印装质量问题，请与出版部联系，电话：010-62756370

本书资源

数字化资源

※ "如何 Hold 住你的渠道伙伴"专题讲座

※ 案例原文

读者关注"博雅学与练"微信公众号后扫描右侧二维码即可获得上述资源。

一书一码,相关资源仅供一人使用。

读者在使用过程中如果遇到技术问题,可发邮件至 yixin2008@163.com 咨询。

教辅资源

※ 教学课件

资源获取方法:

第一步,微信搜索公众号"北京大学经管书苑",并进行关注。

第二步,点击菜单栏"在线申请"—"教辅申请",填写相关信息后提交。

丛书出版说明

教材作为人才培养重要的一环，一直都是高等院校与大学出版社工作的重中之重。"21世纪经济与管理规划教材"是我社组织在经济与管理各领域颇具影响力的专家学者编写而成的，面向在校学生或有自学需求的社会读者；不仅涵盖经济与管理领域传统课程，还涵盖学科发展衍生的新兴课程；在吸收国内外同类最新教材优点的基础上，注重思想性、科学性、系统性，以及学生综合素质的培养，以帮助学生打下扎实的专业基础和掌握最新的学科前沿知识，满足高等院校培养高质量人才的需要。自出版以来，本系列教材被众多高等院校选用，得到了授课教师的广泛好评。

随着信息技术的飞速进步，在线学习、翻转课堂等新的教学/学习模式不断涌现并日渐流行，终身学习的理念深入人心；而在教材以外，学生们还能从各种渠道获取纷繁复杂的信息。如何引导他们树立正确的世界观、人生观、价值观，是新时代给高等教育带来的一个重大挑战。为了适应这些变化，我们特对"21世纪经济与管理规划教材"进行了改版升级。

首先，为深入贯彻落实习近平总书记关于教育的重要论述、全国教育大会精神以及中共中央办公厅、国务院办公厅《关于深化新时代学校思想政治理论课改革创新的若干意见》，我们按照国家教材委员会《全国大中小学教材建设规划（2019—2022年）》《习近平新时代中国特色社会主义思想进课程教材指南》《关于做好党的二十大精神进教材工作的通知》和教育部《普通高等学校教材管理办法》《高等学校课程思政建设指导纲要》等文件精神，将课程思政内容尤其是党的二十大精神融入教材，以坚持正确导向，强化价值引领，落实立德树人根本任务，立足中国实践，形成具有中国特色的教材体系。

其次，响应国家积极组织构建信息技术与教育教学深度融合、多种介质综合运用、表现力丰富的高质量数字化教材体系的要求，本系列教材在形式上将不再局限于传统纸质教材，而是会根据学科特点，添加讲解重点难点的视频音频、检测学习效果的在线测评、扩展学习内容的延伸阅读、展示运算过程及结果的软件应用等数字资源，以增强教材的表现力和吸引力，有效服务线上教学、混合式教学等新型教学模式。

为了使本系列教材具有持续的生命力，我们将积极与作者沟通，争取按学制周期对教材进行修订。您在使用本系列教材的过程中,如果发现任何问题或者有任何意见或建议,欢迎随时与我们联系(请发邮件至 em@pup.cn)。我们会将您的宝贵意见或建议及时反馈给作者,以便修订再版时进一步完善教材内容,更好地满足教师教学和学生学习的需要。

最后,感谢所有参与编写和为我们出谋划策提供帮助的专家学者,以及广大使用本系列教材的师生。希望本系列教材能够为我国高等院校经管专业教育贡献绵薄之力!

北京大学出版社
经济与管理图书事业部

>>> 第四版前言

第四版在理论体系、结构和内容上没有大的改动，主要是一些文字的修改以及书中的案例、示例和参考文献的替换与更新。

近几年，营销渠道方面出现的最大变化，是以智能手机为代表的移动互联网引发的渠道革命。智能手机使得线上和线下多种渠道相互渗透和融合，不仅顾客可以通过多种渠道购物，企业也可以利用多个接触点与顾客沟通和互动。在这种新的渠道环境下，学术界提出了全渠道和全渠道营销的概念。我有幸在2021年以"制造商视角的全渠道策略研究"为题获得国家自然科学基金面上项目的资助（资助号：72072141），开展全渠道策略的研究。

全渠道（omni-channel）的概念，是从多渠道（multi-channel）、双渠道（dual-channel）和跨渠道（cross-channel）等概念演变而来的。实际上，多渠道营销并不是一个新事物。例如，美国的西尔斯早年是做邮购销售业务的，直到1925年才开设了第一家零售店；之后又陆续开辟了其他一些零售渠道，由此成为多渠道零售商。换言之，早在网店出现之前，西尔斯就已经开展多渠道营销了，只是没有引起学术界的关注而已。双渠道的概念，即一家企业在传统的线下渠道之外开设网店，则是随着互联网的应用与普及以及网店的逐渐兴盛而出现并引起学术界关注的。跨渠道最先出现于消费者的购买和消费行为中。当多种购物渠道任由消费者选择时，一个顾客可能在一条渠道搜索信息，在另一条渠道试用和体验，在第三条渠道下订单、完成购买。由此引发消费者在购买时的渠道迁移现象和跨渠道搭便车行为，即消费者使用一家企业的某一条渠道获取信息或对产品进行体验、评估，然后到另一家企业的某一条渠道完成购买。消费者的跨渠道购买和消费行为，再加上企业采用多渠道营销带来的渠道之间的冲突和侵蚀效应，迫使企业思考和尝试跨渠道整合，全渠道概念由此而生。其中，以智能手机为代表的移动互联网起到关键作用，是企业实现全渠道营销的技术手段。移动互联网将线下的物理世界和线上的数字世界连接起来，将传统实体店与在线虚拟店结合为一个统一的业务流程，为消费者创造随时随地满足需求的无缝购物体验，也使企业营销走向SoLoMoMe [social（社交）+local（本地化）+mobile（移动）+personalized（个性化）]的时代。

全渠道营销最初是与零售绑定出现的。这是因为网店这种新的零售业态最先威胁和冲击的是传统零售店。为了生存和发展，传统零售店纷纷转型，在实体店之外加开网店，从而成为多渠道零售商。而一些网店在发展过程中也尝试开办线下实体店，向多渠道零售商转变。当多渠道零售商试图整合和协调各种渠道时，就成为全渠道零售商。然而，全渠道不仅仅与零售有关，还改变着营销活动的各个方面，并正在引发一场营销理论研究范式的变革。抓住这个机遇，就有可能对营销理论的发展做出重要贡献。

前文提到的那个基金项目就是从制造商或品牌商的视角界定企业的全渠道营销，将其视为一家企业通过跨渠道的协同管理，利用它所采用的各种销售渠道和媒体渠道以及与顾客的接触点，优化顾客的跨渠道购物体验和企业的业绩表现。我认为，从制造商或品牌商的视角研究全渠道问题，使我们有可能使用全渠道范式对既有的营销渠道理论进行改造，建立一个全新的营销渠道理论体系。不过，整个研究还在进行中，我们还在收集案例，还不敢肯定我们的思路是否可行。因此，在本书的一些章节，我只能尽量介绍一些有关多渠道和全渠道营销的概念，而无法展开讨论。

另外，有关渠道治理策略的研究（第四章"渠道设计与策略选择"和第九章"营销渠道控制"的相关内容），我们的探索也有新的进展。我的前一项国家自然科学基金项目"基于渠道组织形式的渠道治理策略研究"顺利结题。其中一篇论文基于对519家制造商调查数据的分析，检验了渠道组织形式与渠道治理策略之间的对应关系，得出渠道组织形式的类型包括公司型、特许—管理型、关系型和不稳定型四种类型。除不稳定型以外，其他三种类型均与事先设定的分类吻合。该文以《渠道组织形式与渠道治理策略对应关系的聚类分析》为题发表在《西安交通大学学报（社会科学版）》2021年第41卷第5期上，后被中国人民大学"复印报刊资料"《市场营销（理论版）》2022年第1期全文转载。无疑，关于"基于渠道组织形式选择渠道治理策略"的论点还需要更多的检验和案例来支持。

这篇论文也是命运多舛。最初它被投给国内某管理学知名期刊，经过四轮修改，历时一年多，审稿人提出的所有问题都得到了处理，文章从1.6万字加长到2.2万字，最后在终审环节却被主编无理由拒了。因为文章太长，再投到任何一份期刊都不合适。无奈之下，我的学生将其投到我们学校的学报，不过在发表时应编辑的要求把后面加的内容全部删除了。其实，被删除的内容还是很有实践意义的，删得让我心痛。中国人民大学"复印报刊资料"又一次慧眼识珠，将其全文转载，让我倍感欣慰。

在第四版即将完稿之时，中国的政治生活中发生了一件大事。2022年10月16日中国共产党第二十次全国代表大会在北京召开。习近平总书记代表党中央在大会上做了题为"高举中国特色社会主义伟大旗帜 为全面建设社会主义现代化国家而团结奋斗"的报告。这一报告提出中国共产党的中心任务就是"团结带领全国各族人民全面建成社会主义现代化强国、实现第二个百年奋斗目标，以中国式现代化全面推进中华民族伟大复兴"。这为中国未来的长期发展指明了方向。尤其是报告中阐述的"四个自信"（坚持中国特色社会主义的道路自信、理论自信、制度自信、文化自信），更是给我们的学术研究和高校教育提出了新的、更高的要求。第四版在编写过程中，作者一直有意识地遵从"四个自信"的指引，力求以中国人的视角解读营销渠道中的事件和问题，做出具有原创性的理论贡献。

第四版的出版，要感谢北京大学出版社的贾米娜编辑。她早早地催促我，让我提前一年修改这本书。她在编辑方面给予了我很多帮助，让这本书能够顺利出版。

最后，我想表达一个愿望。在整个第四版的修改和写作过程中，中国大地正遭受新冠病毒的侵袭，已经快三年了，新冠病毒毒株变了又变。尽管中国各级政府以人为本，尽了最大的力量组织全国人民抗疫，抗疫也取得了举世瞩目的成效，但是人们的正常生活还是被彻底打乱，旷日持久的"核酸""静默"，让人深感身心疲惫。就在我写这段文字的时候，还听到楼下小喇叭在一遍遍地播放："免费核酸，快来免费核酸啦！"愿新冠病毒早日消失，愿祖国不再遭受此类邪恶病毒的侵袭和踩躏！

庄贵军　博士
西安交通大学管理学院
市场营销系教授
2022 年 11 月 18 日于古城西安

第三版前言

本书第二版2012年年初出版后,获得了比第一版更广泛的关注、接受和支持。中国很多大学都把它作为教授营销渠道管理的主要教材。2012年年底即入选"十二五"普通高等教育本科国家级规划教材,2016年还获得了陕西省普通高等学校优秀教材一等奖。据了解内情的人士透露,这是我院自建院以来首次有教材获得该奖项的一等奖。但是,我自己心里清楚,第二版还存在不少问题。

第三版改动了很多地方,其中改动最大的,是第四章"渠道设计与策略选择"和第九章"营销渠道控制"。修改的主要内容是渠道治理策略。我把渠道组织形式看作渠道治理策略,认为企业可以"基于渠道组织形式选择渠道治理策略"。正如书中脚注所言,在2011年撰写本书第二版时,我已经提出了这一观点。不过,当时只是一个富有新意的"洞见",并没有进行严格的论证。之后,2012年,我读到了交易治理三维度的观点,以此为依据,可以使我的"洞见"更有条理,论述也更加严谨。于是,我把我的思考写成了一篇纯理论性的论文,发表在《南开管理评论》2012年第15卷第6期上。中国人民大学"复印报刊资料"慧眼识珠,全文转载于《企业管理研究》2013年第4期。2015年,我又以"基于渠道组织形式的渠道治理策略研究"为题申请国家自然科学基金,也获得了基金委的资助。

渠道治理策略在渠道管理中占有重要地位,它的变化几乎会影响到每一项管理内容,所以要把新的观点放到书中去,需要做大量的整合工作。我这次修改的一半时间花在了这里。比如,在第四章中,我描述了交易治理三维度与渠道组织形式之间的关系,由此读者很容易看出渠道组织形式的治理性质;在第九章中,我把渠道治理策略与渠道控制行为放在一起论述,体现了二者在渠道控制中难以区分的关系。除此之外,经过再三考虑,我还把渠道组织形式中契约型垂直渠道系统(contractual vertical marketing system)的说法改为特许型垂直渠道系统(franchising vertical marketing system)。因为我觉得,契约型垂直渠道系统的称谓有一个难以解决的问题——任何一种渠道组织形式都需要在不同的企业之间签订合同(即契约),那么为什么其他的渠道组织形式就不能叫作契约型垂直渠道系统呢?将其称为特许型垂直渠道系统,不仅符合其原意,而且能够反映其独特性。

第三版另一个改动比较大的地方，是第十一章"网络环境下的营销渠道管理"。因为近几年互联网应用发展得非常快，第二版中大部分关于网络环境、网络营销和网络渠道的内容都过时了，都需要修改，所以第十一章的主要内容我都重新写过。即便如此，有很多新的内容（如全渠道营销）限于知识不足，还没有敢写进去。

书中的每一章我都做过小的、文字上的修改，书中的案例、示例也尽量做了替换和更新，其中有 2/3 是更新过的，加入了新的材料。

这次修订再版，我还把案例放到了书的最后，主要是考虑到有些案例可能会在不同的章节重复使用。另外，根据读者的要求，对书中的案例我都做了分析或给出了分析的提示，这些内容将作为教辅材料提供给需要的读者，读者可以和北京大学出版社联系索取。

第三版的出版，要感谢北京大学出版社的刘京编辑，她的催促使我提前修改这本书。另外，她在编辑方面给予的专业帮助，使这本书得以顺利出版。

庄贵军　博士
西安交通大学管理学院
市场营销系教授
2018 年 8 月 29 日晚于古城西安

第二版前言

时间过得太快！一转眼这本书的第一版出版到现在已经过去了七年多。七年多的时间,相信每一个人的生活都会有许多变化。对于一个学者来说,能够马上想到的变化是,又多发表了几篇论文,又多主持了几个项目,又多了不少学生——毕业的和没有毕业的。

第一版在社会上的接受程度超出了我自己的预期。尽管存在这样那样的问题和不足,但它还是受到了广泛的关注和支持。在中国的大学里,它成为教授渠道管理的一本主要教材。一些读者在阅读了第一版以后,通过电子邮件与我沟通。最让我感动的是西安电子科技大学企业管理专业的一位硕士研究生。他在电子邮件中告诉我,他把这本书看了三遍,深受启发。开始,我有些怀疑他是否真的看了三遍,但是看到后面他指出了书中十多处文字上的错漏,我相信了,并及时与出版社联系,在后面的印次中做了更正。有读者在网上评论,该书"实过其名,是国内学者编写渠道管理最好的书""完整而且系统地讲述了渠道建设和管理的方法""理论与实践相结合,实践与思考相结合""作为一名有渠道管理理论和实践经验的经理人,这本书启发我产生了很多思考和感受"。另外,在中国知网(http://epub.cnki.net)的引文检索中,截至2011年4月2日,它已经被引用了192次,仅次于我最早的那一篇关于营销渠道理论回顾的文章。

随着时间的推移,出版社多次与我联系本书的再版问题。一推再推,到2010年的6月,我自己都觉得推不过去了。于是,决定用三到四个月的时间,完成第二版的修订工作。不过,工作量比我预想的大很多,有近一半的内容重新写过。因此,一直写了十多个月。

第二版与第一版在内容上有很多不同,几乎每一章都有相当大的修改。比如,在第二章,我刻意强调了渠道管理的跨组织性质,用一个新的渠道管理程序替换掉原来老的渠道管理程序。在原来的第十章、现在的第九章,我又重新思考了渠道治理问题,将其与渠道的组织形式联系起来。在原来的第十一章、现在的第十章,我加入了渠道效率综合评估的内容,但从中删掉了渠道缺口分析的内容,将其作为一种分析工具放在了第三章。在原来的第十二章、现在的第十一章,我修改了关于电子网络环境的定义,将其界定为"有互联网参与人类生活的环境",并引用最新的文献,指出:"互联网技术的发展和逐渐被人们接受所带来的一个最重要和最深刻的变化,是在交换中顾客权益的增大。"

然而,第二版与第一版最大的不同,是在第三、四、五章,这些内容对应于第一版的第三、四、五、六章。在用这本书上课时,每当讲到这里,我自己总觉得第一版的这几章逻辑不太清晰。趁着这次写第二版,经过认真思考这些内容的逻辑关系,将过去的四章整合为三章,并重新撰写了这些内容。本书也因此由原来的十二章变成了十一章,但是六个大的部分没有变。第一部分仍由第一、二章组成,介绍营销渠道的基本理论和营销渠道管理的分析框架;第二部分由第三、四章组成,介绍营销渠道设计的相关内容;第三部分少了一章,由第五、六章组成,介绍营销渠道组织的相关内容;第四部分由第七、八章组成,介绍营销渠道领导和激励;第五部分由第九、十章组成,介绍营销渠道控制;第六部分由第十一章组成,讨论网络环境下的营销渠道管理。

经过这样的修改,我自己觉得第二版比第一版在逻辑上更清晰、体系上更完整。

另外,我还对书中的案例、示例进行了替换和更新,其中有1/3是新的,1/3是更新过的,加入了新的材料。之所以保留一些老的案例和示例,主要是因为我一时没有找到更好的替换内容,而且一些公司也已经消失了,因此也不需要更新。当然,案例和示例的好与不好,主要不在于新老,而在于是否合适。仔细阅读这些案例和示例,读者应该可以体会到作者的良苦用心。

在第二版中,我最花工夫,也觉得最值得向他人推荐的有两点:一是我对渠道任务和渠道目标的思考(第三、四章)。我对渠道任务和渠道目标做了区分:渠道任务是营销目标的分解,营销目标分解到各个渠道或各个销售区域,就是渠道任务;渠道目标则是渠道管理者根据顾客需求和完成渠道任务的要求所确定的渠道在一定时期内要达到的结果,包括渠道建设目标、渠道服务目标和渠道治理目标。渠道任务具有强制性,如果完成不了,往往是要问责的;渠道目标则是渠道管理者对管理约束下"理想"渠道的一种追求,不具有太大的强制性——只要渠道任务完成了,渠道目标即使没有实现,也往往不被问责。这样的区分有一个很大的好处,就是它既认可了渠道任务在渠道管理中的重要地位,又从满足顾客需求的角度突出了渠道管理者在渠道建设、渠道服务和渠道治理等方面的追求,为渠道管理者选择渠道策略提供了更具操作性的根据。

二是我对渠道策略的思考。我从三个层面进行论述:其一,渠道结构,涉及渠道的长度、宽度、密度、中间商类型以及渠道的组合结构,与大多数现有的观点不同,我认为渠道宽度和渠道密度的内涵不同,它们各有各的意义,不应该被混同。其二,针对渠道策略,如直接分销、独家分销、选择分销、广泛分销或密集分销,我提出,企业的渠道策略体现在对渠道结构的设计之中;企业在渠道的长度、宽度、密度、中间商类型以及使用渠道的多少等方面的规划与选择不同,其渠道策略有别,并且根据渠道的长度、宽度、密度、中间商类型以及使用渠道的多少等方面,界定了直接分销、独家分销、选择分销、广泛分销和密集分销的渠道策略。其三,渠道的治理方式,我把各种类型的渠道组织形式

（如公司型、契约型、管理型或关系型垂直渠道系统）视为渠道治理的体现形式，其是企业可以设计和选择的。而且，企业对渠道治理方式的设计和选择，不仅影响企业渠道的结构，更影响企业对渠道的跨组织管理。尽管此前的教材都认同公司型、契约型、管理型垂直渠道系统的提法，但它们只是将其视为渠道的组织形式，而没有认识到它们实际上体现着企业的渠道治理方式。另外，没有人提出过关系型垂直渠道系统，尽管关系型的渠道在实践中普遍存在，在理论研究中也最受重视。渠道治理方式的加入，使企业的渠道策略更加丰富。

第二版的完成，让我如释重负，因为整个写作过程就像是在进行艰苦的思想旅行。不断地建立、推翻和重建，一直在折磨着我，常常让我难以安寝。当然，解决问题的莫大快乐也只有当事人自己能够感受。还是那句话：痛并快乐着。

第二版能够出版，要感谢北京大学出版社的何耀琴编辑，没有她的催促，我可能不会花这么多时间修改这本书。感谢刘京编辑，她在编辑方面所给予的专业帮助，是本书得以顺利出版的保证。另外，要感谢本书第一版的两位合作者：西安财经学院的周筱莲教授和西安交通大学的王桂林副教授，没有他们的帮助，第一版不可能那么快出版。

最后，我要告诉大家：这是一本充满诚意的书，但错误在所难免，欢迎各方面的批评和指教。

庄贵军　博士
西安交通大学管理学院
市场营销系教授
2011年4月8日于古城西安

第一版前言

营销渠道是指产品或服务转移所经过的路径,由参与产品或服务转移活动以使产品或服务便于使用或消费的所有组织构成。对营销渠道的管理,是企业营销管理的一项重要内容,关系到企业能否成功地将产品打入市场、满足目标市场的需要、扩大产品的销售、获取可持续的竞争优势。当今市场环境下,随着获取可持续的竞争优势越来越困难、中间商的权力日益强大和互联网的应用与普及,营销渠道管理在企业营销管理中的地位越来越重要。它越来越被看成是企业获取竞争优势的一个战略要素。于是,有了"渠道为王""得渠道者得天下"的说法。

本书以管理的四大职能(计划、组织、领导和控制)为结构框架,全面介绍营销渠道管理的基本概念、基础理论和基本操作程序,目的在于培养学生发现问题、分析问题和解决问题的理论素养和实际操作能力。全书内容共分为六个大的部分,总计十二章。

第一部分介绍营销渠道的基础理论和营销渠道管理的分析框架,由第一、二章组成。内容包括营销渠道的概念、营销渠道的功能与流程、营销渠道存在的基础及相关理论、观察营销渠道的视角、营销渠道在企业营销中的地位,以及营销渠道管理的特点和营销渠道管理的程序。

第二部分到第五部分,按照管理的四大职能,分别介绍营销渠道设计、营销渠道组织、营销渠道领导(激励)和营销渠道控制。

营销渠道设计由第三、四章组成,内容涉及渠道设计的程序,渠道目标的确定,渠道环境分析,需求、供给和竞争分析,渠道的设计、评估与选择,以及营销渠道结构及其演变。

营销渠道组织由第五、六、七章组成,内容涉及渠道参与者的分类,对各类主要渠道参与者(如批发商、零售商、其他类型的成员性参与者、物流商)的介绍与讨论,渠道成员的选择程序(渠道成员的寻找、渠道成员的评价、渠道成员的确定、渠道功能任务的分配和渠道成员的保持),以及营销渠道中物流活动的组织与管理。

营销渠道领导(激励)由第八、九章组成,内容包括渠道领袖、渠道领导的方式、渠道权力与渠道权力的使用、渠道成员激励、渠道沟通、渠道合作、渠道冲突与解决方法、营销渠道中的关系营销、营销渠道中的战略联盟和供应链管理。

营销渠道控制由第十、十一章组成,内容涉及渠道控制的有关理论、渠道控制的基本方法、渠道控制的内容、投机行为的控制、渠道效率的评价指标体系、对渠道体系的评价、对渠道成员的评价、渠道缺口分析、营销渠道调整的策略和方法。

第六部分讨论网络环境下的营销渠道管理,由第十二章组成,内容涉及互联网、电子商务和电子网络环境的内涵与特点,电子网络渠道的内涵、分类和构成要素,电子网络在营销渠道中的基本功能,电子网络环境下渠道管理的特点与主要内容等。

通过本书的学习,我们希望达到下述目标:(1)使学生全面掌握营销渠道管理的基本概念、基础理论,以及营销渠道策划和管理的基本操作程序和基本方法;(2)通过案例分析与讨论,培养学生应用这些概念、理论与方法分析问题与解决问题的实际操作能力;(3)使学生在学完本书以后,特别是在进入实际工作岗位以后,能够胜任一般性的营销渠道管理工作。

根据上述课程目标,本书在写作过程中刻意突出或强调以下几点:

第一,独特性。营销渠道管理尽管也是管理,也要符合一般管理的基本原理,但它有自身的特点,它主要是一种交叉着组织内部管理的跨组织管理。这使得营销渠道管理理论既有与一般管理理论的相同之处,又有不同于一般管理理论的独特之处。基于这样一种认识,本书在编写过程中,一方面明确指出营销渠道管理理论对一般管理理论的从属关系,另一方面刻意强调营销渠道管理的特点及其理论特色。

第二,体系感。本书按照一般管理的四大职能安排内容和结构。尽管很多教科书涉及了同样的内容,但由于没有一个明确的结构框架,所以内容显得比较乱。在我们把营销渠道管理的内容纳入四大管理职能这一框架之后,营销渠道管理的内容马上有了体系感,条理变得非常清晰。根据我们所掌握的文献资料,有一些教科书虽然基本上是按照这个顺序安排的,但是它们都没有明确提出这一结构框架。

第三,理论深度和可读性。本书力求深入浅出地介绍营销渠道的最新理论和研究成果,而不仅仅是泛泛地谈论企业应该怎样做、不应该怎样做。为此,我们参考了大量的中外文献资料,努力把各种理论观点吃透,然后再借助于示例,用易于被读者接受的方式表述出来,并提示其可能的应用。本书中的很多章节,实际上是我们就某一个专题所做的理论综述。

第四,本土化。本书强调营销渠道理论与中国企业实践的结合,充分考虑中国的政治、经济、社会与文化环境对企业营销渠道策略与行为的影响,采用本土化示例讲解,采用本土化案例训练。在我们选择示例和案例时,特别强调尽量用中国企业的。因此,本书中的绝大多数示例和案例都是本土的。

第五,可操作性。一是在内容上强调可操作性,尽量给出解决问题的操作程序;二是在课后练习上强调可操作性,提倡案例教学,在每一章后附有相关的案例,让学生自己动手根据案例提供的信息进行分析与讨论,教师则可以根据学生的分析与动手能力对学生进行考核。

本书既适合大学本科学生、市场营销专业方向的研究生作为教材使用，也适合从事营销实践工作的专业人士作为自学参考书使用。本书尤其适合有志于从事营销渠道理论研究的人士作为学习与研究的起点，因为本书对某些专题进行了理论综述，也给出了很多参考文献，有助于理论研究者全面了解营销渠道管理的主要内容、基本概念、基础理论和未来的研究方向。

庄贵军　博士
西安交通大学管理学院
市场营销系教授
2004 年 7 月 21 日于古城西安

目 录

第一章 营销渠道的基础理论 / 001
- 第一节 营销渠道的内涵 / 002
- 第二节 营销渠道的功能与功能流 / 008
- 第三节 营销渠道为什么会存在？ / 013
- 第四节 营销渠道的研究视角 / 017
- 第五节 营销渠道的地位与重要性 / 020
- 第六节 本书的内容与结构 / 022

第二章 营销渠道管理的特点与程序 / 028
- 第一节 管理的基础知识 / 029
- 第二节 营销渠道管理的内涵与特点 / 032
- 第三节 营销渠道管理的程序 / 037

第三章 渠道分析与目标确定 / 042
- 第一节 渠道环境分析 / 043
- 第二节 企业战略与管理要素分析 / 053
- 第三节 营销目标与营销战略分析 / 060
- 第四节 渠道缺口分析 / 066
- 第五节 渠道任务与目标的确定 / 073

第四章 渠道设计与策略选择 / 081
- 第一节 渠道结构 / 082
- 第二节 渠道结构策略 / 086
- 第三节 渠道组织形式与渠道治理策略 / 089
- 第四节 渠道结构设计和策略选择 / 100

第五章 渠道成员选择 / 110
- 第一节 渠道参与者 / 111
- 第二节 寻找渠道成员的途径 / 124

第三节　渠道成员的评价与选择　/ 126
第四节　渠道任务的分配　/ 133

第六章　物流的组织与管理　/ 141
第一节　物流与物流系统　/ 142
第二节　商品运输　/ 149
第三节　商品储存与养护　/ 157
第四节　配送中心　/ 164

第七章　渠道领袖与渠道领导方法　/ 171
第一节　渠道领袖与领导方式　/ 172
第二节　渠道权力与权力的使用　/ 178
第三节　渠道激励　/ 185
第四节　渠道沟通　/ 190

第八章　渠道成员之间的合作和冲突　/ 199
第一节　渠道依赖与互依结构　/ 200
第二节　渠道合作与策略　/ 206
第三节　渠道冲突及其解决方法　/ 219

第九章　营销渠道控制　/ 230
第一节　管理控制　/ 231
第二节　渠道控制的理论与模型　/ 235
第三节　渠道控制的内容与程序　/ 245
第四节　渠道中的投机行为与控制　/ 249

第十章　渠道效率评估　/ 261
第一节　渠道效率评估的量化指标　/ 262
第二节　渠道效率评估的非量化指标　/ 268
第三节　渠道效率的综合评估方法　/ 272
第四节　渠道调整　/ 282

第十一章　网络环境下的营销渠道管理　/ 288
第一节　互联网、电子商务与网络环境　/ 289
第二节　网络渠道　/ 297
第三节　网络环境下的渠道功能重组　/ 305
第四节　网络环境下的渠道管理　/ 310

案例分析　/ 321

第一版后记　/ 357

第一章

营销渠道的基础理论

▶▶ 知识要求

通过本章的学习,掌握以下要点:
- 营销渠道概念的表述和内涵;
- 营销渠道的主要形式和主要参与者;
- 营销渠道的功能、功能流和功能安排;
- 营销渠道存在的基础及其相关理论;
- 观察与研究营销渠道不同的视角及其差异;
- 营销渠道在企业营销中的地位和重要性。

➡ 技能要求

通过本章的学习,要求学生能够做到:
- 清楚地表达和解释营销渠道的概念和内涵;
- 用实际示例说明营销渠道的主要形式;
- 辨识与分析营销渠道的功能,并从功能安排角度考虑营销渠道的设置;
- 用几种不同的理论解释营销渠道存在的原因;
- 了解观察与研究营销渠道的不同视角及其差异;
- 阐述营销渠道在企业营销中的地位和重要性。

设想下面这样一种情境：一个经销商同时经销多种铝合金型材，主要用途是做铝合金门窗和太阳能光伏板支架。其中一个牌子是名牌，如"西飞"，其他则是一些不知名的品牌。当顾客进店购买时，经销商这样介绍："您看，我们这里有很多不同的牌子。只有'西飞'是名牌。您看看它的表面光洁度，看看它的质量。它的价格贵一点，但性价比很高。您买了绝不会后悔！"除非顾客对商品非常熟悉，否则他很可能会受经销商的影响，购买"西飞"品牌的铝合金型材。但是如果经销商这样介绍："您瞧，我们这里有很多不同的牌子。'西飞'的牌子硬一点，价格也比较高。不过，说实在的，内在质量其实没有什么差别。如果是您自己用，图个实惠，我建议您买这种价格便宜点儿的。质量我保证！"有了这样的介绍，顾客会做什么反应呢？

从上面这个例子很容易看出：一种产品畅销与否，不仅仅取决于产品质量的高低、价格的高低和品牌的知名度，还在很大程度上取决于营销渠道中各参与者的合作与努力程度。

营销渠道管理是企业营销管理的一个重要组成部分，是四大营销组合因素之一。然而，由于营销渠道管理大多是跨组织管理，所以它要比组织内管理复杂得多，也困难得多。

本章介绍营销渠道的一些基本概念和基础理论，具体内容包括营销渠道的内涵、营销渠道的理论基础、营销渠道的功能与流程、营销渠道的功能安排和营销渠道在企业营销中的地位。这些基本概念和基本理论是我们对营销渠道管理进行深入讨论的前提。

第一节 营销渠道的内涵

一个人要买海尔冰箱，不必去青岛，到一家大一点的百货商店或电器专卖店就能办到。一个人想喝可口可乐，也不必去美国，街头的小店就能满足他的需求。一个人足不出户仅凭一部手机，不与生产厂家打交道，就能轻松地得到他所需要的各种日用品，他甚至不需要知道谁是真正的生产者就能够享用产品所带来的利益。

这一切之所以成为可能，是因为有了较为发达的营销渠道。这种较为发达的营销渠道，把远在千里之外的生产者与散布于世界各地的消费者联系在一起，为消费者带来了购物的便利，同时也把生产者的触角伸展了出去，探索市场的边界。试想，如果营销渠道还是处于原始阶段，即生产者与购买者必须面对面交易，那么生产者需要花费多大的气力才能把它的产品卖到全国，甚至全世界呢？消费者又如何才能如此方便地享有那么多的选择，享用那么多的产品呢？

一、什么是营销渠道

营销渠道（marketing channels）是指产品或服务转移所经过的路径，由参与产品或服务转移活动以使产品或服务便于使用或消费的所有组织构成。营销渠道也被称为销售通路、流通渠道或分销渠道。

图1-1是营销渠道的一个简单模型，其中(a)是消费品营销渠道的模型，(b)是工业

品营销渠道的模型。图中的虚线表示中间可能经过几道批发环节,比如由所谓的"一批"到"二批""三批"。"一批"即一级批发,大多设在省会城市;"二批"即二级批发,大多设在地市级城市;"三批"即三级批发,大多设在县、乡级城市。

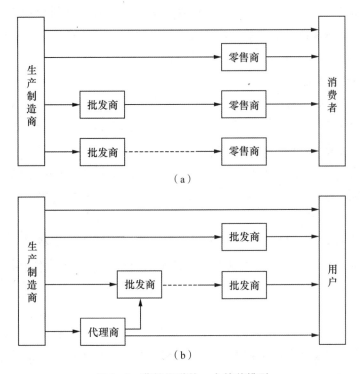

图1-1 营销渠道的一个简单模型

由图1-1可见,制造商的产品或服务可以经过多条渠道到达消费者或用户手中。有的渠道经过的环节多一些,涉及较多的经营机构;有的渠道经过的环节少一些,涉及较少的经营机构。

在实际的商业活动中,企业的营销渠道远比这复杂得多。根据营销渠道主导成员的不同,营销渠道可以分为制造商主导的营销渠道、零售商主导的营销渠道和服务提供商主导的营销渠道(Coughlan et al., 2014)。

(一) 制造商主导的营销渠道

1. 制造商直销渠道

实际上就是图1-1中的"生产制造商→消费者"和"生产制造商→用户"。产品由制造商的推销人员、销售部或代理商从制造商的仓库直接提供给消费者或用户。有时,也通过批发商进行媒介交换,不过产品是直接从制造商的仓库提出来的。

2. 制造商下属批发渠道

批发商为制造商的下属企业。制造商的产品全权由此批发商代理。有时,批发商也可以代理销售其他制造商的产品。当一个制造商有许多不同的产品时,这样的渠道安排可以使企业在营销方面获得较大的协同效应(synergy)——企业可以使用同一种营销能力,销售许多不同的产品。

3. 制造商零售渠道

制造商自己设置零售网点,销售自己的产品。比如,专业生产环保型液体洗涤剂产品的西安开米股份有限公司,在全国一些比较大的城市设置自己的专卖店,还在天猫、京东上开设网店,只销售自己生产的洗涤用品①。这种渠道一般多设在市场密集区或大的互联网平台上,用来开拓市场,提高品牌知名度。

4. 制造商授权渠道

通过授权(license)协议和发放许可证,制造商给予授权企业在一定时期和区域内的专营权。比如,可口可乐在中国大陆都是由可口可乐总公司授权给子公司或二级子公司生产和经营的。在开拓市场时,制造商经常使用这种渠道。大多数制造商的直接出口,通常采用这种渠道。制造商在国外找一家进口商,全权代理其在进口商所在国的销售业务。

5. 制造商寄售渠道

制造商把产品运达销售地,而产品的所有权直到有人购买时才转移。产品的各种风险一直由制造商承担,直至产品被购买。这种渠道一般在销售高价格、高利润商品或新产品,如珠宝、香水和机器零配件中使用。

6. 经纪人渠道

经纪人是一种专业化的销售机构。它一方面与多家制造商签订协议,代理销售它们的类似产品,另一方面则专注于在某一个比较窄的细分市场进行营销活动。这种渠道常被那些生产规模小而市场范围大的制造商使用。

(二)零售商主导的营销渠道

1. 零售连锁经营渠道

零售连锁经营渠道是指一家零售商在不同的地区拥有多家零售分店,各分店销售基本相同的商品(商品种类也相差不大),有相同的装修风格,以公司为单位集中采购与决策。连锁经营使零售商的触角伸向不同的国家和地区,大大增强了零售商的实力。美国的沃尔玛、法国的家乐福、德国的麦德龙、英国的玛莎、日本的佳世客、瑞典的宜家,以及中国的王府井、天虹、国美、苏宁等均采用这种方式经营。

2. 零售特许经营渠道

特许经营(franchise)是零售商、酒店和餐饮店经常采用的一种经营组织形式。其中,特许商是经营组织的发起者,授许商是接受者,也被称为"被特许人"②。特许商先将产品组合与经营方法标准化,然后再将特许权授予授许商。双方签订特许经营合同。授许商在特许商的指导下以特许商的名义在某一区域开展经营活动,并向特许商支付特许加盟费。根据特许经营合同的规定,特许商会向授许商提供各种服务,如店铺装修、经营管

---

① 资料来源:西安开米股份有限公司官网(www.kaimi.com.cn/ch/index.html),2022 年 4 月 21 日读取资料。
② 在国务院 2007 年颁发的《商业特许经营管理条例》中,授许商被称为"被特许人"。

理、人才招聘和信息分享。零售特许经营渠道是零售商发起和管理的特许经营渠道,比如近几年兴起的名创优品(Miniso)。名创优品于2013年创立,秉承"简约、自然、富质感"的生活哲学和"回归自然,还原产品本质"的品牌主张,在网购风行、线下零售店苦苦挣扎的局面下,只用了不到三年的时间就在线下开了一千多家店铺,销售额2015年达到50亿元,2016年达到100亿元。2021年年底,名创优品已经成功进入全球100个国家和地区,在全球范围内拥有超过5 000家门店,门店遍布纽约、洛杉矶、巴黎、伦敦、迪拜、悉尼、伊斯坦布尔等全球知名城市核心商圈。①

3. 各种零售业态构成的营销渠道

零售业态是指零售商的商业模式和经营方式,反映零售商出售商品的种类、特性和目标顾客群体。常见的零售业态包括百货店、大型超市、超市、便利店、仓储会员店、专卖店、专业店、家居建材商店、购物中心和厂家直销中心等。其中,购物中心和厂家直销中心(也称为奥特莱斯)更像是平台型企业,它们主要由房地产开发商投资建设,然后以租赁的方式提供给制造商、品牌商或独立经营者销售商品。

4. 会员采购俱乐部渠道

会员采购俱乐部只向自己的会员提供各种购买服务,消费者只有成为会员才能通过俱乐部进行购买。零售商则根据消费者的需求,帮助消费者采购或向消费者推荐某种特定的产品或服务。这种渠道很适合产品向一些特定的群体渗透,如音乐发烧友俱乐部帮助会员购买音乐会的门票,读书俱乐部向会员推荐好的书籍,生鲜食品会员制零售帮助会员购买安全、卫生、质量可靠的生鲜食品。

5. 直销公司渠道

直销公司渠道是指由直销公司的推销人员直接联系消费者上门推销。由于可以当面向消费者详细讲解产品的有效成分、功效特点,能够使消费者对产品有较为全面的了解,因此这种渠道更适合体验性较强的产品,比如保健品、医疗器械。安利、雅芳、康宝莱、无限极、自然阳光、如新、欧瑞莲、宝丽和爱茉莉等都是直销行业的佼佼者。因为直销常常演变为传销或多层次营销(multilevel marketing),而传销在中国又出现了很多问题并被认定为非法活动,所以直销公司渠道在中国的发展受到很大的限制。

6. 自动售货渠道

自动售货渠道是指通过设置自动售货机,为顾客提供香烟、饮料和小食品。自动售货渠道的目标顾客以流动顾客为主,大多设置在人流量较大又缺少零售商店的地方。另外,银行的自动取款机相当于银行提供取款服务的自动售货渠道。

(三) 服务提供商主导的营销渠道

1. 跨码头运营渠道

跨码头运营渠道(cross docking)由运输公司主导。运输公司通过提供仓储与回运服务,专为那些运量大又互为用户的企业服务。它们将一家企业的货物运往另一家企业,

---

① 资料来源:名创优品官网(http://www.miniso.cn/),2022年4月21日读取资料。

然后又将第二家企业的货物运往第一家企业。跨码头系统可以包括更多的参与者,比如运输公司之间结成联盟,将陆陆运输或海陆运输衔接起来。

2. 采购商渠道

采购商根据合同,专为用户提供某一类或几类商品的采购服务,一方面在更大的范围内为用户寻找适用的产品,另一方面负责产品从生产者到用户的整个流程管理。

3. 广告商渠道

广告商利用信息方面的优势,进行直销活动。相关的物流活动由制造商提供或者外包给第三方。我们在日常生活中看到的电视直播就属于这种营销渠道。

4. 增值再售商渠道

增值再售商(value-added reseller)通过设计,使商品升值,然后将其售出。增值再售商渠道的实质是将服务与商品打包出售。比如,电脑软件公司先外购电脑,然后将某种专用程序植入电脑,再卖给某些对电脑程序有特殊要求的机构,如政府机构、银行和电力公司等。再如,医院先购买药品,然后医生开处方把药卖给病人。

5. 第三方购销渠道

第三方购销渠道中的第三方,指既非生产制造方也非消费方却有决策购买权或对决策购买权有很大影响力的一方。比如,学校能够与学习用具制造商联系,为学生"特供"学习用具;慈善机构联系买卖方,组织义卖活动;一些企业或机关单位逢年过节时购买大量农副产品,为员工提供福利。

营销渠道的根本任务,就是把生产经营者与消费者或用户联系起来,使生产经营者生产的产品或提供的服务能够在恰当的时间、恰当的地点,以恰当的形式,送给恰当的人。因此,它的起点是生产经营者,终点是消费者或用户,中间还涉及很多的中介组织,包括中间商和其他一些帮助转移所有权的组织,如银行、广告商、市场调研机构、物流企业等。

二、营销渠道的参与者

凡是在营销渠道中发挥一定作用的组织或个人都是营销渠道的参与者(以下简称"渠道参与者")。根据是否涉及商品所有权的转移,渠道参与者被分为两类:一类是成员性参与者,如制造商、批发商、零售商、其他中间商和消费者或用户等;另一类是非成员性参与者,如运输公司、仓储公司、物流公司等(罗森布罗姆,2014)。图1-2显示了它们之间的区别。

在营销渠道中,每一个渠道参与者都发挥着某种功能,由此形成多种功能流。除常说的商流、物流、信息流以外,还有洽谈流、促销流、风险流和订货流等。虽然一些渠道参与者在物流、信息流和促销流中发挥着重要作用,但是它们的活动不涉及商品所有权的转移,也不需要就商品所有权的转移进行谈判。这种不涉及商品所有权转移的渠道参与者被称为非成员性参与者;反之,则被称为成员性参与者或渠道成员。渠道构成的结构,按成员性参与者的层次来划分。

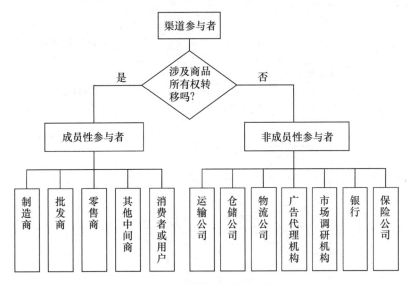

图 1-2 渠道参与者的分类

另外,从企业管理决策权的角度看,成员性参与者的选择一般由营销管理者决定,而非成员性参与者的选择则不在营销部门的决策范围内。比如,银行和保险公司大多由公司高层和财务部门决定和选择;运输公司、仓储公司则主要由公司高层和物流部门决定和选择。虽然小规模的广告或市场调研活动可以由营销管理者决定和选择代理机构,但是大规模的广告或市场调研活动则必须通过公司高层的审批。

三、营销渠道的基本假设

关于营销渠道,有下述几个基本假设(Frazier et al., 1990):

第一,虽然营销渠道不排除产销直接见面的直销形式,但一般而言,一条营销渠道多由两个或更多的在商品流通过程中发挥必要功能的机构或个人组成,如制造商、销售代理商和零售商。通过这些机构或个人的活动,产品才能顺利上市,从生产者流向最终消费者或用户。

第二,渠道成员一般是在功能上专业化了的,比如专业化为制造商、批发商或零售商,所以不同层次的渠道成员之间相互依存。

第三,营销渠道中的成员之间存在一个或多个共同的目标,比如它们有共同的最终服务对象,他们都希望通过专业化与合作提高自己的竞争实力,所以在一条渠道的不同层次上成员之间存在最低限度的合作;否则,这条渠道不可能存在。

第四,营销渠道涉及的活动主要发生在不同的法人之间,是组织间关系(inter-organizational relationship),而不是组织内关系(intra-organizational relationship),所以营销渠道的管理与控制要比一家企业内部的管理与控制更加困难和复杂。

四、营销渠道的关系

营销渠道涉及多种不同的关系。图 1-3 显示的是消费品营销渠道中各种可能的关系。工业品营销渠道中的各种关系与此类似。

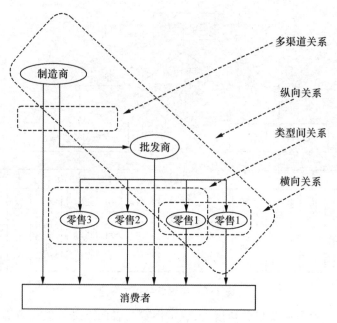

图 1-3 营销渠道涉及的多种关系

横向关系是指同一渠道、同一层次、相似企业之间的关系,比如一家食品厂的食品由多个超市经营,这些超市之间的关系即为横向关系。纵向关系是指同一渠道、不同层次的企业之间的关系,比如制造商、批发商与零售商之间的关系。类型间关系是指同一渠道、同一层次、不同类型企业之间的关系,比如同是经营一家食品厂的产品,超市与便民店之间的关系即为类型间关系。多渠道关系是指一家企业不同渠道之间的关系,比如一家食品厂同时使用自销、批发和零售多条渠道销售其产品,这些渠道之间的关系即为多渠道关系。多渠道关系也称跨渠道关系。其中,营销渠道涉及的纵向关系是管理者需要重点考虑的,也是营销渠道理论研究比较多的。但是,在实践中,这里所说的每一种关系都会影响到一家企业的营销渠道效率。

近二十年来,伴随着互联网技术和电子商务的快速发展,企业通过电商平台、手机客户端 App、实体店等多条渠道传播信息、销售产品和提供服务成为常态。于是,出现了全渠道营销(omni-channel marketing)的概念——一家企业采用多种渠道销售与宣传,并对它采用的所有销售渠道与信息传播渠道进行跨渠道的协同管理,一方面优化消费者的跨渠道购物体验,另一方面提高企业的业绩表现(Rigby,2011;李飞,2013;Verhoef et al.,2015)。当采用全渠道营销时,如何协调不同渠道之间的关系,避免冲突、加强协作,就是企业的营销管理者需要面对的一个重要课题(庄贵军等,2019)。

第二节 营销渠道的功能与功能流

一、营销渠道的功能

生产的功能是把自然的原料按照人类的需要转换成有某种效用或价值(使人们能够

得到某种形式或某种程度的满足）的产品组合；营销渠道的功能则是使产品从生产者转移到消费者的整个过程顺畅、高效，消除或缩小产品供应与消费需求之间在时间、地点、产品品种和数量上存在的差异。具体而言，营销渠道的主要功能有收集与传送信息、促销、接洽、组配、谈判、物流、风险承担和融资。

- 收集与传送信息。渠道成员通过市场调研收集和整理有关消费者、竞争者以及市场营销环境中的其他影响者或影响力量的信息，并通过各种途径将信息传送给渠道内的其他成员。

- 促销。促销是生产者或经营者为刺激消费所进行的关于产品和企业的宣传、沟通活动。渠道成员需要通过创意的开发与构思，把能够满足消费者需要的产品和服务的信息以顾客乐于接受的、富有吸引力的形式，传递给消费者或用户。

- 接洽。接洽是生产者或经营者寻找潜在购买者，并与之接触的活动。在具体工作中表现为接受或争取订单。

- 组配。组配是生产者或经营者对产品在分类、分等、装配、包装上进行组合、搭配，以符合购买者需要的活动。

- 谈判。谈判是买卖双方为实现产品所有权转移就价格及有关条件进行协商的活动。为实现成员之间互利互惠的合作，分享渠道分工的效益，成员与成员之间、成员与消费者或用户之间要进行谈判，达成有关产品的价格和其他交易条件的最终协议，实现产品所有权的转移。

- 物流。物流是产品的运输、储存活动。从走下生产线的那一刻起，产品就进入了流通过程，营销渠道的参与者开始进行产品实体的运输和储存活动。当然，虽然部分产品运输、仓储的功能是由有关的辅助商完成的，但渠道成员必须与辅助商联系，并支付相应的费用。在这种情况下，辅助商所承担的这部分功能实际上是渠道功能分离的结果。

- 风险承担。风险承担是指在产品流通的过程中随着产品所有权的转移，市场风险在渠道成员之间的转换与分担。在营销渠道中，渠道成员既要通过分工分享专业化所带来的利益，也要共担产品销售中的风险，如由市场波动、政治动乱、自然灾害等因素造成的损失。中间商一旦加入某个产品的营销渠道之中，就自动承担起分担该产品销售风险的功能。

- 融资。融资是生产者或经营者为完成以上各种功能而进行的资金融通活动。不论是生产还是产品购销，都需要资金投入，用于渠道成员彼此之间的货款支付、组织的运转开支和劳动者工资。渠道成员只有筹集到足够的资金才能运作，整个营销渠道也才能有效地运转起来，渠道成员之间才能保持健康的联系。因此，筹集资金就成了每个成员都要进行的一项重要工作。

关于营销渠道的功能，有三个重要的原理（Stern and El-Ansary, 1992）：第一，我们可以通过渠道的结构调整，替代一些渠道参与者；第二，这些被替代的渠道参与者所发挥的功能不能被取消；第三，当一些渠道参与者在一条渠道中被替代之后，它们的功能将随之上移或下移，由其他的参与者承担。

二、营销渠道的功能流

营销渠道的功能在营销渠道中表现为各种各样的流程,包括实体流、所有权流、促销流、洽谈流、融资流、风险流、订货与信息流及支付流(见图1-4)。这些流程将组成营销渠道的各类组织机构贯穿起来。

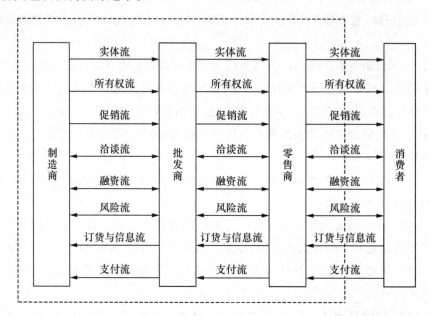

图1-4 营销渠道的功能与流动

实体流是指产品的实体与服务从制造商转移到最终消费者或用户的活动与过程。以洗衣机为例,制造商根据计划或订单生产,然后把成品洗衣机交付给代理商,代理商再将其运交给零售商,零售商送货上门卖给顾客。当订单额较大时,也可由制造商从仓库或工厂直接向顾客供货。

所有权流是指产品所有权从一个渠道成员转移到另一个渠道成员的活动与过程。如洗衣机的所有权经由代理商的协助由制造商转移到零售商,再由零售商转移到消费者手中。

促销流是指一个渠道成员通过广告、人员推销、宣传报道、销售促进等活动对另一个渠道成员或消费者施加影响的过程。如洗衣机制造商向代理商、零售商和消费者促销,代理商和零售商向消费者促销。

洽谈流是指产品实体和所有权在各成员之间转移时就价格及交易条款所进行的谈判活动与过程。例如代理商与洗衣机制造商之间,零售商与代理商之间,必须就洗衣机的价格、交货日期、付款方式等问题进行谈判,而顾客也会与零售商就这些问题进行讨论。

融资流是指各成员之间伴随着所有权转移所形成的资金融通活动与流程。比如,洗衣机制造商让零售商代理销售自己的产品,在货物售出之后结款,这等于是制造商为零售商提供流动资金从事自己产品的经营活动。再如,零售商预付一定货款购买洗衣机,这等于是零售商为制造商提供资金从事生产活动。另外,零售商还可以采用分期付款的方式向消费者提供融资服务。

风险流是指各种风险伴随着产品所有权在各成员之间的转移。这些风险包括产品可能发生的各种有形、无形的损失,如价格保证、质量担保、保险、维修和售后服务成本。比如,一个零售商采用买断的形式从制造商或代理商那里获得洗衣机的所有权;当它得到商品时,也开始分担各种形式的风险。与此同时,制造商或代理商则要承担信誉受损、零售商不合作或投机的风险。

订货与信息流是指渠道的下游成员向上游成员发出订单和各中间机构相互传递市场信息的过程。当然,订单也可能由顾客直接向制造商发出。像洗衣机这类消费品,一般多由零售商根据销售预测订单,而后制造商根据订单进行生产。在渠道中每一相邻的机构间会进行双向的信息交流,而互不相邻的机构间也会有各种信息交流。与促销流相对应,订货与信息流更多的是反映消费者需要、消费者对商品的认识和竞争者的动态。

支付流是指货款在各渠道成员之间的流动过程。比如,顾客向零售商支付货款,零售商再通过银行或其他金融机构向代理商支付账单,代理商扣除佣金后再付给制造商。

在以上各种功能流中,实体流、所有权流、促销流的流向是从生产者流向最终消费者或用户;付款流、信息与订货流是从消费者或用户流向制造商;而融资流、洽谈流和风险流则是双向的,因为不同成员之间达成交易,谈判、风险承担及资金往来均是双向的。

三、营销渠道的功能安排

如上所述,营销渠道理论的一个基本原理是:各种不同的渠道功能可以由不同的成员完成,但任何一种功能都不可缺失。在实际的经济生活中,营销渠道的功能流并不完全符合图 1-4 的方式,它会有各种各样不同的变化。图 1-5 是根据我们 2003 年对青岛海信广场进行调查所得结果绘制的海信广场的渠道功能安排图。

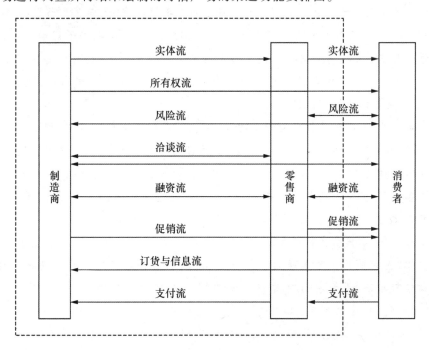

图 1-5　海信广场的渠道功能安排

图 1-5 与图 1-4 相比，有几个地方发生了重要变化：第一，在制造商与零售商之间没有了批发环节，因此营销渠道变短了；第二，在零售商与消费者之间少了三个流程，即所有权流、洽谈流和订货与信息流，因此零售商在营销渠道中扮演的角色少了，经营管理活动被大大简化；第三，供应商通过零售商提供的平台，与消费者有了更密切的接触，虽然承担了更多的责任和风险，增加了流通费用，但对渠道的控制力度增大了。

据我们的了解，国内大部分百货商场在销售服装、家用电器和化妆品时，大多采用这种模式。这一改变的实质是：不管是自愿还是被迫，供应商通过更多的付出，得到了更大的渠道控制权；当然，与之对应，零售商得到了一些利益，但同时也放弃了一部分渠道控制权。这样一种功能安排，如果用得好，不仅能使零售商得到实际利益，提高自己的经营效率，而且也会为供应商营造更公平的竞争环境与更简便的交易方式和程序；供应商不仅不会反对，反而会拥护（见示例 1-1）。需要说明的是，这样的渠道功能安排不一定适用于所有的商品，比如价值较低的日用消费品就很少使用这种渠道。

示例 1-1　海信广场的渠道功能安排

海信广场是海信实业股份有限公司的下属企业，后者原是海信集团的子公司，通过管理层持股计划现已与海信集团分离。海信广场成立于 1997 年 7 月 1 日，总投资 1.7 亿元，营业面积两万多平方米；地处青岛市新商业区，是一座以经营中、高档服装及日用百货为主的大型综合性商厦。

海信广场成立两年后的 1999 年，曾经一度陷入困境。当时，海信广场的库存累计高达 6 000 万元，其中两年以上的经销库存就达 2 000 万元，企业出现了巨额亏损，员工也人心浮动。海信实业股份有限公司在大股东海信集团的干预下，及时为海信广场调整了领导班子。新领导班子整合了原有的组织架构，实施了扁平化管理，严明纪律，令行禁止，改变了企业整体的工作作风。

更重要的是，他们对零售企业传统的购、销、运、存环节进行了调整，把购、运、存甩给供应商，自己则主要控制供应商准入环节、商品销售环节并进行现场管理。这一改变使供应商与零售商之间的关系变得极为简单——零售商提供商品交易的场所、控制现金流和进行现场管理，供应商则自己组织货源、自己决定进货品种、自己从事物流活动、用自己的人推销自己的产品。供应商与零售商之间的交易关系只发生在销货时——货款进入零售商的账户，零售商在扣点之后，按照事先约定的时间把货款返还给供应商。这样的功能安排，大大简化了零售商的经营与管理，降低了零售商的风险。特别有趣的是，供应商也非常欢迎，因为它们对营销渠道的控制力加强了。在这种功能安排下，商品不好卖、卖不动，供应商不会再去怪罪零售商；零售商的订货、验货、入库、进账等环节都省略了，节约了供应商的无形成本；供应商直接面对消费者，营销效率高低完全取决于自己。

渠道功能的重新安排,使海信广场从烦琐的购、运、存环节中解放出来,人员减少了,效率提高了。企业2001年开始盈利,2003年已经稳稳地占据了青岛市百货服装零售业的最高端市场,并开始输出其成功的管理模式。

2007年,秉承"致力于开创中国顶级百货店"的使命,海信广场走出青岛,北上天津,成立天津海信广场。而后,2015年12月又南下湖南,在长沙开店。现在,海信广场是中国"高级百货店联谊会"理事长单位之一,被评为"中国年度行业十佳最佳雇主",荣获商务部"全国十三家高级金鼎百货店"称号。

资料来源:根据2003年8月的一项实地调查和2022年4月22日访问海信广场官网(http://www.hisense-plaza.com/)所得的资料编写。

在现代市场营销中,一家企业很少会自己完成所有的渠道功能,它或多或少地会需要别人的帮助,完成一些必要的功能。即使是一家采用直销渠道的企业,也经常会需要银行提供金融业务支持,完成商品所有权的转移;需要广告公司帮助其进行促销活动,传送商品和企业的信息;需要物流企业提供运输与存储服务,实现商品的空间位移。因此,几乎每一家企业在进行营销渠道活动时,都涉及与渠道合作伙伴的功能安排问题。

渠道功能安排涉及很多因素,常常是合作伙伴之间讨价还价的结果。如果做得好,就如海信广场的例子,合作双方或各方都满意,营销渠道的效率会大大提高;如果做得不好,各种功能没有在合作伙伴之间很好地衔接,一方面会影响营销渠道的效率,另一方面会在合作伙伴之间造成摩擦或冲突,导致合作的破裂。

第三节 营销渠道为什么会存在?

这是营销渠道理论要回答的一个基本问题,可以将其再分为两个问题:第一,营销渠道中的交换为什么会存在?第二,有中间商的营销渠道为什么会存在?交换理论和中间商功能理论能够回答这两个问题。

一、交换理论

交换是市场营销的核心概念,也是营销渠道及其活动的逻辑起点(Bagozzi,1974;1975)。那么,人类为什么要进行交换呢?经济学家对此有一个经典的解释,被称为埃奇沃斯方格(the Edgeworth Box)理论(Creedy, 2010; Pindyck and Rubinfeld, 2013)。

假设一个社会只有两个行为主体S和R,各拥有两种资源x和y。二者拥有的x之和与y之和都为100。他们的无差异曲线分别为s_1s_2和r_1r_2,并且在考察期内其形状是不变的,如图1-6所示。二者就x和y的交换形成一种交换关系,计为$Sx|Ry$。现在的问题是:什么情况下,S和R才需要进行交换?

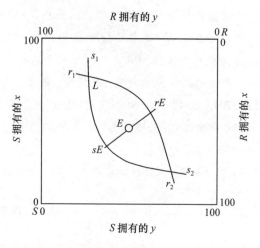

图 1-6　交换理论

交换是通过提供某种东西作为回报,从其他人那里获取利益的行为(Kotler, 2001)。交换的发生必须符合五个条件:(1)至少要有两方;(2)每一方都有被对方认为有价值的东西;(3)每一方都能沟通信息和传送货物;(4)每一方都可以自由接受或拒绝对方的产品;(5)每一方都认为与另一方进行交易是适当的或有利的,因此也是自愿的。可见,交换能否发生,取决于交换双方能否通过交换获取利益。那么,在上述假设条件下,S 和 R 怎样才能达到对双方都有利,或至少一方有利、一方不受损呢?

在上述假设条件下,无差异曲线 s_1s_2 和 r_1r_2 的位置表示的是 S 和 R 的利益水平或满足程度,即不管 S 或 R 所拥有 x 和 y 的组合落在 s_1s_2 或 r_1r_2 上的哪一点上,S 或 R 所获取的利益或满足程度都是一样的。S 和 R 要获取更多的利益,方法只有一个,就是想办法使自己的无差异曲线的位置外移:S 使 s_1s_2 移向 R,R 使 r_1r_2 移向 S。那么,怎样才能做到这一点呢?

由图 1-6 可见,s_1s_2 和 r_1r_2 有两个交点,且 s_1s_2 和 r_1r_2 所围的区域面积大于 0。这一点很重要。如果不满足这个条件,二者没有通过交换改善双方处境的余地,那么交换就不可能发生。s_1s_2 和 r_1r_2 所围的区域被称为"可能的交换区域";此区域内的任何一点,均会使双方的处境比 s_1s_2 或 r_1r_2 有所改善。比如,L 点是二者拥有资源的初始状态,此时,不管他们以什么比例交换,只要能使他们拥有资源的状态向"可能的交换区域"内移动,他们交换之后的处境都要优于不交换时的。

不过,要使二者的社会资源得到最大的社会效益,则二者的交换倾向于向 $sErE$ 这条直线靠近,如 E 点。此时,通过交换,S 得到了 $|sEE|$ 的利益,R 得到了 $|rEE|$ 的利益。没有到达这条直线之前,任何一点上的资源配置都有改进的余地。这条直线被称为"合约线"(contract line)。至于 E 点在 $sErE$ 线上的哪个位置,经济学家并没有给出答案(Karen and Emerson, 1978)。

以上的交换理论很容易就可以用到直销渠道上。制造商之所以与消费者或用户交换,是因为二者都有对方想要的资源(制造商有可以给消费者或用户带来利益的商品,消费者或用户有制造商想要的货币），而且通过交换，双方都会改善自己的处境（通过交换，消费者得到了商品带来的比拥有货币更大的利益，用户得到了可以用来创造更大利益的生产资料，制造商得到了利润）。

当然，交换理论也可以用来解释中间商渠道。不过，要稍做些改变——把可以交换的资源变为可以交换的功能。制造商和中间商之间实际上有功能交换——制造商用较低的出厂价"购买"中间商提供的功能服务，中间商则用它们所提供的功能服务换取商品的控制权和盈利的可能性。当然，功能交换也可能发生在一个中间商与另一个中间商之间，比如批发商和零售商之间——批发商用较低的批发价"购买"零售商所提供的零售功能，零售商则用它们所提供的零售功能换取商品的控制权和盈利的可能性。

二、中间商功能理论

中间商功能理论可以回答在中间商渠道中中间商存在的必要性。生产者之所以愿意把销售工作委托给中间商去做，是因为中间商有某些专业化的功能。生产者虽然也可以自己去实现这些功能，但是要做得与中间商一样好，即使不是不可能的，在经济上也往往是不划算的。

（一）简化交易形式

在解释中间商产生的条件时，奥尔德森和马丁（Alderson and Martin, 1967）对交换规律做了如下说明：给定 x 是 A1 组合中的一种产品，y 是 A2 组合中的一种产品，当且仅当下面三个条件成立时，x 才能用来与 y 交换。

第一，x 与 y 有别；

第二，增加 y 而减少 x，能使 A1 组合的效用潜力（potency）增大；

第三，增加 x 而减少 y，也能使 A2 组合的效用潜力增大。

随着生产的专业化、产品的多样化，这三个条件很容易被满足。当一个人能够享受到数量、品种更多的产品组合时，交换就会变得越来越重要。然而，随着交换重要性的提高，需要交换的东西越来越多，交换的范围越来越大，人们（由不同的商品组合来表示）之间进行相互交换会变得越来越困难。比如说，一个社会有 6 个家庭生产不同的产品，它们各自也需要其他家庭生产的产品。这样它们之间要相互满足各方的需求 1 次，就必须至少进行 15 次交易（见图 1-7a）。但是如果加一个中间商，交易系统就被大大简化了（见图 1-7b），即只需进行 6 次交易活动，各方就均能满足自己的需求。

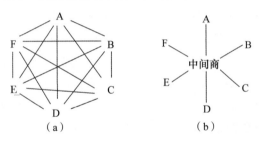

图 1-7　中间商对社会交换活动的简化

显然，通过中间商，社会交换可以被大大简化。而且社会交换涉及的单位越多，中间商简化交易形式的功能就越明显。比如，有 3 家制造商直接向 3 个消费者供货，那么总共需要进行 9 次交易。如果通过一家中间商向消费者供货，那么只需进行 6 次交易，减少了 3 次。再如，有 6 家制造商直接向 10 个消费者供货，那么总共需要进行 60 次交易。如果通过一家零售商向消费者供货，那么只需进行 16 次交易，减少了 44 次。

一般而言，有 n 家制造商直接向 m 个消费者供货，那么总共需要进行 nm 次交易。如果通过一家中间商向消费者供货，那么只需进行 $(n+m)$ 次交易。如果中间商不止一家，假设为 k 家，并且每一家中间商都直接从每一家制造商那里提货，都直接向每一个消费者供货，那么需要的交易次数就是 $k(n+m)$。

当然，在实际的交易活动中，中间商不止一层，而且在中间商之间会有分工（并非每一家中间商都直接从每一家制造商那里提货，都直接向每一个消费者供货），所以中间商对社会交换活动的简化不会像我们这里说的这么简单。不过，通过这些简单的例子，我们可以看出：中间商的存在会大大简化社会交换活动。

中间商对社会交换活动的简化有多重意义，最重要的就是节约交易成本，提高交易效率。假设一个社会有 n 家制造商和 m 个消费者，有处于同一层次的 k 家中间商从每一家制造商那里提货并向每一个消费者供货，令任意两方交易的费用（也可以看作平均的交易费用）为 q，则中间商为社会节约的交易成本（TC）为：

$$TC = q[mn - k(n + m)] \qquad (1-1)$$

由式（1-1）容易看出，一个社会至少可以通过两种方法节约交易费用，提高交易效率：一是减少交易次数，二是减少平均交易费用。

如前所述，中间商可以简化交易形式，减少交易次数，因此可以通过第一种方法节约交易费用，提高交易效率。不过，这里要特别指出，如果中间商过多或中间层次过多，则中间商的这一功能就会大打折扣。这从式（1-1）中也能够看出。

另外，因为中间商专业从事商品交易活动，在组织商品交易活动方面具有规模经济和学习效应，所以由它们来沟通产销也可以通过第二种方法降低交易成本，提高交易效率。

（二）商品的聚集、分类、分装和搭配

通过商品的聚集、分类、分装和搭配，中间商能够调节供求矛盾。商品的聚集是指将各种不同来源的商品集中到一起，供消费者或用户选择。商品的分类是指将聚集起来的商品按类分开，分类储存、保管和供应。商品的分装是指将大宗商品分散成小的份额，便于消费者购买。商品的搭配是指把相关的产品或服务组配在一起出售。通过这些活动，中间商能够在很大程度上解决市场的供求矛盾。市场的供求矛盾表现在很多方面。比如，在商品品种和批量上，制造商希望少品种大批量生产，而消费者或用户则多是小批量购买，并且希望有较大的挑选余地。再如，很多商品的生产与消费在空间与时间上存在差异。一些商品是一地生产，全国甚至全世界消费（如某些世界名牌产品）；一些商品是一年的某一时段生产，常年消费（如大多数农产品）；还有一些商品是常年生产，季节消费

（如过冬或过夏的衣服）。虽然直接的营销渠道也能够解决这些矛盾，但是由中间商出面协调供求，效果往往更好。

（三）交易的规范化

买卖双方的每笔交易都涉及订货、定价、收货、付款等环节。买卖双方必须就商品的数量、型号、价格和付款时间等问题达成一致，这样交易才能顺利进行。但是如果每一个环节都要在买方与卖方之间进行讨价还价才能商定，那么洽谈成本就很高。中间商的出现使交易涉及的这些环节规范化了，从而大大节省了洽谈成本。

另外，交易的规范化还有利于营销渠道的有效运转。一方面，中间商根据事先确定的标准，严把质量关，有利于商品和服务质量的标准化；另一方面，由于在中间商与制造商之间经常发生交易行为，因此它们可以根据供求规律，使其关系规范化，如规范交易次数、交易数量、付款方式和沟通方式等。这种规范化有利于将营销渠道构建成"跨企业组织"（inter-firm organization）（Stern and El-Ansary, 1992），提高营销渠道的效率。

（四）搜寻

如果没有中间商，买卖双方都会花很多的时间和精力去寻找对方。搜寻的过程充满了不确定性，因为制造商不确知消费者的需求是什么，而消费者也不确知他们能否找到自己想要的商品或服务。中间商专门从事交易活动，一方面为制造商寻找消费者，另一方面为消费者寻找适用的产品，它们从两个方面节约了搜寻成本。

（五）创造顾客价值

中间商还可以创造顾客价值。顾客价值是指消费者从某一特定产品或服务中获得的利益总和，包括产品价值、服务价值、人员价值、形象价值和体验价值（庄贵军，2015）。因为消费者不可能无偿地得到顾客价值，必须为其付出代价，所以产品价格从消费者的角度看，就是消费者为获得顾客价值而必须支出的成本或费用。实际上，顾客成本除货币成本以外，还包括时间成本、体力成本和精力成本。顾客价值减去顾客成本多出来的部分，称为顾客让渡价值（customer delivered value）。

中间商除帮助实现产品价值以及通过提供时间、地点和形式上的便利降低顾客成本以外，还向消费者提供附加在产品之上的服务价值、人员价值、形象价值和体验价值。比如，一罐好茶，如果放在地摊上销售，也就是茶本身的价值，很难卖出好价钱。但是，如果放在一家好的茶叶店里出售，它的价值和价格可能要高出好几倍。这源于消费者对这家茶叶店服务价值、人员价值和形象价值的肯定。如果在购买之前，服务人员能够再教授消费者品茶的方法，品出这罐茶的妙处，那么其价值可能又会因为增加了体验价值而提高。

第四节　营销渠道的研究视角

观察与研究营销渠道有几种不同的视角。比如，既可以站在企业的角度对一家企业的营销渠道进行研究，也可以站在国家或行业的角度对一个国家或一个行业的营销渠道进行研究。再如,既可以重点研究一家企业的营销渠道结构,也可以重点研究一家企业的营销渠道行为。

一、宏观视角与微观视角

以宏观视角研究营销渠道,就是站在国家或行业的角度对一个国家或一个行业的营销渠道进行研究。比如,曾经有人对中国传统的消费品营销渠道进行过研究,绘制了如图1-8所示的营销渠道结构图(Luk and Li, 1997)。

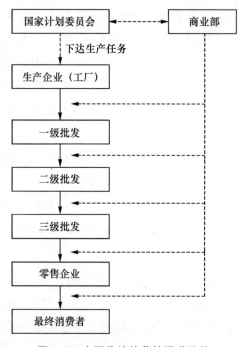

图1-8 中国传统的营销渠道结构

注:实线表示物流和所有权转移,虚线表示计划指令。

在计划经济体制下,首先,消费品的生产任务由国家计划委员会根据国家计划下达给生产企业。生产企业生产出产品以后,通过商业部的计划,由设在中心城市(如北京、上海、天津)的一级批发商统一收购、统一调配。一级批发商根据计划,将产品分配给设在省会城市的二级批发商,二级批发商再分配给设在地、县的三级批发商,三级批发商分配给零售企业,零售企业最后销售给消费者。一般而言,跨行业、跨层次与跨区域经营是被严格禁止的。生产企业一般不能销售自己的产品,批发企业一般也不允许经营零售业务,而零售企业只能从固定的渠道获得统一分配的商品。有时,消费者的购买也被计划统一管理起来,国家通过发放票证(如粮票、布票、自行车票等)的方法,控制消费者的购买量。尽管在具体操作过程中有一些变化和一些例外(经济计划并没有被执行得非常彻底),但绝大部分消费品都是按照这一渠道结构流动的。

以微观视角研究营销渠道,就是从企业的视角对一家企业的营销渠道进行观察和探讨。上面对海信广场功能安排的分析,就是从企业的角度研究营销渠道。以微观视角研究营销渠道,可以根据渠道参与者的性质再分为制造商视角、中间商(包括批发商、零售商和其他中间商)视角、物流商视角和其他渠道参与者(如银行、广告商和市场调研公司等)视角。其中,制造商视角的研究最多,其次是中间商视角的研究,而其他渠道参与者视角的研究则较为少见。另外,还有一些研究从特许商与授许商的视角对特许经营系统进行讨论。

二、渠道结构与渠道行为

渠道结构是指参与完成商品所有权转移的组织或个人的构成方式。它涉及很多方面的问题,比如每一个区域需要设置多少网点?营销渠道都需要发挥什么功能?营销渠道一体化程度需要达到什么水平?营销渠道功能如何在渠道参与者之间进行分配或安排?营销渠道的集中程度、规范程度、标准化程度如何?营销渠道由哪几个层级构成?每一个层级又由哪些类型的渠道参与者构成?渠道结构的本质,是渠道功能或任务在渠道参与者之间的分解与分配。

渠道行为是指渠道参与者为了完成渠道任务所进行的渠道领导、激励与控制活动,以及与其他渠道参与者之间的互动行为。涉及的问题主要包括:渠道成员的关系基础是什么?渠道成员为什么要相互依赖?哪些因素会影响渠道成员之间的互依关系?互依关系怎样影响渠道权力、冲突与合作?渠道成员怎样进行渠道控制?怎样合作?怎样处理合作中的冲突?怎样抑制投机行为?渠道行为的核心是渠道治理或控制。

渠道结构与渠道行为共同决定着渠道效率(Frazier et al., 1990),三者之间的关系如图 1-9 所示。渠道结构与渠道行为互为因果——渠道结构的不同会导致渠道行为的差异,渠道行为的变化最终也会表现在渠道结构上。二者单独或共同的变化会导致渠道效率的不同。营销渠道管理实际上就是通过控制渠道结构与渠道行为的变化,提高渠道效率。

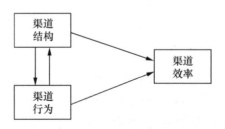

图 1-9 渠道结构、渠道行为与渠道效率

在实际的商业活动中,渠道结构与渠道行为是很难区分开的。渠道结构强调的是设计,而渠道行为强调的是执行。有设计而没有执行,设计就没有意义;有执行而没有设计,执行就有很大的盲目性。二者相辅相成。

本书采用微观视角,站在企业营销经理或渠道经理的角度考虑问题,重点讲解营销渠道的计划、组织、协调和控制,涉及渠道结构与渠道行为两个方面。

第五节　营销渠道的地位与重要性

在早期的营销实践中,营销渠道策略是被当作与营销策略等同的一个概念(Tamilia et al.,2020)。人们曾经认为,营销是生产者在恰当的时间、恰当的地点,以恰当的形式,将恰当的商品送给恰当的人的活动程序(Hunt,1976)。这与营销渠道的内涵是一致的。营销学最初的研究也以营销渠道为重点,如早期对美国农产品营销渠道的研究(Weld,1916)。

随着营销概念的拓展,营销渠道成为一个重要的营销因素被包含于营销战略之中。与其等同的其他营销因素有产品、价格和促销。因此,营销渠道在企业营销中的地位可以简单地表述为:营销渠道是企业营销组合因素之一,是企业能否成功地将产品打入市场、扩大销售、实现企业经营目标的一个重要手段。

近些年,企业的营销环境发生了重要变化,营销渠道的设计与管理在企业营销中的地位越来越重要。这些变化包括:获取可持续的竞争优势越来越困难,中间商的权力日益强大,节约流通费用和业绩增长的压力越来越大,互联网的应用与普及。

一、可持续的竞争优势

营销渠道策略有下述三个重要特点:第一,它是长期的,即为了建立和维持一个顺畅而高效的营销渠道系统,企业需要进行长期的努力;第二,它需要通过组织机构和人来实施,既要有较大的人力方面的投入,又要有较大的财力方面的投入;第三,基于企业间关系和企业间人员的互动,即营销渠道系统顺畅而高效的运行,需要所有渠道参与者的密切配合。正因为营销渠道策略有这些特点,所以一旦通过渠道策略获得竞争优势,其他企业就难以在短期内模仿。因此,它比产品、价格和促销等要素更能提供可持续的竞争优势。

二、中间商的权力日益强大

近四十年来,渠道权力经历了从制造商向零售商转移的过程。一些大型零售商逐渐成为营销渠道的控制者或渠道运行中的主要角色。示例1-2表明,中国家电产品的营销渠道在世纪之交发生了深刻的变化:综合性家电连锁企业(如国美、苏宁)对传统的营销渠道构成了严重的威胁。它们最显著的特征是经营规模大、资本雄厚、跨地域连锁经营、掌握着庞大的销售网络,是一个高效率、专业化的零售终端。凭借其雄厚的资本和巨大的规模,这些家电连锁企业以承担市场风险的方式,如一次性买断一定批量的产品,获得了生产企业最大限度的让利。这使它们在零售价格上具有明显的优势。它们的出现不仅意味着家电营销渠道格局的重构,也意味着市场的主控权由制造商转到了零售商。

示例 1-2　世纪之交家电行业的厂商冲突

中国在进入 20 世纪 90 年代以后，厂商之间的冲突开始频繁发生。以下是世纪之交家电行业所发生的几例厂商之战：

1997 年，郑百文买断长虹部分产品，并以赊销的方式向下游零售商或批发商供应。但到 1998 年，由于家电销售竞争日益激烈，四川长虹为扩大市场份额一再降价，导致郑百文先期购入的存货大幅贬值，最终购销价格倒挂，损失惨重。对此，郑百文耿耿于怀。

2000 年 7 月起，国美在京、津、沪三地以超低价格出售厦华、熊猫、长虹等品牌的彩电，引起厦华、长虹等企业的激烈反应。国美一举成名。

2000 年 10 月，国美千万元彩电大采购，月底与厦华正式达成供销协议。2001 年 1 月，创维与苏宁电器签订亿元大单，苏宁将为创维代理销售 1 亿元的彩电（这两例实际上是商家与厂家在争夺营销渠道的控制权）。

2001 年 4 月，苏宁省内直营连锁企业全面降价，最高降幅为：彩电 40%、音响 50%、空调 35%、洗衣机 25%、冰箱 20%。在苏宁降价之后，长虹、TCL、厦华彩电的价格纷纷下调。海尔高层急飞南京"扑火"，但海尔产品还是被列入了降价名单。多方努力未果，海尔立即以"断货"相威胁，但商家不予理睬，最后演化成对峙局面。

2004 年，格力与国美之间发生了"碰撞"。国美为了降低格力空调的批发价，希望格力绕过中间商，直接向国美供货。但是，格力却不以为然，认为这会导致其整个营销渠道体系的崩溃。在双方协商未果的情况下，国美凭借其在家电零售渠道中的强势地位，试图用权威机制控制对方，强迫格力妥协，而格力绝不屈从。结果，国美把格力的产品从其所有的销售网点中撤下，双方结束了合作关系。

资料来源：编写自薛彩云等，《家电产销博弈陷入僵局》，《经济观察报》，2001 年 7 月 9 日；《国美格力互下"封杀令"新旧渠道最后的博弈》，https://finance.sina.com.cn/b/20040318/1135676915.shtml，2023 年 4 月 12 日读取资料；《销售老大挑战生产巨头 国美全国卖场清理格力》，https://finance.sina.com.cn/b/20040311/0842665761.shtml，2023 年 4 月 12 日读取资料。

零售商越来越把自己看成是消费者的采购代理人，而非制造商的销售代理人。它们以低毛利、低价格的方式经营，讨价还价的力量越来越大。特别是一些大型零售商还推出了自营品牌（private brand）产品，授权制造商为其生产。比如，沃尔玛有惠宜、沃集鲜和 George 等品牌；麦德隆有宜客（Aka）、荟食（Fine Life）、喜迈（Sigma）和 METRO Chef 等品牌。自营品牌产品以零售商的信誉做担保，价格便宜，性价比高，受到很多消费者的青睐。如果制造商为零售商生产自营品牌产品，那么在双方的交易关系中，零售商就占据了更重要的地位，拥有更大的渠道权力。

近几年来，一些网络平台企业强势崛起，如阿里巴巴、京东商场、小红书、拼多多、抖音、快手等。这一方面削弱了大型零售商的渠道权力，另一方面也给制造商提供了更多的新选择，尤其是可以绕过旧有的中间商通过网络平台直销，在某种程度上可以提高制造商的渠道权力。不过,网络平台则成为一个新的参与者,并且拥有很大的渠道权力。

总之,在营销渠道中,中间商的权力日益强大。这一趋势要求制造商必须认真思考其营销渠道策略,与中间商既合作又竞争,以求达到双赢、多赢的局面。

三、节约流通费用和业绩增长的压力

制造商在削减制造成本和内部营运成本方面已经花费了大量的精力,如组织重构、程序再造和组织扁平化等。不过,在这些方面进一步节约成本与费用的潜力越来越小。另外,随着市场竞争越来越激烈,营销渠道费用越来越高。这两个方面的共同作用,使得制造商不得不越来越重视流通费用的节约,更加专注于营销渠道的设计和管理。

在激烈竞争的市场上,业绩增长也越来越困难。制造商常常要问自己这样的问题:如何在成熟的市场上或增长缓慢的市场上成长?除了争夺竞争对手的市场,别无他途。这就要求制造商一方面自己少犯错或不犯错,另一方面要有中间商的支持与合作。罗森布罗姆(2014)曾经给出这样一个公式:零售货架的份额=市场份额=增长。

四、互联网的应用与普及

互联网的应用与普及是20世纪末最重要的一项技术进步。它通过一张巨大无比的互联网络,使电脑不但能够处理信息,而且可以快速地获取和传递信息,将世界联系在一起。它对人类生活方式和工作方式的影响几乎无所不在,即使一个人不直接使用互联网,他也会受到互联网的间接影响。制造商凭借建立在互联网上的网络渠道连接全球的顾客,而顾客只要在他们的电脑键盘上敲几下,就能进行购买活动。

互联网,尤其是网络平台企业的崛起,为制造商构建营销渠道提供了新的选项。这不仅会影响营销渠道的构成结构,也会影响营销渠道的权力结构和管理方式。我们将在后面详细讨论互联网对营销渠道的影响。

第六节 本书的内容与结构

本书采用微观视角,站在企业营销经理或渠道管理人员的角度考虑问题,以管理的计划、组织、领导和控制四大职能为分析框架(罗宾斯、库尔特,2017),讨论营销渠道中的管理问题。内容的具体安排如图1-10所示。

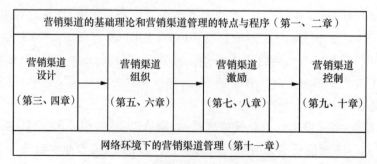

图1-10 本书的内容结构安排(一)

本书内容共分为六个大的部分总计十一章。第一部分，介绍营销渠道的基础理论和营销渠道管理的特点与程度（由第一、二章组成）。第二到第五部分，按照管理的四大职能，分别介绍营销渠道设计（由第三、四章组成）、营销渠道组织（由第五、六章组成）、营销渠道激励（由第七、八章组成）和营销渠道控制（由第九、十章组成）。第六部分，讨论网络环境下的营销渠道管理（由第十一章组成）。各章的具体内容如下：

第一章为营销渠道的基础理论，内容包括营销渠道的概念、营销渠道的功能与流程、营销渠道存在的基础及其相关理论、观察营销渠道的视角、营销渠道在企业营销中的地位，以及本书的内容结构安排。

第二章为营销渠道管理的特点与程序，内容包括管理的内涵和职能、营销渠道管理的特点和营销渠道管理的程序。

第三章为渠道分析与目标确定，内容包括渠道环境分析、企业战略与管理要素分析、营销目标与营销战略分析、渠道缺口分析以及渠道任务与目标的确定等内容。

第四章为渠道设计与策略选择，内容包括设计企业的渠道结构、选择企业的渠道策略和渠道治理方式。其中，有很多内容都是跨组织的，不但要考虑自己的意愿，而且要考虑合作者的意愿。

第五章为渠道成员选择，内容包括渠道参与者的分类及其功能、渠道成员的寻找、渠道成员的评价与选择、渠道功能任务的分配。

第六章为物流的组织与管理，内容包括物流的内容构成、物流系统及其管理、商品运输、商品储存和养护、配送中心。

第七章为渠道领袖与领导方法，内容包括渠道领袖、渠道领导的方式、渠道权力与渠道权力的使用、激励渠道成员和渠道沟通等。

第八章为渠道成员之间的合作与冲突，内容涉及渠道合作、渠道冲突与解决方法、营销渠道中的关系营销、营销渠道中的战略联盟和供应链管理。

第九章为营销渠道控制，内容包括渠道控制的有关理论、渠道控制的基本方法、渠道控制的内容，以及对投机行为的控制。

第十章为渠道效率评估，内容包括渠道效率的评估指标、渠道效率的综合评估方法和企业渠道的调整。

第十一章为网络环境下的营销渠道管理，内容涉及互联网、电子商务和网络环境的内涵与特点，网络渠道的内涵、分类和构成要素，网络在营销渠道中的基本功能，网络环境下渠道管理的特点与主要内容等。

另外，这十一章之间的关系，还可以根据营销渠道所涉及的结构与行为这两大领域以及渠道活动的顺序，用图1-11来表示。第一、二章是一个概述，介绍营销渠道管理的基本概念与基础理论，它们没有在图中出现。

营销渠道管理开始于对渠道环境的分析，第三章的部分内容和第十一章的主要内容可以放在这里。第十一章讲述的是在网络这一特定环境下营销渠道管理的问题。它与

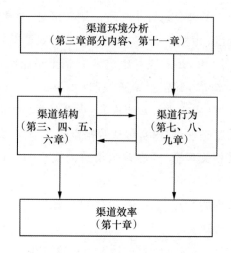

图 1-11　本书的内容结构安排（二）

一般渠道管理并不冲突，而是一般渠道管理在网络环境下的具体化。之所以把它单独拿出来，是因为网络环境下的营销渠道管理有一些特殊的内容需要专门讨论。另外，网络技术的不断发展引发了营销渠道和营销渠道管理的一系列变化，对营销渠道和营销渠道管理有着深远的影响，管理者不能不考虑、不能不重视。

渠道结构与渠道行为是渠道管理的两大内容。渠道结构涉及的主要是设计与组织问题，而渠道行为涉及的主要是领导与控制问题，二者相互影响、互为因果。第三、四、五、六章的主要内容可以归入渠道结构，而第七、八、九章的主要内容则可以归入渠道行为。如前所述，渠道结构与渠道行为是影响渠道效率的两个方面。

最后是渠道效率，它是营销渠道管理的投入-产出比，体现着企业营销渠道管理的水平。企业对营销渠道的调整，要以对渠道效率的评估为依据。

本章提要

营销渠道是指产品或服务转移所经过的路径，由参与产品或服务转移活动以使产品或服务便于使用或消费的所有组织构成。营销渠道可以根据主导成员的不同，分为以制造商为主导、以零售商为主导和以服务提供商为主导的营销渠道。

营销渠道的参与者可以分为成员性参与者（与商品供应者有洽谈流、有商流的参与者）和非成员性参与者（与商品供应者无洽谈流、无商流的参与者）。营销渠道管理考虑的主要是对成员性参与者的管理与控制。

关于营销渠道，有下述几个基本假设：第一，一条营销渠道一般由两个或更多的在商品流通过程中发挥必要功能的机构或个人组成；第二，渠道成员一般是在功能上专业化了的，不同层次的渠道成员之间相互依存；第三，营销渠道中的成员之间存在一个或多个共同的目标，处于同一条渠道的不同层次的成员之间存在最低限度的合作；第四，营销渠道关系主要是组织间关系。

营销渠道涉及多种不同的关系,包括横向关系、纵向关系、类型间关系和多渠道关系。其中,营销渠道理论重点关注纵向的渠道关系。在全渠道营销的情境下,多渠道关系受到了越来越多的关注。

营销渠道的主要功能有调研、促销、接洽、组配、谈判、物流、风险承担和融资,表现为各种各样的流程,包括实体流、所有权流、促销流、洽谈流、融资流、风险流、订货与信息流及支付流等。各种不同的渠道功能可以被安排与重组,由不同的成员完成,但不可缺失。当一些渠道参与者在一条渠道中被替代之后,它们的功能将随之上移或下移,由其他的参与者承担。

营销渠道存在的基础可以由交换理论和中间商功能理论来解释。

观察与研究营销渠道可以有几个不同的视角,包括宏观视角,即从国家或行业的角度对一个国家或一个行业的营销渠道进行研究;微观视角,即从企业的角度对一家企业的营销渠道进行研究;侧重于营销渠道结构的研究,主要探讨营销渠道的构成结构和功能分配;侧重于营销渠道行为的研究,主要探讨渠道成员之间的互依关系、渠道的治理策略和控制方法。本书采用微观视角,从企业营销或渠道经理的角度考虑问题,重点讲解营销渠道的计划、组织、协调和控制,涉及渠道结构与渠道行为两个方面。

营销渠道在企业营销中的地位可以简单地表述为:营销渠道是企业营销组合因素之一,是企业能否成功地将产品打入市场、扩大销售、实现企业经营目标的一个重要手段。营销渠道管理在企业营销中的地位越来越重要,这是因为下面几个方面的变化:获取可持续的竞争优势越来越困难,中间商的权力日益强大,节约流通费用和业绩增长的压力越来越大,互联网的应用与普及。

参考文献

李飞,2013,《全渠道零售的含义、成因及对策——再论迎接中国多渠道零售革命风暴》,《北京工商大学学报(社会科学版)》,第28期,第1—11页。

罗宾斯,斯蒂芬;库尔特,玛丽,2017,《管理学(第13版)》,刘刚等译,北京:中国人民大学出版社,第8—9页。

罗森布罗姆,伯特,2014,《营销渠道:管理的视野(第8版)》,宋华等译,北京:中国人民大学出版社,第27页。

庄贵军、邓琪、卢亭宇,2019,《跨渠道整合的研究述评:内涵、维度与理论框架》,《商业经济与管理》,第12期,第30—41页。

庄贵军,2015,《营销管理——营销机会的识别、界定与利用》(第二版),北京:中国人民大学出版社,第3—10页。

Alderson, W., and M. W. Martin, 1967, "Toward a Formal Theory of Transactions and Transvections", In B. E. Mallen(ed.) , *The Marketing Channel*: *A Conceptual Viewpoint*, NY:

John Wiley and Sons, Inc., 50−51.

Bagozzi, R. P., 1974, "Marketing as an Organized Behavioral System of Exchange", *Journal of Marketing*, 38(4), 77−81.

Bagozzi, R. P., 1975, "Marketing as Exchange", *Journal of Marketing*, 39(4), 32−39.

Coughlan, A., E. Anderson, L. W. Stern, and A. I. El-Ansary, 2014, *Marketing Channels: Pearson New International Edition*(7th ed.), London: Pearson Education Limited, 32−38.

Creedy, J., 2010, "The Edgeworth Box", In M. Blaug and P. Lloyd(eds.), *Famous Figures and Diagrams in Economics*, Cheltenham, UK: Edward Elgar Publishing, 233−238.

Frazier, G. L., K. Sawhney, and T. Shevani, 1990, "Intensity, Functions, and Integration in Channels of Distribution", In V. A. Zeithaml(ed.), *Review of Marketing*, IL: American Marketing Association, 263−298.

Hunt, S. D., 1976, "The Nature and Scope of Marketing", *Journal of Marketing*, 40(3), 17−28.

Karen, S. C., and R. M. Emerson, 1978, "Power, Equity and Commitment in Exchange Networks", *American Sociological Review*, 43(5), 721−739.

Kotler, P., 2001,《营销管理(第10版)》,北京:清华大学出版社。

Luk, S. T. K., and H. Y. Li, 1997, "Distribution Reform in China: A Macro Perspective and Implications for Channel Choices", *Journal of Marketing Channels*, 6(1), 77−104.

Pindyck, R. S., and D. L. Rubinfeld, 2013, *Microeconomics*(8th ed.), Boston, MA: Prentice Hall, 602−607.

Rigby, D., 2011, "The future of shopping", *Harvard Business Review*, 89(12), 65−76.

Stern, L. W., and A. El-Ansary, 1992, *Marketing Channels*(4th ed.), NJ: Prentice-Hall, Inc., 12−14.

Tamilia, R. D., O. C. Ferrell, and K. Hopkins, 2020, *Marketing Channels and Supply Chain Networks in North America: A Historical Analysis*, Switzerland: Springer, 53−61.

Verhoef, P. C., P. K. Kannan, and J. J. Inman, 2015, "From Multi-Channel Retailing to Omni-Channel Retailing: Introduction to the Special Issue on Multi-Channel Retailing", *Journal of Retailing*, 91(2), 174−181.

Weld, L. D. H., 1916, *The Marketing of Farm Products*, NY: The Macmillan Company.

练习与思考

1. 什么是营销渠道?营销渠道的主要功能是什么?
2. 举出各种你所熟悉的营销渠道,说说它们之间在功能安排上有什么差异。
3. 为什么国内大部分百货商场在销售服装、家用电器和化妆品时,大多采用海信广场模式?

4. 营销渠道为什么会存在?
5. 请通过查阅资料,寻找营销渠道不同研究与观察视角的例子。
6. 谈谈你对营销渠道在企业营销中地位和重要性的认识。
7. 阅读并分析本书"案例分析"部分的案例1,并回答问题。

第二章

营销渠道管理的特点与程序

>>> 知识要求

通过本章的学习,掌握以下要点:
- 管理的内涵和职能;
- 营销渠道管理的内涵与特点;
- 营销渠道经理的职责;
- 营销渠道管理的程序。

技能要求

通过本章的学习,要求学生能够做到:
- 用自己的语言清楚地表达管理和营销渠道管理的概念,并解释其内涵;
- 用对比或举例的方式说明营销渠道管理的特点;
- 清楚地描述渠道经理的职责;
- 画出营销渠道管理的程序图,并做出简单解释。

作为一项管理活动,营销渠道管理与其他的管理活动并没有本质区别。它也是要通过协调与整合他人的工作,与他人合作,有效地完成渠道任务。不过,由于它除了要协调与整合企业内部人员的工作,还要协调与整合企业外部其他渠道成员的工作,因此更为复杂,有着与一般管理活动不同的特点。

本章主要介绍营销渠道管理的特点和营销渠道管理的程序,但是在此之前,我们有必要先了解或熟悉一下管理的基础知识。因为营销渠道管理不是管理以外的东西,它是管理的一个分支,是管理在营销渠道领域中的体现。本书的一个重要特点,是要把营销渠道管理纳入管理理论体系之中,按照计划、组织、领导与控制的四大职能来讲述营销渠道管理的内容。

第一节 管理的基础知识

管理是人类有目的的组织活动,广泛存在于社会的各个领域。这里所讲的管理,主要是以工商企业为对象的管理活动。管理活动,自古有之,但是较完整的管理理论体系,直到20世纪才形成。那么,什么是管理?谁是管理者?管理又有哪些基本职能呢?

一、管理的内涵

管理是一个古老的现象和话题,内涵极为丰富。因此,人们对管理的认识也是各种各样的。一个较为一致的说法是:管理是指协调与整合他人的工作活动,与他人合作,有成效和有效率地完成一个组织工作任务的程序(罗宾斯、库尔特,2017)。

根据这个定义,管理是一个组织(企业)的一套活动程序或过程,涉及计划、组织、领导和控制等行为;通过这些行为,人们不但要完成组织的工作任务(有成效),而且还要多、快、好、省(有效率)。

有成效(effectively)和有效率(efficiently)是两个不同的概念。效率讲的是投入与产出之间的关系。如果一家企业用给定的投入获得更多的产出或者用较少的投入获得同样多的产出,那么这家企业就有较高的效率。但是,仅有效率是不够的。管理者更要考虑成效,即从事什么活动才能帮助企业实现其目标。效率考虑的重点是"如何把事情做好",而成效考虑的重点则是"如何做对的、能够达成目标的事情"。成效强调结果,效率强调手段,二者相辅相成。

管理的内涵可以概括如下:

第一,管理是人们为了更好地实现组织目标而进行的有目的的活动;

第二,管理是通过计划、组织、领导和控制等一系列管理职能来实施的;

第三,管理的内容是协调组织内外可以利用的人、财、物、时间、信息等资源要素,使之得以有效结合和充分利用。

二、管理者

按照定义,一个人只要通过协调与整合他人的工作活动来完成任务,就是管理者。

他既可能管理着一家大的跨国公司,也可能管理着一家公司的一个小部门,还可能只是另外一两个人的上级。有时,管理者可能负责一个由不同组织成员构成的临时小组,还可能只负责与其他组织的协调行动。一个组织通常可以分为四个层次,如图2-1所示,管理者根据所处位置的不同,分为高层管理者、中层管理者和基层管理者,如图2-1所示。

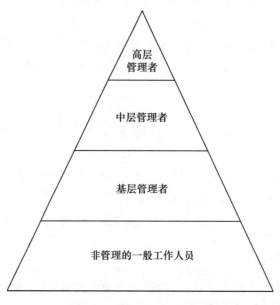

图2-1　组织分层与管理者

高层管理者处于组织的最高层,对整个组织的活动负有全面的责任,主要职责是制定组织的发展目标和发展战略,掌握组织的大政方针,对整个组织完成任务的绩效做出评估。

中层管理者处于高层管理者和基层管理者之间的一个或若干个中间层次上。他们的主要职责是贯彻执行高层管理者所制定的重大决策,监督和协调基层管理者的工作。与高层管理者相比,中层管理者更注重日常事务的管理。

基层管理者也叫一线管理者,处于组织的基层。他们所管辖的是一线的工作人员,主要职责是给下属的一线工作人员分派具体的工作任务,直接指挥和监督现场作业活动,以保证各项任务的完成。

管理者还可以按照工作范围和专业性质,分为综合管理者和专业管理者。综合管理者负责管理一个组织的全部活动,如公司的总经理或一家公司某一事业部的经理,需要统管包括生产、营销、人事、财务等在内的各项活动。专业管理者则仅负责其中某一类活动的执行。在企业管理中,根据专业领域的不同,专业管理者可以具体划分为生产部门管理者、营销部门管理者、人事部门管理者、财务部门管理者以及研发部门管理者等。

三、管理职能

管理职能是指管理者所从事的主要活动和发挥的基本作用。虽然不同的组织在目标、管理要求和管理方法上各有不同，但管理者所发挥的作用却是基本相同的，即他们都进行计划、组织、领导和控制相关的活动。这四项基本活动与活动的过程，就是管理的四项职能。

管理的四项职能是紧密联系、互相影响的，任何一个职能出现问题都会影响其他职能的发挥。在现实的管理工作中，四项职能交织在一起，你中有我，我中有你，不能截然分开。其中，计划是管理的首要职能。管理活动一般都是从计划开始，先确定做什么（目标）和怎样做（行动方案），然后按照计划的要求组织人力和各种资源，再指挥计划的执行与落实，并通过控制活动保证工作的结果符合计划任务的要求。

（一）计划职能

管理的计划职能，也叫"规划"或"策划"，就是事先决定一个组织在未来某一特定时间内应达到的目标以及达到目标的有效方式。通常，计划的第一步是制定未来要实现的目标，第二步是制定与此有关的更具体的分阶段目标，第三步是确定、评估和选择实现目标的可行方案，第四步是督促计划的执行。

（二）组织职能

管理的组织职能，是指管理者通过组织结构的设计而决定做什么、怎样做、谁去做和谁向谁负责等问题。注意，这里的组织是一个动态过程，即把大家组织和动员起来完成一项任务的过程，而不是一个静态集合，即一个按不同的管理层次明确各个成员的权力与责任的群体。不过，动态过程和静态集合二者密切相关，互为因果。一方面，组织职能要通过一定的物化形式（如组织结构）来实现；另一方面，静态集合是动态过程所形成的物化结果。

（三）领导职能

管理的领导职能，是指管理者所发挥的对下属的指挥、协调与激励作用。领导不能被简单地看作一种职权，它更是一种影响力——通过各种信息沟通方式，影响他人或群体在某种特定条件下实现目标的行为能力。

领导者的影响力主要来自两个方面：一是职位权力，二是个人权力。职位权力由领导者在组织中所处的位置决定，它由上级和组织赋予，人们因组织约束不得不服从。个人权力由领导者自身的某种特殊条件造就，如深远的洞见、高尚的品德、丰富的经验、卓越的能力、良好的作风等，这种权力对人的影响是非强制性的，也是长远的。

（四）控制职能

管理的控制职能，是指管理者利用信息反馈，及时对执行结果与计划目标进行比较，发现并分析差异，采取相应措施促使计划按既定目标完成。它是对计划执行过程的控制。

一个组织在制订计划时，一般都会做认真的调查、分析和研究，考虑内外部各种因素，尽可能保证计划的可行性。但是，由于内外部环境充满变数，极为复杂，制订的计划在执行时常常发生偏差。为了使计划的执行不走样或少走样，管理者需要对计划执行过程进行监督和控制，及时发现和解决问题。

第二节 营销渠道管理的内涵与特点

营销渠道管理是管理在营销渠道领域中的体现。但是,由于管理对象特殊,所以它又具有自己的特点。营销渠道管理的内涵和特点也可以按照管理的计划、组织、领导与控制四大职能来理解。

一、营销渠道管理的内涵

营销渠道管理与上面所讲的组织管理或企业管理并没有根本区别,它实际上是以营销渠道为对象的管理活动,是管理活动在营销渠道这个对象上的具体化。因此,根据管理的定义,我们把营销渠道管理定义为:通过计划、组织、激励、控制等环节来协调与整合营销渠道中所有参与者的工作活动,与他们合作,有成效和高效率地完成分销任务。

根据这一定义,营销渠道管理的内涵可以从四个方面来理解:

第一,管理的目的是使整个渠道的运行过程有更高的效率和富有成效。

第二,管理的对象是营销渠道中的所有参与者,既可能是企业内部的员工(如在直销渠道中)或外设机构(如企业的销售公司),也可能是其他的企业(如中间商)或个人(经纪人)。

第三,管理的具体内容是营销渠道的各种功能,如实物、资金、信息、促销等。

第四,管理所采取的主要措施是计划、组织、激励和控制。渠道管理者通过履行这些职能,协调与整合营销渠道中所有参与者的工作活动。

二、营销渠道管理的特点

管理对象的独特性,决定了营销渠道管理有着不同于其他管理的特点。图2-2显示的是基于制造商视角的营销渠道管理路线图。当然,这个图也可以从中间商(如批发商或零售商)的角度绘制。视角虽然不同,但要表达的含义相同。

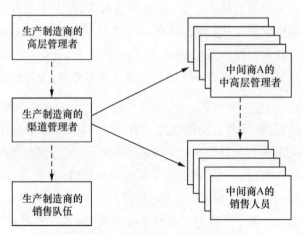

图2-2 营销渠道管理路线图

由图 2-2 可见，生产制造商可能同时采用直销渠道和中间商渠道这两种性质不同的营销渠道。因为性质不同，所以两种营销渠道涉及的管理问题有根本性的区别。

直销渠道是指制造商使用自己的销售队伍（如自己的推销员或外设销售机构）销售自己的产品，涉及的管理问题是企业内部销售队伍的计划、组织、激励和控制。此时，制造商对营销渠道的管理就是企业内部对销售队伍的管理。管理中所涉及的问题，也主要由销售管理（sales management）理论来研究。

中间商渠道是指制造商需要使用中间商的力量来销售自己的产品，涉及的管理问题既有企业内部的计划、组织、激励和控制（制造商的高层管理者对制造商渠道管理者的管理），也有跨组织的计划、组织、激励和控制（制造商通过其渠道管理者对中间商的管理）。此时，制造商对营销渠道的管理就是一种交叉着组织内部管理的跨组织管理。管理中所涉及的问题，一方面与企业的内部管理有关，另一方面与跨组织管理有关。

中间商渠道的这一特点，决定了中间商渠道管理的复杂性和难度。中间商渠道的管理效率和效果，既取决于各渠道参与者的组织内部管理，如图 2-2 中制造商的高层管理者对制造商渠道管理者的管理和中间商的中高层管理者对中间商的销售人员的管理；也取决于各渠道参与者之间针对彼此的跨组织管理，如图 2-2 是站在制造商的角度，制造商通过其渠道管理者对中间商的管理。

因为在现代市场经济中，中间商渠道占主导地位，所以中间商渠道的跨组织管理是营销渠道管理的常态，也是营销渠道管理的重点和难点所在。营销渠道管理的特点可以概括如下：

第一，营销渠道管理是一种交叉着企业内部管理的跨组织管理。渠道管理虽然也涉及本企业的员工或部门，但是大多数情况下，它涉及的当事人不属于同一家企业，而是分属于不同利益主体的组织或个人。因此，除了一些自己开设的专卖店和下属的分支机构，企业与这些当事人的关系是平等的合作关系，而不是主从关系。

第二，营销渠道管理有一个跨组织目标体系。由于是跨组织管理，所以目标也是跨组织的。这意味着：（1）渠道成员有一些共同目标，如它们有共同的最终服务对象，它们都要使渠道的运行更有效率和更有成效，它们都希望通过专业化与合作提高自己的竞争实力；（2）每一个渠道成员还有其独立目标，如它们的销售目标、利润目标和发展目标；（3）渠道成员的独立目标之间并非总是相容的。因此，渠道管理的一个重要任务，就是对渠道的共同目标和渠道中不同成员的独立目标进行有效整合，让各个成员充分认识到共同目标的存在及其重要性。当然，最好是设计一套目标体系，使各个成员只有很好地达成渠道共同的目标，才能很好地达成自己的目标。所以，不同于一般管理的目标，在营销渠道管理中，一家企业除要考虑自己的销售额、利润额、市场占有率等目标以外，还要考虑其他渠道成员的目标和所有渠道成员的共同目标。只考虑自己怎样实现目标，而不管其他企业的目标和整个渠道的共同目标，将危及整个渠道运行的成效和效率，并最终阻碍本企业渠道任务的完成。

第三，营销渠道管理从管理职能上讲，也有自身的特点。比如计划，不仅要考虑本企业做什么、怎样做，还要考虑渠道中其他成员做什么、怎样做；组织，更多地意味着选择机构而不是人员，以及对机构而非个人的角色分配；领导和控制，更多地意味着影响而不是命令与指挥。

第四，在管理方式上，跨组织管理较少地依靠层级制度所赋予的法定权力，较多地依靠互依关系、影响力、合同、规范（norms）以及共同的利益和价值观。共同的利益是协调各方面关系的主要力量。营销渠道从本质上讲就是一张以一家企业为轴心而组成的利益关系网，一旦一方不能从中获利，这张网就很容易破裂。因此，企业在进行渠道管理时，如何处理不同渠道、不同环节、不同成员之间的利益关系，减少冲突，提高各方面的积极性，是成败的关键。

三、渠道管理职能

渠道管理通过渠道管理人员来完成。渠道管理人员一般位于企业的中、低层，属于专业管理者，主管企业营销渠道的设计、开发与维护。大部分企业没有单独设立渠道经理这一职位，因此渠道管理人员在不同的企业有不同的叫法，比如渠道主管、贸易营销主任、客户业务发展主管、业务发展经理、团队营销经理、销售合作部长、销售开发主任等（罗森布罗姆，2014）。有些大公司主管营销的副总经理、营销经理、产品经理、品牌经理和销售经理都会涉足渠道管理工作，扮演渠道管理人员的角色。比如，某些工业品制造公司分管营销的副总经理，可能是渠道决策的关键人物；在特许经营渠道中，某些授许商的经理会根据特许商的安排，为其选择新的渠道成员；而在那些业务单一的小企业，大多数渠道管理工作是由企业主或总经理来完成的。

示例 2-1 显示了 KK 公司渠道经理的岗位描述，包括岗位任务、岗位职责、岗位技能要求、岗位资格要求和岗位考核的关键业绩指标等。其中，对岗位职责的描述体现了渠道管理的职能。

示例 2-1　KK 公司渠道经理岗位手册

岗位编号：KK Channel-12-2022

岗位任务	1. 为上级主管制定销售指标提供意见； 2. 制订科学的渠道管理计划，保证向渠道及时供应产品。
岗位职责	1. 协助营销总监制定事业部、区域营销中心及营销分公司的营销额、利润及营销费用等指标； 2. 协助事业部经理和财务部经理制订经营计划、资金预算计划； 3. 参与制订事业部的产品生产计划和营销计划； 4. 负责货源调配管理、总部展厅管理、渠道网络建设与管理； 5. 负责营销渠道中所涉及的劳动、人事、工资等管理； 6. 负责考核区域营销中心、营销分公司的库存、营业业绩、渠道网络建设情况； 7. 负责本部门日常行政事务（如公文、档案、清洁卫生）的管理； 8. 完成领导交办的其他相关任务。

(续表)

岗位技能要求	1. 组织领导能力和团队精神； 2. 沟通、协调能力； 3. 较强的数据分析能力； 4. 熟悉行业竞争状况。		
岗位资格要求	1. 工商管理硕士，最好是营销专业的； 2. 两年以上相关工作经验，具备管理工作经验，或通过某种方式能够证明自己具备渠道管理的素质。		
关键业绩指标	指标项目	量化目标	指标权重
1	分公司库存周转率	根据任务计划设定	50%
2	分公司要货计划满足率	100%	25%
3	事业部销售收入完成率	100%	1%
4	经过确认的分公司书面投诉	无	5%
5	员工考核与培训要求	准时无遗漏	5%

资料来源：参考某企业实际资料编写。

渠道管理职能与管理的一般职能有下述几项相对应的层次：渠道设计、渠道组织、渠道激励和渠道控制。不过，由于渠道管理是一种交叉着组织内部管理的跨组织管理，所以这四大职能体现在企业内外两个层面上，分为企业内部的渠道管理与跨组织的渠道管理，如表2-1所示。

表2-1 渠道管理职能与管理分层

管理分层	渠道管理职能			
	渠道设计	渠道组织	渠道激励	渠道控制
企业内部	企业的渠道目标和渠道类型、比重及覆盖范围	企业内部渠道管理人员和销售人员的配置和职责	对企业内部渠道管理人员和销售人员的领导和激励	对企业营销渠道的运行情况进行监测和评价，并在必要时纠偏
跨组织	企业所采用中间商渠道的层次、参与者和覆盖范围；渠道的跨组织目标	中间商渠道合作伙伴的选择、渠道功能安排以及各渠道成员责任和权利的确定	对渠道合作伙伴的影响和激励	对渠道合作伙伴的投机行为进行监督和约束

资料来源：引自庄贵军（2007）。

（一）渠道设计

渠道设计也称为渠道策划，是企业根据其营销目标和优劣势，对渠道目标、渠道任务、渠道结构、渠道管理方法和政策等进行规划的活动。具体内容包括：预测未来渠道环境的发展趋势，了解渠道现状，建立渠道目标，确定渠道策略等。在建立渠道目标、确定渠道策略时，又分为企业内部的渠道设计和跨组织的渠道设计两个层面。

企业内部的渠道设计，是从企业的视角来考虑企业的渠道目标和对企业的渠道策略进行整体的规划，涉及企业采用和行将采用的渠道类型、渠道目标在各类型渠道上的分解（比重）和所有类型渠道的覆盖范围（地域和不同的细分市场）。一家企业可以使用的渠道类型有很多，企业既可以只使用一种，也可以同时使用多种。同时使用多种渠道，被称为混合渠道策略，其是企业渠道策略的常态。

因为大多数情况下，企业会同时使用多种渠道，特别是很少有企业会单独使用直销一种渠道，所以企业的渠道设计通常要涉及其他组织。这就使渠道设计成为跨组织的。跨组织渠道设计，主要考虑企业所使用每一条中间商渠道的层次结构、参与者的类型和覆盖范围等。另外，因为是跨组织渠道设计，所以渠道管理人员在进行渠道结构的设计时，不仅要考虑自己的渠道目标，还要了解合作伙伴的渠道利益或渠道目标。

（二）渠道组织

渠道组织是指企业为了实现其渠道目标所进行的渠道构建、功能安排和分工协调活动。具体工作有两项：一是根据设计的渠道结构选择渠道参与者，进行渠道的功能安排；二是在不同主体之间进行分工和协调，增进渠道参与者之间的合作，预防不同参与者之间出现严重的矛盾和冲突。这些工作内容也可以分为企业内部的渠道组织和跨组织的渠道组织两个层面。

企业内部的渠道组织，主要涉及企业内部渠道管理人员和销售人员的配置、分工以及权、责、利的确定等工作。要达到的目的是通过人员的合理配置，以及企业内部相关人员的分工协作，使企业的渠道策略顺利实施。

跨组织的渠道组织，主要涉及每一条中间商渠道的成员选择、渠道功能安排以及每一条中间商渠道中各成员责、权、利的协商和确定。要达到的目的是通过不同参与者渠道功能的整合和安排，使每一条中间商渠道中的参与者在自愿的原则上分工协作，在实现整体目标的前提下，实现自己的渠道目标。这里要特别注意，每一家企业都有各自独立的目标，因此一家企业需要利用其他企业对各自目标的追求而实现自己的渠道目标。

（三）渠道激励

在确定了企业的渠道组织结构之后，为了高效率地实现企业的渠道目标，企业的渠道管理者一方面要促使企业内部的渠道管理人员和销售人员努力工作，另一方面要促使渠道合作伙伴积极与本企业合作。如果一家企业在一条营销渠道中处于领导地位，那么这家企业的渠道管理者（如渠道经理）就要领导整个渠道的所有成员完成整个渠道的任务。如果它处于从属地位，那么也要采取各种措施，激励其他企业与本企业建立一种良好的合作关系。因此，渠道激励也可以分为企业内部的渠道激励和跨组织的渠道激励两个层面。

企业内部的渠道激励，主要是通过企业内部各种各样的政策和管理者的领导行为激励企业内部的渠道管理人员和销售人员，努力为企业工作（包括对营销渠道中其他企业的监督和控制）。具体内容与管理中一般的领导和激励行为相同，如研究渠道管理人员和销售人员的需要、动机与行为;制定关于渠道管理人员和销售人员的激励政策,加强领导,调动渠道管理人员和销售人员工作的积极性;协调内部关系,为渠道管理人员和销售人员创造一个愉快的工作环境。

跨组织的渠道激励,则主要是一家企业由其渠道管理人员作为代表,通过企业的渠道政策和渠道管理人员的行为,对渠道合作伙伴产生影响和激励。具体内容包括:研究渠道运行过程中不同参与者的需要、动机与行为;采取适宜的渠道政策和措施,调动各渠道参与者的积极性,自愿与本企业合作完成渠道任务;协调渠道关系,避免大的渠道冲突或矛盾的发生。

(四) 渠道控制

渠道控制就是企业为确保渠道目标按计划实现而对渠道活动进行监督,并在发生明显偏差时进行纠正的活动程序。渠道控制的具体内容,从纵向看,包括制定各种控制标准;检查工作是否按计划进行以及是否符合既定的标准;对各渠道参与者的经营状况进行监测;对渠道网络运行效率和效益进行评估;根据渠道网络运行效率和效益,适时调整企业的渠道网络;消除渠道成员间无益的利益冲突和内耗,防止渠道混乱。从横向看,包括对营销渠道中产品和服务质量的控制;对价格和费用的控制;对销售区域的控制;对广告与促销方式的控制。

企业的渠道控制,对内和对外的意义有很大不同。

企业内部的渠道控制,以企业的整个营销渠道体系为控制对象,是渠道管理人员对企业营销渠道体系总的运行情况所进行的监督、评价和纠偏活动。它包括三个步骤:第一,设定渠道控制标准;第二,对渠道运行情况进行监测与评价;第三,在发现实际执行情况与控制标准之间有偏差时,根据偏差形成的原因,采取纠偏行动。

跨组织的渠道控制,以企业所采用的中间商渠道中其他渠道成员的行为为控制对象,是企业通过渠道管理人员对中间商渠道中其他渠道成员可能出现的投机行为进行的监督和约束。在企业与其渠道合作伙伴打交道时,由于利益的不同甚至相反,合作伙伴常常会有意无意地进行一些投机活动。这些投机活动会损害企业的利益,降低营销渠道的运行效率,严重时会致使一条营销渠道彻底瘫痪。

这两个方面的控制相互补充。第一个方面的渠道控制是要从企业自身的角度保证企业的渠道策略在实施中得到有效贯彻,第二个方面的渠道控制则是要保证企业的渠道策略在实施中得到合作伙伴的有效配合。一般而言,第一个方面的渠道控制相对容易一些,因为它主要涉及的是组织内部控制问题;第二个方面的渠道控制则非常困难,因为它涉及的是跨组织控制问题。

第三节 营销渠道管理的程序

以上渠道管理的计划、组织、激励和控制职能,在企业的日常管理活动中,通过企业的渠道管理程序来实现。如图 2-3 所示,渠道管理程序可以分为五个主要步骤:(1) 渠道分析与目标确定;(2)渠道设计与策略选择;(3)渠道成员选择与物流组织;(4)渠道合作与控制;(5)渠道效率评估。其中,前两步主要对应于渠道管理的计划职能,第三步主要对应于管理渠道的组织职能,后两步则主要对应于渠道管理的激励和控制职能。

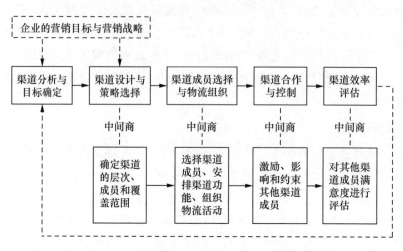

图 2-3 渠道管理程序

图 2-3 中的虚线框"企业的营销目标与营销战略"以及与其连接的虚线和箭头,表示企业的渠道管理以企业的营销目标和营销战略为前提,贯穿前两个环节。由于渠道管理是一种交叉着组织内部管理的跨组织管理,涉及许多跨组织管理的内容,图 2-3 中用与相关步骤相连的方框表示。

一、渠道分析与目标确定

企业的渠道管理,开始于渠道管理者对渠道的分析和对企业渠道任务与目标的明确。

对渠道进行分析的目的,在于帮助渠道管理者了解企业的渠道环境、内部管理约束和渠道现状。内容包括:第一,分析渠道环境,比如政治、法律、经济、人口、文化、科技、生态和竞争等因素,明确环境因素为企业渠道管理带来的机会和限制。第二,分析企业的战略与管理因素,比如企业的使命、发展战略、组织结构、资源状况、以前的业绩以及在相关业务上的竞争战略等,明确战略与管理因素为企业渠道管理带来的机会和限制。第三,分析企业的营销目标与营销战略,搞清楚营销渠道在营销战略中的地位以及企业营销对渠道结构设计和策略选择的要求和限制。第四,分析渠道缺口,从服务产出、环境和管理约束的角度了解企业的渠道现状,寻找企业现有渠道中存在的问题及其根源,思考解决问题的目标和方法。

在此基础上,确定企业的渠道任务与目标。企业的渠道任务与目标是指企业为了实现其营销目标,落实其营销战略,希望通过渠道管理活动在一定时间内达到的结果。在企业的实际工作中,有两类性质不同的目标:一类是渠道在一定时间内必须完成的任务,其往往是对营销目标的分解;另一类是渠道管理者根据渠道缺口分析的结果所确定的渠道要达到的结果。前者称为渠道任务,后者称为渠道目标。渠道任务具有较高的强制性,如果无法完成,就要被问责。渠道目标则不具有太高的强制性,它是渠道管理者对管理约束下"理想"渠道的一种追求。渠道任务包括销售量、销售额、利润额等。渠道目标则包括渠道建设目标、渠道服务目标和渠道治理目标。本书第三章对此有详细介绍。

二、渠道设计与策略选择

根据企业的渠道任务和目标,渠道管理者设计企业的渠道结构,选择企业的渠道策略和渠道治理方式。其中,涉及的内容包括确定企业渠道的长度、宽度、密度、中间商的类型以及渠道的组合结构;选择企业的渠道结构策略,如直接分销、独家分销、选择分销、广泛分销或密集分销;决定企业对渠道的治理方式,如采用公司型、特许型、管理型或关系型的垂直渠道系统。

企业在进行渠道设计与策略选择时,有很多内容是跨组织的,比如在确定使用中间商渠道以后,企业需要确定渠道的层次结构、参与者、覆盖范围、交叉程度以及合作与协调机制等。因此,企业不但要考虑自己的需要,还要考虑合作伙伴的需要。本书第四章对此有详细介绍。

三、渠道成员选择与物流组织

渠道设计方案和渠道结构策略选定以后,接下来就要组织实施,这涉及渠道的组织、领导、激励与协调问题。其中的第一要务是寻找和选择渠道成员,具体内容包括:了解每一种渠道参与者发挥的功能,寻找渠道成员,评价和选择渠道成员,在渠道参与者之间分配渠道功能和任务。本书第五章对此有详细介绍。

此外,为了使商品能够在恰当的时间、恰当的地点、以恰当的形式提供给消费者或用户,物流也是渠道管理者需要认真考虑的一项重要内容。由于物流包括运输、储存、包装、装卸、交货等多方面的活动内容,不但需要企业内各个部门的密切配合,而且涉及企业外部很多机构(如运输公司、仓储公司、经销商、保险公司等)的合作,因此渠道管理者需要从渠道运行的角度与企业的物流系统进行协调,更有效率地完成渠道任务。本书第六章对此有详细介绍。

四、渠道合作与控制

渠道合作是指渠道成员为了共同及各自的目标而采取的共同且互利性的行动。渠道管理的主要目的是加强合作,减少冲突,提高整个渠道系统的运行效率,为每一个渠道成员创造出单个企业难以获得的竞争优势。

有合作,就会有冲突。为了加强合作,减少冲突,防止渠道中的投机行为伤害自己,企业需要对渠道进行控制。渠道控制有两个重要的方面:第一,对渠道策略能否在实施中得到有效贯彻进行监控;第二,对渠道中各渠道参与者可能采取的投机行为进行监控。其中,第二个方面的渠道控制属于跨组织控制问题。二者相互补充,缺一不可;缺少任何一个,营销渠道就难以顺利运行。

渠道合作与控制涉及的问题比较多,包括渠道成员的合作基础、渠道成员相互依赖的程度和互依结构、渠道权力、渠道冲突与合作、渠道投机行为以及渠道控制机制等。本书第七章到第九章对此有详细介绍。

五、渠道效率评估

渠道效率是渠道的投入-产出比。在渠道投入一定时,渠道产出越大,渠道效率就越高。渠道效率评估的目的,一是检查渠道策略的执行结果,据以奖优罚劣;二是发现渠道运行中存在的问题,为企业整合营销渠道、调整渠道结构和增减渠道成员提供决策的依据。

根据渠道的跨组织特性,渠道效率需要从渠道和渠道成员两个层面进行评估。从渠道层面评估渠道效率,主要是分析一条渠道总的运作效率;从渠道成员层面评估渠道效率,主要是分析某一条渠道内各渠道成员发挥渠道功能的效率。另外,根据渠道产出的性质,渠道效率的评估指标可以分为量化指标和非量化指标。量化指标由渠道的可量化产出计算得出,非量化指标由渠道的不可量化产出计算得出。

在对渠道效率进行评估时,企业既要考虑可量化因素,又要考虑不可量化因素。此外,还需要对渠道效率进行综合评估。在渠道效率评估的基础上,企业对渠道策略做出必要的调整。本书第十章对此有详细介绍。

渠道效率评估既是渠道管理过程的最后一步,也是新一轮渠道管理活动的开始。这由图2-3中的那条反馈线表示。企业的营销渠道管理,由此循环往复,不断进行下去。

本章提要

管理是指协调与整合他人的工作活动,与他人合作,有成效和高效率地完成工作任务的程序。根据在组织中所处的位置,管理者被分为高层管理者、中层管理者和基层管理者。管理职能是指管理者所从事的主要活动和发挥的基本作用,包括计划、组织、领导和控制四项基本活动。

营销渠道管理是指通过计划、组织、激励、控制等环节来协调与整合营销渠道中所有参与者的工作活动,与他们合作,有成效和高效率地完成分销任务。其目的是使整个渠道的运行过程有更高的效率和富有成效;对象是营销渠道中的所有参与者,既可能是企业内部的员工(如在直销渠道中)或外设机构(如企业的销售公司),也可能是其他的企业(如中间商)或个人(经纪人);主要措施是计划、组织、激励和控制。

营销渠道管理有如下特点:(1)是一种交叉着企业内部管理的跨组织管理;(2)有一个跨组织目标体系;(3)管理职能和管理方式具有跨组织的特点。

渠道管理通过渠道管理人员来完成。渠道管理人员一般位于企业的中、低层,属于专业管理者,主管企业营销渠道的设计、开发与维护。渠道管理人员的具体职责有下述几项:渠道设计、渠道组织、渠道激励和渠道控制。由于渠道管理是一种交叉着组织内部管理的跨组织管理,所以这四大职能体现在企业内外两个层面上,分为企业内部的渠道管理与跨组织的渠道管理。

渠道管理的计划、组织、激励和控制职能体现在企业的渠道管理程序之中。渠道管理程序可以分为五个主要步骤:(1)渠道分析与目标确定;(2)渠道设计与策略选择;(3)渠道成员选择与物流组织;(4)渠道合作与控制;(5)渠道效率评估。其中,前两步主要对应于渠道管理的计划职能,第三步主要对应于管理渠道的组织职能,后两步则主要对应于渠道管理的激励和控制职能。

参考文献

罗宾斯,斯蒂芬;库尔特,玛丽,2017,《管理学(第13版)》,刘刚等译,北京:中国人民大学出版社,第3—21页。

罗森布罗姆,伯特,2014,《营销渠道:管理的视野(第8版)》,宋华等译,北京:中国人民大学出版社,第9—10页。

庄贵军,2007,《中国企业的营销渠道行为研究》,北京:北京大学出版社,第10页。

练习与思考

1. 什么是营销渠道管理?
2. 营销渠道管理有什么特点?请举例说明。
3. 为什么说"营销渠道管理是一种交叉着企业内部管理的跨组织管理"?
4. 营销渠道管理的企业内部管理表现在哪些方面?
5. 营销渠道管理的跨组织管理表现在哪些方面?
6. 简述渠道管理的程序,并说明它与管理四大职能的对应关系。
7. 阅读本书"案例分析"部分的案例2、案例3,并回答问题。

第三章

渠道分析与目标确定

>> 知识要求

通过本章的学习,掌握以下要点:
- 渠道分析的内容与方法;
- 渠道的环境机会与限制;
- 渠道的管理机会与限制;
- 营销目标与营销战略对渠道的要求和限制;
- 渠道缺口的内涵与分析方法;
- 基于需方缺口和供方缺口的六种渠道情景;
- 渠道任务与目标的确定与表述方式。

→ 技能要求

通过本章的学习,要求学生能够做到:
- 从渠道机会与限制的角度分析环境因素;
- 从渠道机会与限制的角度分析企业内部的管理要素;
- 从对渠道的要求和限制的角度分析企业的营销目标和营销战略;
- 用自己的语言说明渠道缺口的内涵、分析方法和分析步骤;
- 说明渠道分析与渠道目标之间的关系;
- 基于需方缺口和供方缺口的六种渠道情景,举例说明企业的渠道目标;
- 应用渠道缺口分析模板分析企业存在的渠道问题,制定渠道目标,提出解决方案;
- 举例说明渠道任务与渠道目标的异同;
- 根据企业营销的实际情况,设计有效的渠道目标。

分析和了解企业的渠道现状,提出明确的渠道任务和目标,是企业进行渠道管理的基础。渠道分析包括渠道环境分析、企业战略与管理要素分析、营销目标与营销战略分析以及渠道缺口分析。前三种分析的目的主要是了解渠道环境和企业内部管理要素对企业渠道管理的限制和约束;后一种分析的目的则是从服务产出、环境和管理约束的角度了解企业渠道的现状,寻找企业现有渠道中存在的问题和根源,思考解决问题的目标和方法。

渠道任务与目标是企业为了实现其营销目标与营销战略,希望通过渠道管理活动在一定时间内达到的结果。渠道任务来自对企业营销目标的分解,是渠道在一定时间内必须完成的任务;渠道目标则是管理者根据渠道缺口分析的结果所确定的渠道要达到的结果,它是渠道管理者对管理约束下"理想"渠道的一种追求。

本章分为五节,分别介绍渠道环境分析、企业战略与管理要素分析、营销目标与营销战略分析、渠道缺口分析以及渠道任务与目标的确定等内容。

第一节　渠道环境分析

企业的渠道管理活动是在特定的环境中进行的,因此受环境因素的影响。环境因素包括政法(政治法律)、经济、人口、文化、科技、生态和竞争等因素。这些因素的变化是企业所不能控制的,企业只能认识和适应它,并在此基础上利用它。对企业的渠道环境进行分析的一个重要目的,是确定企业的环境机会与限制。

一、政法环境

一个国家的政法环境是影响该国企业或其他国家的企业在该国进行营销活动和渠道管理活动的重要因素。一个国家如果政局稳定,人民安居乐业,那么企业就会树立投资信心,并积极从事投资、生产和营销活动;相反,政局不稳,社会矛盾尖锐,秩序混乱,就会影响经济发展和市场繁荣,使企业失去信心,撤离资本,减少生产和营销活动。特别是在对外贸易或跨国营销活动中,企业必须考虑东道国政局变动对企业可能造成的不利影响。

此外,政法环境还表现为一个国家的政府所制定的方针政策,如人口政策、能源政策、物价政策、财政政策、货币政策以及法律法规等。比如,一个国家降低利率,可以刺激消费的增长;提高个人所得税,会相应减少消费者的实际收入,从而降低人们的购买力和购买欲望;增加香烟的产品税,可以抑制人们对香烟的消费需求。在国际贸易中,大多数国家都会制定一些政策来干预外国企业在本国的营销活动,比如进口限制、价格管制、外汇管制、特殊的税收政策以及国有化政策等。

法律法规则为企业在一个国家进行生产与营销活动提供了行为准则。企业只有依法进行各种生产和营销活动,才能受到该国法律的保护。比如,中国政府制定和颁布了《中华人民共和国产品质量法》《中华人民共和国全民所有制工业企业法》《中华人民共和国合同法》《中华人民共和国涉外经济合同法》《中华人民共和国商标法》《中华人民共和国专利法》《中华人民共和国广告法》《中华人民共和国食品安全法》《中华人民共和国环境保护法》《中华人民共和国反不正当竞争法》《中华人民共和国消费者权益保护法》《中华人民共和国进出口商品检验法实施条例》等。在中国进行生产和营销活动的企业，必须熟知这些法律条文中与自己有关的内容。只有这样，才能保证企业经营的合法性，也才能运用法律法规保护自己和消费者的合法权益。从事国际营销活动的企业，不仅要遵守母国的法律法规，还要遵守东道国的法律法规，以及一些国际组织制定的法规、惯例和准则。

企业要特别注意《中华人民共和国反垄断法》第十四条对企业渠道管理的影响。第十四条有如下规定，"禁止经营者与交易相对人达成下列垄断协议:(一)固定向第三人转售商品的价格;(二)限定向第三人转售商品的最低价格;(三)国务院反垄断执法机构认定的其他垄断协议"。以渠道为情境,这意味着:制造商不能限制经销商对其产品的转售价格,否则将会被制裁。2021年9月,公牛集团因为违反了这一规定被浙江省市场监督管理局行政处罚2.9亿元。此前,海南裕泰公司、扬子江药业集团、海尔的子公司日日顺都出于相同的原因被罚。尽管学术界对第十四条有很多争议(高牟,2015;兰磊,2021;江山,2021),但在此条款没有改变之前,企业一定要注意,不能以合同的形式限制转售价格。

法律还可能直接影响一个国家的营销渠道状况。比如,日本为了保障就业和维持社会稳定,保护小型零售商的利益,先后制定和颁布了《百货店法》(1937年首次颁布、1956年第二次颁布)和《大规模零售店铺法》(1973年首次颁布),在很长的一段时间限制大型零售商店的发展。直到1997年,才用《大规模零售店铺选址法》代替了《大规模零售店铺法》。《大规模零售店铺选址法》针对新建或扩建店铺在1 000平方米以上的,实行申报制度。它一方面解除了对大型零售商店的限制,另一方面增加了对交通阻塞、交通安全、停车、噪声、废弃物、废气排放等环境品质的规范(尚珂,2009)。再如,中国政府颁布的《中华人民共和国种子法》,对主要农作物商品种子生产实行生产许可证制度。企业只有具备法律规定的条件,申请并经有关部门审查批准获得许可证后,才能从事生产和营销活动。示例3-1是中国政府1998年专门针对营销渠道中的传销活动发布的一个具有法律效力的通知,其中严格禁止在中国境内进行任何形式的传销活动。

示例 3-1　国务院关于禁止传销经营活动的通知

国发〔1998〕10号

各省、自治区、直辖市人民政府,国务院各部委、各直属机构：

为保护消费者合法权益,促进公平竞争,维护市场经济秩序和社会稳定,国务院决定禁止传销经营活动。现就有关问题通知如下：

一、传销经营不符合我国现阶段国情,已造成严重危害。传销作为一种经营方式,由于其具有组织上的封闭性、交易上的隐蔽性、传销人员的分散性等特点,加之目前我国市场发育程度低,管理手段比较落后,群众消费心理尚不成熟,不法分子利用传销进行邪教、帮会和迷信、流氓等活动,严重背离精神文明建设的要求,影响我国社会稳定;利用传销吸收党政机关干部、现役军人、全日制在校学生等参与经商,严重破坏正常的工作和教学秩序;利用传销进行价格欺诈、骗取钱财,推销假冒伪劣产品、走私产品,牟取暴利,偷逃税收,严重损害消费者的利益,干扰正常的经济秩序。因此,对传销经营活动必须坚决予以禁止。

二、自本通知发布之日起,禁止任何形式的传销经营活动。此前已经批准登记从事传销经营的企业,应一律立即停止传销经营活动,认真做好传销人员的善后处理工作,自行清理债权债务,转变为其他经营方式,至迟应于1998年10月31日前到工商行政管理机关办理变更登记或注销登记。逾期不办理的,由工商行政管理机关吊销其营业执照。对未经批准登记擅自从事传销经营活动的,要立即取缔,并依法严肃查处。

三、加大执法力度,严厉查禁各种传销和变相传销行为。自本通知发布之日起,一经发现有下列行为之一的,各级人民政府和工商行政管理、公安等有关部门,要采取有力措施,坚决取缔,严肃处理:

(一)将传销由公开转入地下的;

(二)以双赢制、电脑排网、框架营销等形式进行传销的;

(三)假借专卖、代理、特许加盟经营、直销、连锁、网络销售等名义进行变相传销的;

(四)采取会员卡、储蓄卡、彩票、职业培训等手段进行传销和变相传销,骗取入会费、加盟费、许可费、培训费的;

(五)其他传销和变相传销的行为。

对传销和变相传销行为,由工商行政管理机关依据国家有关规定予以认定并进行处罚。对利用传销进行诈骗,推销假冒伪劣产品、走私产品以及进行邪教、帮会、迷信、流氓等活动的,由有关部门予以查处;构成犯罪的,移送司法机关依法追究刑事责任。

四、各级人民政府要加强领导,有关部门要密切配合,坚决而又稳妥地做好禁止传销经营工作。禁止传销经营活动是一项政策性强、涉及面广、难度较大的工作,各级人民政府要高度重视,加强协调,由一位主要负责同志亲自抓。有关部门要认真履行职责,加强协作配合。工商行政管理机关要严厉查处违反本通知精神从事传销经营的行为;公安部门要坚决取缔利用传销或变相传销从事危害社会秩序的违法活动,与有关部门配合做好维护社会稳定和社会治安的工作;有关商业银行要支持配合工商行政管理、公安机关的查处工作;新闻宣传部门要加大宣传力度,广泛宣传传销的危害性,公开揭露传销的欺诈行为,及时曝光典型的传销违法案件,教育广大群众提高认识,自觉抵制传销经营活动,并对有关部门禁止传销经营活动的进展情况及时予以报道。

各级人民政府和有关部门对禁止传销经营工作,既要态度坚决,行动积极,又要精心组织,稳妥实施,以保持正常的经济秩序和社会稳定。

中华人民共和国国务院
一九九八年四月十八日

在很多国家,传销是一种正常的直接营销(direct marketing)活动。然而,在被引入中国以后,它却成为一种"进行价格欺诈、骗取钱财,推销假冒伪劣产品、走私产品,牟取暴利,偷逃税收,严重损害消费者的利益,干扰正常的经济秩序"的非正常营销手段。因此,在中国进行营销活动,不能使用传销渠道。

二、经济环境

经济环境包括收入、消费支出、产业结构、经济增长率、货币供应量、银行利率、政府支出等因素。其中,收入、消费结构对企业营销和渠道管理活动的影响比较大。一个国家的收入状况是决定这个国家市场总规模的重要因素之一,因为它决定了这个国家的国民总的购买力。要了解一个国家的收入状况,可以从以下几个方面进行:

- 国内生产总值,即人们通常所说的 GDP(Gross Domestic Product),指在一定时期(一般为一年)内一个国家或地区的经济中所生产出的全部最终产品和服务的价值。它有四个组成部分,即消费、私人投资、政府支出和净出口额。它是衡量一个国家综合经济实力的指标。

- 国民生产总值,即人们通常所说的 GNP(Gross National Product),指一个国家或地区的居民在一定时期(一般为一年)内的总收入。它等于国内生产总值加上来自国外的劳动报酬和财产收入减去支付给国外的劳动者报酬和财产收入。这也是衡量一个国家综合经济实力的指标。

- 国民收入(National Income),指一个国家国民经济各个生产部门在一定时期内新创造价值的总和。它等于国内生产总值扣除物质消耗后的剩余部分。

- 人均国民收入,即用国民收入除以总人口的比值。这个指标反映了一个国家国民生活水平的高低。一般来说,人均收入增长,一个国家的国民对商品的需求和购买力增大;反之,就减小。

- 个人可支配收入,即在个人收入中扣除个人缴纳的各种税款后剩余的部分。它是人们可以用于消费或储蓄的那部分个人收入,构成实际的购买力,对人们购买生活必需品有决定性影响。

- 个人可任意支配收入,即在个人可支配收入中减去用于购买生活必需品的费用支出(如房租、水电、食物等项开支)后剩余的部分。这部分收入构成的需求是个人消费需求中最富于变化的部分,常用于耐用消费品、娱乐、教育和旅游等方面的购买或支出。

- 家庭收入,即一个家庭中所有家庭成员的个人可支配收入之和。家庭收入的高低会极大地影响许多以家庭为单位的消费品的需求与购买。

随着收入的变化,人们的消费结构和支出结构会发生一些有规律的变化。一般而言,随着家庭和个人收入的增加,收入中用于食品方面的支出比重将逐渐降低。这一规律被称为恩格尔定律,反映这一规律的系数被称为恩格尔系数,计算公式如下:

$$恩格尔系数 = 食品支出金额 / 家庭消费支出总金额$$

恩格尔系数是衡量一个国家、地区、城市、家庭生活水平高低的重要参数。恩格尔系数越小,食品支出所占比重越小,表明生活富裕,生活质量高;恩格尔系数越大,食品支出所占比重越高,表明生活贫困,生活质量低。

经济发展水平与营销渠道结构之间有相当密切的关联。经济发展水平低,专业化分工不强,市场往往也偏小。市场的狭小使得一家企业可以同时执行生产、批发、零售、融资等功能。随着市场规模的扩大,企业的一些渠道功能逐渐独立出来,出现了专门从事分销的企业,如批发、零售和各种类型的经销商。另外,随着经济的发展、市场的扩大,为适应产品、服务专业化的需要,渠道也被拉长。因此,经济越发达的国家,制造商、批发商和零售商的职能划分越清楚;商店的平均规模越大,零售商的毛利越高;专营店、超级市场、百货商店越多,小型零售店越少,流动商贩和集市越不重要(Wadinambiaratchi,1965)。另外,一国经济的发达程度与其渠道长度之间呈倒"U"形关系,即经济发展初期,随着经济的发展,营销渠道会变长;当经济高度发达时,营销渠道则会变短(Sharma and Dominguez,1992)。

三、人口环境

人口是市场的第一要素。人口的数量决定了市场的规模和容量,人口的性别、年龄、民族、婚姻状况、职业和居住分布等决定了市场的需求结构。对一个社会的人口进行分析,就是要了解该社会人口构成的基本特征,包括人口的数量、年龄结构、性别结构、家庭结构(家庭单位的多少以及家庭平均人员的多少)、民族结构和社会结构(如城乡分布、阶层分布、职业分布和教育程度)。

人口环境对营销渠道有很大的影响。例如,一般而言,人口越多,密度越大,零售网点就越多,规模也越大;不同年龄的消费者往往偏好不同的购物场所:年轻人一般喜欢新型的零售类型,如网络购物、电话购物、专卖店等,而年龄较大的消费者则喜欢传统的购物渠道。中国的大部分人口生活在农村,而农村的人口密度小、平均收入低,因此商业设施既少又落后。

四、文化环境

文化环境是指在一个社会中所形成的价值观、宗教信仰、风俗习惯、道德规范等。对文化环境的分析可以从价值观、宗教信仰和消费习俗等方面入手。

价值观是指人们对社会生活中各种事物的基本态度和看法。不同文化背景下,人们的价值观往往有很大的差异,因此对商品的色彩、标识、式样以及促销方式也有自己的意见和态度。

宗教信仰是构成社会文化的重要因素,对人们的消费需求和购买行为有很大的影响。不同的宗教有自己独特的节日礼仪以及对商品使用的要求和禁忌。某些宗教组织在教徒购买某些商品的决策中可能发挥决定性的影响作用。

消费习俗是指人们在长期的经济与社会活动中所形成的消费方式与习惯。它具有长期性(长时期形成且对人们的消费行为有潜移默化的影响)、社会性(社会成员共同参与)、地域性(通常是特定地区的产物)和非强制性的特点。不同的消费习俗对商品和购买商品的渠道有不同的要求。比如,中国有56个民族,各个民族都有其独特的消费行为。维吾尔族戴四楞小花帽,藏族献哈达,黎族姑娘穿特色短裙,蒙古族穿长袍。这些商品都有其特定的营销渠道。

五、科技环境

科学技术是人类在长期的研究、发明、创造和生产等社会实践活动中所积累的经验、知识和技能的总和。科学技术的发展,影响着人类社会的历史进程、生产方式和生活方式。新技术的发明和推广常常会给企业带来新的市场机会,也可能会对企业造成威胁,一些行业甚至会因此而被淘汰。例如,电脑的运用代替了传统的打字机,复印机的发明挤占了复写纸的市场,数码相机的出现夺走了胶片相机的大部分市场。

企业需要密切注意科学技术发展可能会对营销渠道造成的影响,力求在营销渠道运行与管理中采用新的科学和技术手段,将威胁转变为机遇,以免在快速的科技发展中被淘汰。科学技术发展对营销渠道的影响主要体现在以下三个方面:

第一,提供新的营销或购物渠道。比如,随着互联网技术的发展,出现了"网络购物""移动网络购物""微信购物"等新的购物方式。人们可以在家中通过电脑或手机订购车票、机票、戏票和球票。这些新渠道的出现,给顾客购物带来了很大的便利,也增大了他们对于购买渠道的选择权(卢亭宇等,2017)。

第二,改善渠道的基础设施。比如,自动售货机是一种新的渠道设备,它只需少量员工从事补货、回收现金、保养和维修工作,由于购物不受时间限制,且地点多设在附近没有商店的地方,因此给顾客购物带来了很大的便利。另外,很多新技术应用于通信、商品储存和商品运输之间,极大地提高了营销渠道的运行和管理效率。

第三,提高渠道的合作水平。比如,随着互联网技术的发展、应用和普及,越来越多的制造商在其营销渠道中使用"消费者快速反应系统"(Efficient Consumer Response, ECR),通过电子数据交换系统(Electronic Data Interchange, EDI)即时获得批发商或零售商提供的库存及进货信息,自动确定向零售商发送商品的数量、种类和时间。这项技术的采用,大大提高了制造商与零售商之间的合作水平。卫星通信系统、条形码、二维码与扫描仪、电子订货系统(Electronic Ordering System, EOS)等技术的应用,都可以达到这种效果。

从营销渠道的角度对科技环境进行分析,就是要分析与企业营销渠道有关的科技发展状况,评估新技术对企业营销渠道可能产生的影响,判断它们给企业带来的机会、威胁与限制何在。

六、生态环境

生态环境是关系到社会和经济持续发展的复杂系统,指影响人类生存与发展的水资源、土地资源、生物资源以及气候资源数量与质量的总称。生态环境需要在变化中达到一种动态平衡。一旦受到自然和人为因素的干扰，超过了生态系统的自我调节能力而不能恢复到原来比较稳定的状态，生态平衡就会遭到破坏，造成系统成分缺损（如生物多样性减少等），结构变化（如动物种群的突增或突减、食物链的改变等），能量流动受阻，物质循环中断。严重时，就是生态灾难。

随着人类社会的进步和科学技术的发展，世界各国都加速了工业化进程。这一方面创造了丰富的物质财富，满足了人们日益增长的社会需求；另一方面也造成了资源短缺、环境污染和生态失调的问题。从20世纪60年代起，世界各国开始关注经济发展对自然环境和生态环境的影响，成立了许多环境保护组织，敦促政府加强对环境保护的立法。

全球所面临的生态环境问题，包括森林破坏严重、土地资源丧失、淡水资源紧缺、物种消失、人口激增、大气质量恶化、森林破坏严重、全球气候变暖（温室效应）、水土流失与荒漠化等。中国地域辽阔，自然条件复杂，地貌类型多样。长期以来，由于环境保护意识不强，重开发轻保护，重建设轻维护，对资源采取掠夺式、粗放型开发利用，超过了生态环境的承载能力，中国的生态环境问题更为严重。具体表现在：自然环境先天脆弱，水土流失严重，荒漠化扩大，水资源紧缺，空气污染严重，森林覆盖率低，天然林生态系统和野生动植物面临危机。

针对中国所面对的生态环境问题，国务院2000年11月26日颁布了《全国生态环境保护纲要》（国发〔2000〕38号），其中明确提出了中国生态环境保护的基本原则和目标，如示例3-2所示。

示例3-2　中国生态环境保护的基本原则和目标

一、基本原则

生态环境保护与生态环境建设并举。在加大生态环境建设力度的同时，保护优先、预防为主、防治结合。

污染防治与生态环境保护并重。充分考虑区域和流域环境污染与生态环境破坏的相互影响和作用，坚持污染防治与生态环境保护统一规划，同步实施，把城乡污染防治与生态环境保护有机结合起来，努力实现城乡环境保护一体化。

统筹兼顾，综合决策，合理开发。正确处理资源开发与环境保护的关系，坚持在保护中开发，在开发中保护。经济发展必须遵循自然规律，近期与长远统一、局部与全局兼顾。进行资源开发活动必须充分考虑生态环境承载能力，绝不允许以牺牲生态环境为代价，换取眼前的和局部的经济利益。

坚持谁开发谁保护，谁破坏谁恢复，谁使用谁付费制度。要明确生态环境保护的权、责、利，充分运用法律、经济、行政和技术手段保护生态环境。

二、保护目标

通过生态环境保护，遏制生态环境破坏，减轻自然灾害的危害；促进自然资源的合理、科学利用,实现自然生态系统良性循环;维护国家生态环境安全,确保国民经济和社会的可持续发展。

（一）近期目标

到2010年,基本遏制生态环境破坏趋势。建设一批生态功能保护区,力争使长江、黄河等大江大河的源头区,长江、松花江流域和西南、西北地区的重要湖泊、湿地,西北重要的绿洲,水土保持重点预防保护区及重点监督区等重要生态功能区的生态系统和生态功能得到保护与恢复;在切实抓好现有自然保护区建设与管理的同时,抓紧建设一批新的自然保护区,使各类良好自然生态系统及重要物种得到有效保护;建立、健全生态环境保护监管体系,使生态环境保护措施得到有效执行,重点资源开发的各类开发活动严格按规划进行,生态环境破坏恢复率有较大幅度提高;加强生态示范区和生态农业县建设,全国部分县(市、区)基本实现秀美山川、自然生态系统良性循环。

（二）远期目标

到2030年,全面遏制生态环境恶化的趋势,使重要生态功能区、物种丰富区和重点资源开发区的生态环境得到有效保护,各大水系的一级支流源头区和国家重点保护湿地的生态环境得到改善;部分重要生态系统得到重建与恢复;全国50%的县(市、区)实现秀美山川、自然生态系统良性循环,30%以上的城市达到生态城市和园林城市标准。到2050年,力争全国生态环境得到全面改善,实现城乡环境清洁和自然生态系统良性循环,全国大部分地区实现秀美山川的宏伟目标。

资料来源:根据国务院2000年11月26日印发的《全国生态环境保护纲要》(国发[2000]38号),以及其他资料整理得到。

这一纲要不但为政府部门的生态环境保护工作指明了方向,也规范着企业的生产和营销活动。在中国进行生产和营销活动,企业必须遵守这些规定。那些高污染、高耗能企业必须为生态环境的保护做出牺牲。其他企业也会感受到很大的压力,必须为生态环境的治理和保护付出一定的代价。

近几年,中国政府加大了生态环境的保护力度,提出在二氧化碳排放方面要达到碳达峰、碳中和的"双碳"目标(张颖,2021)。所谓"碳达峰",是指二氧化碳排放量达到峰值之后不再增长,并逐步降低。所谓"碳中和",是指企业、团体或个人在一定时间内直接或间接产生的二氧化碳排放量,通过植物造树造林、节能减排等形式进行抵消,实现二氧化碳的"收支相抵""零排放"。2020年9月,习近平代表中国政府在第七十五届联合国大会上表示:"中国将提高国家自主贡献力度,采取更加有力的政策和措施,二氧化碳排放力争于2030年前达到峰值,努力争取2060年前实现碳中和。"2021年10月,《国务院关于印发2030年前碳达峰行动方案的通知》出台,从顶层设计层面为未来中国的碳达峰、碳中和目标实现指明了路线图。

不过,各国政府对环境保护的干预也为企业提供了新的营销机会,促使企业研究污染控制技术和节能减排方法,兴建绿色工程,生产绿色产品,开发环保包装,进行"环境友好营销"。

对生态环境进行分析,就是分析与本企业有关的生态环境问题和政府颁布的生态环境保护法规,从机会与限制的角度评估它们对企业生产与营销活动的影响。

七、竞争环境

企业营销体现着企业(corporation)、消费者(consumer)和竞争者(competitor)"三C"之间的互动。企业通过比竞争者更好地满足消费者需求的方法来创造竞争优势,实现企业的营销目标。因此,只有对竞争者有充分的了解,一家企业才知道它能够从哪些方面更好地满足消费者需求。

分析竞争者的目的,是通过了解主要竞争者的渠道情况,一方面为企业的渠道设计提供参照,另一方面明确相对于竞争者本企业在渠道方面所具有的优劣势。比如,竞争者的数量有多少,它们的市场覆盖策略各是什么,渠道结构如何,它们是否利用多渠道策略,本企业的渠道结构与它们有什么不同。这些信息可以为企业确定渠道结构提供参考。再如,竞争者是否将渠道作为公司战略的一个重要组成部分,渠道是否是其竞争优势的一个重要来源,消费者从竞争者渠道中获得的利益是否与本企业渠道提供的利益相同,本企业是否具有以及能否由渠道获取竞争优势。这些信息可以为企业确定渠道策略提供启示。

分析竞争者的渠道,关键问题是获取竞争者的渠道信息,主要内容是:目标市场;营销战略的基本情况、营销组合情况;渠道策略在公司战略和营销战略中的地位;渠道目标与渠道任务;营销渠道结构的现状,如长度、密度、中间商类型以及是否使用多渠道;渠道优势与劣势;营销渠道的未来计划。

八、渠道环境分析方法

战略管理中有许多环境分析方法,应用比较广泛的有 PEST 分析法、五力模型分析法和 SWOT 分析法。

PEST 分析法主要用于宏观环境的分析。它把宏观环境分为政治(political)、经济(economic)、社会文化(social-cultural)和技术(technological)等四大因素,合称 PEST。企业依次考虑这些因素为企业发展带来的机会、限制和可能产生的影响。

五力模型分析法主要用于行业环境的分析。它把影响行业盈利能力的力量分为五种,包括新进入者的力量、供应者的力量、购买者的力量、替代者的力量和业内竞争者的力量。企业需要综合考虑这五种力量对企业所在行业的威胁,确定自己可能获得的竞争优势,寻找化解威胁的方法(Porter,1980)。

SWOT 分析是帮助企业系统思考其内部条件与外部环境,确定行动方案的一个理论框架。其中,S 表示企业的优势要素(strength),W 表示企业的劣势要素(weakness),O 表示环境为企业提供的机会(opportunities),T 表示环境给企业带来的威胁(threats)。它可以在公司战略、经营单位、职能部门(如营销部门)和员工个人等不同的层面上使用。通过综合考虑企业的优势、劣势、机会和威胁，企业能够了解其内部资源与外部环境相适应的程度或状态，降低渠道决策的不确定性和风险。

在进行渠道环境分析时，上面几种方法都可以变通使用。不过，相对而言，SWOT分析更好用。渠道管理者可以从实现渠道目标与任务的角度，思考企业的优势、劣势、机会和威胁，了解企业的哪些内部优势资源与外部环境机会可以为我所用，而哪些内部劣势资源与外部环境威胁会怎样限制企业的渠道建设与管理，以便降低渠道决策的不确定性和风险。

然而，从渠道管理者的角度分析环境，可以采用更简单实用的方法，如表3-1所示。它是一个简单的分析框架，要求渠道管理者从各个方面考虑环境因素给企业的渠道结构设计和策略选择带来的机会与限制。

表3-1 环境机会与限制

环境因素	机会	限制
政法环境因素		法规对传销的限制：中国境内严禁任何形式的传销活动；《中华人民共和国反垄断法》第十四条的规定，不能限定经销商向第三人转售商品的最低价格
经济环境因素		
人口环境因素		
文化环境因素		
科技环境因素	互联网带来的商机：网络视频（含短视频）用户规模达9.75亿，网络购物用户规模达到8.42亿	
生态环境因素	"双碳"目标：清洁的运输方式，简易包装	"双碳"目标：二氧化碳排放量大的运输方式，过度包装
竞争环境因素		
其他环境因素		比如，地理与交通运输环境比较差，物流成本高

这里所谓的环境机会，是指那些有助于企业采用某种渠道、某种渠道结构或某种渠道策略的外部因素。比如，互联网技术的发展，为企业提供了多条新的营销渠道。如果企业有意开辟新的营销渠道，那么它就有不少机会，可以建网站、开网店、办平台，还可以通过直播平台在线直播。中国互联网络信息中心（CNNIC）2022年2月25日发布的第49次《中国互联网络发展状况统计报告》显示：截至2021年12月，中国网民规模达10.32亿，手机网民规模达10.29亿；网民使用手机上网的比例达99.7%，使用台式电脑、笔记本电脑、平板电脑上网的比例分别为35.0%、33.0%和27.4%；人均周上网时长为28.5个小时。在网民中，网络视频（含短视频）用户规模达9.75亿，占网民整体的94.5%；网络支付用户

规模达9.04亿,占网民整体的87.6%;网络购物用户规模达8.42亿,占网民整体的81.6%。

所谓环境限制,是指那些阻碍企业采用某种渠道、某种渠道结构或某种渠道策略的外部因素。比如,前面在政法环境中提到,中国法规严禁在中国境内开展任何形式的传销活动。如果企业有意在中国境内开辟类似的销售渠道,那么这就是一个明显的环境限制。

在对渠道环境进行这样的分析时,最简单的做法就是把能够想到的机会性和限制性因素按照环境因素的分类罗列出来。比如,把"互联网带来的商机"作为一个机会放在科技环境因素里,把"法规对传销的限制"和《中华人民共和国反垄断法》第十四条的规定"作为限制放在政法环境因素里,而生态环境因素中的"双碳"目标则既可能是机会也可能是限制,如表3-1所示。后面第四节可以看到,使用这种方法明确环境的机会性和限制性因素,在渠道缺口分析中有重要的应用,是渠道管理者进行渠道缺口分析的重要一步。

第二节 企业战略与管理要素分析

企业内部有许多因素是营销部门和渠道管理者不能控制和改变的,比如企业的使命、发展战略、组织结构、资源状况、以前的业绩以及在相关业务上的竞争战略等。在不能控制、只能设法适应这一点上,它们与外部环境是相同的。渠道管理者在制定渠道策略之前,也必须了解这些因素,并将其视为给定的约束条件加以考虑。

一、企业的战略分层

企业战略是企业基于其内部条件与外部环境的匹配,为达成自己的目标而制订的一个以未来为导向的行动计划。它反映了企业对它应该在哪里、什么时候、和谁、以什么目的以及怎样竞争的认识,是企业管理者进行决策的一个思维框架。

如图3-1所示,企业战略可以分为公司战略、经营单位战略和职能战略三个层次。公司战略着眼于整个企业,关注企业作为一个整体的长期发展问题,因此可以称为企业的发展战略,它影响着整个企业的资源配置。内容主要包括公司使命、公司的长期发展目标和公司的业务组合。

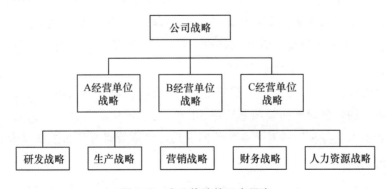

图3-1 企业战略的三个层次

经营单位在大多数企业中以分公司或子公司的形式出现。经营单位战略主要考虑企业某个业务经营单位在某一市场上的竞争问题,因此可以称为企业的竞争战略。内容主要包括确定企业某个业务经营单位的主要竞争者,分析行业的竞争结构和影响行业盈利能力的主要因素,明确企业该业务经营单位的竞争地位、优势和劣势,设计企业该业务经营单位的竞争战略。有时,竞争战略也可在公司层面上制定,比如当一家企业是单一业务的公司时,或一项业务被企业当作重点项目来发展时。不过,不管是在哪个层面上制定,竞争战略从本质上讲都是从业务经营单位的视角来考虑问题的。

职能部门战略是公司各个职能部门所制定的战略。它一方面告诉企业高管人员,各职能部门(如研发部门、生产部门、营销部门、财务部门)准备怎样贯彻企业的发展战略和竞争战略;另一方面,也通过具体的目标、任务、实施和控制方法,为企业各部门的员工提供行动指南。渠道管理是营销部门战略(即营销战略)的一个重要组成部分。

大多数企业的成长过程都是由小到大,由专业化转变为多元化,由单一业务发展到多业务。如果企业只是一家单一业务的公司,那么它的公司层与业务层合二为一,它的发展战略就是竞争战略,因为只要在其所在的行业竞争中胜出,它就实现了发展。此时,企业战略只有两层:经营单位战略(也是公司战略)和职能部门战略。

二、企业的发展战略

企业的发展战略为企业确定发展方向、发展目标和行动计划,是一家企业内所有业务经营单位和职能部门的行动指南。营销战略则是发展战略中一个重要的组成部分。因此,渠道管理者必须了解企业的发展战略以及营销战略在其中的地位。

对企业的发展战略进行分析,应重点了解以下内容:公司使命是什么?长期与近期发展目标是什么?都有哪些业务?各项业务的构成情况如何?产品或业务组合与公司的使命和资源有怎样的关系?核心能力是什么?以上因素对企业的营销活动和渠道策略有什么影响?

(一)公司使命

公司使命是对企业终极目标的一个独特的描述。它规定了一家企业的经营范围、总的发展方向(愿景)和组织的基本特征,反映了战略决策者的价值观,是企业选择营销目标和营销战略的基础和背景。营销战略的许多要素,如营销目标、目标市场、市场定位、营销组合等,都多多少少地反映着公司使命。因此,公司使命及其对企业营销活动的约束和影响,渠道管理者必须了然于心。

对公司使命进行分析,应重点了解以下内容:公司使命是如何表述的?公司的经营范围是如何界定的?公司如何说明其产品、市场、技术领域和价值观?公司如何看待其他利益相关者?以上各种因素对企业的营销活动和渠道策略有什么限制和影响?

(二)发展目标

企业的发展目标由一些指标体现,如企业盈利能力指标,包括利润额、投资收益率

(ROI)、销售利润率、股权收益率等;企业竞争地位指标,包括销售额、技术先进性、市场占有率、行业领导地位、产品竞争力以及研发的投入与产出等;企业业务组合与发展指标,包括新利润增长点的培育、业务的整合与重组、关键业务的发展或调整。另外,企业内部的雇员关系、员工发展和企业对外的社会责任等,也需要设置一些指标,并使其体现在企业的发展目标中。

对于业务单一而又不想涉足其他行业的企业而言,企业的发展目标就是其竞争目标。对于多元化的企业而言,其中的一些指标(如利润额和销售额)需要在不同的业务单位之间进行分解;而另一些难以在不同的业务单位之间进行分解的指标,则需要在公司层面设立,如企业内部的雇员关系、员工发展和企业对外的社会责任等。当然,还有一些指标主要是针对关键业务单位的,如企业竞争地位指标中的技术先进性、市场占有率、行业领导地位和产品竞争力。

(三) 业务组合

企业的业务组合既是企业成长的结果,也标志着企业未来的发展方向。企业会重点发展那些有市场潜力、有竞争优势的业务,而淘汰那些市场潜力不大或者没有竞争优势的业务。对企业业务组合进行分析,主要工具是波士顿矩阵。波士顿矩阵使用销售增长率和相对市场占有率,对企业各个经营单位加以分类和评估,如图3-2所示。

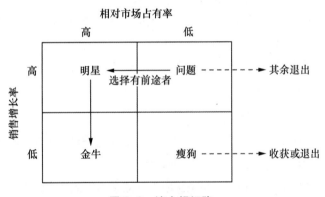

图 3-2　波士顿矩阵

在图 3-2 中,纵坐标代表销售增长率,可以以年为单位。销售增长率的高低可依具体情况来确定。假设以 10% 为分界线,高于 10% 为高增长率,否则为低增长率。横坐标为相对市场占有率,表示各经营单位与其最大的竞争者之间在市场占有率方面的比率。企业某经营单位的相对市场占有率为 0.1,说明它的市场占有率为最大竞争者的 10%;相对市场占有率为 10,则说明它是市场领先者且市场占有率为最大竞争者的 10 倍。以 1.0 为分界线,大于 1.0 为高的相对市场占有率,小于 1.0 则为低的相对市场占有率(Kotler,2001)。当然,企业也可以根据行业特色和自己的实际需要,确定更适用的相对市场占有率作为分界线。比如,以 0.5 为分界线,大于 0.5 为高的相对市场占有率,小于 0.5 则为低的相对市场占有率。

矩阵有四个象限,根据销售增长率和相对市场占有率的高低,经营单位被分别划入不同的类型:问题类业务、明星类业务、金牛类业务和瘦狗类业务。

问题类业务有较高的销售增长率、较低的相对市场占有率。企业大多数业务经营单位最初都处于这一象限。为了追赶较大的竞争者和适应市场迅速增长的需要,这一类业务需要较多的资源投入。但是它们前途未卜,未来难以确定。对于这一类业务,企业一般会精选一些有培养前途的加大投入,其余的则视具体情况或维持现状,或减少投入,或淘汰掉。

问题类业务如果经营成功,就会成为销售增长率和相对市场占有率都高的明星类业务。明星类业务需要大量的资源投入,以保证业务发展跟上不断扩大的市场规模,并击退竞争者,因此短期内未必能给企业带来可观的收益。但是,它们是企业未来的"财源"。在市场成熟以后,它会成为金牛类业务。

当明星类业务的销售增长率降到10%以下,但有较高的相对市场占有率时,便成为金牛类业务。由于市场增长的速度开始下降,不再需要大量的资源投入,又由于相对市场占有率较高,这些业务经营单位可以产生较高的收益。这些收益是企业拓展新业务、支援问题类和明星类业务的资金来源。如果一家企业的业务组合中缺乏金牛类业务,那么企业的财务状况就会比较脆弱,现金流不畅。

瘦狗类业务是那些销售增长率和相对市场占有率都较低的业务经营单位。它们也许还能提供一些收益,但盈利甚少或有亏损,一般难以再度成为"财源"。它们常常被企业视为"鸡肋",食之无味,弃之可惜。如果一家企业的业务组合中有较多的瘦狗类业务,则说明企业的整体情况不妙,急需对企业的业务经营单位进行重组。

企业的业务组合透露出企业营销和渠道建设应该努力的方向:多投向企业要重点发展的业务,少投向企业要逐步淘汰的业务。

(四)核心能力与战略资源

企业的核心能力(the core competence)是指一家企业整体的学习过程和能力,特别是协调各种生产技能和整合各种技术要素的能力(Prahalad and Hamel, 1990)。它是无形的,来源于企业经验和知识的积累,同时也是非衰减的,不会随着应用而消失。

核心能力是企业竞争优势形成的一个重要基础,而且据此形成的竞争优势具有非完全可模仿、非完全可替代和非完全可交换的特点,因此是可持续的。然而,根据Markides and Williamson(1994),核心能力只是企业可持续竞争优势的根源,而不是其直接原因,在企业核心能力和企业可持续竞争优势之间还有一个中间环节,那就是企业的战略资源(strategic assets)。1994年,在研究企业多元化战略时,基于企业核心能力的概念,他们提出了企业战略资源的概念,即一家企业在某一特定市场上形成成本或特色优势的资源组合,这一资源组合是非完全可模仿、非完全可替代和非完全可交换的。这使形成于战略资源的竞争优势是相对可持续的。图3-3显示了企业核心能力、战略资源和竞争优势三者之间的关系。

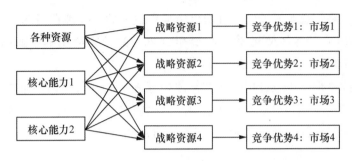

图 3-3 核心能力、战略资源和竞争优势之间的关系

由图 3-3 可见,假设一家企业有两种核心能力,如创新能力和整合能力;针对四个不同的市场,即企业同时在四个行业从事生产经营活动。在两种核心能力的基础上,企业整合各种有形、无形的资源,形成以四个不同市场为指向的、不同的战略资源组合。这些战略资源组合为企业在各个不同的市场上带来竞争优势。虽然每一种战略资源组合的内容各异,但是它们有一个共同的特点,即它们都有两种核心能力的"基因"。这使企业在各个市场上的竞争优势一旦形成,就是可持续的。即使一些竞争者学到了这家企业的一些做法,它们也只是学到了形式或皮毛,而不具有这家企业竞争优势的精髓——内含核心能力"基因"的竞争优势。

如果一家企业在某一方面有很强的核心能力,尤其是管理者的资源整合能力,那么它就可能同时在多个不同的行业和市场具有很强的竞争实力和卓越的表现。因此,企业的核心能力和优势资源是企业在制定营销战略和进行渠道建设时需要考虑和充分利用的。

(五) 发展方向

企业确定业务组合的过程,就是选择未来发展方向的过程。一旦业务组合确定了,企业就明确了应该重点发展和逐步淘汰的业务,因此企业未来发展的方向也就确定了。根据发展方向,企业有集中增长(concentrated growth)、产品开发(product development)、市场开发(market development)和多元化发展(diversification development)等四种发展战略,如图 3-4 所示(Ansoff, 1957)。

	原有产品或服务	新产品或服务
原有市场	**集中增长** 增加现有顾客的使用率 吸引竞争者的顾客 吸引未使用者使用	**产品开发** 新的功能或特色 不同系列的产品或服务 进入其他行业
新市场	**市场开发** 开发新的区域市场 向其他的细分市场渗透	**多元化发展** 新市场上新的功能或特色 新市场上不同系列的产品或服务 新市场内进入其他行业

图 3-4 企业的发展方向与战略

集中增长战略是企业通过向原有的市场提供原有的产品或服务来发展。具体的方法是：(1)提高现有顾客的使用率；(2)吸引竞争者的顾客使用本企业的产品或服务；(3)吸引未使用者使用企业的产品或服务。

产品开发战略是企业通过用新的产品或服务满足原有市场的需求来发展。具体的方法是：(1)为原有市场提供具有新功能的产品或新特色的服务；(2)为原有市场提供不同系列的产品或服务；(3)进入其他行业，进行市场相关的多元化，即企业从事的新业务虽然与以前不同，但是其服务的顾客是相同的。

市场开发战略是企业通过向新的市场提供原来的产品或服务来发展。具体的方法是：(1)开发新的区域市场；(2)向其他的细分市场渗透。

多元化发展战略是企业通过向新的市场提供新的产品或服务来发展。具体的方法是：(1)为新的市场提供具有新功能的产品或新特色的服务；(2)为新的市场提供不同系列的产品或服务；(3)进入其他行业，多元化发展。

在企业的四大类发展战略中，集中增长战略对应于专业化，可以获得规模经济；其他三种战略都在一定程度上有多元化的成分，可以获得范围经济(economies of scope)以及协同效应。

三、企业的竞争战略

如前所述，企业的竞争战略与企业的具体业务相关，而具体业务的经营单位在大多数企业中以分公司或子公司的形式出现。因此，企业的竞争战略是从业务经营单位的视角考虑企业某个业务经营单位在某一市场上的竞争问题的。

如图3-5所示，根据可能获得的竞争优势，企业在某一业务上有三种一般的竞争战略(Porter, 1980)。成本领先战略的核心是把企业创造竞争优势的努力放在设法降低成本和费用上。差异化战略的核心是特色化，即企业通过特色化生产或经营使自己的产品或服务成为行业内独一无二的。由于独一无二，因此消费者愿意为其支付较高的价格。聚焦战略的核心是细分市场，即企业通过集中其全部力量满足一个特定消费者群体（细分市场）的方式，在自己所选定的细分市场上或者得到成本优势，或者得到特色优势。

图3-5 三种一般的竞争战略

因为营销活动既要针对某一项具体业务进行，同时又是该项业务获取竞争优势的重要途径，所以渠道管理者在确定渠道方案之前，需要重点了解相关业务的竞争战略。分析的内容包括:谁是企业此项业务的主要竞争者?哪一种力量是影响此项业务所在行业盈利能力的主要因素?企业的竞争地位如何?企业采用的竞争战略是什么?对企业的营销活动和渠道活动有什么要求?营销和渠道可以在哪些方面为此项业务获得什么竞争优势?

四、企业的职能战略

企业的职能战略是在企业发展战略和竞争战略的框架内,每一个职能部门所制订的行动计划。它们详细地说明了各个部门准备怎样实现企业的发展目标和各业务单位的竞争目标,将企业的发展战略和竞争战略转化为可操作的行动步骤。根据职能战略,职能部门的管理人员能够清楚地了解本部门在实施企业总体战略中的责任和任务。

由于企业的组织设置不尽相同,因此不同的企业在职能部门的多少和每一个职能部门的重要性等方面也不完全一样。比如,小企业组织机构相对简单,职能部门较少;而大企业组织机构复杂,职能部门众多。又如,生产制造企业可能更重视生产和产品研发,因此生产部门和研发部门在企业中扮演着更重要的角色;而服务性企业可能更重视服务的提供和营销,因此除专门设置服务管理部门以外,服务管理部门和营销部门在企业中扮演着更重要的角色。不过,大部分企业都设有生产(服务)部、营销部、财务部、人事部和研发部,相应地也需要制定生产运营战略、营销战略、财务战略、人力资源战略和研发战略。

因为各职能部门只有相互支持、密切配合,才能很好地履行自己的职能,完成自己的任务,最终达成企业的发展目标,所以渠道管理者在制订渠道方案之前,除要了解与自己密切相关的营销战略以外(见本章第三节),还需要了解企业其他部门的职能战略。分析的内容包括:各职能部门如何描述它们的目标和任务?如何排列不同目标和任务的优先顺序?如何看待企业的各项业务?如何为企业的各项业务排列优先顺序?对营销部门和渠道管理有怎样的支持和限制?

五、管理机会与限制

与渠道环境分析类似,从渠道管理者的角度分析企业战略与管理因素,主要是考虑企业战略与管理因素给企业的渠道结构设计与策略选择带来的机会和限制,这里称为管理机会和限制。也可以用相同的分析框架,从多个方面进行分析,如表3-2所示。

比如,一家企业的渠道经理正在考虑该企业 ABC 和 XYZ 两个业务的渠道结构设计与策略选择问题。其中,ABC 业务是企业未来要重点发展的主营业务,而 XYZ 业务是企业未来要淘汰的业务。因此,从业务组合的角度看,企业未来的发展方向是为 ABC 业务的渠道建设和发展提供机会,而对 XYZ 业务的渠道建设和发展则有很大的限制。换言之,企业更愿意在 ABC 业务的渠道建设和发展上提供资源,而不愿意在 XYZ 业务的渠道建设和发展上增加投入。

表 3-2 管理机会与限制

管理因素	机会	限制
公司使命		
发展目标		
业务组合	ABC业务的机会：ABC业务是企业未来要重点发展的主营业务	XYZ业务的限制：XYZ业务是企业未来要淘汰的业务
核心能力		
资源配置		
相关业务的竞争战略		ABC业务采用广泛分销策略的限制：ABC业务要获得差异化优势，渠道是其差异化优势的一个重要来源
生产运营战略	XYZ业务采用长渠道的机会：XYZ业务的产品具有技术性低、保质期长、单位价值低、标准化和非时尚的特点	
财务战略		
人力资源战略		ABC业务采用直销渠道的限制：销售队伍规模小，质量不高
研发战略	ABC业务开设网上渠道的机会：可以利用企业的信息技术（Information Technology，IT）设施和人员，开设自己的网店	

再如，这家企业在ABC业务上的竞争战略要求企业在ABC业务上要获得差异化优势，并且渠道是其差异化优势的一个重要来源。因为广泛分销的渠道策略（参看第四章第二节）更适合销售那些品牌特色不明显的标准化商品，而不适合进行品牌塑造和创造产品的特色，所以渠道经理在为ABC业务选择渠道策略时，就不能选择广泛分销策略。

表3-2中"XYZ业务采用长渠道的机会""ABC业务开设网上渠道的机会"和"ABC业务采用直销渠道的限制"也可以做类似的解释。同样，使用这种方法明确管理机会和限制，是渠道管理者进行渠道缺口分析的重要一步，在渠道缺口分析中有重要的应用。

第三节 营销目标与营销战略分析

企业在设置组织架构时，一般会按照职能设置生产（服务）运营部、营销部、财务部、人事部和研发部等。各职能部门只有相互支持，密切配合，很好地履行自己的职能，完成自己的任务，才能最终落实企业的发展战略，达成企业的发展目标。因此，它们需要根据企业的发展战略,制定生产运营战略、营销战略、财务战略、人力资源战略和研发战略,详细地说明各个部门准备怎样执行企业的发展战略,实现企业的发展目标,将企业的发展战略转化为可以操作的行动步骤。营销战略就是营销部门所制定的、企业内一项重要的职能战略。而营销目标则是企业制定营销战略和进行营销活动期望得到的结果。

对企业的营销目标和营销战略进行分析,渠道管理者要搞清楚营销渠道在营销战略中的地位以及企业营销对渠道结构设计和策略选择的要求和限制。

一、组织结构与营销的地位

图3-6是现代企业的一种典型的组织结构,称为职能制组织结构。它包括公司层、职能层和业务(经营单位)层。其中,营销部门处于职能层,营销经理受公司总经理的领导,负责企业各业务单位产品或服务的营销活动。

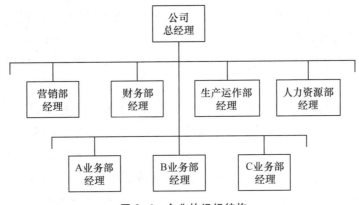

图3-6 企业的组织结构

规模巨大的企业,还可以按照事业部制来设立组织形式。事业部制一般是按产品或服务的类别先分设事业部或业务部(SBU),然后再在各事业部内设立职能部门。在这种组织形式中,总公司和事业部下属营销部门在营销职责分工和管理权限划分上,有四种不同的组合:第一,总公司不设市场营销机构,将营销职能全部下放到事业部;第二,总公司设立小规模的市场营销机构,起参谋作用,协助最高决策层对市场机会进行评估,做出重大的营销决策,并对事业部的营销活动予以监督、检查、咨询和指导;第三,总公司设立中等规模的营销机构,除起参谋作用外,还为总公司和事业部提供广告宣传、市场调研、人员培训等服务项目;第四,总公司设立强有力的营销机构,授权它们参与各事业部的营销策划及其执行和控制活动,并对营销策划或计划行使最终审批权。

二、营销目标

营销目标是企业进行各项营销活动欲得到结果的规范化表述。它一方面提出企业营销活动追求的结果,另一方面也是营销部门为了实现企业的发展目标而必须完成的任务。

在很多指标(如销售额和利润额)上,营销目标与发展目标没有什么不同,它们是发展目标在营销管理方面的具体体现或落实。示例3-3给出了吉利汽车控股有限公司

2022年销售165万辆整车的销售目标。这一销售目标既是吉利汽车控股有限公司2022年的发展目标,也是其2022年的营销目标。

示例3-3　吉利汽车控股有限公司2022年的销售目标

吉利汽车控股有限公司(以下简称吉利汽车公司)是一家专注于研发、制造以及销售乘用车的汽车生产企业。公司始建于1986年。经过三十多年的建设与发展,吉利汽车公司在汽车、摩托车、汽车发动机、变速器、汽车电子电气及汽车零部件方面取得了辉煌的业绩。1997年,吉利汽车公司进入轿车领域,凭借灵活的经营机制和持续的自主创新,取得了快速的发展。2005年5月,吉利汽车公司在香港成功上市,股票代码00175.HK;2010年8月,完成对福特汽车公司旗下沃尔沃轿车公司全部股权的收购。吉利汽车公司旗下拥有吉利、沃尔沃、伦敦(出租车)等品牌以及帝豪EC7(A级轿车)、博瑞(B级轿车)、博越(SUV)、帝豪GS(跨界SUV)、远景系、金刚系等十多款整车产品。2021年年底,吉利汽车公司资产总值超过4 800亿元人民币,连续十年进入《财富》世界500强榜单。

根据公开的数据,吉利汽车公司2021年全年累计整车销量突破132万辆,2022年的销售目标是165万辆整车。公司将继续通过引入更具竞争力的新能源汽车产品,提高新能源汽车的销量占比。另外,坚持"智能吉利2025战略"——聚焦战略产品(如中国星产品系列)、加快布局新能源汽车、加速发展智能应用及提升最终用户体验。

资料来源:《吉利汽车控股有限公司2021年年报》,www.geelyauto.com.hk/sc/financial_statements.html,2022年4月19日读取资料;吉利控股集团网站(http://zgh.com/our-brands/geely-auto/),2022年4月28日读取资料。

然而,营销部门需要将这一销售目标按业务单位和销售区域分解。比如,根据示例3-3的资料,吉利汽车公司拥有帝豪EC7、博瑞、博越、帝豪GS、远景系、金刚系等十多款整车产品。为简便起见,我们假设吉利汽车公司将其分为A、B、C、D、E、F六个业务单位,而且这六个业务单位覆盖了甲、乙、丙、丁四个区域。2022年,为了完成公司165万辆整车的年销售目标,六个业务单位分别需要完成60万、50万、30万、15万、5万和5万辆整车的销售。表3-3显示了六个业务单位在不同区域的销售目标。其中,有一些业务单位的产品还没有进入某些区域市场,所以这些业务单位与这些区域市场的交叉格内是空的。

类似这种上下一致的刚性目标还有很多,如销售额、利润额、市场占有率和销售利润率等。它们的特点是,一旦企业在发展战略中确定了,就要分解、落实到企业各个业务单位和各个职能部门。它们更像是自上而下下达的、必须完成的任务,很少有讨价还价的余地。

表 3-3 按业务单位和销售区域分解的营销目标

地区	企业发展目标:年销售整车 165 万辆					
	A	B	C	D	E	F
	60万	50万	30万	15万	5万	5万
甲	30万	20万	—	10万	—	—
乙	20万	15万	15万	—	—	5万
丙	5万	15万	—	5万	5万	—
丁	5万	—	15万	—	—	—

除此之外,营销部门还有一些重要的、自己特有的目标,如顾客满意度、顾客流失率、品牌忠诚度、广告有效到达率等。这些目标虽然与企业的发展目标没有一一对应的关系,但是因为能够帮助企业提高销售额、利润额、市场占有率和品牌价值等,因此能够有助于企业发展目标的实现。

三、营销战略

营销战略是营销部门根据企业发展战略和营销目标而确定的营销计划,主要内容涉及以下几个方面:目标市场、品牌的市场定位、产品要素组合、产品定价、营销渠道选择与管理、沟通与宣传、关系管理。

(一) 目标市场

目标市场是企业产品或服务的购买者,也是企业从事营销活动的主要对象。企业通过交换,向目标市场提供产品或服务;在满足目标市场需求的前提下,实现企业的营销目标。

任何市场都是由具有不同特征的顾客构成的。他们的需求不同、动机不同、购买行为与习惯不同,因此对产品价值的认识也不同(庄贵军,2021)。由于一家企业很难使用相同的营销战略来比竞争者更好地满足所有顾客的需求,所以为了更有效率地从事营销活动,以较少的资源投入获得较大的营销绩效,企业需要将市场切割,分为很多细分市场,而企业则致力于满足那些最有效率的顾客。这就是企业的目标市场。因此,企业的目标市场选择建立在企业对市场进行有效细分的基础上。

市场细分是企业根据顾客需求的差异性,把市场分割为多个顾客群的过程。经过细分之后,每一个细分市场都是由一群在需求的某个方面大体相同的顾客组成的。选择不同的细分市场作为企业的目标市场,意味着企业选择了不同的市场机会,会影响到企业今后的每一项市场营销活动,关系到企业的长期发展。因此,目标市场的选择对企业的营销具有战略意义。

一旦选定了目标市场,企业就要为自己的产品、服务或品牌进行市场定位。所谓市场定位,就是企业根据目标市场上同类产品的竞争状况,针对顾客对该类产品某些特征或属性的重视程度,为本企业的产品、服务或品牌塑造与众不同的特性,并将其形象生动地传递给顾客,求得顾客的认同。其实质是使本企业的产品、服务或品牌与其他企业区分开来,使顾客明显感觉和认识到这种差别,从而在顾客认知中占有特殊的位置。

当然,定位更主要的不是对产品做些什么,而是要在顾客的头脑里留下什么印记,使顾客感觉或认识到某一产品、服务或品牌与竞争者的相比有实质性或心理性的差异。从市场定位的角度看,企业所有的营销活动或因素都是定位的工具,而市场定位的结果则体现在企业的品牌形象上。

与确定目标市场相关的活动,包括细分(segmenting)、确定目标市场(targeting)和定位(positioning),简称为STP。即:根据企业的总体战略和营销目标,对市场进行细分;在对细分市场评价的基础上,选择和确定企业的目标市场;根据选定目标市场的特点,为企业的产品、服务或品牌确定欲求的市场形象。

(二)营销因素的组合与整合

营销因素是指企业可以控制或可以利用的所有因素,主要有产品(product)、价格(price)、分销(place)和促销(promotion)四大因素,简称"营销4Ps"。其中,每一个大因素又由很多子因素构成。

产品是指任何能够满足顾客需求的货物、服务、观念或它们的组合。从企业角度看,它是企业劳动的产物;而从顾客角度看,它是能够满足其某方面需求,为其带来利益的物质和非物质的东西。产品又可以划分成很多更小的子因素,包括产品的性能、质量、花色、品种、规格、型号、商标、包装、服务等。

价格是产品价值的货币表现。一方面,它是产品在进入市场时,企业对产品价值的一个估计或预期;另一方面,它是顾客获得产品利益而必须支付的货币成本。企业可以在一定程度上控制的价格因素主要有以下几种:基本价格,即明码标定的或实际成交的价格;价格折扣,即从基本价格中折让给顾客的部分,或称减免额;付款条件,即约定的结算和付款方式;信贷条件,即约定的信贷要求。

分销是指营销渠道,即产品从生产者向顾客转移所经过的中间环节或路径,包括所有参与其中的组织或个人。从生产者角度看,营销渠道是企业销售产品的路径;而从顾客角度看,营销渠道则意味着便利,即在适当的时间、适当的地点、以适当的形式获得想要的产品或服务。分销因素又可分为以下主要内容:分销渠道结构,即产品从生产者向顾客转移所经过路径的长度、宽度和密度等;中间商的选择和控制;运输方式和路线的选择;商品仓储地点的选择及存货控制。

促销是指企业通过人力或非人力方式向顾客传递产品劳务信息,以增进和促使他们知晓和购买本企业产品的一种说服沟通行为。从企业角度看,它是促进产品销售的工具;而从顾客角度看,它是顾客获得产品或企业信息的途径。企业可以采用的促销因素主要包括以下几种:广告、人员推销、销售推广活动、公共关系、直复营销。

除这四大因素以外,随着关系营销的兴起,越来越多的企业将它们与顾客以及其他利益相关者的关系看作对企业营销有重要影响且企业可以在一定程度上控制和利用的营销因素。比如,在客户关系管理中,企业可以通过顾客忠诚计划、鼓励顾客参与、交叉营销以及营销定制等活动为顾客创造更大的利益,留住老顾客,争取新顾客,提高企业的营销绩效。

企业在确定了目标市场和欲求的市场形象以后,必须将其转化成可以实施的营销因素,否则其营销战略就只能是纸上谈兵。不但如此,为了提高营销效率,企业还需要对营销因素进行组合和整合,以求整体优化。

四、营销要求和限制

营销渠道是企业营销因素中非常重要的一个,渠道策略也是企业营销战略的一项重要内容。从渠道管理者的角度分析企业的营销目标和营销战略,主要目的就是明确企业营销对渠道结构设计和策略选择的要求和限制。可以用与分析管理机会和限制类似的分析框架,从多个方面进行分析,如表3-4所示。

表3-4 营销要求和限制

因素	要求	限制
营销目标	渠道任务分配:营销目标要在渠道和地区之间进行分解,渠道任务之和必须能够完成营销目标	
目标市场	渠道覆盖要求:企业的渠道组合要能够覆盖90%的目标顾客	
市场定位	渠道选择要求:渠道必须与品牌形象的定位相符	渠道选择限制:不能在有损品牌形象的渠道销售
产品策略		渠道结构设计限制:企业产品具有易腐和保质期短的特点
价格策略		渠道选择限制:产品价格较低,不适合在较长和成本较高的渠道销售
促销策略	渠道宣传要求:企业采用的各种营销渠道不仅要销售企业产品,而且要加强与顾客的沟通与互动,鼓励顾客参与	
关系策略		渠道治理策略限制:企业要加强对渠道的控制,减少渠道合作伙伴针对自己的投机行为

比如,企业营销目标对渠道的要求表现在渠道任务分配上——营销目标要在渠道和地区之间进行分解,渠道任务之和必须能够达成营销目标。假设在表3-3中,吉利汽车公司的业务单位D生产的是一款高档轿车。按照公司的营销目标,2022年,业务单位D需要完成15万辆整车的销售量。以前,业务单位D的整车只在甲、丙两地销售。如果按照以前的销售情况分配渠道任务,那么业务单位D的整车在甲、丙两地分别要销售10万辆和5万辆。不过,通过分析,渠道管理者发现,如果业务单位D的整车只在原先的这两

个地区销售,则根本无法完成销售任务。为此,渠道管理者重新分配销售任务,业务单位 D 的整车在甲、丙两地各销售 6 万辆,在乙地和丁地利用企业销售其他产品的渠道各销售 1.5 万辆。这样就减轻了甲、丙两地的销售任务,加重了乙、丁两地的销售任务。

再如,吉利汽车公司业务单位 D 生产的是一款高档轿车,而且公司也试图把它塑造成高档轿车的形象。那么,业务单位 D 的轿车就不能通过一般的渠道销售,而必须通过与其品牌形象定位相符的渠道销售。相较于销售额,品牌形象是企业更长远的目标。因此,即使有助于提高产品的销售额,企业也不应该使用有损于品牌形象的渠道销售。这是品牌形象定位对渠道选择的限制。

表 3-4 中"渠道覆盖要求""渠道结构设计限制"和"渠道治理策略限制"等都可以做类似的解释。使用这种方法分析所得到的结果,也会应用在渠道缺口分析之中。

第四节 渠道缺口分析

所谓渠道缺口(channel gaps),是指企业现实的营销渠道与理想的营销渠道之间的差距。理想的营销渠道是指那种既能满足顾客需求,又能以最低的成本发挥渠道功能的营销渠道。这种理想的渠道可能只在理论上成立,在现实中则很难实现。这是因为渠道成本和满足顾客需求之间是一个此消彼长的关系。如果降低渠道成本,渠道的服务产出就会下降,渠道满足顾客的程度也会下降;反之,如果增大渠道的服务产出,那么渠道成本也会跟着一同增加,结果可能是输出的渠道服务高于顾客的期望,在服务的投入产出比上并不划算。

然而,理想渠道却可以作为一个参照点,将企业现有的营销渠道与之比较,找出差距,进行改进。渠道缺口分析就是建立在现实渠道与理想渠道的比较之上,只要企业的现实渠道与理想渠道不完全一致,就存在渠道缺口,就有改进的余地。图 3-7 是渠道缺口分析的一个基本框架。

一、顾客需求与渠道的服务产出

渠道缺口分析开始于了解企业渠道的服务产出及其对顾客需求的满足程度。顾客需求表现在许多不同的方面,如产品、品牌、服务、价格、信息沟通等。其中,对渠道的需求则体现在购买方式上,如购买批量、等候时间、空间便利、选择范围以及购买时需要的各种帮助和服务支持。当渠道的服务产出不能满足顾客对渠道服务在这些方面的需求或者企业提供上述服务的成本、费用过高而让顾客觉得服务产出"物非所值"、不愿为此买单时,企业的渠道就存在缺口。

(一)购买批量

购买批量是指渠道允许顾客购买的最小单位。企业希望顾客每次购买较多的产品,这样可以节省企业的成本或费用。而顾客则希望企业能够允许他们每次购买较少的产品,最好是随用随买。渠道允许的购买批量越小,渠道的服务产出就越大。渠道的一个

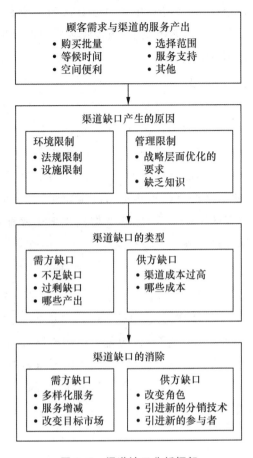

图 3-7 渠道缺口分析框架

重要功能,就是商品的分装(见第一章第三节),将大宗商品分散成小的份额,便于顾客购买。

(二) 等候时间

等候时间是指顾客从订货或在现场决定购买以后到拿到货物的等待时间。等候时间越短,渠道的服务产出就越大。但是,缩短等候时间需要企业增加员工和服务设备的投入。如果出于成本和费用的考虑,企业不愿意多投入员工和服务设备,那么就会产生顾客等候时间过长的渠道缺口。在网购情境下,因为从下单购买到拿到货物需要有一段长短不一的等待配送的时间,所以等候时间的重要性提高了。

(三) 空间便利

空间便利是指顾客购买产品的容易程度。在其他条件不变的情况下,空间便利与顾客到达商店的出行距离成正比。出行距离越短,空间便利程度越高。然而,除出行距离之外,交通状况也是决定空间便利的因素。在出行距离不远的情况下,如果交通不便,空间便利程度也会降低。渠道为顾客提供的空间便利程度越高,渠道的服务产出就越大。当然,企业的渠道成本或费用也会越高。顾客对空间便利的要求,随着产品的不同而有着很大的区别。顾客购买牙膏、食品等日用品时会有很高的便利性要求,而购买汽车时则对便利性的要求就比较低。在网购情境下,因为顾客可以在任何有上网条件的地方下单购买,所以空间便利的重要性下降了。

(四) 选择范围

选择范围是指渠道提供给顾客在品牌、产品类型、花色品种方面的选择数量。选择范围越大,选择数量越多,渠道的服务产出就越大,也越有能力满足顾客的多样化需求。大多数制造商之所以把自己生产的产品交给批发商、零售商经销而不是自己销售,其中一个重要的原因是通过渠道的商品聚集功能,批发商、零售商能够增大选择范围上的服务产出。在网购情境下,网络平台可以聚集大量的买家和卖家,扩大选择范围的边际成本几乎为零。随着选择范围的不断扩大,顾客的搜索成本会逐渐提高。此时,网络平台的排名系统和推荐系统能够降低顾客的搜索成本。

(五) 服务支持

服务支持是指渠道为顾客提供的各种附加服务,包括送货、安装、维修和提供购买信息等。服务支持的范围越大、力度越大,渠道的服务产出就越大,企业所负担的成本也会越高。顾客对服务支持范围和程度的要求,随着产品的不同而有所差异。例如,顾客购买技术含量高的产品和耐用消费品时,对维修和保障的要求较高;而购买一般日用消费品时,对服务支持的范围及程度要求很低。在网购情境下,除了上面所说的排名系统和推荐系统,网络平台商还提供了许多新的服务,比如线上支付、线上投诉、产品问答、顾客之间的线上互动等。

二、渠道缺口产生的原因

渠道缺口是普遍存在的。渠道缺口产生的原因有很多,可以分为两大类:一类是环境限制(environmental bounds),如一个国家的法规对企业商业行为的某些限制和一个地区的基础设施对企业建设理想渠道的限制;另一类是管理限制(managerial bounds),如企业的战略目标、发展战略、资源配置以及知识和经验的限制。

(一) 环境限制

一个国家或地区的渠道环境,会限制企业建立理想的营销渠道。比如,中国政府自20世纪90年代中后期以来,一直严禁传销活动在中国内地开展(参见示例3-1)。这使企业不能采用传销渠道建立理想的营销渠道。

再如,前面所讲的日本的《大规模零售店铺选址法》,针对新建或扩建店铺在1 000平方米以上的,实行申报制度,申请过程很烦琐。有人算过一笔账,一家连锁企业每新开一个店面,必须经过20多种不同的审批程序,签署200多页的文件,仅此一项每年给企业带来的成本就有6 000万日元之多(Coughlan et al., 2006)。

另外,政府部门制定的政策以及对政策的执行,也会改变营销渠道中的成本,从而导致现存渠道更大地偏离理想渠道。比如,交通运输部在《超限运输车辆行驶公路管理规定》第三条中对超限运输车辆做出过明确规定①,但是出于各种各样的原因,公路超限运输还是难以遏制,成为中国公路运输治理的一个顽疾。每当因为超载而发生重大事故之后,管理部门都会出台一些严厉的措施加以整治。此时,物流成本会大幅提高,货运公司出车的意愿降低,产品进出都不顺畅。

(二)管理限制

管理限制是引发企业现有渠道偏离理想渠道的企业内部管理因素,包括企业的战略目标、发展战略、资源配置以及知识和经验的限制。

企业常常为了在更高层次上追求整体优化而不得不牺牲渠道的优化。这体现在公司的使命、发展战略、组织结构、资源状况、以前的业绩以及在相关业务上的竞争战略和营销战略上(见本章第二、三节的内容)。比如,一家跨国经营的电子产品制造商,为了降低整个渠道的存货成本,提高订单的履约率,要求它在欧洲生产的产品全部集中存放在西班牙。这是公司战略决定的。然而,对于其他国家的零售商而言,这一安排使零售商的效率降低了——它们不得不去处理各种各样的海关文件和办理各种各样的进出口手续。因此,对它们而言,这家制造商的渠道很不理想,存在明显的渠道缺口。

管理限制还体现在企业的知识或经验上。比如,有一家企业开展网络营销,并依据网络技术的特点,构建了一个自认为理想的网络渠道。然而,两年的实践下来,它们发现:企业在网络上的投资不小,但收效甚微。总结教训和不足,主要是因为它们缺乏网络营销的经验与知识,不清楚网络在企业目前的情况下能够和应该怎样发挥作用。

三、渠道缺口类型

不论是环境限制还是管理限制都可能产生两种渠道缺口:需方缺口和供方缺口。

(一)需方缺口

需方缺口产生于需求方,是由渠道提供的服务与消费者或用户要求的服务(顾客价值)之间的差距造成的,所以又称为服务—价值缺口(service-value gap)。需方缺口有两种:当渠道的服务产出低于消费者或用户对渠道服务产出的要求时,称为不足需方缺口;当渠道的服务产出高于消费者或用户对渠道服务产出的要求时,称为过剩需方缺口。

不足需方缺口的出现,原因在于渠道提供给目标市场的服务产出低于消费者或用户的预期。比如,当一家企业的渠道不能保证供应时,消费者要么买不到要么需要排长队

---

① 本规定所称超限运输车辆,是指有下列情形之一的货物运输车辆:(一)车货总高度从地面算起超过4米;(二)车货总宽度超过2.55米;(三)车货总长度超过18.1米;(四)二轴货车,其车货总质量超过18 000千克;(五)三轴货车,其车货总质量超过25 000千克;三轴汽车列车,其车货总质量超过27 000千克;(六)四轴货车,其车货总质量超过31 000千克;四轴汽车列车,其车货总质量超过36 000千克;(七)五轴汽车列车,其车货总质量超过43 000千克;(八)六轴及六轴以上汽车列车,其车货总质量超过49 000千克,其中牵引车驱动轴为单轴的,其车货总质量超过46 000千克。

才能买到该企业的产品,不足需方缺口就出现了。另外,消费者或用户如果认为渠道提供的服务产出"性价比"太低,也会出现不足需方缺口。比如,我们经常遇到在银行办理业务排长龙的现象。尽管我们并没有为银行提供的服务发生实际的支出,但是我们会对银行的服务产生强烈的不满,希望银行多开几个窗口,多加派一些人手。

过剩需方缺口出现在渠道的服务产出高于消费者或用户对渠道服务产出的要求之时。在这种情况下,如果消费者或用户不需要多掏钱,他们当然乐于接受。但问题是,他们必须为高出来的部分买单,否则服务的提供方就无法生存。比如,如果一家零售商坚持对所有售出的货物全部送货上门,并让消费者承担相应的费用,那么对于小件商品的购买者而言,就有了过剩需方缺口。这些消费者当然不愿意为此买单。

不足需方缺口意味着渠道没有为目标市场提供他们愿意支付的服务产出,过剩需方缺口意味着渠道为目标市场提供了他们不愿意支付的服务产出,两种需方缺口都有可能使企业失去盈利机会。

在分析需方缺口时,应当注意两点:

第一,需方缺口可能同时在几种服务产出中存在。某种服务产出的水平太低了,而另一种服务产出的水平又太高了。一种服务产出的过量也许能够弥补另一种服务产出的不足,但是服务产出之间不一定能够相互替代。

第二,不同的细分市场,需方缺口可能不同。因此,在分析需方缺口时,理想的做法是对每一个细分市场逐个进行分析。这样做,可以帮助企业发现哪一类购买者存在什么样的需方缺口,然后局部改进,而不需要将原有的渠道设计全部推翻重来。

(二)供方缺口

如果营销渠道的运行成本太高,就会产生供方缺口。这说明至少有一种渠道功能的执行成本相对于它带给消费者或用户的利益而言太高了,消费者不愿为其买单。

这里要特别注意:供方缺口存在的充要条件,是所有渠道成员共同执行渠道功能的总成本高于必要成本。即使有一个渠道功能的执行成本高得离谱,但是只要它能够使所有渠道功能的共同执行成本最低,就不会产生供方缺口。比如,在网络环境下,企业需要购置IT和网络设备,这增大了营销渠道中信息传输的成本。但是,如果此举有利于渠道系统总成本的降低,那么企业的这种投入就不会导致供方缺口的出现。因此,在对供方缺口进行分析时,首先要搞清楚所有渠道成员共同执行渠道功能的总成本是否高于必要成本。在得到肯定的答案后,再分析供方缺口存在于渠道的哪一种功能上。

(三)基于渠道缺口的六种渠道情景

将需方缺口和供方缺口放在一起考虑,得到六种可能的组合,称为六种渠道情景,如表3-5所示。其中,第一、三种情景只存在需方缺口;第五种情景只存在供方缺口;第四、六种情景既存在需方缺口,又存在供方缺口;只有第二种情景两种缺口都没有。

表 3-5　渠道缺口的类型

供方缺口	需方缺口		
	不足缺口	无缺口	过剩缺口
无	S1 消费者或用户的服务需求没有被满足:适合不太挑剔的消费者或用户	S2 既无需方缺口,又无供方缺口	S3 消费者或用户的服务需求被过量满足:适合挑剔的消费者或用户
有	S4 高成本下的服务产出不足:质次价高的服务产出	S5 高成本下的供求平衡:服务产出符合需求,但价格或成本较高	S6 高成本下的过量服务:服务产出超出需求,价格或成本太高

资料来源:根据 Coughlan et al.(2006)翻译和整理。

第二种情景可以被看作营销渠道的理想状态。前面已经说过,要达到这一理想状态几乎是不可能的。现实中企业的营销渠道,或多或少都存在这样或那样的渠道缺口。

第一、三种情景只存在需方缺口——消费者或用户的服务需求要么没有被满足,要么被过量满足。对于一些不太挑剔的消费者或用户,第一种情景的问题不是很大,可能长期存在于缺乏竞争的行业中。比如,一些银行的营业网点存在较为严重的不足需方缺口,使储户在银行办理业务时排长队等待。尽管不高兴,但是大多数储户还可以忍受。不过,如果不足需方缺口过大,让储户等待的时间太长,那么储户的不满就会爆发出来。如果有其他选择,这些银行就会被抛弃。第三种情景出现的可能性不大,因为过剩需方缺口实际上意味着企业还有节约渠道成本的潜力,只要把过剩的渠道服务砍掉就行了。不过,有时对于一些挑剔的消费者或用户,这种过剩的需方缺口可能是必要的。第三种情景常常发生在竞争激烈的市场上。

第五种情景只存在供方缺口,即渠道的服务产出符合消费者或用户的需求,但价格或成本太高。这时,企业有渠道方面的成本劣势。而第四、六种情景则既存在需方缺口,又存在供方缺口。从消除渠道缺口的角度看,营销渠道处于第六种情景的企业,比较容易做一些。企业可以尝试通过降低服务产出的方法,一方面弥补供方缺口,另一方面消除过剩需方缺口。

四、渠道缺口分析模板

表 3-6 是一个渠道缺口分析模板。它引导渠道管理者根据渠道服务产出的类型,分类寻找渠道缺口,考虑缩小或消除渠道缺口的方法。

首先,从渠道服务产出的角度,寻找、发现或识别需方缺口和供方缺口;其次,分析渠道缺口产生的原因以及阻碍解决问题的环境或管理的限制性因素;再次,提出解决问题的期望结果;最后,根据期望结果,提出缩小渠道缺口的目标、方法和策略。

表 3-6　渠道缺口分析模板

分析内容	渠道服务产出					
	购买批量	等候时间	空间便利	选择范围	服务支持	其他
需方缺口		等候时间过长				
供方缺口		高成本下的服务产出不足				
问题的根源		设备使用率低				
环境与管理限制		环境有一些限制				
期望结果		等候时间不超过 20 分钟				
缩小缺口的方法		沟通、宣传、演示和教育				

资料来源：模板来自 Coughlan et al.(2006)，"等候时间"项下的内容为作者编写。

比如，表 3-6 "等候时间"项下的内容，是对储户在银行办理业务排长队的现象所做的分析。首先，它是一种顾客等候时间过长的不足需方缺口；其次，它是一种"高成本下的服务产出不足"的供方缺口，即由于成本和费用的限制，银行不愿意多投入员工和服务设备，致使储户无法得到期望的服务。因此，它属于表 3-5 中的第四种情景，既存在需方缺口，又存在供方缺口。由于渠道的服务产出低于储户的需求，所以银行不能用减少渠道服务产出的方法消除供方缺口。否则，需方缺口会加大，储户会有更多的抱怨。

如果对这一现象进行调查和分析，就会发现问题的主要原因是：储户对自动取款机、网上银行和手机银行 App 等银行自助设备的接受度低，从而导致使用率低。虽然银行已经在银行自助设备上有很大的投入，但是使用效果不佳。有很多储户因为担心使用这些设备不安全而不愿意使用，另有一些储户虽有使用意愿，但却没有使用能力。

要解决这一问题，有管理与环境上的限制吗？在管理上没有限制，因为它要解决的问题是如何更好地发挥银行已经投入的自助设备的作用，而不需要再有大的投入。在环境上有一些小的限制，如自动取款机对每天的提款金额有一定的限制，这会使一些大额取款者感觉不便。

据此，银行可以设定一个解决等候时间问题的期望结果，比如，"在两个月内，使储户在银行网点等候办理业务的时间不超过 20 分钟"。这一期望结果可以看作银行缩小此渠道缺口的目标。

最后，如何达成这一目标呢？方法可能很简单，比如通过沟通和宣传，让储户了解使用银行自助设备的好处，产生使用银行自助设备的意愿；通过演示和教育，让储户了解银行自助设备的操作方法和注意事项，打消储户使用银行自助设备的顾虑，提高银行自助设备的使用率。

在进行沟通、宣传、演示和教育活动的初期，总行和分行可能会增加一些广告宣传费用和人员推广费用。但是，经过一段时间的培育，在一部分顾客形成使用银行自助设备的习惯以后，这些费用就会减下来。更重要的是，一些业务会从银行网点分流出去，使前来办理业务的储户缩短等候时间。这既会缩小需方缺口，也会使银行在自助设备上的投入发挥应有的作用，从而缩小供方缺口。

由此可见,使用渠道缺口分析模板进行分析,不仅能够系统地找出企业现有营销渠道中存在的问题及其根源,而且有助于企业根据问题的根源确定渠道目标,提出解决问题、实现目标的方法。用这种方法确定的渠道目标,不是上面压下来的,而是为适应顾客需求所需要的,并且也是管理因素与环境因素所允许的。用这种方法确定的渠道结构和渠道组合,是经过约束之后的"理想"渠道。

第五节 渠道任务与目标的确定

渠道目标是企业为了实现其营销目标与营销战略,希望通过渠道管理活动在一段时间内达到的结果。因此,渠道目标既要符合企业实际,又要符合企业营销目标的要求。在实际工作中,迫于竞争压力,企业常常以销售为中心确定渠道目标。这既不能反映顾客对渠道服务的需求,也缺乏对渠道设计的指导作用。为了提高渠道目标的指导作用,企业应以顾客需求为导向确定渠道目标,以相关目标市场期望的服务水平来表述渠道目标,说明企业何时、何地以及如何为目标顾客提供便利(Stern and El-Ansary, 1987; Rosenbloom, 1995)。这就要求企业根据渠道缺口分析的结果或企业现有营销渠道中存在的问题及其根源来确定渠道目标。

有两种性质不同的目标:一类是渠道在一段时间内必须完成的任务,另一类是渠道管理者根据渠道缺口分析的结果所确定的渠道要达到的结果,包括渠道建设目标、渠道服务目标和渠道治理目标。为了区别这两种性质不同的目标,将前者称为渠道任务,将后者称为渠道目标。渠道任务具有强制性,常常是企业根据其营销目标或发展目标强压下来的;如果完成不了,往往要被问责。渠道目标则是渠道管理者对管理约束下"理想"渠道的一种追求,不具有强制性——只要渠道任务完成了,渠道目标即使没有实现,也往往不会被问责。渠道目标虽然不一定与渠道任务的完成直接相关,但是对企业的发展却有长远的影响。

简言之,渠道任务是营销目标的分解。分解到各个基层单位的营销目标,就是营销任务;分解到各个渠道或各个销售区域的营销目标,就是渠道任务。而渠道目标则是渠道管理者根据渠道任务的要求和现有渠道中存在的不足而确定的。一个有用的工具,就是渠道缺口分析。根据渠道缺口分析的期望结果,渠道管理者很容易提出"定制化"的渠道目标——既具体明确,反映特定情境的渠道管理问题,又具有管理和环境约束下的可行性。

一、渠道任务

在销售量、销售额和利润额等目标上,渠道任务与营销目标没有什么不同。它们是对营销目标在销售区域和渠道上的分解。营销目标的落实与实现,最终要体现在渠道运行的结果上。

渠道任务大多是自上而下分解和下达的。比如,某企业的产品有 A、B、C、D、E、F 六个销售区域，这六个销售区域通过传统批发、连锁超市直供、网上直销和厂家专卖店四种渠道覆盖。为了完成100亿元的年销售目标，六个区域分别需要完成50亿元、20亿元、10亿元、10亿元、5亿元和5亿元的年销售额。表3-7显示了六个区域在不同渠道的销售任务。

表3-7 某企业的渠道任务　　　　　　　　　　　　单位：亿元

渠道	销售区域					
	A	B	C	D	E	F
传统批发	20	10	—	—	—	—
连锁超市直供	20	5	5	—	—	5
网上直销	5	5	5	5	5	—
厂家专卖店	5	—	—	5	—	—
合计	50	20	10	10	5	5

当然，这些任务也可能自下而上先由下属地区和渠道提出，而后再由上级汇总得出，或者经由上下级反复讨论、讨价还价得出。但是无论如何，任务一旦确定下来，就具有刚性特征，下属必须想方设法完成，否则就会被问责。下面是一些企业关于渠道任务的表述。

- 渠道总销售额：到2022年，XY公司的电冰箱在中国国内的年度总销售额要达到25亿元。
- 区域销售量（额）：在促销活动期间，XY公司的电冰箱在西安每个月要卖出1 000台。
- 单一渠道销售额：到2022年年底，XY公司通过互联网销售XY牌电脑要达到500万元的月销售额。
- 市场占有率：到2022年12月底，XY公司要使其电脑在中国国内的市场占有率达到15%。
- 投资收益率：2022年，XY公司在营销渠道方面的投资收益率应不低于15%。

二、渠道建设目标

渠道建设目标是渠道管理者根据渠道缺口分析的结果而确定的渠道目标，主要涉及市场渗透、市场覆盖、经销商发展和终端市场展示等方面。下面是一些例子。

- 市场渗透目标：下一年度，XY公司在东南沿海地区的销售网点要增加到200个。
- 市场覆盖目标：在两年之内，XY公司的产品要进入所有地级城市。
- 渠道发展目标：在三年之内，XY公司的产品通过网络销售的比例要达到20%以上。
- 经销商发展目标：下一年度，XY公司要使一级经销商达到30个左右；二级经销商达到 280 个左右;另外,要与 10 家大型商场签订特约经销合同。

- 零售终端展示目标:在一年之内,要使 XY 公司的产品在中国 80% 的商场中得以展示。

渠道建设目标有可能与渠道任务之间出现方向不一致的情况。比如,为了提高市场占有率,企业需要加大在渠道建设方面的投入,提高市场渗透率或覆盖率。此时,渠道费用会增加,企业不得不放弃短期的利润率。相较而言,渠道任务更多地涉及企业的短期利益,而渠道建设目标则更多地涉及企业的长期利益。因此,在确定渠道建设目标时,渠道管理者需要综合考虑企业的长期利益与短期利益,使渠道建设目标既符合营销目标对渠道的要求,能够完成渠道任务,又以顾客需求为中心,兼顾企业的长期利益。

在以下几种情况下,企业需要考虑渠道建设问题并确定渠道建设目标:

第一,新成立的企业,由于没有现成的渠道可用,所以必须建设渠道。

第二,目标市场发生变化,对渠道提出新的要求。比如,电脑最初由电脑专营店销售,电脑制造商多采用这种单一的渠道模式。后来,随着电脑的普及和目标市场的扩大,家用电器商店、商场都成为电脑销售的重要渠道。于是,越来越多的电脑制造商开始采用多渠道模式。再如,一家企业的某一种产品大幅度降价,从奢侈品变为大众消费品,改变了原有产品的目标市场。这时,这家企业就需要考虑改变渠道或增加新的渠道。

第三,商业格局发生重要变化,企业需要重新考虑其主渠道。比如,家用电器行业的主渠道原来是百货商店和家用电器城。2000 年以后,这种情况发生了变化。国美、苏宁这些家电连锁商店逐渐成为家电销售的主渠道,也使它们成为家电制造商在确定营销渠道时的首选。近些年,天猫和京东这样的网络平台出货量越来越大,家电制造商也不得不纷纷触网,或者在平台上开办自己的网店,或者将产品交由平台上的网店销售。

第四,环境变化,促使企业开辟新渠道。比如,2020 年暴发的新型冠状病毒疫情,迫使很多企业开通线上渠道。企业不仅增加了不少新的渠道,而且改变了其渠道结构。

第五,企业的发展战略对渠道建设提出不同的要求,有四种情况,如图 3-8 所示。当采用市场渗透战略时,企业需要在现有渠道中增加销售网点,提高市场渗透率;当采用市场开发战略时,企业需要为新的目标市场建设新的渠道;当采用产品开发战略时,企业沿用老渠道即可;当采用多元化战略为新产品开拓新市场时,企业需要为新市场或新产品建设新的渠道。注意,图 3-8 是安索夫战略模型(Ansoff,1957)的一个变通,与图 3-4 相似。

	老产品	新产品
老市场	市场渗透:增加现有渠道的销售网点	产品开发:沿用老渠道
新市场	市场开发:为现有产品寻求新的目标市场,需要建设新渠道	多元化:为新产品开拓新市场,需要建设新渠道

图 3-8 渠道建设的时机

三、渠道服务目标

渠道服务目标也是渠道管理者根据渠道任务的要求和现有渠道中存在的渠道缺口而确定的渠道目标,主要涉及渠道的服务产出,如购买批量、等候时间、空间便利、选择范围和服务支持等方面。下面是一些例子。

- 空间便利目标:到 2022 年年底,XY 公司的营销渠道将保证让 90% 的城市居民在驱车 20 分钟的距离内就能购买到其产品。
- 等候时间目标:到 2022 年 3 月 15 日,XY 公司网上交付订单的发货时间要缩短至两个小时之内。
- 选择范围目标:到 2022 年年底,AB 超市公司将扩大食品的经营品种至 2 万种。
- 服务支持目标:到 2022 年 9 月底,AB 超市公司将开通网上商店,顾客可以采用多种方式订货、取货和付款;顾客网上咨询会在 2 小时内得到处理;网上购物一周内不满意可退换。

渠道服务目标要解决的是企业在既有的渠道内如何提高渠道服务产出的问题。其中的关键,是在成本约束下提高顾客的渠道满意度。因此,渠道服务目标还可以设置顾客的渠道满意目标。比如,顾客对企业某一条渠道中各成员的投诉量以及相对于交易量的投诉率;顾客对企业某一条渠道中各成员服务表现的评价;顾客对企业某一条渠道中各成员的满意度。

四、渠道治理目标

对企业而言,营销渠道是一项战略性资源。它一经建立,就对企业的整体运作和长远利益产生重要影响。然而,大多数企业的营销渠道都是由许多企业参与的一种"超级组织"。因此,要保持渠道运行的高效和畅通,单凭一家企业的努力是不够的,需要各个参与者密切合作,共同努力。这就要求渠道有一个相对稳定的组织结构。

渠道治理(governance)就是建立、维持和结束渠道这一超级组织的约定(即合同或不言明的规则)或制度安排(institutional arrangements)(Heide,1994)。从企业的角度看渠道治理,侧重于企业对渠道的控制和建立一个良好的渠道合作氛围。因此,渠道治理目标包括渠道控制、渠道信任、渠道关系、渠道满意度、渠道合作、渠道适应性以及渠道投机行为和渠道冲突等方面的内容。下面是一些例子。

- 渠道沟通目标:2022 年,XY 公司的业务人员要定期(每月至少 1 次)与每一个地区的主要经销商进行沟通,了解产品销售中出现的问题并及时解决。每次沟通,业务人员要书面记录沟通的时间、地点、方式和发现的问题。
- 渠道监督和支持目标:2022 年,XY 公司在各地的业务人员要了解一级经销商的市场开拓情况,每人每月至少向一级经销商推荐或介绍一家愿意经销本企业产品的二级或三级经销商。
- 渠道关系目标:2022 年,XY 公司要加强与经销商的联系,各地销售公司要组织与经销商的联谊活动 2 次。

• 渠道满意度目标：到 2022 年年底，XY 公司要进行一次经销商对本公司满意度的调查，经销商对本公司的满意度要达到标准量表值的 80。

• 渠道适应性目标：到 2022 年年底，XY 公司经销商的数量要减少 1/3，剩下的经销商必须适应公司的渠道运作模式。

渠道满意度特指一个渠道成员对另一个渠道成员的满意度。它可以从两个视角来评价：一个视角是本企业对某一渠道成员的满意度，另一个视角是某一渠道成员对本企业的满意度。视角虽然不同，但评价内容是相似的，主要包括某一个渠道成员对本企业或本企业对某一个渠道成员在销售额、利润额上的贡献，以及双方对对方在能力、适应性、顾客满意度和忠诚度等方面的评价。表 3-8 显示的是从制造商的角度，对 AB 经销商满意度评价的主要内容。

表 3-8　制造商对某一经销商的满意度

考虑因素	主要内容
对销售的贡献	• AB 经销商增加了我公司产品的销售额； • 与其他经销商相比，AB 经销商提高了我公司产品的市场占有率； • AB 经销商提高了我公司产品的竞争地位。
对利润的贡献	• AB 经销商增加了我公司产品的利润额； • AB 经销商使我公司产品的销售成本和费用持续上升(R)； • 我公司为支持 AB 经销商而投入的时间、精力和人力是值得的。
经销商的能力	• AB 经销商具有经营我公司产品的丰富经验； • AB 经销商对我公司产品的特性有充分的了解； • AB 经销商具备经营我公司产品的能力和知识。
经销商的适应能力	• AB 经销商能够根据环境变化及时调整营销策略； • AB 经销商在营销方面具有较强的创新能力； • AB 经销商乐于迎接变通。
顾客满意度	• 我们经常从顾客那里接到针对 AB 经销商的投诉(R)； • AB 经销商尝试各种方法尽量满足顾客需求； • AB 经销商在销售我公司的产品时为顾客提供了良好的服务。
经销商的忠诚度	• AB 经销商经常做一些对我公司产品不利的事情(R)； • AB 经销商经常背着我们与竞争者接触(R)； • AB 经销商在可能的情况下总是尽可能地维护我们的利益； • AB 经销商为了维护我们的利益时常自己遭受损失。

注：后面有(R)的项目为反向指标。

在测量时，参与评估的人员可以根据表 3-8 给出的内容，逐项由 1—5 打分，1 表示"极不同意"，2 表示"不同意"，3 表示"不同意，也不反对"，4 表示"同意"，5 表示"极为同意"。如果参与评估的人数足够多，经过数据统计方法处理，就可以得到制造商对这家经销商满意度评估的一个量化结果。这里要特别注意，参与评估的人员一定是与这家经销商经常打交道的人员。

渠道治理目标是企业选择渠道组织形式的重要依据。另外,它也会在企业日常的渠道管理中影响企业的跨渠道管理与控制行为。第四章对此有详细讲解。

五、有效的渠道任务和目标

有效的渠道任务和目标具有以下几个特征:

第一,具体、明确、可衡量。因为渠道任务和目标既是相关责任人制定活动进度表的依据,也是管理者进行监督评价的准则,所以必须具体、明确、可衡量,要包括最后期限和量化的评估方法。对于不易量化的渠道任务和目标,也要尽量想出较为客观的评价标准,如上面渠道治理目标的例子。

第二,实际而具有挑战性。渠道任务和目标必须以企业的现实情况为基础,既符合企业实际情况,具有可行性,又有足够的挑战性,以激发渠道管理人员和从业人员努力提高工作业绩。

第三,服从企业的使命和战略目标,反映企业的内部资源和核心竞争力。

第四,不同的渠道任务和目标之间相互配合。如果是多个目标,则目标之间不应有矛盾,在有矛盾时,要明确目标的优先顺序。兼顾企业的长期利益与短期利益,既要完成渠道任务,又要以顾客需求为中心,为顾客提供高性价比的渠道服务。

本章提要

分析企业的渠道现状,提出明确的渠道任务和目标,是企业进行渠道管理的前提。

渠道分析包括渠道环境分析、企业战略与管理要素分析、营销目标与营销战略分析以及渠道缺口分析。前三个分析的目的,主要是了解渠道环境和企业内部管理要素对渠道管理的限制和约束;后一个分析的目的,是从服务产出、环境和管理约束的角度了解渠道的现状,寻找渠道中存在的问题和根源,思考解决问题的目标和方法。

渠道的环境因素包括政法(政治法律)、经济、人口、文化、科技、生态和竞争等因素。这些因素的变化是企业所不能控制的,企业只能认识和适应它,并在此基础上利用它。对渠道环境进行分析的一个重要目的,是帮助企业确定渠道建设和管理的环境机会和限制。

企业战略与管理因素,如公司的使命、发展战略、组织结构、资源状况、以前的业绩以及在相关业务上的竞争战略等,也是渠道管理者不能控制或改变的。在这一点上,它们与外部环境是相同的。渠道管理者在制定渠道策略之前,必须分析这些因素,确定它们给企业的渠道建设和管理带来的机会与限制。

营销战略是企业内营销部门所制定的一项重要的职能战略。营销目标是企业制定营销战略和进行营销活动期望得到的结果。对营销目标和营销战略进行分析,需要搞清楚营销渠道在营销战略中的地位以及营销战略对渠道管理的要求和限制。

渠道缺口是指企业现实的营销渠道与理想的营销渠道之间的差距。理想的营销渠道是指那种既能满足消费者或用户的需求,又能以最低的成本发挥渠道功能的营销渠道。理想的营销渠道虽然在现实中很难实现,但它是一个参照点,企业可以将现有的营销渠道与之比较,找出差距,予以改进。渠道缺口分析建立在现实渠道与理想渠道的比较之上。

渠道缺口分析开始于了解企业渠道的服务产出及其对顾客需求的满足程度。渠道的服务产出包括购买批量、等候时间、空间便利、选择范围和服务支持等内容。当渠道的服务产出无法满足顾客对渠道服务的需求时,或者服务产出的成本、费用过高而让顾客不愿买单时,企业的渠道就存在缺口。

渠道缺口产生的原因有两大类:环境限制和管理限制。它们会导致两种渠道缺口:需方缺口和供方缺口。需方缺口产生于需求方,是由渠道提供的服务与顾客要求的服务之间的差距造成的。供方缺口是由于渠道的运行成本高于必要成本而产生的。

基于需方缺口和供方缺口,有六种渠道情景。第一、三种情景只存在需方缺口;第五种情景只存在供方缺口;第四、六种情景既存在需方缺口,又存在供方缺口;第二种情景两种缺口都没有。针对六种不同的情景,企业的渠道目标也有所不同。

渠道缺口分析模板引导渠道管理者根据渠道服务产出的类型分类寻找渠道缺口,并考虑缩小或消除渠道缺口的方法。

渠道任务与目标是企业为实现其营销目标与营销战略,希望通过渠道管理活动在一定时间内达到的结果。渠道任务来自对营销目标的分解,是渠道在一段时间内必须完成的任务,包括销售量、销售额和利润额等;渠道目标则是渠道管理者根据渠道缺口分析的结果所确定的渠道要达到的结果,它是渠道管理者对管理约束下"理想"渠道的一种追求,包括渠道建设目标、渠道服务目标和渠道治理目标等。

参考文献

高牟,2015,《中国纵向价格垄断——形态、来源、损害、认知误区与豁免》,中国科学技术大学博士学位论文,第49—84页。

江山,2021,《反垄断法上协同行为的规范认定》,《法商研究》,第5期,第187—200页。

兰磊,2021,《涨价型竞争损害的误读与澄清——以转售价格维持为视角》,《交大法学》,第4期,第36—58页。

卢亭宇、庄贵军、丰超、魏子荐,2017,《O2O情境下的渠道迁徙路径与在线信息分享》,《西安交通大学学报(社会科学版)》,第5期,第40—48页。

尚珂,2009,《基于零售业发展的日本流通相关法律解读》,《中国流通经济》,第8期,第68—71页。

张颖,2021,《加强顶层设计 实现"双碳"目标——国家碳达峰碳中和相关政策综述》,《中国勘察设计》,第11期,第6—7页。

庄贵军,2021,《营销管理——营销机会的识别、界定与利用》(第3版),北京:中国人民大学出版社。

Ansoff, H. I., 1957, "Strategies for Diversification", *Harvard Business Review*, 35(5), 113-115.

Coughlan, A., E. Anderson, L. W. Stern, and A. I. El-Ansary, 2006, *Marketing Channels*(7th ed.), NJ: Prentice-Hall Inc., 130-160.

Heide, J. B., 1994, "Interorganazational Governance in Marketing Channels", *Journal of Marketing*, 58(1), 71-85.

Kotler, P., 2001,《营销管理(第10版)》,北京:清华大学出版社。

Markides, C. C., and P. J. Williamson, 1994, "Related Diversification, Core Competences and Corporate Performance", *Strategic Management Journal*, 15, 149-165.

Porter, M. E., 1980, *Competitive Strategy: Techniques for Analyzing Industries and Competitors*, NY: The Free Press.

Prahalad, C. K., and G. Hamel, 1990, "The Core Competence of the Corporation", *Harvard Business Review*, 68(3), 79-91.

Rosenbloom, B., 1995, "Channel Management", In M. J. Baker(ed.), *Companion Encyclopedia of Marketing*, London: Routledge, 551-559.

Sharma, A., and L. V. Dominguez, 1992, "Channel Evolution: A Framework for Analysis", *Journal of the Academy of Marketing Science*, 20, 1-5.

Stern, L. W., and A. I. EI-Ansary, 1987, "Customer-Driven Distribution Systems", *Harvard Business Review*, 7, 34-41.

Wadinambiaratchi, G., 1965, "Channels of Distribution in Developing Economies", *The Business Quarterly*, 30, 74-82.

练习与思考

1. 渠道分析都包括哪些内容?
2. 举例说明环境因素对企业的渠道管理都有哪些影响?
3. 从渠道机会与限制的角度分析环境因素和企业内部的管理要素。
4. 分析企业的营销目标和营销战略对渠道管理可能会有什么要求和限制。
5. 什么是渠道缺口?
6. 什么是需方缺口和供方缺口?
7. 如何进行渠道缺口分析?
8. 举例说明如何根据渠道缺口分析的结果制定企业的渠道目标,提出解决方案。
9. 渠道任务与渠道目标有哪些异同?
10. 渠道目标应如何表述?
11. 阅读并分析本书"案例分析"部分的案例4,并回答问题。
12. 阅读并分析本书"案例分析"部分的案例5,从政法环境的角度讨论如何规避"纵向价格垄断协议"的法律风险。

第四章

渠道设计与策略选择

知识要求

通过本章的学习,掌握以下要点:
- 渠道结构、渠道构成结构与渠道组合结构的内涵;
- 渠道长度、宽度、密度的含义以及中间商的类型;
- 渠道结构策略与渠道结构的关系;
- 直接分销、独家分销、选择分销、广泛分销和密集分销的特点;
- 渠道组织形式与渠道治理策略的关系;
- 垂直渠道系统的类型与特点;
- 渠道方案设计的方法与程序;
- 渠道方案评估的方法。

技能要求

通过本章的学习,要求学生能够做到:
- 举例说明渠道宽度和渠道密度的含义有何区别;
- 用自己的语言说明渠道结构策略与渠道治理策略的关系;
- 理解各种渠道结构策略的优缺点;
- 深入分析各种垂直渠道系统的治理特点;
- 设计企业的渠道结构策略和渠道治理策略;
- 描述、分析和评估企业的渠道方案。

渠道管理者要根据企业的渠道任务和目标，设计企业的渠道结构，选择企业的渠道结构策略和渠道治理策略。这涉及很多内容，既有企业内部的，也有企业之间跨组织的，不但要考虑自己的意愿，而且要考虑合作伙伴的意愿。本章将详细介绍这些内容，并给出设计和评估方法。

第一节　渠道结构

对于一家企业而言，渠道结构有两层含义：一是指企业某一条渠道的层级、参与者和覆盖范围的构成状况，其本质是渠道功能在渠道参与者之间的安排或分配；二是指企业使用的渠道类型以及各类型渠道在企业销售中所占的比重。前者称为"渠道构成结构"，后者称为"渠道组合结构"。

第一章的图1-1显示，制造商的产品或服务可以经过多条渠道到达消费者或用户手中。有的渠道经过的环节多一些，涉及较多的经营组织，从结构上看比较复杂；有的渠道经过的环节少一些，涉及较少的经营组织，从结构上看比较简单。渠道构成结构由此而存在长度、宽度、密度和中间商类型的区别。

一、渠道长度

渠道长度，也称渠道的层级数，是指营销渠道中处于制造商和消费者或用户之间中间环节的多少。据此，营销渠道可以归纳为两大类：一类是直销渠道，如图1-1中的"生产制造商→消费者"和"生产制造商→用户"两条路径；另一类是中间商渠道，如图1-1中的其他路径。

直销渠道是指制造商使用自己的销售队伍直接把产品销售给消费者或用户，具体形式有人员推销、电话销售、电视销售和网上销售等。中间商渠道，也称间接渠道，是指制造商通过批发商、代理商和零售商等中间商销售自己的产品。按照层级的多少，中间商渠道又可以分为长渠道与短渠道。一般而言，一条渠道中的层级越多，渠道就越长；反之，则越短。实际上，直销渠道是零层次渠道，其中商品的所有权转移不经过任何其他组织的中介。

二、渠道宽度和渠道密度

渠道宽度和渠道密度虽然密切相关，但是含义不同，各有其独立的意义。渠道宽度是指渠道的覆盖范围，意味着渠道可以使企业产品抵达区域的多少或大小；而渠道密度则是指企业在某一区域内销售网点的数量，意味着企业在某一区域的销售力度。二者组合，有四种情况，如表4-1所示。

表 4-1　渠道宽度和渠道密度

宽度：覆盖范围	密度：网点数量	
	多	少
宽	(1) 宽而密的渠道：渠道的覆盖面广，且每一区域内的销售网点数量多	(2) 宽而疏的渠道：渠道的覆盖面广，但每一区域内的销售网点数量少
窄	(3) 窄而密的渠道：渠道的覆盖面窄，销售网点多	(4) 窄而疏的渠道：渠道的覆盖面窄，销售网点少

由表 4-1 可见，一条渠道可以是宽而密的，即渠道的覆盖面广，且每一区域内的销售网点数量多；可以是宽而疏的，即渠道的覆盖面广，但每一区域内的销售网点数量少；可以是窄而密的，即渠道的覆盖面窄，销售网点多；还可以是窄而疏的，即渠道的覆盖面窄，销售网点少。

在图 4-1 中，制造商使用了两条渠道，一条是"制造商→零售商→消费者"，一条是"制造商→批发商→零售商→消费者"。首先，后者比前者长。其次，如果两条渠道的覆盖面相同且后一条渠道中各零售商的市场覆盖面至少部分重叠，那么后一条渠道更密；如果两条渠道中每一个零售商的覆盖面相同且后一条渠道中各零售商的市场覆盖面不完全重叠，那么后一条渠道更宽。最后，如果两条渠道中每一个零售商的覆盖面相同且后一条渠道中各零售商的市场覆盖面只有部分重叠，那么后一条渠道比前一条渠道更宽也更密。

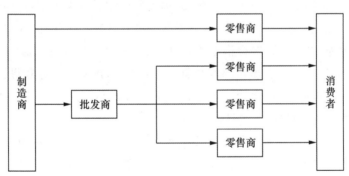

图 4-1　渠道的宽窄与疏密

一般而言，在渠道层级和渠道覆盖范围不变的情况下，一条渠道中各层级上中间商的数量越多，渠道就越密；反之，则越疏。而在渠道层级和渠道密度不变的情况下，一条渠道中各层级上中间商的数量越多，渠道就越宽；反之，则越窄。二者共同决定着渠道的渗透能力、覆盖范围和销售力度。

三、中间商类型

除非只使用自己的推销人员销售产品，即图 1-1 中"生产制造商→消费者"和"生产制造商→用户"的直销渠道，否则制造商在销售产品时必然有中间商的介入。中间商是指在制造商（或其他类型的供应商）与消费者或用户之间起中介作用的商业组织。中间商的种类有很多,包括批发商、零售商和其他类型的中间商。它们既可能处在不同的渠道层级上发挥不同的作用,也可能处在相同的渠道层级上采取不同的经营方式发挥相同的作用。

批发商是指那些从事批发业务的商业企业。它们一头连着制造商,收购制造商的产品;另一头连着零售商、生产用户或各种非营利性组织,按批发价格销售大宗商品。批发商按照经营范围可以划分为三种类型:(1)综合批发商,经营范围广、商品种类繁多,销售对象主要是零售商和经营户;(2)大类商品批发商,专营以行业划分的某一大类商品及其关联或配套产品,如服装、酒类、汽车零配件、五金和仪器仪表等;(3)专业批发商,专营某一种商品,如手机、成衣、石油、纽扣、纸张、金属材料等,经营范围窄而单一,但品牌齐全,市场覆盖面较大。

零售商是指那些销售商品给个人或家庭供其消费的商业企业。零售商按零售业态划分。所谓零售"业态"(format),是指零售商的商业模式和经营方式,反映零售商出售商品的种类、特性和目标顾客群体。零售业态种类繁多,常见的有以下几种:(1)百货店,规模较大,经营的商品品种多、范围广,基本覆盖人们生活中需要的各类商品;(2)超市和大型超市,以经营食品、副食品和日用生活品为主,满足顾客"一站式"购买需要;(3)便利店,以经营日常用品(如饮料、面包、日用杂品、小食品等)为主,店址多选择在居民住宅区,规模较小,营业时间长;(4)专业店,经营单一大类商品,花色、品种、规格齐全,例如服装店、体育用品店、电子产品店、音像制品店等;(5)专卖店,专门经营或授权经营某一品牌的系列商品;(6)仓储会员店,采用会员制,以批发的形式做零售,营业面积大且设有较大的停车场;(7)家居建材商店,以自选、自助服务方式销售家居用品、建材、装修材料,集产品销售和展示为一体,为顾客提供家居设计、家居配套工程以及家居饰品的"一站式"服务;(8)厂家直销中心,设在城市郊区交通便利的地方,以租赁的方式提供给制造商、品牌商或独立经营者销售商品,常用于销售积压的库存商品和尾货,价格便宜。其他类型的中间商,包括经销商、代理商、分销商和经纪人。

经销商(dealer)是指受制造商委托,签订经销合同,在一定区域内负责该制造商产品销售的批发商或零售商。经销商通常和多家制造商签订长期的购销合同,在这些制造商规定的区域内进行销售。经销商分为普通经销商和特约经销商。对于前者,制造商没有特别的规定、限制和优惠;对于后者,制造商要与经销商签订特殊的经销合同,如某个区域内的唯一性,其他批发商、零售商只能从该经销商那里进货。一般而言,特约经销权只给那些在某个行业中实力比较强的经销商,而让有实力的经销商为自己销售,制造商的产品也比较容易打开销路和提高产品的知名度。

代理商(agent)与经销商有下述三点区别:第一,制造商一般在一个地区只使用一家代理商,但却可以同时使用多家经销商;第二,经销商一般拥有商品的所有权,而代理商常常不拥有商品的所有权或只部分拥有商品的所有权,如付50%的货款提货;第三,代理商一般替制造商代理销售全部商品,在销售价格和其他销售条件上有较大的决策权,经销商则只销售它们想销售的产品,在销售价格和其他销售条件上受制造商的限制较大。

代理商在很大程度上控制着某一地区制造商的营销活动,承担着许多营销任务。在使用代理商的情况下,制造商的商品一般要先经过代理商(总代理、一级代理或二级代理)再到经销商或零售商的手里。

分销商(distributor)与中间商从定义上讲没有区别,都是指那些专门从事商品流通活动的机构或个人。因此,所有的中间商都可以称为分销商。但是在实际应用时,一些企业将其视为经销商或代理商的代名词。

经纪人(broker)又称掮客,一般既没有资金,也没有商品所有权,只是受委托人委托进行购销谈判活动。他们拿着商品说明书和样品,或者替卖主寻找买主,或者替买主寻找卖主,把卖主与买主结合在一起,促成交易的达成。成交后,由卖主把货物直接运给买主,而委托人向经纪人支付一定的佣金。经纪人执行的渠道任务包括为买卖双方提供市场信息,作为销售纽带联系买卖双方,提供服务支持和买卖建议。随着互联网技术的普遍应用,买卖双方获取市场信息的成本越来越低,经纪人的生存空间几乎消失殆尽。

四、复合渠道与渠道组合结构

在实际生活中,很少有企业只使用一种单一的渠道销售自己的产品。如果一家企业同时使用多种渠道销售,那么就涉及复合渠道和渠道组合结构问题。所谓复合渠道(hybrid channel),也称多渠道(multi-channel),是指一家企业同时使用多种不同类型的渠道销售同一种产品。而所谓渠道组合结构,则是指这家企业所使用的各种渠道在企业销售中所占的比重。

复合渠道得以发展的主要原因有三个:第一,随着市场细分程度的提高、零售业态的多样化以及竞争的加剧,单一的渠道模式不足以覆盖企业所有的目标市场,也不利于企业与竞争者竞争;第二,互联网技术的发展已经日益为人们所接受和采用,一方面对企业的传统渠道形成了挑战,另一方面也促使企业开展网络营销,在原有的渠道上增加一些新的网络渠道,由此成为多渠道营销;第三,企业的战略选择,即企业通过采取多元化的渠道,扩大产品的市场覆盖面,提高市场占有率。示例 4-1 显示了贵州茅台由单一渠道向复合渠道的过渡。

示例 4-1　贵州茅台的复合渠道

贵州茅台酒股份有限公司(以下简称贵州茅台)成立于 1999 年 11 月 20 日,由中国贵州茅台酒厂(集团)有限责任公司作为主发起人,联合另外七家单位共同发起设立,控股股东为茅台集团。贵州茅台总部位于贵州省北部的赤水河畔茅台镇,主营茅台酒及茅台系列酒的生产与销售。2001 年 8 月 27 日,贵州茅台股票在上海证券交易所上市交易,多年来一直是沪、深两市的第一高价股。2021 年,贵州茅台实现营业收入 1 062 亿元,净利润524.6亿元。2021年，贵州茅台在"BrandZ最具价值全球品牌排行榜"中位列第11位，是全球最具价值的酒类品牌。

2004年以前，贵州茅台一直依靠传统的国有糖酒公司进行销售。这些糖酒公司作为老字号有其优势，比如信誉好、网络覆盖面广等。但是，随着市场的变化（如五粮液的崛起）和产能的扩大，这条渠道在开发市场方面越来越不得力，造成茅台酒在很多地区出现了空白点。另外，茅台酒的市场管控也出现了问题，低价窜货现象时有发生。

2004年之后，贵州茅台调整了渠道策略，采取总经销制——分片区成立分公司，辖区内的经销商都必须从分公司提货，而分公司则对在辖区内销售的所有茅台酒颁发"专销标贴"，一旦发现辖区内某经销商销售外地茅台酒，将停止对其供货并施以处罚。在此基础上，贵州茅台构筑了"国酒茅台专卖店+区域总经销商+特约经销商"的复合渠道模式。

之后，贵州茅台又通过经销商与终端用户直接联系定制专用酒，先后为红塔集团、中国一汽、人民大会堂、国家机关、首都机场、民航部门和各大军区等单位生产500毫升、1 000毫升装的专供酒、专用酒和特供酒。

2014年6月，集团又成立了贵州茅台集团电子商务股份有限公司，建立了"茅台商城"网络渠道，直接向终端提供全系列个性化的茅台系列酒，如茅台酒、茅台年份酒、茅台特制酒、茅台礼品酒、酱香系列全线产品和商务庆典系列酒等。此外，还开办和运营了包括天猫、工行融e购等在内的十几家第三方平台的官方旗舰店。

资料来源：根据贵州茅台酒股份有限公司官方网站（https://www.moutaichina.com，2022年4月30日读取资料）及其他相关资料编写。

然而，采用复合渠道可能导致不同渠道之间和不同渠道成员之间发生冲突，增大管理的难度（Cespedes and Corey, 1990；卢亭宇、庄贵军，2021）。此外，企业采用复合渠道还会引发一些新的管理问题，例如跨渠道的营销信息收集和决策问题、跨渠道的顾客沟通和促销协同问题、顾客的跨渠道价格比较问题、顾客的渠道迁徙问题，以及企业的跨渠道成本分摊和资产共享问题（Zhang et al., 2010）。

第二节　渠道结构策略

渠道结构策略体现于企业对渠道结构的设计之中。渠道结构设计是企业在渠道的长度、宽度、密度、中间商类型以及使用渠道的多少等方面做出的规划与选择。规划与选择不同，渠道结构策略有别。据此，渠道结构策略可以分为直接分销、独家分销、选择分销、广泛分销和密集分销。其内涵以及与渠道结构的关系如表4-2所示。

各种渠道结构策略并无绝对的好坏，关键是要适合企业的需要和实际情况。因此，在确定渠道结构策略时，企业要根据渠道任务和目标、目标市场、品牌定位以及其他营销因素的匹配状况灵活选用。

表 4-2　渠道结构策略

渠道结构策略	渠道结构因素				
	长度	宽度	密度	中间商类型	渠道数量
直接分销	零层次短渠道	覆盖面小	密度小	无中间商	单一
独家分销	不确定,取决于代理商的渠道层次	不确定,取决于代理商的网点范围	密度较小	区域独家代理	单一
选择分销	不确定,取决于代理商或经销商的渠道层次	不确定,取决于代理商或经销商的网点覆盖范围	不确定,取决于代理商或经销商的网点密度	同类型或不同类型多家代理	不确定,取决于选择的代理商或经销商是否属于同一类型
广泛分销	多种渠道,渠道有长有短	覆盖面大	不确定,取决于经销商的网点密度	不同类型经销商	复合渠道,同时使用多种渠道
密集分销	多种渠道,渠道有长有短	不确定,取决于经销商的网点范围	密度大	不同类型经销商	复合渠道,同时使用多种渠道

一、直接分销

直接分销策略是指制造商或服务提供商使用自己的销售队伍直接把产品或服务销售给消费者或用户,如图 1-1 中的"生产制造商→消费者"和"生产制造商→用户"两条路径。具体形式有人员推销、邮寄销售、电话直销、电视直销和网上直销等。在工业品和保险营销中,企业常常使用这种策略。

直接分销策略具有渠道短、覆盖面小、密度小、无中间商介入和渠道单一的特点。

相较于其他渠道结构策略,直接分销策略的优点是产销直接见面,既便于企业与顾客沟通、联络感情;也便于企业了解市场,提供个性化产品和服务,控制渠道和价格。它的缺点是销售费用高,密度小,范围受限制,要求企业有较强的销售能力。

二、独家分销

独家分销策略是指制造商或服务提供商在一定的市场(比如一个城市)范围内只利用一家中间商进行销售。消费品中的特殊品尤其是奢侈品,常常使用这种策略。

独家分销策略具有密度较小、独家代理和渠道单一的特点。密度较小,是因为代理商一般不愿意让其网点相互重叠。虽然独家分销常常意味着较短和较窄的渠道,但是渠道长度和渠道宽度并不确定,取决于代理商的渠道层次和网点覆盖范围。当代理商的渠道层次多或网点覆盖范围广时,企业尽管采用的是独家分销,其渠道也会比较长和宽。

独家分销策略的优点是企业只与一家代理商打交道,交易成本低,易于控制,也易于与代理商建立长期稳定的合作关系。当企业与代理商之间有较高的信任和承诺水平时,渠道会有很高的运行效率。如果代理商的实力较强，那么这种策略还有助于提高企业及其产品的声望。另外，对代理商而言，由于在本地没有其他中间商参与该品牌的竞争，因此它可以独家享受制造商促销行为带来的利益。独家分销策略的缺点是过分依赖一家代理商，这会使代理商拥有较大的渠道权力，一旦代理商有投机行为或销售不努力，企业就很难处理。另外，因为密度比较小，所以这种策略不太适用于那些竞争激烈的产品。

三、选择分销

选择分销策略是指企业在一定的市场（比如一个城市）范围内选择几家代理商或中间商经销其产品。消费品中的选购品和特殊品，以及需要经销商大力推销的工业品，经常使用这种策略。

选择分销在渠道长度、宽度、密度、中间商类型以及渠道数量等方面均有不确定性。它可以是与独家分销比较接近的单一渠道，也可以是与广泛分销或密集分销比较接近的复合渠道。这取决于代理商或中间商的类型及其渠道层次、网点覆盖范围和网点密度。

当与独家分销比较接近时，其优缺点与独家分销相似；当与广泛分销或密集分销比较接近时，其优缺点与广泛分销或密集分销相似。一般而言，由于只与几家代理商或中间商打交道，所以选择分销策略一方面有助于企业与代理商或中间商建立良好的合作关系；另一方面也避免了对一家代理商或中间商的过度依赖，有助于企业更好地控制渠道。

从理念上讲，选择分销符合中国传统文化中中庸的原则；从操作上讲，这种渠道结构策略非常灵活，进可攻，退可守。因此，实践中很多企业都自觉不自觉地采用这种策略。

四、广泛分销

广泛分销策略是指企业同时利用多种渠道，尽量扩大产品的销售区域和市场覆盖面，让更多的消费者或用户购买。日用品（如香烟、饮料、酒和日用小百货）的购买频率高，对服务的要求低，只要市场上有货，消费者就会按照习惯购买，因此日用品的生产制造企业经常采用这种策略。

广泛分销策略具有覆盖面大、经销商类型多和渠道多的特点。由于有多种渠道，所以构成广泛分销的渠道有长有短。广泛分销的渠道密度不确定，可能密，也可能疏，这取决于经销商的网点密度以及各网点之间相互覆盖的程度。

广泛分销策略的优点是企业同时与尽可能多的经销商打交道，不会过分依赖某一经销商，这会增大企业的渠道权力，增强企业对渠道的影响力。另外，由于市场覆盖面大，因此这种渠道结构策略有利于企业寻找更多的市场机会，扩大产品销售。它的缺点是由于对经销商不加选择，所以经销商的质量可能良莠不齐。这既不利于企业树立良好的产品形象，也不利于企业与经销商建立长期稳定的合作关系。此外，如果经销商太多，经销商之间容易发生恶性冲突，企业对渠道的控制力度也会减弱。

五、密集分销

密集分销策略是指企业在某一个市场区域内同时利用多种渠道销售,增大销售网点的数量、提高相互覆盖的程度,使消费者或用户能够更方便地购买。这种渠道结构策略适用于日用品营销。比如一些饮料,不仅超市、便利店、饮料批发部和街头小贩在卖,而且企业也将其放入设置在城市各个角落的自动售货机中进行售卖。

密集分销策略具有密度大、多类型经销商和多种渠道的特点。由于有多种渠道,所以构成密集分销的渠道也有长有短。密集分销的渠道范围不确定,覆盖面可能很大,也可能不太大,这取决于经销商的网点覆盖范围。不过,因为企业采用密集分销的动机是追求薄利多销,所以往往来者不拒——只要经销商愿意经销企业的产品,企业就会让其去经销。这就使得密集分销的渠道通常有比较大的市场覆盖面,尤其是对不同细分市场的覆盖。

密集分销策略的优缺点与广泛分销策略相似。不同之处在于,由于更强调同一区域内尽可能多的销售网点,所以密集分销策略会使销售网点之间形成相互覆盖的关系。从有利的角度看,这会提高企业在一定区域内的渠道竞争力,但是从不利的角度看,这会降低企业的渠道效率,增大渠道成本,还容易引发销售网点之间的矛盾和利益冲突。

第三节 渠道组织形式与渠道治理策略

大多数企业的营销渠道都是由许多企业参与的一种"超级组织",各个参与者只有密切合作,共同努力,才能保持渠道的高效和畅通。这就要求渠道有一个相对稳定的组织结构,从而涉及渠道治理问题。

与公司治理相对比,有助于我们理解渠道治理的内涵。根据公司治理理论,公司治理是产权明晰的资源所有者为了确立收益分配的规则、保护自己的权益而形成的约束机制或制度及其确立过程(宁向东,2005)。其核心涉及这样一些问题:谁是约束者?谁是被约束者?约束什么?用什么机制约束?约束机制发挥作用的环境是什么?

渠道治理虽然在治理性质、约束者、被约束者以及约束机制等方面不同于公司治理,但是在约束内容和动机方面却是相同的。二者都是要控制由于约束者和被约束者的利益不一致和信息不对称所造成的被约束者的投机行为。表4-3是公司治理与渠道治理的一个简单比较。

渠道治理与公司治理最重要的一个区别是,它属于一种跨组织治理——约束者和被约束者是不同的企业,既没有隶属关系,也没有上下级关系。因此,合作各方互为约束者和被约束者。而从一家企业的角度看,渠道治理就是通过某一种形式把渠道参与者组织起来,为"超级组织"的共同利益密切合作,共同努力,并建立对其他参与者的约束机制,防止其他参与者针对自己采取投机行为。因此,渠道治理与渠道的组织形式高度相关——渠道的组织形式往往是渠道治理方式或策略的体现。

表 4-3　公司治理与渠道治理的比较

涉及问题	公司治理	渠道治理
治理性质	组织内部治理	跨组织治理
约束者	产权所有者和董事会	渠道成员之间互为约束者
被约束者	经理和董事会	渠道成员之间互为被约束者
约束内容	经理和董事会人员的投机行为	渠道合作者针对自己的投机行为
投机行为的原因	利益不一致且产权所有者授予经理控制权;信息不对称所造成的监督困难	利益不一致且渠道成员之间相互授权;信息不对称所造成的监督困难
约束机制	经理报酬(利益相容);董事会(代表股东把握公司的大政方针);股东大会(股东表决权或控制权争夺);购并和接管;监管机构;社会舆论监督	权力及其使用;合同;关系规范(但不如公司治理那样成熟,表现为无专门的监管机构监管;社会舆论监督也很弱,表现为小团体内的舆论)
约束机制发挥作用的环境	监管机构制定的游戏规则:信息透明;出现争议后的法律追索机制	国家和公司文化;人们习惯的行为方式;法律体系的完善程度(影响出现争议后的法律追索机制)

资料来源:根据宁向东(2005)和其他相关资料整理编写。

在大多数情况下,营销渠道由制造商、批发商、零售商或其他类型的中间商通过纵向联合而构建,所以垂直渠道系统是其主要形式。根据企业对渠道的治理形式和控制程度,垂直渠道系统可以分为公司型、特许型、管理型和关系型。这些垂直的渠道组织形式可以被看作企业的渠道治理策略①。它们的治理特点如表 4-4 所示。

长期以来,交易成本理论一直误将交易治理看作一个从层级治理到市场治理的单维度变量。2009 年,有人对此提出疑问,认为交易治理是一个多维度的变量(Makadok and Coff,2009)。他们区分出了交易治理的三个维度:(1)产权(ownership),即谁拥有用于工作的重要资源;(2)权威(authority),即谁有权决定怎样完成工作和参与什么活动;(3)激励(incentives),即工作者是根据产出还是投入获得报酬,以及是否因此而承担业绩表现不佳的风险。这三个维度相互独立,可以单独变化,从而形成丰富多彩的混合治理模式——在一个维度上与市场治理相似,在另一个维度上与层级治理相似。

---

① 本书作者在 2011 年撰写本书第二版时提出了这一观点。之后,2012 年,又根据 Makadok and Coff(2009)关于交易治理三维度的观点,进一步将其条理化,撰写了论文《基于渠道组织形式的渠道治理策略选择:渠道治理的一个新视角》,发表于《南开管理评论》2012 年第 15 卷第 6 期,中国人民大学"复印报刊资料"《企业管理研究》2013 年第 4 期全文转载。2015 年,又以"基于渠道组织形式的渠道治理策略研究"为题申请课题,获得国家自然科学基金的资助(资助号:71472149)。在该课题的研究中,基于对 519 家制造企业调查数据的分析,我们检验了渠道组织形式与渠道治理策略之间的对应关系,得出渠道组织形式包括公司型、特许—管理型、关系型和不稳定型四种类型。除不稳定型以外,其他三种类型均与事先的分类吻合。论文《渠道组织形式与渠道治理策略对应关系的聚类分析》发表于《西安交通大学学报(社会科学版)》2021 年第 41 卷第 5 期,中国人民大学"复印报刊资料"《市场营销(理论版)》2022 年第 1 期全文转载。

表 4-4　垂直渠道组织形式的治理特点

垂直渠道组织形式	交易治理的三维度		
	产权（全资—独资）	权威（强—弱）	激励（高—低）
层级治理	全资：委托人拥有全部产权，代理人只是为委托人工作并因此获得报酬	极强：工作和其他活动的类型、方法和时间都由委托人决定，代理人没有任何自主权	极低：根据投入获得报酬，不承担业绩表现不佳的风险，不会因为超额完成任务而获得奖励
公司型	全资到参股	极强到较强	中到极高
特许型	独资	极强	较高
管理型	独资	较强	极高
关系型	独资	弱	极高
市场治理	独资：代理人的产权独立于委托人，代理人为自己工作，不从委托人那里获得报酬	极弱：工作和其他活动的类型、方法和时间自主决定，代理人拥有完全的自主权	极高：根据产出获得报酬，并因此而承担业绩表现不佳的风险

资料来源：引自庄贵军（2012）。

一、公司型垂直渠道系统

公司型垂直渠道系统（corporate vertical marketing system）是指一家企业拥有或通过控股和参股其他渠道成员的方式实际拥有垂直渠道系统。主导企业全资拥有的渠道，主要指制造商设立的直销渠道，比如制造商通过自己的推销人员、外设销售机构或自设的专卖店进行销售（图 1-1 中的"生产制造商→消费者"或"生产制造商→用户"两条渠道）。通过控股或参股其他渠道成员的方式实际拥有的渠道的一个典型是格力曾经使用过的"工商股份合作制"，参见示例 4-2。它最大的特点，就是格力在每个省和当地的经销商合资建立以格力为大股东的销售公司，"以控价为主线，坚持区域自治原则，确保各级经销商得到合理利润"。

示例 4-2　格力电器的渠道模式

珠海格力电器股份有限公司，简称格力电器，成立于 1991 年。1996 年 11 月在深圳证券交易所上市，股票代码 000651。公司成立初期主要依靠组装和生产家用空调，现已发展成为多元化、科技型的全球工业制造集团，产业覆盖家用消费品和工业装备两大领域，产品远销 160 多个国家和地区。格力电器集家用空调的研发、生产、销售和服务于一体，是全球最大的家用空调制造企业。2021 年实现销售收入 1 878.54 亿元，净利润 230.64 亿元，空调业务占其总收入的 70% 多。

格力电器的渠道一直在变化，比如前些年在中心城市建立了格力形象店、旗舰店；还建立了自有线上综合电商销售平台"格力商城"，并入驻京东商城、天猫商城、国美电器、苏宁易购等国内最具影响力的第三方电商平台。近两年，又搞起了"新零售"，以27家销售公司、70多家线上经销商店铺、3万多家线下专卖店和第三方电商平台官方旗舰店为基础，建立了覆盖全国的销售网络。2020年4月，公司的董事长兼总裁董明珠更是亲自上阵直播带货，建立了"格力董明珠店"，并将其转型为开放型平台。格力渠道的基础是一种被称为"工商股份合作制"的渠道模式。其最大的特点，就是格力电器在每个省和当地的经销商合资建立以格力为大股东的销售公司，"以控价为主线，坚持区域自治原则，确保各级经销商得到合理利润"。其渠道组织形式如图4-2所示。

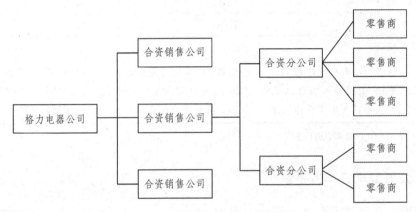

图4-2　格力电器的渠道结构

合资销售公司以格力电器分公司的形式负责管理当地市场。各区域销售公司董事长由格力方出任，总经理则按参股经销商的出资数目共同推举产生，各股东年终按股本结构分红，入股经销商形成了一个利益联盟。对入股经销商的基本要求是：当地销售大户，且销售格力产品收入占其总经营业务收入的70%以上。

这种渠道模式有几层组织结构：第一，省级合资销售公司，即格力的区域销售公司，由省内最大的几家批发商同格力合资组成，承担格力总部根据销售计划下达的销售任务，并同总部结算价格。区域销售公司相当于格力电器的一个二级管理机构，也是一个独立的经济核算实体。区域销售公司负责对当地市场进行监控，规范价格体系和进货渠道，以统一的价格将产品批发给下一级经销商。除与总部有货源关系，听从总部的"宏观调控"外，价格、服务、促销均实行"区域自治"。

第二，区级合资分公司，各地市级批发商与省级合资销售公司也组成合资分公司，负责所在区域内格力产品的销售，但格力在其中没有股份。合资分公司承担省级合资公司下达的销售任务，并与省级合资公司结算价格。

第三，零售商，合资分公司负责向所在区域内的零售商供货。在此模式下，零售商的权力较小，销售毛利率较低。

在格力的渠道网络中，原来互为竞争对手的大批发商都作为股东加入合资公司，它们各自的销售网络也合并在一起执行统一的价格政策,批发商的利润来源不再是批零差价,而是合资公司税后利润分红。省级合资公司的毛利率可达到10%左右。

资料来源:摘编自汪涛、李进武,《空调营销渠道模式比较研究》,《销售与市场(管理版)》,2002年第3期,第28—34页;《格力电器:2021年年度报告》,money.finance.sina.com.cn/corp/view/vCB_AllBulletinDetail.php?stockid=000651&id=8179894,2022年5月26日读取资料;珠海格力电器股份有限公司网站的企业宣传资料(http://www.gree.com.cn/),2022年5月26日读取资料。

对于全资拥有的渠道而言,在权威方面,企业有很大的控制权,与层级治理相同;在激励方面,则较多地采用市场治理的激励方法,即根据销售业绩来支付报酬。这是因为销售岗位不适合按投入支付报酬,一是销售人员在工作时间、技能和经验上的投入不容易计量,二是那样做,会导致销售人员出工不出力的投机行为。

对于通过控股和参股其他渠道成员的方式实际拥有的渠道,在激励方面,主导企业采用类似于市场治理的激励方法,允许各个参与者追求自己的利益,通过自己的努力和销售业绩获得报酬,主导企业则参与最终的分配。而在权威方面,由于参与者股权相互交叉,利益彼此渗透,又有很多公司治理的机制可以使用,所以主导企业也有比较大的控制权,类似于层级治理。比如,在格力电器的渠道模式中,制造商对渠道有很大的控制权:在价格方面,厂家以统一价格对各区域销售公司发货,并给产品价格划定一个标准区,各区域销售公司在批发给下一级经销商时根据当地的实际情况在标准区内进行"有节制地上下浮动";在促销方面,格力负责实施全国范围内的广告和促销活动,合资销售公司则负责完成当地的广告和促销活动以及店面的装修之类的工作;在销售方面,销售工作全部由合资销售公司负责,而各地的一级经销商必须从合资销售公司进货,严禁跨省市窜货;在售后服务方面,由合资销售公司负责与各服务公司签约,并监督其执行,格力电器只对其中一部分进行抽查和回访。

由于股权相互交叉,利益彼此渗透,所以公司型垂直渠道系统是各种垂直渠道系统中联系最紧密的一种组织形式。另外,公司型垂直渠道系统既可以由制造商主导,如格力电器的渠道模式;也可以由中间商主导,例如美国的零售商西尔斯公司出售的商品中,有50%来自它拥有股权的制造商。不管是制造商主导还是中间商主导,其目的都是使主导企业更好地控制渠道,保证渠道按照主导企业的意志顺畅地运行。

二、特许型垂直渠道系统

特许型垂直渠道系统(franchising vertical marketing system)是由一家主导企业以特许经营合同为基础将不同层级的企业联系起来而组成的一个渠道联合体。① 特许经营是一

---

① 特许型垂直渠道系统此前一直被称为契约型垂直渠道系统(contractual vertical marketing system)。本书的第一版和第二版也是这样命名的。不过,这种称谓实际上有很大的问题,因为任何一种渠道组织形式都需要在不同的企业之间签订合同,即契约。那么,为什么其他的渠道组织形式不叫契约型垂直渠道系统呢?本书第三版、第四版将其称为特许型垂直渠道系统,不仅符合其原意,而且能够反映其独特性。

种以转让特许经营权为核心业务的经营方式。特许商（franchisor）将自己所拥有的商标、商号、产品、专利、专有技术或经营模式等以特许经营合同的形式授予授许商（franchisee）使用，授许商则按照合同的规定，在特许商统一的业务模式下从事经营活动，接受特许商的管理，并向特许商支付特许费或加盟费。

在这种渠道组织形式中，有两种主要参与者：特许商和授许商。特许商是上游的产品制造商或服务的创始人；授许商则处于渠道的下游，独立于特许商。授许商通过与特许商签订特许经营合同和付费的方式，获得特许商品牌资产的使用权，包括特许商的经营方式、商标、名称、专有技术和营销技巧等，同时也有遵守特许经营合同各项条款的义务。示例 4-3 是 HS 连锁公司对特许加盟店的管理制度，由此可以看出特许商与授许商之间关系的一些特征。

示例 4-3　HS 连锁公司对特许加盟店的管理制度（摘要）

第一章　（略）

第二章　加盟资格及条件

第五条　加盟店的加入资格。

1. 与已加盟的会员，不得进行恶性竞争。以在××公里以上的距离（或在每×万人的区域内）设一店铺为原则，至于有无竞争关系则由本部认定。

2. 要具备一定限度以上的店铺规模。店铺面积及售货金额的最低标准规定：面积××平方米以上；每月营业额××万元以上。

3. 不得加入与本部实质上有竞争关系的其他连锁组织。

4. 加盟者要诚实经营并接受本部的经营指导及援助体制。

5. 对于本制度要全面赞同，并全面参加本部为加盟店所举办的活动。

6. 要确实树立经营合理化的思想，且要主动、积极地为经营合理化努力。

第六条　其他要求条件。

1. 使用"××"的统一商号、商标，在店铺安装统一的招牌、标识。

2. 加盟店应向本部缴纳加盟金××万元，此项加盟金不予退还。

3. 要接受本部的业务培训。

4. 与本部缔结加盟契约，并于契约书上盖章。

第三章　基本权力和利益

第七条　加盟店基本权力。

1. 使用"××"的商号、商标经营店铺。

2. 使用"××"的商标做广告宣传活动。

3. 经销本部组织独自开发的商品。

4. 实行内外包装的统一，并利用相同的管理方式。

5. 接受本部的经营技术指导,并按本部的指导营业。

6. 接受经挑选的统一商品及物品的供给,并使用统一的订货手册。

7. 参加本部统一举办的宣传广告、促进销售及其他的共同活动。

8. 接受有关店铺新设、改装的专门技术指导。

9. 参加本部计划的教育训练。

10. 接受经营计划的制订及指导。

11. 接受总部提供的必要情报。

第八条　为增加加盟店的效益及利益,由本部提供程序化的独有销售技术。

资料来源:摘编自宿春礼主编,《营销渠道管理制度范本》,北京:机械工业出版社,2003年,第86—87页。

特许经营既可以基于商品品牌,也可以基于服务品牌。基于商品品牌的特许经营,多为制造商授予批发商、零售商或维修商特许经营权,如可口可乐和百事可乐等饮料制造商授权装瓶厂在指定地区使用制造商提供的原浆进行生产和销售,中国石油化工总公司在全国各地授权开设加油站销售其加工的汽油燃料。

基于服务品牌的特许经营多为服务企业授予服务企业特许经营权,如连锁零售企业、餐饮企业、宾馆和旅行社等。此时,特许商自己开的店叫直营店,它们与总店之间不存在授权关系;授许商开的店叫加盟店,它们与总店之间是授权关系。基于服务品牌的特许经营要求加盟店接受总店的管理,在店铺标识、名称、经营标准、产品和服务质量标准、经营方式等方面,都要遵守特许商的规定。

特许型垂直渠道系统的治理特点是:产权独立,权威机制极强,激励机制较强。因为是不同的法人,所以在特许型垂直营销系统中,各个参与者有各自的利益追求,会为了各自的利益而努力工作,并根据销售业绩获得报酬。但是,因为要接受主导企业的领导,所以它们不承担全部的经营风险。当经营出现困难时,主导企业有责任帮助它们摆脱困境。因此,虽然特许型垂直营销系统有较强的激励机制,但并不是最强的。另外,尽管产权独立,但是主导企业有极大的控制权。比如,在特许加盟的连锁系统中,加盟合同要求加盟店接受总店的管理,在店铺标识、名称、经营标准、产品和服务质量标准、经营方式等方面都要严格遵守总店的规定。总店对加盟店的管理就像是对直营店的管理一样,没有差异。从外表以及企业员工的行为上,外人很难看出加盟店与直营店的区别。因此,在权威机制上,特许型垂直渠道系统采用的是层级治理的方式——主导企业决定和安排合作企业的主要工作和活动,合作企业的自主权很小。

这里要特别注意,特许经营合同是格式合同——合同条款由一方当事人预先拟定,并且在订立合同条款时未与另一方协商(可参照《中华人民共和国合同法》第三十九条的规定)。与此相反,非格式合同是一对一签订的,虽然可以参照各类合同的示范文本,但是合同条款是双方通过协商一对一确定的,很难被用于处理与其他合作者之间的事务,具有定制化的特点。在特许型垂直渠道系统中,特许商预先拟定格式合同,然后招商;授许商则根据合同条款,自由选择是否加盟。授许商一般没有就合同条款讨价还价的权力。一旦选择加盟,签订了合同,授许商就要接受特许商的领导。

三、管理型垂直渠道系统

管理型垂直渠道系统(administrate vertical marketing system)是指由处于不同层次的企业自愿参与而构成的、在一家核心企业的控制下运行的渠道组织形式。它的特点是,有一家被称为"渠道领袖"的核心企业。该企业具有很大的渠道权力,承担着领导和管理职责,可以在很大程度上影响或改变其他企业的相关决策;其他企业则自愿接受核心企业的领导和管理,看上去就像"渠道领袖"的下属机构一样。示例4-4中,中华轿车的渠道组织形式就是一种管理型垂直渠道系统。

示例 4-4　中华轿车的渠道系统

中华轿车是华晨汽车集团控股有限公司(简称"华晨集团")旗下的一款自主品牌轿车。华晨集团的历史可以追溯到1949年成立的国营东北公路总局汽车修造厂。1959年更名为沈阳汽车制造厂,试制成功了五台"巨龙"牌载货汽车,由此开启了制造汽车国产车的征程。2002年经辽宁省政府批准,华晨集团正式成立,成为一家国有独资公司。公司以汽车整车、发动机、核心零部件的研发、设计、制造、销售和汽车后市场业务为主体,涉及新能源等行业。旗下拥有"中华""金杯""华颂"三大自主品牌以及"华晨宝马"合资品牌,产品覆盖乘用车、商用车全领域。截至2021年年底,公司在辽宁、四川和重庆建有6家整车生产企业、2家发动机生产企业和多家零部件生产企业,拥有4家上市公司(华晨中国汽车控股有限公司、辽宁申华控股股份有限公司、金杯汽车股份有限公司、新晨中国动力控股有限公司),有员工4.7万人,资产总额超过1 900亿元。

中华轿车的国内销售由华晨集团下属的销售公司统一管理。华晨销售公司授权销售服务商经销华晨集团的各个品牌,包括中华轿车。华晨销售公司制定了系统和详细的考核体系,从六个方面对销售服务商进行考核和奖惩。

第一,区域销售秩序,包括销售区域和销售价格两个方面。在销售区域方面,主要控制销售服务商的跨区销售,禁止主动性跨区销售行为。在销售价格方面,规定在全国实行统一销售价,对违规降价或加价行为进行罚款。

第二,运营管控,包括对销售服务商的销售目标、库存量和资金进行监督和管理。通过任务承担量(即每个月的进货量)对销售服务商进行考核,要求销售服务商的库存量不能小于规定的最低库存量。对于严重违规者,公司有权终止合作关系。

第三,信息收集和反馈,包括用户信息,市场信息,以及销售服务商的进、存、销信息。公司建立了销售服务商的信息管理系统,销售服务商必须在规定的期限内将各类信息反馈给华晨销售公司。华晨销售公司有权对违规者进行处罚，对于严重违规者可以取消其经销资格。

第四，广告及促销管理。销售服务商广告宣传和促销活动的内容及主题必须与华晨销售公司在各个时期的宣传重点相一致，销售服务商每月广告投放的排期、频次、版面大小以及促销活动次数必须按要求严格执行。

第五，日常工作，主要有品牌形象建设、危机公关、客户服务和车辆管理。目的是确保品牌形象展示的规范性，树立优秀的品牌形象，在出现危机时主动维护品牌形象和企业的声誉。

资料来源：根据线下走访调查结果以及华晨汽车集团控股有限公司官网（www.brillianceauto.com/main.html，2022年5月31日读取资料）和华晨中华"中华品牌"官网（http://www.zhonghuacar.com/，2022年6月10日读取资料）资料编写。

管理型垂直渠道系统的治理特点可以简述为：产权独立，权威机制较强，激励机制极强。在这一系统中，合作者之间没有产权或股权关系，甚至没有特许型垂直渠道系统中那种由特许经营合同所规定的依附关系。合作者之间在法人地位上是平等的，一家企业之所以被认作"渠道领袖"，是因为它承担和执行着最重要的渠道功能，具有较大的渠道控制权（权威机制较强），可以在很大程度上影响或改变其他企业的相关决策；而其他企业之所以愿意接受它的领导，是因为它们在力量上无法与"渠道领袖"抗衡，在经济上通过"被领导"可以得到更大的利益——接受核心企业的领导是一种更稳妥和更节省的运营方式。但是，它们需要自己努力工作，根据自己的产出获得报酬，承担全部的经营风险。那些工作业绩不佳的企业常常会被淘汰出局。

渠道领袖既可以是制造商，如示例4-4中的中华轿车，也可以是实际拥有某一品牌的零售商，如耐克、阿迪达斯、李宁和安踏等国内外体育用品专卖店。这些专卖店自己并没有足够的生产能力，但可以委托加工，让其他企业帮助生产标有自己品牌的产品。另外，一些大型的零售商委托制造商贴牌生产自营品牌产品，如沃尔玛、麦德隆、家乐福和华润万家等。它们都是相关品牌营销渠道中的渠道领袖。

四、关系型垂直渠道系统

关系型垂直渠道系统（relational vertical marketing system）是指由处于不同层次的企业基于共同的利益、依关系规范而构成的渠道组织形式。它与管理型垂直渠道系统的区别在于，它没有一家被称为"渠道领袖"的核心企业。在营销渠道中，合作者之间的地位是相对平等的，任何一家企业都没有绝对的控制力。在实践中，这种类型的渠道组织大量存在，比如大多数制造商与零售商之间的关系。示例4-5描述的是格力和国美之间的冲突与合作关系，由此可以看出关系型垂直渠道系统的特点。

示例 4-5　格力和国美的冲突与合作

格力和国美，一个是空调行业的龙头，一个是家电连锁零售业的大佬。2004年双方曾经上演了一场"激情碰撞"的大戏。起因是当年2月，成都国美和成都格力发生了价格争端。国美在没有提前通知厂家的情况下，突然对所售的格力空调大幅度降价。对此，格力表示严重不满，认为国美的价格行为损害了格力在当地的既定价格体系，导致其合资销售公司提出抗议。

不过，更深层次的原因，则是国美不满格力的渠道现状，希望格力能够绕过其省一级合资销售公司，以更低的价格直接向国美供货。格力则不以为然："国美与其他一级市场家电零售商一样，我们对其一视同仁；如果按国美的要求做，不但扰乱了格力的市场价格体系，而且严重损害了其他家电零售商的利益。"

双方各不相让。于是，国美总部向各地分公司下发了一份"关于清理格力空调库存的紧急通知"，表示格力的代理商模式、价格等无法满足国美的经营需要，要求各地分公司将格力空调的库存及业务清理完毕。而格力则迎头反击，中断了与国美的合作，不再向其供货。

有趣的是，在格力与国美分道扬镳3年之后的2007年年初，国美广州分公司与格力广州公司同时宣布双方将在2007年展开全面合作，而且国美首次向格力订购了价值2亿元的空调采购单，计划在其广州的33家门店销售。

国美和格力都是行业内的领头企业，双方有很大的合作空间。三级市场是双方的利益共同点。对国美来说，在完成一级市场布局之后，进一步向二、三级市场扩展是其2007年及以后的发展重点。而格力在二、三级市场的品牌影响力非常大。从这个角度来说，国美要进入二、三级市场，对格力的依赖性就会不断增强。而且经过2005年空调市场的洗牌，被市场淘汰的品牌多达20多个，有实力进入卖场的空调品牌越来越少。从品牌、销量等方面考虑，国美需要格力。从格力的角度看，其优势在于二、三级市场，虽然合作的紧迫性还不是特别强，但是从战略上考虑，国美的市场份额不断扩大，格力也不能忽视国美这一条重要的渠道。

格力和国美的冲突与合作说明，厂商之间的合作关键要看有没有共同的利益。

资料来源：《格力与国美全面合作火候未到》，http://www.p5w.net/stock/news/gsxw/200703/t840395.htm，2023年4月12日读取资料；《国美格力分手两年再度合作　试点暂限分公司层面》，http://finance.sina.com.cn/chanjing/b/20060418/03222507302.shtml，2023年4月12日读取资料。

如前所述（第一章第一节），在现代市场经济中，企业因在功能上的专业化而被分为制造商、批发商、零售商或其他类型的企业。因为术业有专攻，所以每一家企业在它所执行的功能上都比其他类型的企业更有效率，但是也因此不得不依赖于其他类型的企业所执行的其他功能。否则，它就无法生存。这就为营销渠道中不同层次的企业提供了合作的基础，即企业之间在渠道功能上的相互依赖。除直销渠道以外，其他各种类型的渠道

组织都建立在这种企业之间的相互依赖上,只是互依的程度和结构不同罢了。关系型垂直渠道系统一般建立在合作者之间互依程度较高且互依结构比较对称(即彼此之间的依赖程度大致相当)的基础之上。

关系型垂直渠道系统的治理特点可以简述为:产权独立,权威机制弱,激励机制极强。因为合作者之间不存在产权或股权关系,而且在渠道中的地位是相对平等的,所以任何一家企业都不能像管理型垂直渠道系统中的"渠道领袖"那样对其他企业有很强的控制力。因此,企业一般很少用权威机制进行治理,权威机制弱。企业主要通过互依、互信、彼此承诺和合作等关系规范来实现对彼此的控制,从而形成关系型治理(参见第九章"渠道控制"的内容)。各个参与者通过与其他企业合作获取单个企业难以获得的利益,而各个参与者的利益大小则主要取决于自己的努力程度和工作业绩。当然,经营风险也需要自己承担。

五、层级治理和市场治理的渠道交易

表4-6把层级治理和市场治理作为两种极端的交易治理形式列在上下两端。

层级治理有如下特点:工作者不拥有财产所有权,也不拥有用于工作的重要资源;他们自己无权决定怎样完成工作和参与什么活动,决定权在自己的上级;工作者根据投入(如时间工作、技能或经验)获得报酬,并且不承担业绩表现不佳的风险,也不会因为超额完成任务而获得奖励。与层级治理最接近的,是企业全资拥有的公司型垂直渠道系统。不过,公司型垂直渠道系统并非纯粹意义上的层级治理,因为不管企业是用自己的推销人员还是外设机构销售,在激励的维度上,企业都会较多地采用市场治理的激励方法,即根据销售业绩来支付报酬。很少有企业只根据推销人员的投入支付报酬。一般的报酬支付方法是底薪加抽成——底薪仅够维持推销人员的基本生活,而抽成则根据推销人员的业绩按比例支付。这是因为销售人员在工作时间、技能和经验上的投入很难计量,如果按投入支付报酬,就会引发严重的"出工不出力"的投机行为。

市场治理有如下特点:工作者自己拥有财产所有权和用于工作的重要资源;自己有权决定怎样完成工作和参与什么活动;根据产出获得报酬,并因此而承担业绩表现不佳的风险。与这种交易比较接近的,是自由市场、古玩市场、股票市场、期货市场以及个人与个人之间的(Consumer to Consumer,C2C)网店的交易。从企业的角度看,市场治理不是一种稳定的渠道组织形式,不需要企业针对交易活动进行任何形式的治理。对企业而言,它是一种没有治理的治理策略。治理是由政府机构通过法律法规(比如,规定不能强买强卖,不能欺诈)规范交易双方的行为而完成的。交易双方必须遵守法律法规,任何一方违反了法律法规,都会受到法律部门或政府机构的制裁。当然,企业可以把它视为一种最后的渠道治理策略,即企业不治理的渠道治理策略。

在市场治理的情况下,所有参与者都按照市场规则进行买卖活动,买卖双方之间没有任何持续的交换关系;某一次交易活动既不受此前交易活动的影响,也不影响以后的交易活动;企业一旦把产品卖出去,就不再关心产品的流向。双方的交易纯粹出于经济

利益的考虑,不受人类情感的任何影响。买方把所有的卖方看成是一样的,卖方也把所有的买方看成是一样的。对彼此而言,与谁交易都是一样的。交易双方互信程度很低,也不需要太高的互依水平和彼此承诺。交易采用"一手交钱、一手交货"的方式进行,并且交易过后谁也不认识谁,谁也不打算再找对方。因此,这中间即使有投机行为(如欺骗)出现,投机行为也是一次性的。上当受骗,也是"花钱买教训"。

在实际的渠道交易中,纯粹的层级治理和市场治理很少见。大多数渠道治理是交易治理三个维度的某种混合,如上面所说的各具特色的渠道组织形式。

第四节 渠道结构设计和策略选择

渠道结构设计和策略选择,实际上就是企业在渠道结构、渠道结构策略和渠道治理策略的各种因素中做出的权衡、取舍和组合。表 4-5 显示了渠道结构和策略的因素与相对应的变量。

表 4-5 渠道结构和策略变量

因素	变量
长度	渠道层级数:0,1,2,3,…,n
宽度	覆盖范围:县、市、省、大区、全国、大洲、全球
密度	渠道终端的数量和网点商圈的交叉情况:少,不交叉;多,不交叉;多,交叉
中间商类型	批发商:综合批发商、大类商品批发商和专业批发商; 零售商:百货店、超级市场、专营店、专卖店、便利店、仓储会员店和其他; 经销商、代理商、经纪人、加盟商和其他类型的中间商
渠道数量	性质不同的渠道条数:0,1,2,3,…,m
渠道结构策略	直接分销、独家分销、选择分销、广泛分销、密集分销以及不同策略的组合
渠道治理策略	公司型、特许型、管理型、关系型、层级治理、市场治理以及不同策略的组合

比如,假设某企业的渠道长度有一个选项(如使用"制造商→批发商→零售商→消费者"的渠道),宽度有两个选项(如覆盖全国和覆盖某个大区),密度有三个选项(网点高度重叠、中度重叠和不重叠),中间商类型为四种(零售商中的便利店、百货店、超级市场和仓储会员店),再加上三种渠道结构策略(选择分销、广泛分销和密集分销),那么渠道结构的设计方案就有 72(1×2×3×4×3)个。这样设计渠道结构,虽然系统和全面,不会漏掉任何一种可能性,但是在对各种方案进行评价时,就会很烦琐。另外,把每一种可能的方案都想到,也没有必要。那么,应该如何设计备选的渠道结构方案呢?

一、确定企业的渠道治理策略和渠道结构策略

设计渠道结构的备选方案,可以从确定企业的渠道治理策略和渠道结构策略开始。

这是因为渠道治理策略与企业的公司战略和资源要素有关，渠道结构策略与企业的营销目标、营销战略和渠道任务有关。

公司战略着眼于整个企业的长期发展问题，影响着整个企业的资源配置，内容包括公司使命、公司的长期发展目标、公司的业务组合和公司的组织结构。一家成熟的企业，有其偏好的渠道治理形式，比如示例4-2讲过的被称为"工商股份合作制"的格力渠道模式。从格力的角度讲，这一模式最大的优点就是把合作伙伴的利益与自己的利益捆绑在一起，从而降低了格力进行渠道治理的难度。合作伙伴会为了自己的利益而努力工作，只要格力的产品卖得好，自己的利益也就有了保障。另外，各区域销售公司的董事长由格力方出任，这也加强了格力对区域销售公司的控制。因此，2004年，当国美要求格力绕过其合资销售公司以更低的价格直接向其供货时（示例4-5），格力断然拒绝。道理很简单，如果格力答应了国美的要求，就会引发连锁反应，苏宁和其他大型零售商也会提出同样的要求。格力精心打造的渠道体系将因此而崩溃。换言之，国美要求的背后，暗含着格力渠道治理方式的改变，即由公司型垂直渠道系统转变为关系型垂直渠道系统，这是格力无法接受的。因此，如果一家企业选定了一种渠道治理策略，那么在设计渠道结构时，与这种治理策略不符的结构选项就可以被排除在外。

营销目标是企业进行各项营销活动希望得到的结果。营销战略则是营销部门根据企业发展战略和营销目标而确定的营销计划，涉及目标市场、品牌的市场定位、产品的要素组合、产品定价、营销渠道选择与管理、沟通与宣传、关系管理等内容。企业的渠道结构策略要能够达成营销目标以及营销战略规定的渠道任务和目标，而那些无法完成渠道任务和目标的渠道结构策略和与之相对应的结构选项，就可以不再考虑。

例如，一家被称为MG的制造商出于公司战略的考虑，需要对渠道进行严格的控制，就像格力一样，因此选择了公司型的渠道组织。因为广泛分销和密集分销不太适用于公司型垂直渠道系统，而MG的市场范围又较广，不适合直接分销，所以在渠道结构策略上就剩下独家分销和选择分销两个选项，在渠道结构上就剩下与独家分销和选择分销两种策略相符的结构因素。

可见，渠道治理策略和渠道结构策略一旦确定下来，其他因素的选择范围也就被划定了，可行的备选方案会大大减少。

二、确定渠道的宽度、密度和渠道数量

渠道的宽度、密度和渠道数量与企业的营销战略、营销目标和渠道任务有关。

继续用上面MG的例子说明。我们知道，MG已经选择了公司型的渠道组织作为其渠道治理策略，且只可能采用独家分销和选择分销两种渠道结构策略，那么如何来确定渠道的宽度、密度和渠道数量呢？

如前所述，渠道宽度和渠道密度虽然密切相关，但是含义不同。渠道宽度是指渠道的覆盖范围，意味着渠道可以使企业产品抵达区域的多少或大小；而渠道密度则是指企业在某一区域内销售网点的数量，意味着企业在某一区域的销售力度。二者组合，就有

宽而密的渠道、宽而疏的渠道、窄而密的渠道和窄而疏的渠道四种情况。

因为MG的市场范围比较广,所以它的渠道要求有较大的覆盖面。因此,它只能选择宽而密的渠道或者宽而疏的渠道。假设MG的渠道要覆盖全国。在这个基础上,渠道管理者需要测算,MG的渠道网点在全国各个地区应该覆盖多大规模的城市、在每个城市应该设置多少网点才可能完成渠道任务和目标。比如,经过测量得出,MG需要在人口超过100万的城市各设五个网点或在人口超过50万的城市各设一个网点。相对而言,前一个是宽而密的方案,后一个是宽而疏的方案。

当然,还有另一种选择,即采用多种不同的渠道,一方面覆盖全国,另一方面在一些重点地区加大密度。比如,利用电子网络渠道覆盖全国,直接向全国各地的消费者或用户销售;利用经销商的实体店覆盖重点区域——人口越多的城市,销售网点越多。这可以称为"多渠道区域密集分销"。

上面三种方案与已经确定的独家分销和选择分销两种策略交叉考虑,就有六种不同的组合。不过,独家分销与多渠道有矛盾,所以可能的组合只有五种:(1)宽而密的独家分销;(2)宽而疏的独家分销;(3)宽而密的单一渠道选择分销;(4)宽而疏的单一渠道选择分销;(5)多渠道区域密集分销+选择分销。

三、确定渠道的长度

渠道的长度,也就是处于制造商和最终消费者或用户之间中间商的层级数。中间商的层级数越多,渠道就越长。直销渠道中没有中间商,所以它是最短的一种渠道,也被称为零层级渠道。

如果不考虑覆盖面和密度,制造商总是希望它的渠道越短越好。渠道越短,制造商距离顾客越近,一方面越容易了解顾客的需求,另一方面也越容易控制渠道。然而,当企业追求渠道覆盖面和密度时,它常常不得不采用长渠道。因此,从逻辑上讲,在设计渠道结构方案时,对渠道长度的选择应该在渠道的宽度、密度和渠道数量之后。

继续用上面MG的例子说明。MG在选择了公司型垂直渠道系统作为渠道治理策略之后,又从渠道的宽度、密度和渠道数量方面确定了五种可能的方案。那么,在上面五种不同的方案中,MG渠道的长度应该如何确定呢?

实际上,渠道的长度和中间商的层级类型密切相关。如前所述,中间商的种类有很多,既可能处在不同的渠道层级上发挥不同的作用,如批发、零售;也可能处在相同的渠道层级上发挥相同的作用,只是采取的经营方式不同,如零售商中的百货店、超市、专业店、专卖店、便利店、仓储会员店。我们将前者称为"中间商的层级类型",将后者称为"中间商的同级类型"。

企业常常通过选择中间商的层级类型来选择渠道的长度。比如,如果MG选择向大型连锁零售企业直供,那么它的渠道只经过中间商一个层级,渠道就会比较短。相反,如果MG选择的是起批发作用的总代理(如格力的模式),那么它的渠道至少要经过一级代理和零售商两个层级,渠道就会比较长。

在 MG 的例子中,确定渠道长度的问题其实就是选择哪一个层级的经销商作为合作伙伴的问题。如果选择零售商作为合作伙伴,那么渠道就会比较短;如果选择批发商或其他类型的经销商作为合作伙伴,那么渠道就会比较长,而且具体的长度将取决于合作伙伴的渠道长度。

不过,因为 MG 选择的是公司型的治理形式,需要通过控股或参股合作伙伴的方式来控制渠道,所以独立性很强的批发商和零售商不太适合做它的合作伙伴。因此,MG 只能选择与独立性不强的经销商合作,而渠道的长度则取决于经销商的渠道长度。

这里需要特别说明一点:无论是采用独家分销还是选择分销,MG 一旦找到了合适的经销商,那么后面的渠道层级交给经销商决定即可,没有必要做硬性规定。只有在下面这种特殊情况下,它才应该干预:经销商下面的层级太多,把渠道拉得过长,已经明显地影响了渠道效率;或者经销商的能力不足,下面的网点太少,无法完成企业的渠道任务和目标。

四、确定中间商的类型

最后,确定同级中间商的类型。比如,如果选定零售商作为自己的合作伙伴,那么这一步就是要确定是使用其中的百货店、超市、专业店、专卖店、便利店,还是仓储会员店。如果选定批发商作为自己的合作伙伴,那么这一步就是要确定是使用其中的综合批发商、大类商品批发商、专业批发商,还是发挥批发作用的经销商、代理商。

因为不同类型的中间商针对不同的目标市场、使用不同的经营方式、经营不同种类的商品,所以对于一家企业而言,并不是所有类型的中间商都同样适用。比如,生产食品的制造商,在零售层级上,可以选沃尔玛、华润万家,不适合选国美、苏宁;而生产家用电器的制造商,首选是国美、苏宁,也可以选沃尔玛和华润万家,但不能选老百姓大药房。因此,制造商需要根据自己产品与各类型中间商经营特点的匹配情况进行选择。

具体到 MG 的例子,MG 在选择经销商作为合作伙伴时,要事先考察和了解备选经销商的渠道中都有哪些类型的下游中间商,它们是否适合经营本企业的产品。比如,如果 MG 是一家家用电器制造商,那么它就应该选择与那些在下游中间商中有国美、苏宁或其他家用电器商店的经销商合作;如果 MG 是一家快速消费品生产厂家,那么它就应该选择与那些在下游中间商中有沃尔玛、华润万家或其他超市的经销商合作。

五、渠道方案的评估

经过上面的选择,渠道管理者设计出若干个备选的渠道结构方案。比如,用 MG 的例子说明,在经过上面的多个决策步骤之后,设计的五种方案中还剩下三种:方案1,宽而疏的独家分销;方案2,宽而密的单一渠道选择分销;方案3,多渠道区域密集分销+选择分销。那么,如何对这些渠道结构方案进行评价和选择呢?

定性判断法,既简单又实用。使用这种方法时,渠道管理者往往根据他们认为比较重要的决策因素对不同渠道结构方案的适用性进行定性评估。至于什么是重要的因素,则见仁见智,并没有一个统一的标准。一般而言,渠道任务与目标、渠道成本、目标市场与市场定位、产品与价格、宣传与信息沟通、中间商以及环境机会与限制等，都是需要考虑的，如表4-6所示。

表4-6 渠道结构方案的适用性评价

评价因素	方案1（宽而疏的独家分销）	方案2（宽而密的单一渠道选择分销）	方案3（多渠道区域密集分销+选择分销）
渠道任务	中等：能够完成销售任务	较高：能够较好地完成销售任务	高：能够很好地完成销售任务
渠道建设目标	中等：覆盖面大，但渗透率不足	较高：覆盖面大，渗透率高	高：覆盖面大，区域渗透率高
渠道服务目标	较低：当独家经销商的网点数量不足时，等候时间、空间便利和服务支持等方面都会存在问题	较高：在等候时间、空间便利和服务支持等方面没有太大问题	中等：在重点区域的服务没有问题，在电子网络渠道覆盖的非重点区域会有问题
渠道治理目标	高：容易控制，协调成本低，但是独家经销商的权力较大	中等：需要协调同一区域不同经销商的利益，协调成本较高	中等：在重点区域需要协调不同经销商的利益，另外还需要协调不同渠道的利益，成本较高
渠道成本适用性	高：相对于其他两种方案，成本最低	较高：相对于其他两种方案，成本较低	中等：相对于其他两种方案，成本较高
目标市场与市场定位	难以确定：取决于选取的经销商	难以确定：取决于选取的经销商	难以确定：取决于选取的经销商
产品与价格	高：产品的特点和价格水平对渠道没有特别的要求	高：产品的特点和价格水平对渠道没有特别的要求	较高：电子网络渠道对物流要求较高
宣传与信息沟通	较高：经销商能够主动地帮助企业宣传产品和进行信息沟通	较高：经销商能够主动地帮助企业宣传产品和进行信息沟通	高：电子网络渠道不仅对非重点区域销售，而且是一条重要的信息传播渠道
中间商	较低：对经销商的要求很高，既要有实力，还要愿意接受制造商的特殊要求，合适的经销商难求	较高：对经销商的要求不是特别高，比较容易找到合作者	较高：对经销商的要求不是特别高，比较容易找到合作者
环境适用性	高：无限制	高：无限制	高：无限制

适用性可以按照"高""较高""中等""较低"和"低"评价，如表4-6中给出的评价；也可以打分，如"高"为5分，"较高"为4分，"中等"为3分，"较低"为2分，"低"为1分。但是，即使打分也要特别注意：在整个评价过程中，重要的不在于每一个项目的得分多少，而在于打分时的思考过程。打分的目的，是用客观的方法做出主观的评价。

在评估渠道结构的设计方案时，第一步需要从渠道任务和目标的角度评价各个方案的适用性,相关的因素包括渠道任务、渠道建设目标、渠道服务目标和渠道治理目标。比如,在 MG 的例子中,虽然三种方案都能够完成销售任务,但是相对而言,方案 3 最好。在渠道治理目标方面,方案 1 的协调成本最低、最容易控制,因此方案 1 最好。

第二步,考虑渠道成本。比如,在 MG 的例子中,从渠道成本的适用性上考虑,方案 1 最好(渠道成本的适用性高),因为这一方案只需找到各区域的总经销商或总代理商,以参股或控股的方式与其建立战略联盟,然后利用它们的渠道网络销售就可以了。而采用其他两种方案,MG 需要找更多的经销商,分别与其商谈股权合作事宜,而且在渠道运行时,还要做大量的协调工作,所以成本较高。

第三步,考虑不同方案在目标市场与市场定位上的适用性,相关的因素主要是渠道覆盖面与目标市场的吻合度、渠道形象与产品形象的吻合度。在 MG 的例子中,各方案在目标市场与市场定位上的适用性取决于 MG 最终所选择合作的经销商,所以在经销商未选定之前,各方案在目标市场与市场定位上的适用性难以确定。

第四步,考虑不同方案在各营销因素上的适用性,包括产品、价格和促销宣传等方面。在 MG 的例子中,因为 MG 的产品特点和价格水平对渠道没有特别的要求,所以三种方案在各营销因素上的适用性差别不大。

第五步,考虑不同方案在中间商上的适用性,包括中间商的可得性、服务产出和成本。在 MG 的例子中,因为方案 1 对经销商的要求很高,既要求经销商有实力,还要求经销商愿意接受制造商的特殊要求,所以合适的经销商很难得到。如果没有办法找到足够的愿意合作的经销商,那么即使企业偏爱方案 1,也只能暂时将其搁置,先采用其他两种方案。

第六步,考虑环境的适用性,即考虑环境有没有对某一渠道结构方案给予特殊的支持或限制。在 MG 的例子中,环境对三种方案都无限制。

经过这样的评价以后,渠道管理者对各备选方案的优缺点应该了然于心。在此基础上,不管是不是采用量化的方法计算得出结果,他都可以形成一个大致的选择顺序。不仅如此,由于认识到每一种方案都有缺陷,所以在日后的渠道管理工作中,可以有针对性地加强某一个方面的管理与控制。

本章提要

渠道结构有渠道构成结构和渠道组合结构之分。渠道构成结构是指企业某一条渠道的层级、参与者和覆盖范围的构成状况,其本质是渠道功能在渠道参与者之间的安排与分配。渠道的组合结构则是指企业使用的渠道类型以及各类型渠道在企业销售中所占的比重。

渠道构成结构存在长度、宽度、密度和中间商类型的区别。

渠道长度,也称渠道的层级数,是指渠道中处于制造商和消费者或用户之间中间环节的多少。一条渠道中的层级越多,渠道就越长;反之,则越短。直销渠道是零层次渠道,其中商品的所有权转移不经过任何其他组织的中介。

渠道宽度是指渠道的覆盖范围,意味着渠道可以使企业产品抵达区域的多少或大小。渠道密度是指企业在某一区域内销售网点的数量,意味着企业在某一区域的销售力度。二者虽然密切相关,但是含义不同,各有其独立的意义。在渠道层级和渠道覆盖范围不变的情况下,一条渠道中各层级上中间商的数量越多,渠道就越密;反之,则越疏。而在渠道层级和渠道密度不变的情况下,一条渠道中各层级上中间商的数量越多,渠道就越宽;反之,则越窄。二者共同决定着渠道的渗透能力、覆盖范围和销售力度。

中间商是指在制造商(或其他类型的供应商)与消费者(或用户)之间起中介作用的商业组织。中间商的种类有很多,既可能处在不同的渠道层级上发挥不同的作用,如批发商、零售商;也可能处在相同的渠道层级上采取不同的经营方式发挥相同的作用,如零售商中的百货店、超级市场、专卖店和专营店等。

批发商是指从制造商那里购进产品,然后大批量转售给其他批发商、零售商、生产用户以及各种非营利性组织的商业机构。按照商品经营范围,批发商可以划分为综合批发商、大类商品批发商和专业批发商三种类型。

零售商是以零售活动为主营业务的商业机构,主要活动是将商品销售给最终消费者以供个人或家庭消费。零售商按业态可以划分为便利店、折扣店、超市、大型超市、百货店、专卖店、专业店、仓储会员店、家居建材商店、厂家直销中心以及无店铺零售商(如上门推销、电视导购、邮购、网上商店和自动售货机)等。

除此之外,中间商还包括经销商、代理商和经纪人。经销商是指受制造商委托,签订经销合同,在一定区域内负责产品销售的批发商或零售商。代理商与经销商相似,有时只是称谓上的不同。从概念上讲,二者的区别有以下三点:第一,制造商一般在一个地区只使用一家代理商,但却可以同时使用多家经销商;第二,经销商一般拥有商品的所有权,而代理商常常不拥有商品的所有权或只部分拥有商品的所有权;第三,代理商一般替制造商代理销售全部产品,在销售价格和其他销售条件上有较大的决策权,经销商则只销售它们想销售的产品,在销售价格和其他销售条件上受制造商的限制较大。经纪人一般既没有资金,也没有商品所有权,只是受委托人委托进行沟通、接洽和购销谈判,在成交后,收取一定的佣金。

复合渠道是指一家企业同时利用多条渠道销售同一种产品,也称多渠道或混合渠道。当企业使用复合渠道时,就涉及渠道的组合结构问题。

渠道结构设计是企业在渠道的长度、宽度、密度、中间商类型以及使用渠道的多少等方面做出的规划与选择。而企业的渠道结构策略则体现在对渠道结构的设计之中。根据企业在渠道的长度、宽度、密度、中间商类型以及使用渠道的多少等方面做出的规划与选择,企业的渠道结构策略可以分为直接分销、独家分销、选择分销、广泛分销和密集分销。

直接分销是指制造商或服务提供商使用自己的销售队伍直接把产品或服务销售给消费者或用户,具有渠道短、覆盖面小、密度小、无中间商介入和渠道单一的特点。

独家分销是指制造商或服务提供商在一定的市场(比如一个城市)范围内只利用一家中间商进行销售,具有密度较小、独家代理和渠道单一的特点。

选择分销是指企业在一定的市场(比如一个城市)范围内选择几家代理商或中间商经销其产品。选择分销在渠道长度、宽度、密度、中间商类型以及单一或复合等方面均有不确定性。它可以是与独家分销比较接近的单一渠道,也可以是与广泛分销或密集分销比较接近的复合渠道。这取决于代理商或中间商的类型及其渠道层次、网点范围和网点密度。

广泛分销是指企业同时利用多种渠道,尽量扩大产品的销售区域和市场覆盖面,让更多的消费者或用户购买,具有覆盖面大、经销商类型多和渠道多的特点。

密集分销是指企业在某一个市场区域内同时利用多种渠道销售,增大销售网点的数量、提高相互覆盖的程度,使消费者或用户能够更方便地购买,具有密度大、经销商类型多和渠道多的特点。

渠道治理是建立、维持和结束渠道交易关系的约定或制度安排以及参与者对约定的监督和执行过程。从一家企业的角度看,渠道治理策略就是企业把渠道参与者组织起来的组织形式,体现为跨组织的垂直渠道系统,分为公司型、特许型、管理型和关系型。除此之外,还有两种极端形式,即层级治理和市场治理。

公司型垂直渠道系统是指一家企业拥有或通过控股和参股其他渠道成员的方式实际拥有垂直渠道系统。它的治理特点是:对全资拥有的渠道而言,在权威方面,企业有很大的控制权;在激励方面,企业则较多地采用市场治理的激励方法,根据销售业绩来支付报酬。对于通过控股和参股其他渠道成员的方式实际拥有的渠道,在权威方面,主导企业有较大的控制权;在激励方面,主导企业采用市场治理的激励方法,允许各个参与者追求自己的利益,通过自己的努力和销售业绩获得报酬,主导企业则参与最终的分配。

特许型垂直渠道系统是指由一家主导企业以特许经营合同为基础将不同层级的企业联系起来而组成的垂直渠道系统。它的治理特点是:产权独立,权威机制极强,激励机制较强。

管理型垂直渠道系统是指由处于不同层次的企业自愿参与而构成的、在一家核心企业的控制下运行的渠道组织形式。核心企业被称为"渠道领袖",具有较大的权力,承担着领导和管理职责。它的治理特点是:产权独立,权威机制较强,激励机制极强。

关系型垂直渠道系统是指由处于不同层次的企业基于共同的利益、依关系规范而构成的渠道组织形式。它与管理型垂直渠道系统的区别在于,它没有一家被称为"渠道领袖"的核心企业。在营销渠道中,合作者之间的地位是相对平等的,任何一家企业都没有绝对的控制力。它的治理特点是:产权独立,权威机制弱,激励机制极强。

层级治理的渠道交易有如下特点:工作者或代理人自己无权决定怎样完成工作和参与什么活动,决定权在自己的上级;他们不拥有用于工作的重要资源;根据投入(如时间、工作技能或经验)获得报酬,并且不承担业绩表现不佳的风险,也不会因为超额完成任务而获得奖励。

市场治理的渠道交易有如下特点：工作者或代理人自己有权决定怎样完成工作和参与什么活动；他们自己拥有用于工作的重要资源；根据产出获得报酬，并因此而承担业绩表现不佳的风险。对企业而言，市场治理是一种没有治理的治理策略。市场治理是由政府机构通过法律法规规范交易双方的行为而完成的。企业可以把它视为一种最后的渠道治理策略——企业不治理的渠道治理策略。

渠道结构设计和策略选择，实际上就是企业在渠道结构的各种因素以及渠道结构策略和渠道治理策略中做出的权衡、取舍和组合。可以从确定渠道治理策略和渠道结构策略开始，然后确定渠道的宽度、密度和渠道数量，之后再确定渠道的长度，最后确定中间商的类型。评估渠道结构方案，可以使用定性判断法，即渠道管理者根据渠道任务与目标、渠道成本、目标市场与市场定位、产品与价格、宣传与信息沟通、中间商以及环境机会与限制等重要因素对各种渠道结构方案的适用性进行评估。

参考文献

卢亭宇、庄贵军，2021，《渠道多元化对跨渠道冲突和企业绩效的影响》，《管理学报》，第 18 卷第 11 期，第 1679—1685 页。

宁向东，2005，《公司治理理论》，北京：中国发展出版社，第 9—20 页。

庄贵军，2012，《基于渠道组织形式的渠道治理策略选择：渠道治理的一个新视角》，《南开管理评论》，第 15 卷第 6 期，第 72—84 页。

庄贵军、张健，2021，《渠道组织形式与渠道治理策略对应关系的聚类分析》，《西安交通大学学报（社会科学版）》，第 41 卷第 5 期，第 42—51 页。

Cespedes, F. V., and R. Corey, 1990, "Managing Multiple Channels", *Business Horizons*, 33(4), 67-77.

Heide, J. B., 1994, "Interorganazational Governance in Marketing Channels", *Journal of Marketing*, 58(1), 71-85.

Makadok, R., and R. Coff, 2009, "Both Market and Hierarchy: An Incentive-system Theory of Hybrid Governance Forms", *Academy of Management Review*, 34(2), 297-319.

Zhang, J., P. W. Farris, J. W. Irvin, T. Kushwaha, T. J. Steenburgh, and B. A. Weitz, 2010, "Crafting Integrated Multichannel Retailing Strategies", *Journal of Interactive Marketing*, 24(2), 168-180.

练习与思考

1. 什么是渠道结构？什么是渠道构成结构？什么是渠道组合结构？
2. 请画出某一种产品的渠道构成结构图，并予以说明。
3. 为什么便利品、选购品和特殊品会有不同的渠道构成结构？

4. 请找一家制造商，了解它都使用了哪些渠道销售其产品？如果是多条渠道，请把各条渠道的构成结构图画出来，并了解各渠道的销售比例。

5. 复合渠道系统发展的动因是什么？

6. 请找两家企业，分析比较它们的渠道结构各有什么特点。

7. 渠道治理策略与渠道组织形式有什么关系？

8. 垂直渠道系统有哪些类型？它们的特点各是什么？

9. 找一家企业，根据其渠道中存在的问题，为其设计渠道结构方案。

10. 对你所设计的渠道结构方案进行描述、分析和评估。

11. 从渠道治理的角度分析本书"案例分析"部分的案例1和案例2，三信电工和旭日集团都使用了什么渠道治理策略？

12. 阅读并分析本书"案例分析"部分的案例6，并回答问题。

第五章

渠道成员选择

▶▶ 知识要求

通过本章的学习,掌握以下要点:
- 营销渠道参与者的分类;
- 批发商执行的渠道功能;
- 零售商的类型与零售商执行的渠道功能;
- 其他参与者的特点以及执行的渠道功能;
- 寻找渠道成员的主要途径;
- 评估与选择渠道成员的方法;
- 渠道任务的分配以及渠道成员权利与义务的确定。

➡ 技能要求

通过本章的学习,要求学生能够做到:
- 说明成员性参与者与非成员性参与者的区别和特点;
- 用自己的语言描述批发商和零售商执行的渠道功能;
- 通过实地观察,识别各类零售业态并说明其特点;
- 了解与鉴别非成员性渠道参与者在营销渠道中扮演的角色;
- 根据企业的渠道目标和渠道策略,确定渠道成员选择的基本原则;
- 上网查找某一行业的制造商、中间商或进出口商;
- 应用加权评分法从多个方面评估和选择渠道成员;
- 为企业选择渠道成员设计一套可行的方案;
- 起草一份包含渠道成员权利与义务内容的协议,以合同方式分配渠道任务。

渠道成员的选择可以从不同的角度来考察,比如制造商选择中间商、批发商选择零售商、中间商选择制造商、零售商选择批发商以及中间商之间的相互选择。因为制造商选择渠道成员的过程更为完整,所以我们从制造商的角度来介绍渠道成员选择的相关内容。

从制造商的角度看,选择渠道成员非常重要。因为选择并和渠道成员共事,不仅仅是为了一笔生意或一桩买卖,而是要长期合作,甚至结成战略合作伙伴关系。营销渠道能否发挥正常的功能,渠道策略能否贯彻,渠道任务和目标能否实现,在很大程度上取决于渠道成员的合作程度。

渠道成员的选择可以分为以下三大内容:(1)渠道成员的寻找;(2)渠道成员的评价与选择;(3)渠道功能任务的分配。不过,在讲解这些内容之前,我们先要明确渠道参与者的类型以及它们在渠道中发挥的作用。

第一节　渠道参与者

在营销渠道中,存在许多功能流,除人们常说的商流(所有权流)、物流(实物流)、信息流以外,还有洽谈流、促销流、风险流和订货流等(参见第一章第二节)。每一个渠道参与者都发挥着这样或那样的功能。表5-1列出了各种渠道功能及其可能的执行者。

表5-1　渠道功能与可能的执行者

渠道功能	执行者
所有权流	制造商,批发商,零售商,其他经销商,消费者或用户
实物流	制造商,运输企业,仓储企业,物流企业,批发商,零售商,其他经销商,消费者或用户
促销流	制造商,批发商,零售商,平台商,其他经销商,媒体与广告代理机构
洽谈流	制造商,批发商,零售商,平台商,其他经销商,消费者或用户
融资流	制造商,批发商,零售商,平台商,其他经销商,消费者或用户,银行
风险流	制造商,批发商,零售商,平台商,其他经销商,消费者或用户,保险公司,银行,运输企业,仓储企业,物流企业
订货与信息流	消费者或用户,市场调研机构,媒体与广告代理机构,零售商,批发商,平台商,其他经销商
支付流	消费者或用户,零售商,批发商,平台商,其他经销商,银行

虽然一些渠道参与者与商品供应者之间存在物流(如运输、仓储或物流企业与商品供应者之间)、信息流(如市场调研机构与商品供应者之间)和促销流(如广告代理机构为商品供应者提供广告宣传),但是却不存在关于商品本身的洽谈流(即它们不与商品供应者洽谈商品所有权的转移问题)和商流(即它们不拥有商品所有权)。

根据参与者是否需要就有关商品的买卖或所有权转移进行谈判以及商品所有权是否发生转移,渠道参与者可以分成两大类(参见第一章图1-2):一类是成员性参与者,如制造商、批发商、零售商以及其他中间商等；另一类是非成员性参与者，如运输企业、仓储企业、物流企业等。前者在洽谈中涉及商品所有权的转移，后者在洽谈中不涉及商品所有权的转移。

平台商是一个很独特的存在。它不仅仅指线上的网络平台，如淘宝、天猫、京东、拼多多、抖音和快手，还指线下的大型购物中心（shopping mall），如万象城、万达广场、大悦城、赛格广场和银泰城。两种平台商共同的特点是，它们自己不直接销售商品，而是吸引众多的经营者进入平台销售商品，它们只收取租金和服务费。因此，平台商无须参与平台内经营商品的所有权转移活动，但是需要参与其他渠道活动。当然，平台商也可能开设自营店，此时它们与零售商无异。从本质上讲，平台商就是商品销售的一种特殊渠道。

在渠道管理中，对渠道成员的选择主要是指对成员性参与者的选择。这是因为非成员性参与者的选择在大多数情况下由企业更高一级的管理者或其他部门的管理者做出，既不属于渠道管理者的责任，也不在渠道管理者的权力范围之内。比如，企业的资金往来交由哪一家银行处理，一般由企业的高层管理者和财务部门决定；企业的广告宣传交给哪一家广告代理机构，一般由企业的营销经理和广告主管决定。

一、制造商

制造商是指那些生产或制造产品的企业，包括各种各样从事采掘、提取、加工、种植和组装产品的公司。其作用是创造能够满足人们需求的财富或资源。市场交换之所以会出现，营销渠道中之所以会有那么多的中间商，其根源就是制造商生产或制造出的用于交换的产品。

作为产品的生产者，制造商常常是品牌的拥有者，也是营销渠道的源头。

制造商的产品涉及范围十分广泛，大到飞机、大型机器，小到螺丝钉、针、线、纽扣。制造商的规模也有很大差别，少则几个人，多则拥有上万雇员和数十亿元的年销售额。虽然差别很大，但是它们却有一个共同点：都是为市场生产，都要通过满足市场需求而获利。

要满足市场需求，制造商必须通过某种方式让其产品进入市场。然而，大多数制造商都是将产品直接出售给消费者或用户，在规模上常常是不经济的。例如，某制造商生产产品 A，在市场上很畅销，因此生产量也比较大。生产、销售与成本情况如图 5-1 所示（罗森布罗姆，2014）。

图 5-1 中，曲线 PAC 表示生产的平均成本，曲线 SAC 表示销售的平均成本。由图 5-1 可见，在产量达到 Q_1，产品的单位生产成本为 C_1 时，企业在生产上实现了最佳规模。假如采用直接渠道销售，为了使最终消费者方便购买，企业需要建立自己的销售机构，需要保持库存，需要在不同的地区建设仓库，还需要建立很多的零售网点，成本很高。不过，企业可以通过提高产品销售量，来降低单位产品的销售成本。从图 5-1 中可以看到，销售量越大，单位产品的销售成本就越低。

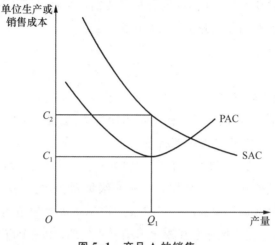

图 5-1　产品 A 的销售

然而,如果销售的数量是 Q_1,那么单位产品的销售成本就是 C_2,比 C_1 高出许多。此时,Q_1 虽然是企业生产的最佳规模,但却不是销售的最佳规模。因此,制造商在确定最佳的生产量时,不仅要考虑产品的生产成本,还要考虑产品的销售成本。

当考虑产品的销售成本时,如果制造商采用直接渠道仍然更有利或者制造商一时找不到比直接渠道更有利的中间商渠道,那么它们就需要建立自己的销售队伍和销售机构,兼营批发与零售。

在考虑产品销售成本的情况下,如果有在经济上更有利的渠道,那么制造商就会把销售交给批发商、零售商或其他中间商去做。此时,制造商虽然需要让出一定的折扣,但是会节约在营销渠道上的投入。这相当于制造商用出让的折扣购买了中间商提供的渠道服务。当成本节约大于出让的折扣时,制造商与中间商的交易对制造商就是有利的。

因此,制造商虽然可以采用直接渠道销售自己的产品,但是当考虑产品的销售成本时,它们常常选择在经济上更有利的中间商渠道。并且随着中间商实力的增强,一些制造商甚至放弃对渠道的控制,只为中间商贴牌生产自营品牌产品,即 OEM(original equipment/entrusted manufacture),意为原始设备委托加工——品牌拥有者不直接生产,而是利用自己掌握的核心技术设计和开发产品,控制营销渠道,通过合同订购的方式委托其他企业生产,之后将所订购的产品低价买断,贴上自己的品牌出售。由此演化出许多并不从事生产制造的品牌商。

所谓品牌商(brand owner),即指某一品牌的实际拥有者。品牌商可以是制造商,如海尔、海信、苏泊尔等。它们拥有自己的品牌且生产标有自己品牌的产品。不过,在大多数情况下,品牌商主要指那些不直接从事生产制造而以品牌为核心工具整合产业链和营销的经营者,最典型的如可口可乐,其他的如耐克、李宁、安踏和一些拥有自营品牌的零售商。它们拥有品牌,但是并不直接生产标有自己品牌的产品,而是以 OEM 的方式委托加工,让其他企业帮助自己生产。品牌商的主要任务是整合某一类产品的产业链和从事自己品牌产品的营销活动。它们既有与制造商相似的一面——拥有自己的品牌,并且统筹安排 OEM 制造商的生产加工能力；也有与零售商相似的一面——自己不直接从事生产制造，而是以连锁加盟的方式开店销售自己的品牌。

二、批发商

批发商是以经营批发业务为主的中间商。它们一头连着制造商，收购制造商的产品；另一头连着零售商、生产用户或各种非营利性组织，按批发价格销售大宗商品。在中国传统的计划经济体制下，批发商按照行政隶属关系来分类，分为一级批发（中央级）、二级批发（省级）和三级批发（县级及以下）。在 1978 年改革开放以后中国经济的市场化过程中，原有的分类方法逐渐失去了依据。虽然一级批发、二级批发和三级批发的提法还在用，但是其意义已经改变。现在的一级批发一般是指一家制造商的区域总代理（如一个省级代理），二级批发是指区域总代理之下的二级代理（如一个市级代理），而三级批发则是指二级代理之下一个小区的代理。批发商发挥上（上游制造商）下（下游零售商和顾客）两种渠道功能，如图 5-2 所示（罗森布罗姆，2014）。

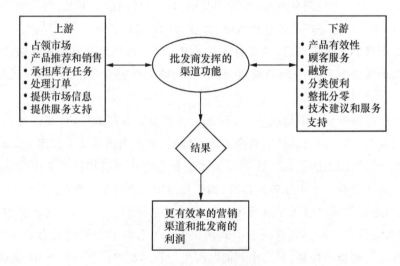

图 5-2　批发商所发挥的渠道功能

从上游制造商的角度看，批发商发挥以下渠道功能：

第一，占领市场。制造商借助批发商的力量，能够更有效率地抢占市场份额，尤其是当消费者或用户在地理上分布广泛时。

第二，产品推荐和销售。制造商虽然是生产制造方面的专家，但是营销却未必在行。把产品以出厂价交给批发商，由它们负责向零售商、消费者或用户推荐和销售，不但能够节约销售费用，而且能够提高营销效率。当制造商想将其产品打入一个不熟悉的外国市场时，批发商作为销售中介的作用就更加重要。

第三，承担库存任务。为了满足市场需求，制造商在经营过程中，需要保持一定量的库存。如果没有批发商，这些库存就要分散存放在各个制造商或者零售商那里，既不经济，又有很大的储存风险，如腐烂、霉变或破损等。批发商承担库存任务，一方面与自己的聚集、分散和中转业务相适应,另一方面也为制造商解决了库存难题。

第四,处理订单。零售商、消费者或用户在每一次订货时大多只购买少量产品,制造商要随时满足订货需求很麻烦。批发商同时销售许多制造商的产品,订单处理成本可以分摊,因此由它们处理订单,成本要比制造商低得多。

第五,提供市场信息。批发商掌握着很多重要的行业供求信息,把相关的信息传递给制造商,能够帮助制造商了解行业状况,更精确地进行产品设计、产能计划和价格制定。

第六,提供服务支持。零售商、消费者或用户常常需要咨询有关产品的使用、维护和维修等事宜,有时还需要卖方派人安装和修理。在成本有利的情况下,制造商会请求批发商帮助提供这些服务。

从下游零售商、消费者或用户的角度看,批发商发挥以下渠道功能:

第一,产品有效性,即产品适合购买者需求的程度。在采购商品时,批发商实际上是在帮助零售商、消费者或用户挑选商品。因此,它们需要了解零售商、消费者或用户的需求,选择那些适销对路的产品。

第二,顾客服务。零售商、消费者或用户在进货时,通常需要一些服务,如运输、维修和担保等。批发商能够向零售商、消费者或用户提供这些服务,方便其购买。

第三,融资。批发商可以通过以下两种方式为零售商、消费者或用户提供资金支持:一是赊销或分期付款,允许零售商、消费者或用户在付款之前或只支付部分货款就得到商品的所有权;二是保持较大的库存量,使零售商、消费者或用户随时可以提货,免去了它们因为需要保有一定的库存而增加的成本。

第四,分类便利。批发商把来自不同制造商的产品集合在一起并进行分类,由此简化零售商、消费者或用户的采购过程——零售商、消费者或用户只需要向一家或少数几家批发商订货,就可以得到它们所需要的全部或大部分产品。

第五,整批分零。大部分购买者一次订购的数量比较少,制造商要满足这些小订单很不经济,因此常常设置一个最小订购量,而把那些小订单购买者拒之门外。批发商则通过一次从制造商那里购买大量产品,再把这些产品分成小份额来满足购买者的需求,使小订单购买者也能够按照自己的需要进行购买。

第六,技术建议和服务支持。许多产品,即使技术含量不高,也需要提供一些关于正确使用或销售的技术建议和服务支持。批发商有可能帮助与自己有密切联系的零售商培训推销人员、布置商店、建立会计系统和存货控制系统,提高零售商的经营效益。

三、零售商

零售商是以经营零售业务为主的中间商。它们一头连着制造商或批发商,采购制造商或批发商的产品;另一头连着消费者,按零售价格向消费者销售产品。表5-2显示了在中国零售业态的统计中零售商的分类情况。

表 5-2 2020 年限额以上连锁零售企业按业态分类的基本情况

零售业态	门店数（个）	营业面积（万平方米）	零售额（亿元）
便利店	34 778	385.36	640.23
折扣店	284	28.60	19.60
超市	24 082	1 939.91	3 347.31
大型超市	5 340	3 816.98	4 601.14
仓储会员店	102	60.97	245.96
百货店	5 732	2 742.16	3 082.68
专业店	152 404	8 512.61	18 245.41
加油站	37 079	6 164.00	11 650.53
专卖店	38 700	674.76	3 313.92
家居建材商店	38	13.16	24.50
厂家直销中心	582	15.35	75.22
其他	7303	86.73	307.96

资料来源：《2021 年中国统计年鉴》。

在表 5-2 中，限额以上零售企业指年末从业人员达 60 人及以上，年销售额达 500 万元以上的零售企业。由表 5-2 可见，在 2020 年中国连锁零售企业的业态统计中，从门店总数上看，专业店的网点最多，其次是专卖店、加油站、便利店和超市，再次是百货店和大型超市。厂家直销中心、折扣店、仓储会员店和家居建材商店的网点数目较少。而从营业面积上看，这个顺序稍有变化，大型超市和百货店的排位前移。

专业店也称专营店，主要特色是经营单一大类商品，花色、品种、规格齐全，例如服装店、体育用品店、电子产品店、书店等。加油站实际上也是一种专业店，专业经营汽车用油。专业店一般经营某一类商品中的各个品种和各种品牌，主营商品占经营商品的 90% 以上，能够满足消费者对某一种商品的各类需求；在商品结构上体现出专业性、丰富性并富有深度。专业店的规模根据所经营商品在品种上的特点，可大可小。一些大型的专业店，规模类似大型超市，如美国的玩具反斗城，中国的国美、苏宁等家用电器连锁店以及药品零售的老百姓大药房。而小型的专业店，可能与便利店的大小相差不多。

专卖店是指专门经营或授权经营某一品牌的系列商品的零售店。其基本特征为：商品以著名品牌为主，如海尔电器专卖店、李宁体育用品专卖店、格力空调专卖店等；提供某一品牌的系列商品，比如李宁体育用品专卖店提供李宁生产的各种体育用品；商品大多为厂家直供，省掉了很多中间环节，因此售价虽然较低，但毛利并不低，具有量小、质优、毛利高的特点。专卖店和专业店常常被混淆，其实二者有明显的区别。专业店以经营商品的类别来为商店分类和命名，如时装店、鞋店、食品店、药店、书店、电器店、珠宝店等；专卖店则以经营商品的品牌来为商店分类和命名，如在休闲服装店中有美特斯邦威、森马和班尼路等。

便利店属于规模较小的零售设施。它的主要特点是为消费者提供购物地点和时间上的便利。便利店的店址一般选择在居民住宅区内，营业时间长。主要经营日常用品，如饮料、面包、日用杂品、小食品等。商店规模在100平方米左右，商品品种有限，价格略高于其他类型的商店。便利店多为个体经营，经常是"夫妻店"；也多为单个的独立店；不过，也有一些大公司运营的便利连锁店，如世界著名的7-11，以及中国本土的好邻居（北京）、苏果（南京）、西果（西安）和OK（广州）等。

超市即超级市场，是指采取自选销售方式经营的零售业态。超市以经营食品、副食品和日用生活品为主，满足顾客"一站式"购买需要。其基本特征如下：商品结构以快速消费品为主；开架售货，自由选择，自助服务，统一结算，明码实价；业务人员较少，毛利低，销量大；营业面积较大，多在1 000平方米以上。

随着营业面积的增大（超过2 500平方米）和经营品种的增多（加入非食品类商品，如家用电器、服装、家具等），超市就演变为特级市场（hyper market）或超级商店（super store），如沃尔玛的超级中心（super centre）和家乐福的特级市场。这就是所谓的"大型超市"，也被称为"大卖场""量贩店"和"大型综合超市"。

百货店是指在一个大店内根据不同商品部门设置销售区域、分类管理的零售企业。百货店一般规模较大，经营的商品品种多、范围广，基本覆盖了人们生活中需要的各类商品。因为分商品部门管理，所以百货店在英文中被称为"department store"，直译就是分部门商店。其基本特征如下：单店规模较大，商品组合宽而深，以经营服装、纺织品、家庭用品、食品和娱乐品等"软性商品"为主，以家具、小五金、炊具、照相器材、灯具、体育用品等"硬性商品"为辅，种类齐全；注重店堂设计和室内装修，购物环境优雅，商品陈列与橱窗布置考究；一些贵重商品会设柜台，有导购服务。

仓储式零售店也称批发俱乐部，起初主要面对小型公司、个体企业的批量购买，后来逐渐扩大到普通消费者。大多采用会员制，购买者需要申请成为会员才能凭会员卡进店购买。营业面积大，往往达到上万平方米。店址多选在交通便利的城乡接合部。商品采用仓库式陈列，大包装商品直接码放在货架上。店堂设施简朴、实用。设有较大的停车场，以满足目标顾客停放交通工具的需要。美国沃尔玛的山姆俱乐部、荷兰的万客隆和德国的麦德龙，是典型的批发俱乐部式商店。它们都已在中国的大城市开设了分店。

折扣店（off-price retailers）在中国常被称为外贸店，因为其商品的主要来源是中国企业为出口而加工、生产的知名品牌产品，如服装、鞋帽等。这些产品的质量与正品的质量相差不大，但是却以很低的价格处理，性价比较高。大部分商品是从存货过多的制造商或其他零售商手中以原批发价1/5或1/4的价格买进的，虽然商品的号码不全、颜色或款式过时，但是价格便宜。

家居建材商店又称家居建材超市或家居中心（home center），是指以自选、自助服务方式销售家居用品、建材、装修材料的零售业态。营业面积大，大多超过一万平方米。多设在交通便利的非繁华地段，一般设有较大的停车场。很多家居建材商店为顾客提供家居设计、家居配套工程以及家居饰品的"一站式"服务，集产品销售和展示于一体。美国的家得宝、瑞典的宜家、英国的百安居、中国的红星美凯龙都是典型的家居建材商店。

厂家直销中心由英文"factory outlets center"翻译而来，简称"outlets"（奥特莱斯）。它一般是由房地产开发商在城市郊区交通便利的地方建设而成的有一定规模的联体式独立商店，然后以租赁的方式提供给制造商、品牌商或独立经营者销售商品。其中，大部分为厂家直销，用于销售积压的库存商品和尾货；价格便宜，比同类商品的正常价格低30%—80%。厂家直销中心的一大特点是停车场面积大，与营业面积的比例一般为4∶1或5∶1。大量顾客驾车半小时到1小时至厂家直销中心购物，由此形成80—100公里的巨大商圈。人们去奥特莱斯不仅仅是购物，还是与亲朋好友一起的郊游活动。

除了上述有店铺的零售业态，在我们的生活中还有大量的无店铺零售。无店铺零售是指所有不使用店铺向顾客出售商品的零售方式。根据与顾客沟通所采用的沟通媒介和运营方式的不同，无店铺零售又被分为多种不同的形式，如表5-3所示。

表5-3 无店铺零售的主要形式及其特点

形式	基本特点			
	沟通媒介和运作方式	商品特点	目标市场	渠道特点
上门推销	推销人员与顾客面对面沟通	价值较高的日用品以及新开发的商品	各类顾客	为购买提供方便，特别适用于新产品试销
自动售货	由自动售货机完成售卖活动	以香烟、饮料和小食品为主	以流动顾客为主	地点方便，没有其他服务
电视导购	电视宣传和展示商品，电话订购，送货上门	商品在特色或价格上有明显的优势	以电视观众为主	适用于特色商品的销售
网店	在网络平台开办网店或设置自己的独立网店，顾客上网进入网店购买，第三方物流送货上门	能够网上下载或易于运送的商品	有上网能力的顾客	联系方便，受时间和空间的限制较小
自媒体导购	视频直播、微信小程序和其他自媒体宣传和展示商品，顾客通过网络平台下单购买，第三方物流送货上门或短期存放于取货点	价值较低的各种商品	以各种自媒体平台的用户为主	联系方便，受时间和空间的限制较小
邮购	邮寄商品目录，向顾客宣传和展示商品，电话或网上下单订购，送货上门	易于包装、适宜储存和运输的商品	以地理上相隔较远的消费者为主	适合在传统商店覆盖不到的地区销售

无店铺零售最大的优势,是为顾客选购商品提供了时间与空间上的便利。顾客在下订单以后,几天之内就可以收到商品。这吸引了时间紧或去商店购物不方便的顾客。比如,网上商店和自媒体导购为顾客提供了坐在家里购物的便利;自动售货机出售多种方便食品,为顾客提供了购买的便利。另外,无店铺零售还具有其他一些先天优势,如地段不受限制,无选址之惑;省却了许多环节,经营成本低;门槛低,运转灵活,开办风险小。

对于消费品的制造商而言,除非自己销售产品,否则零售商就是不可缺少的合作伙伴。道理很简单,它们的产品只有经过零售环节,才能最终进入消费领域。零售商通过提供商品组合、分装货物、保有存货和顾客服务等经营活动,为顾客的购买活动提供各种便利,增加产品和服务的顾客让渡价值。

第一,提供商品组合。零售商为顾客提供丰富多彩的产品和各种各样的产品组合,使顾客在同一交易场所购买产品时有充分的选择余地。这大大节省了顾客为购买到合适的产品所需花费的时间和精力,从而通过节约顾客成本的方式增大了产品的顾客让渡价值。

第二,分装货物。为降低运输成本,制造商或批发商总是会把整箱或整盒的产品送给零售商。为了满足单个消费者或家庭消费者在购买数量上的要求,零售商需要将整箱或整盒的产品分拆,并分成小包装,卖给单个消费者或家庭消费者。分装货物为消费者提供了形式效用(formutility)。

第三,保有存货。零售商的另一个重要作用是保有存货,以使消费者在需要时很容易就能购买到适用的产品。零售商用保有存货的方式,为消费者降低了储存产品的成本。消费者储存产品一方面会支付一定的费用,另一方面也要承担在产品储存期间由各种原因所引发的损失,如产品霉变、物理变形、产品过时等。通过保有存货,零售商承担了这部分费用和风险。

第四,提供服务。零售商还为消费者提供许许多多的售前、售中和售后服务,为其购买和使用产品创造了便利条件。比如,零售商为消费者提供信用,使其能够先使用产品,然后再付账;零售商通过产品陈列,让消费者在购买之前就能看到、触到,甚至试用产品;零售商还通过其销售人员解答消费者提出的各种问题,并向消费者提供有关产品的其他信息。

四、其他中间商

除批发商、零售商以外,还有一些被称为经销商、代理商、分销商和经纪人的中间商。其含义已经在第四章第一节进行了介绍。在大多数情况下,这些中间商发挥的作用类似于批发商对上游制造商发挥的功能,而且往往只是发挥其中的部分功能,如占领市场、推荐和销售产品、管理库存、处理订单、提供市场信息和(或)提供服务支持。它们凭借自己的销售网络,可以较快地帮助制造商进入一个新的市场。

当然,当制造商与零售商形成委托经销或代理关系时,零售商也被称为某某品牌的经销商或代理商。这时,它们一方面继续发挥零售商的作用,另一方面由于与制造商有较为紧密的合作关系,所以也要发挥一些类似于批发商对上游制造商发挥的功能,如推荐和更加努力地销售签约制造商的产品,为签约制造商提供市场信息和特殊的服务支持。

五、消费者和用户

消费者和用户是营销渠道的终点。企业所有的渠道活动,都是为了在适当的时间和地点、以适当的产品形式满足消费者和用户的需求。不过,消费者和用户也承担着一些渠道功能,例如他们要到商店或某个交易场所去购买;在购买时,要就所有权的转移和转移的条件进行洽谈;成交以后要付款;付款以后要提货;提货以后要运输;运输到目的地以后要搬运、拆封和进行使用前的储存;最后,在使用时,还要对商品进行养护和维修。因此,他们也是营销渠道中重要的成员性参与者。

尽管渠道参与者所参加的各种活动,都是为了使消费者和用户在一个可接受的成本内获得尽可能多的便利(从另一个角度看,就是尽量让消费者和用户少发挥渠道功能),但是出于成本原因,其他参与者不可能完全取代消费者和用户所发挥的作用。

比如,一个消费者在一家超市购买了一些食品,不重,价格也不贵。此时,这家超市可以让消费者自己提回家,也可以派一辆专车帮消费者送回家。在后一种情况下,超市发挥了更多的渠道功能,也为消费者带来了更多的便利。但是这样做,超市的经营成本将大大提高,提高的成本会反映到价格上,因此在后一种情况下,商品的价格会大大提高。

那么,消费者愿意为超市发挥的功能买单吗?他会因为超市把食品送回家而花更多的钱吗?或者,他愿意为购买这些食品额外支付一笔运输费吗?如果回答是否定的,那就意味着他不认可超市发挥的这一功能,他觉得还是自己发挥这一功能在性价比上更划算。

这样思考问题,对企业的营销渠道管理会有很多启发。比如,企业在营销渠道中发挥的功能并不是越多越好,有些渠道功能可以转让给消费者和用户,让他们自己去完成;企业应该集中完成那些对消费者和用户而言性价比较高的渠道功能。再如,在企业的整个营销过程中,要注意对消费者和用户进行正确使用产品的教育,因为消费者和用户是渠道的成员之一,他们在扮演渠道成员角色时表现如何,会影响到产品的使用效果,也会影响到他们对产品质量的认知。很多人在安装某些家用电器设备时就曾经由于看不懂使用说明书(不是文化水平问题,而是说明书写得实在让人看不懂)而深感郁闷。

另外,注意消费科技和设备的发展,根据消费者和用户可能发挥的功能,设计营销渠道和进行渠道功能的安排。消费科技和设备的发展有一个重要趋势,即消费者和用户发挥渠道功能的成本正在降低,因此消费者和用户倾向于发挥越来越大的渠道功能。比如电冰箱的出现,使消费者进行家庭食物储存的成本大大降低;私人轿车的普及,使消费者运输商品更加方便;互联网的出现,使人们在网上就能直接向制造商下订单,购买定制商品。这些消费科技和设备的发展正在改变消费者和用户的购买行为,使消费者和用户发挥越来越大和越来越多的渠道功能。对于这样一种趋势,企业要持欢迎的态度,并注意适时地进行渠道功能重组,为消费者和用户提供性价比最高的渠道服务。

六、非成员性参与者

非成员性参与者是指帮助成员性参与者执行诸如购买、出售、商品实体转移以及商品所有权转移等渠道任务的企业或机构(罗森布罗姆,2014)。非成员性参与者承担着许多不可缺少的渠道任务。非成员性参与者,主要包括运输企业、仓储企业、物流企业、市场调研机构、媒体与广告代理机构、保险公司和银行等,如表5-4所示。

表5-4 非成员性渠道参与者

参与者	主要活动	渠道功能
运输企业	利用运输工具,帮助委托人专门从事有形商品的空间位移及其相关活动,如打包、搬运、装卸等	实体流
仓储企业	利用仓储设施与工具,帮助委托人专门从事有形商品的时间滞留及其相关活动,如装卸、搬运、入库、商品养护、出库等	实体流
物流企业	专业从事各种物流活动,帮助委托人打理有形商品的空间位移和时间滞留及其相关活动,包括运输和仓储	实体流
市场调研机构	收集市场信息并进行分析预测,向制造商或中间商提供营销决策的依据	市场信息流
媒体与广告代理机构	帮助制造商或中间商进行广告策划和设计、选择广告媒体、确定广告预算、刊载和发布广告信息,以及测量广告效果等	促销信息流
保险公司	帮助制造商、中间商或一些非成员性参与者(如仓储、运输企业)在业务经营中规避和转移可能遇到的风险和造成的损失	风险流
银行	通过存贷款业务、转账业务,为各交易方提供资金和进行资金融通,加速资金周转	资金流、风险流和融资流

(一)运输企业

在营销渠道中,运输企业是指利用运输工具,帮助委托人(一般是制造商或中间商)从事有形商品空间位移及其相关活动(如打包、搬运、装卸等)的企业。当然,有很多运输企业也从事人的运送。当运送的是人而不是商品实体的时候,它们就不是营销渠道的参与者了。

运输企业一般不拥有所运商品的所有权,它们只是根据委托人的指示,把有形商品从一个地点运到另一个地点,并因此而获得收益。它们发挥的主要功能是商品实体的流动,即实体流功能。

按照运输的基本方式,运输企业可分为多种,如铁路运输企业、公路运输企业、水路运输企业、管道运输企业、航空运输企业和联合运输企业等。通过专业化运营,运输企业能够在运输服务方面达到规模经济,提供效率更高的运输服务。

(二) 仓储企业

仓储企业是指利用仓储设施与工具,帮助委托人(一般是制造商或中间商)专门从事有形商品的时间滞留及其相关活动(如装卸、搬运、入库、商品养护、出库等)的企业。有形商品的时间滞留,能够调解生产与消费在时间和空间上的矛盾,由此而创造时间效用和形式效用。仓储企业专业化于有形商品实体流动中的滞留功能,在商品储存方面有规模效益,能够更有效率地提供各种各样的仓储服务。

与运输企业相同,仓储企业也不拥有商品的所有权,它们只是根据与委托人所签订的合同,在商品滞留期间,妥善地保管与养护商品,使商品的有用性不受损害,并因此而获得收益。它们发挥的主要功能是商品实体流动过程中的滞留,也属于商品的实体流功能。

仓库是仓储企业的基础设施。虽然制造商或中间商可以自建仓库,自己经营管理仓储业务,但是自建仓库需要耗费大量资金,仓储业务的经营管理也需要专业人才,从投入产出的角度讲往往是不划算的。因此,当商品实体流转需要滞留时,制造商、批发商或零售商就常常会基于成本和费用的计算,把货物存放在仓储企业的仓库中。

(三) 物流企业

物流企业是指为委托人(一般是制造商或中间商)提供各种物流及后勤保障活动的经营机构。物流企业的范围很广,既包括运输和仓储企业,也包括各种货运站、集装箱码头、车站、港口、机场、配送中心等各种物流设施的经营机构以及各种货运方式和多式联运服务的提供者。

物流企业独立于制造商或中间商。它们所从事的物流活动,被称为第三方物流或第四方物流。

第三方物流是指物流服务的提供者或承担者既不是卖方,也不是买方,而是独立于买卖双方的第三方物流企业。第三方物流涵盖的范围很广,可以是只帮助客户运送一批货物的运输企业,也可以是帮助设计和实施一家大企业整个物流系统的专业物流商。第三方物流包括运输和仓储企业,但更强调为客户提供一套完整的物流解决方案。

第四方物流是指物流或供应链的集成商。它们既不是商品的卖方,也不是商品的买方,更不是一般意义上的第三方物流企业。它们是第四方,专门为委托人调集、组织和管理企业内外的资源、能力和技术,提供一体化的物流或供应链解决方案。

不管是第三方物流还是第四方物流,它们在为企业提供物流服务时,都不拥有商品的所有权,它们只是帮助买卖方(第一方和第二方)更高效率地完成商品实体在空间上的位移和在时间上的滞留。

(四) 市场调研机构

市场调研机构在营销渠道中发挥信息流功能,即收集市场信息并进行分析预测,向制造商或中间商提供决策信息。大多数情况下,它们向制造商或中间商提供信息是受制造商或中间商的委托。此时,它们会因此而获取收益。当然,也有一些市场调研机构(如国家的统计部门）会定期发布一些通用信息，而非专门为某一家企业服务。

市场调研机构不拥有相关商品的所有权。它们所提供的市场信息，会帮助相关商品的制造商或中间商更好地了解消费者或用户的需求，制定更有针对性的营销和渠道策略，从而使它们的商品在营销中更加顺畅地流动。

（五）媒体与广告代理机构

媒体与广告代理机构是指能够向制造商或中间商提供广告服务的企业或经营单位，如电视、广播、网络平台、网络搜索排名、网络自媒体、报纸、杂志和广告代理商等。媒体与广告代理机构的主要活动包括：帮助制造商或中间商进行广告策划和设计、选择广告媒体、确定广告预算、刊载和发布广告信息，以及测量广告效果等。在营销渠道中，它们的主要功能是通过商品信息或企业信息的传播，树立商品的品牌形象或企业形象，提高品牌价值，引导消费者购买。

（六）保险公司

保险公司是对投保人因意外事故或自然灾害造成的经济损失，按保险契约规定的责任范围和金额，进行补偿的一种经济组织。在营销渠道中，它们的主要功能是帮助制造商、中间商或一些非成员性参与者（如仓储、运输企业）在业务经营中规避和转移可能遇到的风险和造成的损失。

比如在商品实体的运输和储存过程中，可能会发生火灾、盗窃、车祸、飞机失事等不测事件，也可能会碰上恶劣天气。如果不向保险公司投保，由此造成的损失，全部都要由有关当事人承担。一些企业可能会因此而倒闭，其他企业也会遭受连带损失。企业投保以后，按保险契约规定交付一定的保险金，当不测事件发生而造成损失时，保险公司就会按照规定支付一定数量的补偿金，企业就不至于因此而倒闭，其他企业也不会因为这家企业倒闭而追不回货物或货款。

（七）银行

银行是以经营工商业存、放款为主要业务并以获取利润为目的的货币经营企业。银行有两个最基本的职能：信用中介和支付中介。所谓信用中介，是指银行通过负债业务把社会上的各种闲散货币集中到自己手中，再通过资产业务把它投向经济各部门，由存贷利差获取收益。所谓支付中介，是指银行通过存款在账户上的转移完成货款在买卖者之间的支付，并在存款的基础上兑付现款。

在营销渠道中，银行通过存贷款业务、转账业务为交易各方提供资金，进行资金融通和交易货款的支付与接收。这些活动不但能够加速资金流动、节约资金成本，而且能够降低各种资金风险，保障企业的资金安全。

除此之外，还有电信和邮政部门、会计师事务所甚至一些政府部门都会在渠道中扮演某种角色，发挥一定的功能。比如，会计师事务所帮助企业打理财务，涉足资金流；邮政部门涉足第三方物流。

第二节 寻找渠道成员的途径

如前所述,在营销渠道管理中,对渠道成员的选择主要是指对成员性参与者的选择。因此,寻找渠道成员也主要是搜寻渠道中的成员性参与者。当然,有些企业在构建营销渠道时,可能并不需要这一步,因为它们已经有足够的合作伙伴,它们要做的是从中找到相对满意的。但是对于那些新创立的企业,寻找可能的成员性合作伙伴,就是一项必须做的工作。示例 5-1 显示的是华帝创办伊始寻找经销商的过程。

示例 5-1　华帝如何找到经销商

华帝是一家燃具制造公司。1992 年,公司成立伊始,华帝就决定采用区域独家代理制方式建立自己的渠道体系:在每一区域只选择一家有实力、有诚信的一级经销商,通过一级经销商的网络优势发展二级代理商,直至终端销售。不过,在当时这仅仅是一个想法而已,对于华帝这样一家刚刚成立、仅有 100 万元注册资金、既无核心技术又无品牌声誉的小公司来说,找到合适的代理商并不是一件容易的事情。

华帝的老总黄启均凭借着在百得(另一家燃具制造公司)已有的实战经验,知道怎样把有限的资金用在刀刃上——新创品牌的当务之急是得到消费者和经销商的认同。在广珠高速公路沿线,名牌家电企业云集,全国的经销商都必须沿着这条公路到厂家提货,因此这条公路被誉为家电销售的"黄金之路"。黄启均就在这条公路的前、中、后三段,在离燃具界巨头万家乐和神州厂门不远的地方,各树立起了一块硕大的广告牌,上面只写"华帝燃具"四个大字和销售热线。广告牌颜色明快,设计简单醒目,让前来提货的经销商们过目难忘。京广铁路线是贯穿南北的经济大动脉,华帝又拿出七八万元钱,以当时每平方米 1.8 元的价格做沿线的民墙广告,从广州一路做到沈阳。这些土办法起到了不小的作用,各地的一些经销商开始要求代理华帝的产品。

另外,华帝在《羊城晚报》和《金融时报》上连续六次刊登招商广告,向外发布企业发展的理念和思路,展示企业形象,诚聘各地经销商。当时,燃具行业的大多数厂家实行的都是在同一区域与多家经销商合作的渠道策略,并暗地里鼓励经销商之间相互竞争,炒作产品。华帝反其道而行之,率先实行了区域独家代理制,最终建立起了华帝独具特色的"华帝共同体"——华帝集团、华帝员工、消费者、经销商、供应商等一切与华帝有合作、依存关系的群体和个人都是"共同体"中的一分子,并与华帝利益共享、命运共担、共存双赢。

资料来源:摘编自罗斌、张韬,《华帝,文化构建共同体》,载刘韧,《渠道为王》,成都:四川科学技术出版社,2003 年,第 123 页。

一般来说,寻找渠道成员时,搜寻的范围越大越好。搜寻的范围越大,越可能找到高质量的合作伙伴。企业寻找渠道成员的途径,主要有自设销售组织、通过商业途径、网上查询、顾客和中间商咨询等(罗森布罗姆,2014)。

一、自设销售组织

大多数制造商都有自设的销售组织和推销人员,他们是制造商寻找渠道成员的一条重要途径。这些销售组织和推销人员在产品的批发、零售过程中与中间商有很多的业务往来,掌握着中间商的基本信息,因此是制造商寻找新的渠道成员的有力助手。

在一般情况下,企业销售人员的一项重要职责,就是要发展和保持与中间商的密切关系,随时注意发现新的渠道成员。因此,他们一般比企业的其他人员要更清楚在某一区域内谁最有可能成为好的渠道成员。企业需要替换、增补渠道成员时,会要求销售人员向其提供一份名单。所以,当需要增加或替换新的渠道成员时,企业要尽量发挥他们的作用。

二、通过商业途径

商业途径包括贸易组织、出版物、电话簿、商业展览会等。这些都是企业寻找渠道成员的有效途径。示例5-2是2022年第二十二届中国(南安)水头国际石材博览会的宣传材料。

示例5-2　2022第二十二届中国(南安)水头国际石材博览会

南安水头国际石材博览会(简称"石博会")是中国最大规模、最具影响力的石材展之一。南安水头国际石材博览会将围绕产业标准、产业文化,精心组织招展布展,科学谋划各项活动,着力构筑石材产业市场拓展、经贸合作、品牌培育、新品发布、资讯交流平台。我们将突出办展效益,提升市场化运作水平,确保本届"石博会"档次更高、规模更大、专业化更强、内涵更丰富、国际化更突出、成效更显著,进一步弘扬南安石材文化,促进石材产业转型升级,提升产业综合实力和国际竞争力。

南安水头国际石材博览会以"低碳、高端、文化、石都"为主题,参展产品突出石材创意与文化,辅以石材机械、石材辅助材料、建筑陶瓷、水暖器材及其他装饰材料,集石材产品展览、标准发布、技术交流、专题研讨、经贸洽谈活动于一体。通过展、会、销三者有机结合,旨在充分展示南安石材产业发展的丰硕成果,推进南安石材产业、基地、市场三者互动发展,从而推动南安加速打造石材千亿产业集群和"国际石材之都",建成具有国际影响力和区域特色的国际石材加工制造基地、全球石材贸易展示中心、世界石材专业服务高地,进一步提升南安、泉州乃至福建省石材产业的知名度和影响力。

展品范围包括各类花岗岩、大理石、板材及荒料、人造石制品、板岩、异形石材、石雕工艺品、文化石、墓石制品、园林风景石、石材矿山开采设备、石材加工机械、金刚石锯片、磨具、磨料、石材化学防护用品、各类石材检测仪器、科技设计成果、杂志资料等。

资料来源:作者根据相关资料编写。

由示例 5-2 可见,商业展览会或商品交易会聚集了某一领域的制造商和经销商,企业有机会接触各类不同的商业机构。通过参展,企业有可能与潜在的合作伙伴当面交流,介绍企业产品或经营范围,讨论合作的空间和方式。

三、网上查询

通过互联网,尤其是访问专业网站,渠道管理人员可以搜寻到某一行业中同一类型或不同类型的很多企业。比如,慧聪网(http://www.hc360.com/)是国内一家 B2B 电子商务服务提供商。网内注册企业用户已超过 2 700 万,买家资源达到 1 600 万。通过该网站,企业可以查到 60 余个大行业、上千个子行业 2 000 多万家企业的供求和产品信息。类似的网站还有很多,如查询中国企业的红盾查询网(http://www.hongdunwang.com.cn/)、天眼查(http://www.tianyancha.com/)、企查查(http://www.qcc.com/)、阿里巴巴的 1688 频道(http://www.1688.com/)等。通过互联网上的这些网站,企业可以找到很多未来可能的合作伙伴,而且除了时间几乎不需要其他的投入。

四、顾客和中间商咨询

企业营销活动围绕的中心是顾客需求,而要满足顾客需求就需要借助中间商,如零售商等。若顾客对中间商的服务满意,他们就会经常与这些中间商打交道;否则,他们就可能减少甚至不再与这些中间商打交道。企业可以通过正式或非正式的调查,了解顾客在他们所处的区域内对不同中间商的看法,以便确定哪些中间商可以成为企业未来的合作伙伴。另外,通过咨询现有的中间商或让现有的中间商推荐,企业也可能找到新的合作伙伴。

五、其他途径

企业寻找渠道成员的方法,除了上面讲的几种,还有很多。比如做广告,在有关出版物上刊登广告,等待有兴趣的渠道成员前来联系、询问。示例 5-2 中的华帝公司在建立营销渠道之初用的就是这种方法。再如,通过熟人介绍或委托经纪人寻找。另外,很多方法可以交叉使用。比如一方面,做广告,等有兴趣的渠道成员前来联系;另一方面,在网上查找或让中间商推荐。

第三节 渠道成员的评价与选择

在以下两种情况下,企业需要对渠道成员进行评价与选择:其一,企业构建新的营销渠道,在找到一定数量的潜在合作伙伴之后、确定具体的合作伙伴之前;其二,在渠道运行过程中,企业需要调整原有渠道而增加或减少渠道成员之时。

示例 5-3 是一套经典的渠道成员评选问题表,用于制造商综合考察和评判经销商。从中可以看出,制造商对渠道成员的评价,不仅要看它们的能力,还要考虑其他一些因素,如可控性和适应性。

示例 5-3　渠道成员评选标准

早在 20 世纪 50 年代初,布兰迪尔(Brendel)就为制造商设计了一套评选经销商的问题表,用于综合考察和评估经销商。该问题表包括 20 个问题,后来成为人们设计渠道成员评选标准的基础。这 20 个问题如下:

(1) 经销商对我们的产品感兴趣吗?
(2) 它的实力如何?
(3) 它在我们产品的目标顾客群体中声誉如何?
(4) 它在我们产品的供应商中信誉怎样?
(5) 它是否富有开拓精神?
(6) 它同时经销其他哪些产品?
(7) 它的财务状况如何?
(8) 它经营某类产品的能力如何?
(9) 它的规模如何?
(10) 它要求货物清单准确清晰的程度如何?
(11) 它的消费群体都有哪些?
(12) 哪些人群对它所出售的商品从不过问?
(13) 它保持价格稳定的努力程度如何?
(14) 它过去五年的销售业绩怎样?
(15) 它的业务人员销售区域有多大?
(16) 它的业务人员经过培训了吗?
(17) 它的外勤人员有多少?
(18) 它的内勤人员有多少?
(19) 它的团队精神、销售培训及促销活动怎样?
(20) 经销企业的产品,它能提供什么优惠条件?

资料来源:罗森布罗姆,伯特,《营销渠道:管理的视野(第 8 版)》,宋华等译,北京:中国人民大学出版社,2014 年,第 188 页。

一、渠道成员的能力

对渠道成员进行评估,首先要看渠道成员的能力。比如,制造商在评价中间商时,需要考虑以下因素:

第一,中间商的市场覆盖范围。中间商的市场覆盖范围是否符合企业的要求?渠道成员的销售对象是否与制造商的目标顾客相吻合?如果企业的产品准备在中国的西北地区销售,那么中间商的经营范围就必须覆盖这个地区。如果制造商的产品想卖给12—16岁的青少年,那么中间商最好有一些设在中学附近的销售网点。

第二,中间商的产品政策。中间商承销的产品种类及其组合情况是中间商产品政策的具体体现。评估时,一要看中间商有多少不同的产品供应来源;二要看各种经销产品的组合关系,是竞争产品还是互补产品。

第三,中间商的地理区位优势。比如,那些设立在客流量大的地方的零售商,就有地理区位优势,而且这一优势还是竞争者难以模仿的。正因为如此,才有人讲,经营零售企业最重要的是地理位置,"location, location and location"(Jones and Simmons, 1990)。在考虑批发商的地理区位优势时,主要是考虑它所处的位置是否有利于产品的批量储存与运输,一般以交通枢纽为最佳位置。

第四,中间商的产品知识。那些对产品比较了解的中间商,一方面可以根据产品的特点进行有针对性的营销活动;另一方面通过它们进行销售,会增强顾客对产品的信任感。

第五,预期合作程度。制造商与中间商如果合作愉快,就会积极主动地推销企业的产品;否则,可能会产生各种各样的矛盾,严重时还会爆发激烈的冲突。预期的合作程度取决于双方的互依程度以及双方在目标、理念、角色认知和组织文化方面的吻合程度。

第六,中间商的财务状况及管理水平。中间商能否按时结算货款,包括在必要时预付货款,主要取决于其财力状况。而中间商的管理是否规范、高效率,关系到其营销活动的成败。

第七,中间商的促销政策和技术。产品推销及促销能力直接影响企业产品的销售规模。有些产品比较适合广告促销,而有些产品则更适合通过销售人员来推销。有些产品要求弹性生产、快速运输,有些产品则需要保有一定水平的储存量以便于周转。对此进行评价,就是要看中间商的促销政策和技术是否能够满足企业的要求。

第八,中间商的综合服务能力。有些产品需要中间商向顾客提供售后服务,有些产品在销售中需要提供技术指导或财务帮助(如预付货款或分期付款),还有一些产品需要专门的运输存储设备,因此制造商在评价中间商时,还要看其综合服务能力。中间商提供的综合服务项目与服务能力应与企业产品销售所需要的服务要求相吻合。

二、渠道成员的可控制性

根据实际需要,企业要对渠道实施某种程度的控制。比如,有的企业不但要控制渠道成员的数量、类型和区域分布,还要控制渠道成员的销售、促销和价格政策;有的企业则只是通过提供帮助影响或引导渠道成员的营销方式和营销行为。企业对渠道控制的程度越高,就越希望渠道成员是可控的。

渠道成员可控性的评估,可以从控制内容、控制程度和控制方式几个方面考虑。

控制内容,即考虑企业可以从哪些方面控制某一渠道成员。比如,企业可以控制或者影响渠道成员的哪些营销决策?企业可以控制或者影响渠道成员的哪些渠道功能?企业能否抑制渠道成员可能的投机行为?

控制程度,即考虑企业可以在某一个方面控制某一渠道成员达到的程度。比如,渠道成员在产品的价格上是否会遵从企业的意见?渠道成员会在多大程度上接受企业在产品销售上所提出的建议?对于渠道成员可能的投机行为,企业是否具有有效的处罚措施?

控制方式,即考虑企业在哪些方面可以用什么方法控制渠道成员。比如,企业可以通过渠道治理结构的某种安排控制渠道成员的投机行为吗?企业能够使用自己所拥有的渠道权力影响渠道成员在产品价格方面的决策吗?企业可以通过良好的关系或彼此之间的高度信任而相互影响和相互控制吗?

三、渠道成员的适应性

对渠道成员适应性的评估,主要是分析和评价渠道成员对企业原有营销渠道和环境变化的适应和应变能力。回答两个问题:第一,渠道成员适应企业原有渠道结构的程度如何?第二,渠道成员适应渠道环境变化的程度如何?

评估方法以定性评价为主。比如,通过访谈,了解一个渠道成员的经营理念和发展思路,判断它融入企业原有营销渠道的难易程度;通过分析它的发展历史,判断它的危机处理能力和应变能力;通过实地考察,了解它的基础设施和人员素质,判断它在基础设施和人员素质方面与企业要求相适应的程度。

在互联网日益普及的情况下,办公电子化、网络化和数字化是判断渠道成员适应性的一个重要指标。为了判断渠道成员的电子化、网络化和数字化水平,需要观察和了解渠道成员的互联网接入、跨组织信息系统(IOS)采纳以及云平台、微信小程序、视频直播等技术的使用状况。

四、渠道成员的确定方法

渠道成员选择的重要性与企业的分销密度高度负相关——分销密度越小,渠道成员的选择越重要。比如,采用独家分销的企业在一定区域内只使用一家某种类型的中间商,因此渠道成员的选择极为重要。企业一旦选择了某家中间商,就意味着这家企业丧失了使用其他中间商的机会,而且企业的渠道策略能否有效执行,也在很大程度上取决于企业与这家中间商的合作水平。相反,采用密集分销的企业将其产品投放到几乎每一个可能的渠道中,经销者多多益善,因此渠道成员的选择并不是特别重要。此时,除了必要的信用状况,企业几乎不用挑选——只要愿意且信用没有问题,每一家中间商都可以经销它的产品。

另外,企业对渠道成员的选择权也不相同。如果是一家大企业,有很好的产品或服务,那么这家企业的选择权就比较大。这时,企业只要根据自己对中间商的评估结果,把那些自己认为最合适的渠道成员找出来就行了,而不必考虑对方是否愿意和自己打交道。但是,如果是一家名不见经传的小企业,在选择渠道成员时,就会受到很多限制。这时,即使它找到了一些自认为很合适的合作伙伴,对方也不一定看得上它。示例5-4是一个在市场前线摸爬滚打了五年、有开拓数省市场实操经验的营销经理,对中小企业为开拓新市场而选择经销商时所遇困难的生动描述。

示例 5-4　中小企业选择经销商时会遇到的困难

一般来说,厂家初次进入某个新市场时,往往对市场的概况和批发商缺乏了解。厂家通常通过派一两个业务经理到该省省会城市的批发市场逐个拜访批发商,分发厂家概况和产品的相关宣传品,发一轮后再与有兴趣的批发商进行谈判。此外,也会到大型卖场去调查产品的销售情况。

往往一二十天考察下来,最终的收获可能仅仅是:有数家批发商愿意经销。不过,动辄就要求厂家投入几十万甚至数百万元的广告费用,而且大型卖场的入场费也要由厂家支付,还要有一定量的铺底,否则就免谈。或者是要求厂家全额赊销,批发商先免费得到一批货物,至于能不能推广开就不管了。每家批发商都宣称,只要厂家能够投入充足的广告费用,他就能把产品铺入所有的大型卖场和二级批发。

因此,对中小企业来说,找到一家合适的批发商很困难。全额或大比例赊销风险太大;市场情况不明,贸然投入广告,风险也太大;批发商选择不当,风险就更大。

从批发商的角度考虑,对一个不熟悉的品牌投入精力进行推广,也同样存在风险。毕竟一个品牌在市场上能否畅销,与厂家的产品策略和营销努力是分不开的。批发商只能把产品铺到消费者面前,至于消费者是否购买,就很难控制了。为了使批发商感兴趣,厂家需要证明,它在当地有实力推广开这个品牌。很少有批发商在形势不明的情况下贸然接手某款产品。归根到底,批发商不愿意为一个知名度低的品牌承担开拓市场的风险。厂家只有使批发商的风险降到最低,开拓市场的风险由自己承担,批发商往往才会接受。

资料来源:《中小企业选择经销商的经验之谈》,http://www.emkt.com.cn/article/66/6689.html,2012年2月9日读取资料。

在确定渠道成员时,可以使用的方法有两种:一是定量确定法,二是定性确定法。两种方法各有利弊,渠道管理者可以根据自己的实际情况选择使用。

(一)渠道成员的定量确定法

渠道成员的定量确定法,是基于前面对渠道成员的量化评估,经过排序得出。比如,制造商可以根据某种产品的销售量和销售增长率,将零售商排序,然后由前至后依次选择。再如,制造商还可以根据渠道成员的销售成本,采用三种销售成本的分析方法(见表5-5),对中间商排序,然后由后至前或由前至后依次选择。

表 5-5 销售成本的分析方法

分析方法	具体操作
总销售成本比较法	在分析候选渠道成员合作态度、营销战略、市场声誉、顾客流量、销售记录的基础上,预估各个候选渠道成员执行渠道任务的总费用。然后,选择其中总费用最低的
单位商品销售成本比较法	销售费用一定时,产品销量越大,单位商品的销售成本越低,渠道成员的效率越高。因此,在评价候选渠道成员的优劣时,需要把销售量与销售成本两个因素联系起来综合评价,计算出单位商品的销售成本,选择比值最低者
成本效率分析法	以销售业绩与销售费用的比值(称为成本效率)为评价依据,选择渠道成员。成本效率的计算公式为: 成本效率＝某渠道成员的总销售额/该渠道成员的总销售成本

当然,最简单和最常用的方法还是加权评分法。加权评分法对拟选择作为合作伙伴的每位渠道成员,根据其经营能力和条件进行打分,然后按照分数高低做出选择。做法如下:

第一步,根据不同因素对达成企业渠道目标和实施渠道策略的重要程度,分别赋予一定的权数;

第二步,根据在渠道成员评估阶段对每一个渠道成员在每一个因素上所进行的评估,打相应的分数;

第三步,将每一个渠道成员在每一个因素上的得分与该因素的权数相乘,得出每一个渠道成员在每一个因素上的加权分;

第四步,将每一个渠道成员在所有因素上的加权数相加,得出每一个渠道成员的总分;

第五步,按照总分由高到低选取渠道成员。

例如,某公司决定在某地区采用独家分销的渠道模式建立自己的营销渠道。经过考察,初步选出三家比较合适的零售商。公司希望选取的零售商具有以下条件:理想的地理位置;一定的经营规模;较大的客流量;较高的声望;较强的合作意愿和良好的合作精神;主动进行信息沟通;货款结算信誉好。每一位"候选人"都有一定的优势,但是没有一位在各方面均具有优势。因此,公司采用加权评分法对三位"候选人"进行评价和选择,结果如表5-6所示。通过打分计算,可以看出,第二家零售商得到了最高的加权总分。因此,该公司应该选择第二家零售商作为它在当地的独家分销商。

表 5-6 用加权评分法选择零售商

评价因素	权数	零售商 1		零售商 2		零售商 3	
		打分	加权分	打分	加权分	打分	加权分
地理位置	0.20	85	17.00	70	14.00	80	16.00
经营规模	0.15	70	10.50	80	12.00	85	12.75
顾客流量	0.15	90	13.50	85	12.75	90	13.50
市场声望	0.10	75	7.50	80	8.00	85	8.50
合作精神	0.15	80	12.00	90	13.50	75	11.25
信息沟通	0.05	80	4.00	60	3.00	75	3.75
货款结算	0.20	65	13.00	75	15.00	60	12.00
总计	1.00	545	77.50	540	78.25	550	77.75

注:打分时,每一个因素的得分区间为 0—100 分。

由此可见,定量确定法的优点是:如果能够掌握较为准确的数据,则对渠道成员的选择就会比较客观,较少受到渠道管理者个人好恶的影响。然而,它的缺点也是很明显的:第一,有很多因素很难量化,如渠道成员的可控性和适应性。如果不考虑这些因素,则选择失之偏颇;如果考虑这些因素,则貌似客观的方法又有了很多主观的东西。第二,收集量化数据,需要进行较深入的市场调研,也需要较大的人、财、物的花费。另外,市场调研需要较长的时间,而企业面对的形势可能根本不允许其耗费时间进行这样的市场调研。第三,企业有可能是被选择者,而不是选择者,因此,定量测算的结果用处不大。

(二) 渠道成员的定性确定法

因为定量确定法有上面一些缺点,所以在实践中,企业在选择渠道成员时,常常使用定性确定法。以下是一个营销经理的经验之谈,虽然讲的是中小制造商如何"倒过来做渠道",但却讲出了采用定性确定法选择渠道成员的主要步骤和特点。

第一,市场试运作,即厂家选派几个精兵强将,在当地建立办事处,自设仓库。既可以由厂家直接向零售店铺货,也可以联系数家有意向的批发商同时向零售店铺货。如果是后者,则事先要写明双方的责、权、利,明确说明是试销,厂家不承诺经销权。这就是所谓的"倒过来做渠道"。

第二,通过竞争把经销商选出来。几家有意向的批发商同时铺货,往往会形成竞争和互相牵制的局面。随着厂家对零售环节和批发商的熟悉,这时再来确定经销商就比较容易了。经过市场试运作,淘汰掉那些渠道能力较差或终端运作能力较差的经销商。对于被淘汰的批发商,给予一笔市场开拓费作为补偿。如果初期经销商都采取观望态度,那么厂家只好自己直接铺货,并且边铺货边谈经销事宜。

第三,选好经销商、初步铺货后再发动广告促销攻势。中小企业的广告费用有限,可以采取用"时间"换"金钱"的方法,先辅助经销商进行市场的第一轮铺货;当广告促销攻势发动后,再进行第二轮铺货。这样可以最大限度地节约广告费用。

第四,签订经销合同的期限不宜过长。签订经销合同的期限不宜过长,最好不要超过一年。有人认为,签订长期合同有利于经销商与厂家捆在一起,使经销商全心全意地投入市场开拓。实际上,这只是一厢情愿的想法。经销商可能会利用中小企业的弱势地位从事投机活动。签订短期合同,合同条款会订得比较细,留给经销商投机的空间也会比较小。另外,短期合同也会给经销商施加其随时可能被替换的压力,如果它真的希望继续经销该企业的产品,则会更加努力。

第五,不轻易承诺总经销权。即使市场上只有一家经销商在做,也只承诺特约经销权。很少有批发商能够覆盖区域市场的所有二级批发商和零售商,承诺总经销权就等于放弃了经销商无法覆盖的网点。另外,承诺总经销权也不利于厂家对市场的控制。虽然初期经销商会有意见,但是只要厂家坚持网点建设"谁开发,谁管理到位,谁所有"的原则,保证经销商已开发并管理良好的网点厂家决不插手,最终厂家与经销商是可以很好地合作的。

第六,选择不大不小用着正好的经销商。当厂家的实力有限时,不宜选择能力很强的经销商,因为它经营的品种太多,有数个大品牌,对知名度低的新品牌不会全力经营;同时也不宜选择能力太弱的经销商,因为它没有能力把产品铺到销售终端;厂家选择与自己实力匹配而且能全力经营的批发商最好。渠道成员的定性确定法有简便易行、灵活多样、省时省力的优点。它的主要缺点是主观随意性太强,往往不同的人面对同样的情况会做出不同的选择。

定量确定法和定性确定法可以综合使用,比如先用定性方法进行初选(类似于前面说过的"倒过来做渠道"的方法),经过一段时间的运作以后,再用定量方法进行终选。这样做,两种方法优势互补,最有可能选到适合的渠道合作伙伴。

第四节 渠道任务的分配

渠道任务在渠道成员之间的分配常常渗透在渠道成员的选择之中。比如,采用上面说的"倒过来做渠道"的方法选择中间商时,渠道任务的分配,在制造商与中间商进行实际接触之时就开始了。不过,最初的任务分配可能只是基于一种口头上的"君子协议"或基于一种约定俗成的默契,对双方的约束力都不是很强。制造商对中间商的选择是试探性的,渠道任务的分配也是非正式的。

然而,待渠道合作伙伴基本确定之后,尤其是一方向另一方做出某种重要的承诺(如制造商向中间商承诺特约经销权或总经销权)之后,渠道任务就要在渠道成员之间以签订正式协议的方式,通过规定各方的权利与义务进行分配。

现代市场经济是法制经济。法制经济对经济行为的一个基本要求是,交易各方一旦签订正式合同,只要没有不可抗力导致的不能履约,合同就必须履行。如果一方拒不履行合同规定的义务,那么违法的一方将会受到法律的制裁。为了使渠道任务在渠道成员之间的分配既明确又可行,合作双方或多方需要本着发挥各自优势、互惠互利、合作双赢的原则,通过协商(经常要讨价还价),规定各方的权利和义务,并用签订合同的方式使其合法化。示例 5-5 显示的是一家日用品公司(GX)与其经销商的交易合同文本,其中规定了双方的权利与义务,以及双方需要共同遵守的条款。其中,第三条"乙方义务"明确说明了乙方承担的渠道任务。

示例 5-5　GX 公司与经销商的交易合同

甲方:GX 公司　　　　　　　　　乙方(公司名称):_____
地址:_____　　　　　　　　地址:_____
联系电话:_____　　　　　　联系电话:_____

双方经过协商,达成以下条款。

第一条　保证条款

1. 甲方保证其为依法存在、有权签订本合同的法人组织。
2. 乙方保证其用于经销_____的营业执照在本合同有效期内有效。
3. 乙方保证甲方无须为乙方与任何第三人之间存在的任何关系负任何责任。

第二条　期限

本合同有效期限三年。自_____年___月___日至_____年___月___日。

第三条　乙方义务

1. 经营甲方提供的商品,为顾客提供售前、售中和售后服务。
2. 向甲方反映顾客的要求和意见。
3. 帮助甲方进行市场调查、搜集相关资料。
4. 配合甲方新产品上市和产品推广计划,安排促销活动。
5. 协助甲方建立并提高企业信誉。
6. 遵守甲方的专卖原则,在本合同执行期不再经销其他企业生产的同类型产品。
7. 在履行本合同过程中遵纪守法,按时、足额缴纳应纳税款。

第四条　甲方义务

1. 依照本合同规定,按时向乙方供应质量合格的产品。
2. 在履行本合同过程中遵纪守法,按时、足额缴纳应纳税款。

第五条　商品的价格

1. 除非双方另有规定,甲方向乙方供货的一般批发价为甲方产品售价的八折。
2. 乙方必须按甲方规定的售价向顾客售卖商品,不得随意抬价或压价。

第六条　乙方收益

1. 按甲方规定的售价销售产品,赚取零售利润。
2. 按甲方标准获取各项奖金。

第七条　收益支付

1. 全部收益以人民币值结算。

2. 每月_____日左右,乙方通过银行转账直接将甲方上一月份之收益,拨入甲方指定的银行账户内。

3. 乙方按时付清货款,甲方将在甲方财政年度结束后按甲方总收益千分之二的比例给予乙方现金奖励。

4. 甲方将在甲方财政年度结束后3个月内将乙方的年度奖金直接汇入乙方指定的账户。

5. 甲乙双方对各自指定银行账号的行为承担法律责任。

第八条 合同的解除或延续

1. 合同期限届满,如果双方不再续约,本合同自然终止。

2. 如果乙方欲提前终止本合同,甲方应予允许,但乙方仍应与甲方结清因履行本合同而产生的债权债务。

3. 如果乙方不能正确履行本合同义务,甲方有权提前终止本合同,并立即取消乙方的经销商资格。被取消资格的经销商不得再从事任何本合同项下的活动。

第九条 纠纷的解决

因本合同或履行本合同产生的纠纷,双方应友好协商;协商不成,应向甲方所在地人民法院起诉。

第十条 合同的生效和收执

本合同自签订之日起生效,合同一式两份,甲乙双方各执一份。

甲方:GX日用品有限公司　　　　乙方代表:_____

授权代表:_____　　　　签署:_____

签订日期:_____　　　　签订日期:_____

资料来源:《日用百货购销合同格式》,http://hetongfa.yjbys.com/gouxiao/321115.html,2017年6月28日读取资料。

渠道任务在渠道成员之间的分配,也可以通过企业管理规范的方式加以明确。示例5-6就是这样一个例子。某家用电器制造商通过经营管理规定的方式明确了代理商的任务和可以享受的权利,比如对该制造商免费提供经营场所用于产品展示,帮助该制造商与当地工商、税务、技监等部门协调关系,负责该制造商产品的销售和售后服务工作,以及赚取该制造商提供的产品销售代理佣金等。

示例 5-6　某公司对代理商经营管理规定

第一章　代理商应履行的义务

第一条　代理商应缴纳代理保证金××万元。

第二条　代理商负责免费提供经营场地,用于产品展示。

第三条　代理商应负责与当地工商、税务、技监等部门协调关系。

第四条　代理商应配备2—4人，专职负责××产品的销售和售后服务工作，在代理商主管认可后，须服从本公司区域办事处的统一安排。

第五条　代理商负责提供轿车一辆，专门用于本公司开展业务。

第六条　代理商所辖区域零售商资金出现困难时，代理商有责任对其提供资金担保，并担保赊欠资金的回收。

第七条　当零售商在与本公司业务合作过程中存在分歧时，代理商应积极给予协调处理。

第八条　当本公司产品出现批量性质量问题或为了启动和稳定市场而开展促销活动时，代理商应另抽调专门的人力、物力、财力给予配合和支持。

第九条　代理商承担税收、片区零售商一般性市场研讨会议费用。

第二章　代理商享受的政策

第十条　代理商享受产品的代理佣金标准(略)。

第十一条　在销售任务完成较好的情况下，代理商享受本公司给予的奖励。具体奖励方法，本公司将按年度事前拟定、通知。

第十二条　拥有对零售商政策制定和广告活动的建议权。

第十三条　拥有对本公司人员市场操作情况的监督权。

第十四条　本公司在代理商所在地设中转站及配件库，并确保有充足的资金，并配备财务人员、业务人员、库管员。

第十五条　本公司承担市场促销活动的费用。

第十六条　本公司承担对零售商的售后服务工作，并承担对因售后服务而产生的配件亏损。

第十七条　本公司负责对零售市场业务的总体操作，并采纳代理商的合理意见。尤其在变更零售商时应征求代理商意见，在达成共识的前提下方可做调整。

资料来源：摘编自宿春礼主编，《营销渠道管理制度范本》，北京：机械工业出版社，2003年，第64—65页。

总之，渠道任务可以通过价格政策、交易条件和地区划分等事项在渠道成员之间合理分配、明确界定。

一、价格政策

价格政策为一个渠道成员针对另一个或一些渠道成员所制定的在价格方面的规定。比如示例5-5中，第五条是GX公司针对经销商的价格政策："除非双方另有规定，甲方向乙方供货的一般批发价为甲方产品售价的八折""乙方必须按甲方规定的售价向顾客售卖商品，不得随意抬价或压价"。价格政策体现着一个渠道成员对另一个或一些渠道成员在产品销售价格方面的要求，也体现着渠道成员之间在产品销售价格方面达成的共识。

明确而合理的价格政策有利于防止渠道中的价格混乱，降低由价格混乱而导致的渠道冲突,如窜货和中间商之间的价格战。书后"案例分析"部分的案例2"旭日为什么升起又落下",描述了旭日升冰茶由于执行了不合理的"旨在促进回款的奖励政策"所导致的渠道混乱状况。比如,"每进30件冰茶搭赠1辆价值180元的自行车;每进50件搭赠1辆价值500元的人力三轮车;不足30件的则赠购物卡"。再如,"厂家给经销商定下任务,并承诺年底完成销售额100万元的,奖励价值3.6万元的松花江汽车1部"。因为奖励可以体现到价格上,所以最终演变为与价格政策混乱相似的结果——"分公司和经销商争相订货,并且为了扩大销售,不遗余力地低价跨区销售""以低于公司规定的市场价把货窜到其他市场上了"。

不过,在确定价格政策时,要特别注意"纵向价格垄断协议"的法律风险。根据《中华人民共和国反垄断法》第十四条的规定:"禁止经营者与交易相对人达成下列垄断协议:(一)固定向第三人转售商品的价格;(二)限定向第三人转售商品的最低价格;(三)国务院反垄断执法机构认定的其他垄断协议。"因为(一)(二)是上游制造商限制下游经销商销售价格的协议,所以也被称为"纵向价格垄断协议"。尽管围绕"纵向价格垄断协议"的违法问题,国内外有许多争论(郝俊淇,2017,2018;兰磊,2021;江山,2021),但是国内有不少规模较大的企业还是因为被判定违反了《中华人民共和国反垄断法》第十四条的法律规定而受处罚。最近的一个案例是2021年由浙江省市场监督管理局做出的行政处罚决定:公牛集团因对经销商固定和限定价格的垄断行为被罚2.9亿元人民币。判词如下:"鉴于当事人产品的市场优势地位,经销商对其重点产品具有一定依赖性。当事人固定和限定价格的行为,排除、限制了相关产品在经销商之间的竞争和在零售终端的竞争,损害了消费者合法权益和社会公共利益。"关于产品市场优势地位的判定依据是:"2018年11月,当事人的转换器产品(移动插座)被工信部和中国工业经济联合会确定为制造业单项冠军产品。2019年、2020年,当事人的转换器、墙壁开关插座产品在天猫市场线上销售排名均为第一,转换器产品天猫市场占有率分别为65.27%和62.4%,墙壁开关插座产品天猫市场占有率分别为28.06%和30.7%。"实际上,法律执行部门对"纵向价格垄断协议"违法问题的认识和定性并不统一,这给企业在确定渠道中的价格政策时造成了很大的困扰(郝俊淇,2018;江山,2021)。几个可以遵循的规则是:第一,不要把限价政策明确地写进交易合同或其他协议文件中;第二,即使一家经销商因乱价被处罚,制造商也不要以经销商违反了限价政策而处罚它;第三,产品处于市场优势地位的制造商(市场占有率高的制造商),不宜严格地规定和执行限价政策。

二、交易条件

交易条件首先包括付款条件,如购买者支付货款的结算办法、支付时间和当购买者不能及时支付货款时,与供货方的协商途径与程序。示例5-5中的第七条"收益支付"就是制造商和经销商之间关于收益支付和奖金的规定。制造商针对中间商的一项付款条件,是对按时付清货款的中间商给予奖励。此条款可以激发中间商及时付款的积极性。

交易条件还包括其他很多内容,如制造商的商品质量保证、按时供货保证和货物交割方式,以及中间商的库存水平、服务质量和服务方式等。这样的交易条件,我们可以在示例5-6中看到,如"代理商应配备2—4人,专职负责××产品的销售和售后服务工作,在代理商主管认可后,服从本公司区域办事处的统一安排""代理商负责提供轿车一辆,专门用于本公司开展业务""代理商所辖区域零售商资金出现困难时,代理商有责任对其提供资金担保,并担保赊欠资金的回收""本公司承担对零售商的售后服务工作,并承担对因售后服务而产生的配件亏损"。

除此之外,交易条件还有制造商向中间商做出的次品或积压品处理保证、价格调整保证和退换货保证等,以鼓励中间商放手进货,解除中间商的后顾之忧。

三、地区划分

地区划分就是要规定中间商的地区权利,明确说明各中间商的顾客服务范围,以免渠道内成员之间发生内耗。中间商通常希望在某个地区实行独家专营,独占这个地区的市场,并希望制造商承认在其专营范围内的所有销售实绩,不论这些实绩是否是它们努力的结果。是否满足中间商的这些要求,可以在合同中做出明确规定。

当涉及独家经销或独家代理、总经销或总代理、特许经营关系时,制造商更应当就各中间商的分销区域、市场渗透水平和发展渠道新成员等问题进行认真磋商,在合同中做出明确规定。

四、其他特定内容

除上面所讲的责任和义务的规定以外,在一些特定内容上,也要在渠道成员之间明确划分责任界限,如针对促销、信息沟通、资金帮助、人员培训、销售服务、商品展示和商品陈列等方面所做的安排。要特别注意责、权、利相适合的原则,如果中间商承担了有关分销任务,制造商就要明确规定报酬的形式和标准;否则,会影响中间商的公平感知,进而影响双方的合作关系和合作绩效。

本章提要

根据商品所有权是否发生转移,渠道参与者分成两种类型:一种是成员性参与者,参与商品所有权的转移;另一种是非成员性参与者,不参与商品所有权的转移。

成员性参与者包括制造商、批发商、零售商、经销商、代理商、经纪人以及消费者和用户等。

制造商是指那些生产或制造产品的企业,包括各种各样从事采掘、提取、加工、种植和组装产品的公司。其作用是创造能够满足人们需求的财富或资源。

批发商从制造商那里购进产品,然后大批量转售给其他批发商、零售商、生产用户以及各种非营利性组织。批发商帮助上游制造商占领市场、推广和销售产品、保持库存、处理订单和提供市场信息,为下游零售商、消费者或用户供应产品,提供融资、整批分零、技术建议等服务支持。

零售商从制造商或批发商那里购进产品,然后将其销售给最终消费者。零售商经营活动的基本内容有提供商品组合、分装货物、保有存货和提供服务。

经销商、代理商和经纪人发挥的作用类似于批发商对上游制造商发挥的功能。

消费者和用户也承担着一些渠道功能,如谈判、所有权的转移、付款、实体转移、储存等。

非成员性参与者主要包括运输企业、仓储企业、物流企业、市场调研机构、媒体与广告代理机构、保险公司等。

在营销渠道管理中,对渠道成员的选择主要是指对成员性参与者的选择,包括寻找渠道成员、评价和选择渠道成员、分配渠道任务三项主要内容。

寻找渠道成员主要是搜寻企业的营销渠道中未来可能的成员性参与者,主要有下述几条途径:自设销售组织、商业途径、网上查询、顾客和中间商咨询,以及其他途径等。

渠道成员评估需要从渠道成员的能力、可控性和适应性三个方面综合考虑。

在选择和确定渠道成员时,可以采用定量和定性两种方法。定量确定法中最常用的是加权评分法,即对拟选择作为合作伙伴的每位渠道成员,根据其经营能力和条件进行打分,然后按照分数高低做出选择。定性确定法则比较灵活,往往因不同的情况而不同。两种方法可以综合使用,有利于优势互补。

渠道任务可以通过价格政策、交易条件和地区划分等事项在渠道成员之间合理分配,明确界定。在确定价格政策时,要特别注意"纵向价格垄断协议"的法律风险。分配渠道任务时,合作各方要本着发挥各自优势、互惠互利、合作双赢的原则,通过协商,规定各方的权利和义务,并用签订合同的方式使其合法化。

参考文献

郝俊淇,2018,《反垄断法学的本土建构:"中国问题"抑或主要难题》,《财经法学》,第 2 期,第 126—143 页。

郝俊淇,2017,《反思与权衡:转售价格维持的反垄断法分析模式探析》,《竞争政策研究》,第 4 期,第 23—33 页。

江山,2021,《论反垄断法规范中的规则与标准》,《环球法律评论》,第 3 期,第 67—83 页。

兰磊,2021,《涨价型竞争损害的误读与澄清——以转售价格维持为视角》,《交大法学》,第 4 期,第 36—58 页。

罗森布罗姆,伯特,2014,《营销渠道:管理的视野(第 8 版)》,宋华等译,北京:中国人民大学出版社,第 27—57、183—197 页。

Jones, K., and J. Simmons, 1990, *The Retail Environment*, London: Routledge, 34-45.

练习与思考

1. 如何区分成员性渠道参与者与非成员性渠道参与者?
2. 批发商存在的必要性及主要功能是什么?
3. 经销商与代理商有什么区别?
4. 非成员性渠道参与者都有哪些?试分析一下它们在营销渠道中发挥的作用。
5. 如何寻找合适的渠道成员?
6. 对渠道成员评价的主要标准是什么?
7. 从渠道功能的角度看,渠道任务分配的本质是什么?
8. 如何在渠道成员之间进行渠道任务的分配?
9. 阅读并分析本书"案例分析"部分的案例7,并回答问题。
10. 再读本书"案例分析"部分的案例5并阅读与"纵向价格垄断协议"相关的学术论文,分两组展开辩论:纵向价格垄断协议的是与非?它是否以及如何限制了竞争?它是否以及如何损害了消费者利益?它是否应该成为企业进行渠道管理的一个工具?

第六章

物流的组织与管理

知识要求

通过本章的学习,掌握以下要点:
- 物流的内涵和内容构成;
- 物流系统与高效物流系统所具有的特点;
- 物流系统的管理过程;
- 商品运输决策的内容;
- 各种运输工具的特点、运输路线的选择及运输管理;
- 储存管理的主要内容;
- 经济订货批量的确定;
- 配送中心的分类、主要业务和成本控制策略。

技能要求

通过本章的学习,要求学生能够做到:
- 清楚地说明物流的内涵及物流的内容构成;
- 帮助企业选择运输工具和设计运输路线;
- 在给定条件下,计算经济订货批量;
- 了解商品储存的基本流程和方法;
- 清楚地了解配送中心的运作方式。

凡是生产经营有形产品的企业都有物流问题，都需要对物流活动与过程进行组织与管理。即使是在网络高度发达的条件下，单纯依靠网络也无法完成有形产品的运输过程。由于物流活动主要由企业的物流管理部门统筹规划和实施，不属于营销管理部门的决策职权范围，所以本章只对其做一般性介绍，包括物流系统的构成、物流的管理运作程序、商品运输决策、商品储存管理以及配送中心的组织运作方式。

第一节　物流与物流系统

物流是营销渠道需要发挥的一项重要功能，是指将商品实体从生产地转移到售卖地，再转移到使用地的过程，目的是方便消费者或用户使用（罗森布罗姆，2014）。生产经营有形产品，物流的组织与管理是企业必须考虑的问题。它不仅决定着商品价值能否顺利实现，而且是企业降低成本、增加效益、提高竞争力的一个重要抓手。示例6-1介绍了沃尔玛的物流系统，由此可以看出物流的组织与管理在企业运作中的重要地位。

示例 6-1　沃尔玛的跨码头系统

沃尔玛由山姆·沃顿（Sam Walton）创办于1945年，最初是一个家族企业。1962年，其模仿当时美国最大的折扣零售商凯马特，开办了自己的第一家折扣商店。1970年，组建成公众持股公司，并于同年在纽约证券交易所挂牌上市。进入20世纪80年代，沃尔玛飞速发展，于90年代初超越凯马特和西尔斯，成为世界上最大的零售商。2002年，销售额超过2 200多亿美元，成为《财富》世界500强之首。2015年，公司规模达到顶峰，在全球拥有11 000多个零售网点、230万名员工，销售额达4 821亿美元。2021年，零售网点略有减少（10 500个），但销售额增至5 592亿美元。1996年，沃尔玛在深圳开办了第一家中国分店，之后快速发展。截至2016年年底，沃尔玛已经陆续在中国189个城市开设包括购物广场、山姆会员店等多种业态在内的439家商场、8个干仓配送中心和11个鲜食配送中心。近几年，受中国网络商店迅速崛起的冲击，沃尔玛在中国的网点规模有所收缩。不过，沃尔玛从2018年2月1日起，将公司法定名称由"沃尔玛百货公司（Wal-Mart Stores, Inc.）"变更为"沃尔玛公司（Walmart Inc.）"，开启"全渠道零售"之旅，重视为顾客提供无缝连接的零售服务，以满足顾客多种购物方式（如门店、网上、移动设备上购物以及"线上订货、门店取货"的方式）的需要。

影响沃尔玛成功的原因有很多，其中它独创并长期使用的"跨码头"物流系统功不可没。此系统不但使沃尔玛的经营目标得到了充分的贯彻，更为企业带来了其他企业难以匹敌的竞争优势。

跨码头系统由两个内部支持系统支撑：一个是卫星通信系统，另一个是快速反应运输系统。卫星通信系统满足了跨码头系统顺利运行所必需的在配送中心、供应商和销售网点之间即时传递信息的要求。快速反应运输系统由配送中心和公司自己的车队组成。

虽然自己从事运输活动有时不如把运输业务外包出去,但它加快了货物运送的时间,提高了快速应变的能力,从整体上优化了公司的运作。

通过跨码头物流系统,货物被源源不断地从供应商那里运送到沃尔玛设在各地的货仓,在那里经过挑选、再包装,然后被分送到各个零售网点,其间往往不形成存货。货物很少在仓库里滞留,而总是在流动之中。货物从配送中心到零售网点的时间,自零售网点下单算起不超过48小时。这一高效率的物流系统带来了一系列明显的优势:(1)使沃尔玛既充分地利用了运力,又在保证仓库较高周转水平的前提下避免了通常会发生的存货滞留现象和由此引发的成本,仅此一项就使沃尔玛的销售成本比行业平均水平节约2%—3%。销售成本的节约,使沃尔玛可以实行"天天都是低价格"的竞争策略。(2)低价格反过来降低了促销活动的必要性,使沃尔玛通过减少促销费用更有效地降低销售成本。(3)由于"天天都是低价格",价格相对稳定,使销售更容易预测,由此缺货和货物积压的可能性被大大降低。(4)低价格把消费者吸引过来,并最终使得商店单位营业面积销售收入的提高。

资料来源:摘编自庄贵军,《基于实力的竞争:沃尔——马特成功的秘密》,《外向经济》,1997年第8期,第44—45页;沃尔玛官网信息(https://corporate.walmart.com/about#walmart-us),2022年10月4日读取资料;沃尔玛(中国)官网信息(https://www.walmart.cn/aboutus-1/),2022年10月5日读取资料。

一、物流的内涵

物流可以有广义与狭义两种理解。狭义的物流,是指商品实体的空间位移,即商品实体从生产地点到消费者或用户使用地点的转移活动和过程。广义的物流,是指商品实现实体空间位移的全部活动和全部过程,不仅指商品的实际转移过程,还指为使商品能够在适当的时间、适当的地点、以适用的形式提供给消费者或用户而必须发生的商品变形、商品滞留和信息传输活动。我们这里讲的是广义的物流。商品运输和商品储存是物流的两种核心活动,其他活动围绕这两种活动进行。

图6-1显示了物流的两种核心活动在营销渠道中发生的地点,可以帮助我们更清楚地理解营销渠道中物流的内涵。由图6-1可见,物流的两种核心活动在营销渠道中发生的地点,分为三种不同的情况:第一,直销渠道自营物流(图6-1中"生产制造商→消费者或用户"的直线);第二,中间商渠道自营物流(图6-1中"生产制造商→中间商→消费者或用户"的直线);第三,第三方物流(图6-1中"物流商→中间商"和两条"物流商→消费者或用户"的直线)。

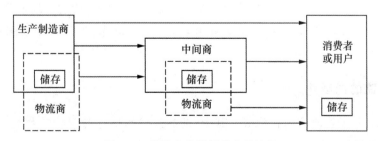

图6-1 物流在营销渠道中的地位

(一)物流中的核心活动

1. 直销渠道自营物流

在直销渠道中,制造商直接将商品出售给消费者或用户,不通过批发商或零售商等中间环节。此时,商品运输一般由制造商承担。当然,有时消费者或用户也会自己解决运输问题。在后一种情况下,消费者或用户就承担了部分物流功能。

从商品储存的角度看,直销渠道的自营物流有两种情况:第一,采用订单方式生产,产品随产随销,不形成成品库存。此时,制造商不发挥商品的储存功能。第二,采用非订单方式生产,此时制造商需要进行商品储存活动,以保证商品及时供应市场。不管是哪种情况,消费者或用户都会发挥一定的商品储存功能。有大量的商品需要消费者或用户先购买了存着,然后在需要的时候才消费,如消费品中的食品、工业品中的零部件等。

2. 中间商渠道自营物流

在中间商渠道中,制造商生产出来的产品要经过中间商,如经销商、批发商和(或)零售商,销售给消费者或用户。此时,商品运输既可以由制造商承担,也可以由中间商承担。具体谁来承担、承担多少、怎样承担,由制造商和中间商通过协商决定。消费者或用户也可能承担部分物流功能,如消费者在商店里购买了商品后自己提回家,用户采购了一台机器后用自己的汽车拉回家。

从商品储存的角度看,中间商渠道的自营物流比较复杂,因为商品每经过一个环节,都可能形成库存。比如,商品在生产企业按非订单方式生产时,会有库存;到了批发环节,为了防止断货,批发商又会形成库存;再到零售环节,零售商往往也要有少量的库存,以保证正常的销售;最后,消费者或用户也可能存一些货物,以备不时之需。

3. 第三方物流

第三方物流是指由不属于交易双方任何一方的物流商(即第三方)承担商品买卖中主要物流任务的物流方式。此时,制造商或中间商把大部分的物流业务都交给了物流商,由物流商从事商品运输和商品储存活动。物流商虽然不拥有商品的所有权(虚线表示),但能够帮助制造商、中间商、消费者或用户实现商品的储存或空间位移,并因此而得利。

(二)物流中的辅助活动

不管是上述三种情况中的哪一种,与商品运输和商品储存活动相伴,总会发生大量的辅助性活动,如商品的包装、保管、装卸和搬运、流通加工,以及物流信息的收集、处理和传送等。这些活动的主要目的,是辅助商品运输和商品储存活动得以顺利进行。由于这些活动是大量存在的,且存在于整个营销渠道的多个环节,所以很难在图6-1中表示出来。

二、物流的内容构成

图6-2表示了物流的内容构成。其中,商品运输和储存与保管是物流的核心活动,其他则是辅助活动。

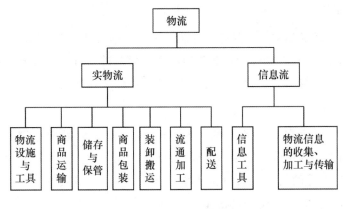

图 6-2　物流的内容构成

(一) 商品运输

商品运输是指商品跨越空间的物质实体流动,是物流的中心活动之一。商品运输的目的是实现商品实体的空间移动,解决商品在生产地点和消费需要地点之间的差异问题,创造商品的空间效用,满足消费需要。实现商品实体转移的运输工具,主要有车、船、飞机、管道等,相应的运输方式也有铁路、公路、水路、航空和管道等多种。

(二) 储存与保管

在商品从生产地点转移到消费需要地点的过程中,出于运输力量限制、运输工具转换或者其他某种原因,需要在生产制造商的仓库、零售商或其他中间商的仓库做短暂停留,这就需要进行商品储存。另外,商品储存还能解决生产与消费在时间上存在的矛盾。比如,有些产品常年生产,季节消费;有些产品季节生产,常年消费。为了调解生产与消费在时间上的矛盾,也需要在商品物流过程中进行商品储存,以便妥善保持商品实体的有用性。

商品储存是物流体系中的静态环节,它不但能够在很大程度上化解商品运输过程中的矛盾,也能够通过调解供求之间在时间上的矛盾,创造出商品的时间效用。不过,商品储存毕竟是商品在生产过程和消费过程之外的停滞,有时虽然十分必要,但过多的商品储存会引起资金积压和商品贬值的负面效果。

商品保管是物流的一个重要环节,包括在商品运输、储存和流通加工过程中的放置、编号、记录、保养、维护等活动。它的主要作用是维护商品品质,防止商品损坏或变质。

(三) 商品包装

商品包装就是对有形商品的包裹、捆扎与美化。其主要作用是保护商品,使商品在运输、储存和配送中质量不受损。另外,也有美化商品和促销作用。商品包装分为运输包装和销售包装两种。运输包装的主要作用是便于运输、储存、检验和保护商品,减少其在运输途中的损坏。销售包装的主要作用是便于消费者购买、携带和使用,也便于零售商分拆销售。

(四) 装卸搬运

装卸搬运是对商品运输、保管、包装、流通加工等物流活动进行衔接的中间环节，包括装卸、堆垛、入库、出库以及连接以上各项动作的商品的短程位移。装卸搬运是随运输和保管而产生的必要物流活动，且在物流活动的全过程中频繁发生。

(五) 流通加工

流通加工就是发生在流通领域的生产过程，也可以说是生产过程在流通领域的延伸。流通加工的主要作用就是直接为流通，特别是为销售服务。所以流通加工的方式也是多种多样，有零部件的组合，也有商品形体上的分割，还有商品各种标识的制作。

(六) 物流信息的收集、加工与传输

物流信息包括发货信息、商品在途运输信息、库存信息、包装和加工信息。物流信息的收集、加工与传输的现代化，是物流现代化的一个基础。这一点由示例 6-1 可以看得很清楚。沃尔玛的跨码头系统能够有效地运作起来，一个重要的内部支持系统就是卫星通信系统。卫星通信系统满足了跨码头系统顺利运行所必需的在配送中心、供应商和销售网点之间即时传递信息的要求。

三、物流系统及其管理

过去人们习惯于把创造利润的焦点放在生产领域，通过物质资源的节约和劳动消耗的降低来创造利润。因此，产生了"第一利润源泉"（物质资源的节约）和"第二利润源泉"（劳动消耗的降低）之说。随着生产自动化和机械化程度的不断提高，以及生产工艺的日趋完善，"第一利润源泉"和"第二利润源泉"的潜力越来越小。这促使人们将目光转向"第三利润源泉"，即物流成本的节约。

根据国家发展改革委和中国物流与采购联合会 2022 年 2 月 9 日联合发布的《2021 年全国物流运行情况通报》：2021 年全国社会物流总额 335.2 万亿元，社会物流总费用为 16.7 万亿元；社会物流总费用与国内生产总值的比率为 14.6%。这一比率比 2020 年下降 0.1 个百分点，比 2010 年的 17.8% 下降 3.2 个百分点。按照 2021 年中国 114.9 万亿元的 GDP 计算，3.2 个百分点就是 3.68 万亿元。这意味着，物流管理有很大的潜力可挖。如果企业能够有效地组织和管理物流活动，把物流成本降下来，那么将会给企业和国家带来很大的经济效益。

(一) 物流系统

在营销渠道中，企业产品的物流活动往往由企业的物流管理部门统筹规划，或自己组织，或委托专业储运公司，在企业内其他部门或企业外其他机构（如保险公司、经销商等）的参与下完成。这些部门和机构，就构成了产品营销中的物流系统（罗森布罗姆，2014）。

1. 企业物流管理部门

企业物流管理部门是物流活动的统筹组织、实施和监控者，是企业物流活动的中枢。

物流活动的各环节是否能顺利、高效、成功地实施，主要取决于企业物流管理部门的筹划、组织和管理。企业物流管理部门不但要负责物流计划的制订、存货的管理、物流系统的规划建设等内部管理工作，还要力求使各部门、各机构密切合作。具体工作包括选择和联系储运公司、发货、选择险别、投保等。

不过，在物流管理部门实施具体的管理职能时，渠道管理人员要较深地介入。一般情况下，物流管理部门的计划是根据营销计划和渠道计划制订的，要与营销计划和渠道计划相衔接。物流管理活动的效果，也要根据物流管理部门完成渠道任务的情况来评价。

2. 中间商

中间商是企业营销渠道的主要成员。中间商的数量、位置、销售效率和所承担的渠道功能，都与物流活动密切相关。因此，企业物流管理部门常常需要与中间商保持良好的关系，相互协调，保证物流的顺畅，完成实体产品从生产领域向消费领域的空间位移。渠道管理人员常常需要在企业的物流管理部门和中间商之间牵线搭桥，有时还需要处理它们之间所产生的矛盾。

3. 储运公司

储运公司是承办商品运输和仓储业务的专业机构。有些规模较大、物流业务量也较大的企业，为了增加对物流活动的控制，往往会设立企业自己的储运部门，承担物流活动储运环节的职能。不过，大多数企业在发货给中间商和顾客时，需要通过专业储运公司来完成。

储运公司的作用在于为企业的产品创造时空效用。它专业化于储运功能，往往比企业自己组织物流活动更有效率。将主要的物流活动委托给储运公司来完成，有利于企业按照商品实体运动的客观规律实行专业化管理，减轻企业在物流方面的投资和物流管理方面的负担。

4. 金融机构和保险公司

金融机构和保险公司是提供资金融通和保险服务的专业机构。大多数企业在开展物流活动时，都需要与金融机构、保险公司建立联系，保持业务往来，如需要金融机构提供资金融通，以支付包装、装卸运输、储存保管、保险和物流管理等方面的费用；需要各种保险服务，以避免或减轻物流过程中可能发生的不测事件给企业带来的经济损失。

（二）高效的物流系统

一般而言，高效的物流系统有以下几个特点：

（1）快速响应，即企业的物流系统在用户提出要求时能够快速反应，提供所需产品；

（2）富有弹性，即企业的物流系统具有足够的灵活性，能够满足用户在产品规格、物流配送等方面的差异性要求；

（3）勇于创新，即企业的物流系统具有不断创新、改进和完善物流过程的机制，追踪现代科学技术的发展，将先进的信息和物流技术运用于物流管理之中；

（4）整体优化，即企业的物流系统能够综合利用企业的能源、物资、人才、资金、科

技、信息等资源,使产、供、销、存、运等环节紧密衔接,促进企业内各部门密切合作,达到整体优化;

(5)整合资源,即企业的物流系统能够利用外部资源,整合产业链的一些重要环节,与节点企业密切合作。

(三)物流系统的管理

物流系统的管理,是指为满足消费者需求而对商品实体从生产地点向消费使用地点的转移过程所进行的决策、计划、实施和控制活动。由于物流包括运输、储存、包装、装卸、交货等多方面的活动内容,不但需要企业内各个部门的密切配合,而且涉及企业外很多机构(如运输公司、仓储公司、经销商、保险公司等)的合作,所以为了更有效、更经济地完成物流任务,需要物流管理部门把各方面的力量组织和协调起来。这就需要对企业的物流系统进行管理。物流系统的核心活动有两个:一个是运输,一个是储存。因此,物流系统的管理也主要以对这两项活动的组织和管理为主,过程大致如图6-3所示。

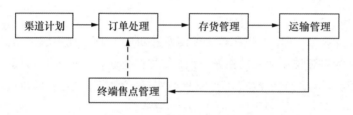

图6-3 物流系统的管理程序

1. 渠道计划

企业的物流管理开始于企业的渠道计划。企业的渠道计划是在企业产品销售预测的基础上,渠道管理人员根据企业的渠道目标和渠道策略制订的一个分销行动方案,内容涉及什么时间、在哪里(市场区域)、销售什么、销售多少,以及由谁去做和需要多少费用。企业的物流管理要与企业的渠道计划相衔接。

2. 订单处理

订单处理是指从接受订货到发运交货的全过程,主要包括订单的接受、审核,将联运单分送至各有关部门,按单配货,安排运输,开出收据,收进货款等。这一过程要求迅速、准确、周全。在网络环境下,企业物流活动中的订单处理越来越多地应用网络设备,这可以大大提高订单处理的效率。

3. 存货管理

存货管理的一项中心内容是确定存货水平。存货水平决策的结果,既会影响顾客的满意程度和商品销售的顺畅与否,也会影响企业的储存成本。一般来讲,销售部门希望企业的存货充足,以便接到订单就可立即为顾客供货。但是,存货量的增加,会增大仓储费用和资金占用,从而提高企业的储存成本。物流管理部门要在存货量和存货成本之间做出权衡,既不能出现断货,也不能存货太多,占压太多的资金,因此要确定一个合理的存货水平,并根据销售状况及时予以调整。

4. 运输管理

运输管理是指物流管理部门依据企业的营销计划、贸易合同、销售状况等对物流中的商品运输工作进行计划、组织、协调与控制,内容包括确定运输工具、运输路线、商品品种和运量、装运时间、起运地、目的地、所需费用,以及具体的组织实施。运输管理实际上就是对物流中的流体、载体和流向这三个要素所进行的合理规划和实施。

- 流体是指商品。运输的目的是实现商品从供应者向需求者的流动。
- 载体是指流体借以流动的工具,分成两类:一类是直接盛载并运送流体的设备,如车辆、船舶、飞机、装卸搬运设备等;另一类是基础设施,如铁路、公路、水路、港口、车站、机场等。
- 流向是指流体从起点到终点的流动方向。一般是从产地流向销地,或从价格低的地区流向价格高的地区。

物流的流体、载体和流向之间有极强的内在联系。比如,流体的自然属性决定了载体的类型和规模;流体的社会属性(价值与价格)决定了流向;载体对流向有制约作用,同时对流体的自然属性和社会属性也会产生影响。运输管理就是要对这三个要素进行合理的规划和组织,使之达到一种最佳的匹配状态。

5. 终端售点管理

物流管理过程的最后一个环节是终端售点管理,如在零售商卖场内的物流管理活动,包括商品的搬运、分拆、上架以及其他一些售前、售中和售后服务。

到了终端售点,物流系统的管理过程就完成了一个轮回。下一个轮回,由终端售点下新的订单开始,在图 6-3 中由虚线表示。

第二节　商品运输

商品运输的组织与管理是物流管理中最重要的内容之一,原材料和货物都需要通过运输来实现空间上的位移。为了达到安全、快捷、准确、价廉的效果,企业在组织商品运输活动的过程中,需要针对涉及运输的相关问题进行决策。决策内容主要包括:确定运输方案,选择运输方式,决定发运的批量、时间和运输的路线等。

一、商品运输的参与者

商品运输的参与者主要有托运人、承运人和收货人三方。

托运人一般是指被托运货物的卖方,如生产制造商;收货人则是指被托运货物的买方,如零售商或生产资料的用户。托运人和收货人的共同目的,是要在规定的时间内将货物安全、准确地从起始地转移到目的地。托运人和收货人有可能是同一方,如生产制造商向自己设在某地的仓库发货,零售商自己组织运输从厂家进货。

承运人是指商品运输的实际承担者,期望以最低的成本完成商品运输工作,获得尽可能大的收益。当然,承运人有可能由托运人或收货人承担,如生产制造商通过自己的车队向零售商直接发货,或者零售商自己驱车直接从厂家提货。

二、确定运输方案

运输方案一般由商品运输的承运人设计,既可以是第三方,也可以是卖方或买方,关键看谁是承运人。运输方案的最终确定,则会根据合同的约定,由参与者的一方或多方讨论决定。

确定运输方案涉及的主要内容,是制订合理的路线计划。合理的路线计划,既可以使承运人提高车辆利用率和服务水平,降低运输成本,减少设备资金投入,也可以使托运人事先知道其商品将怎样运行,加强对商品运输的监督与控制。

路线计划可以分为三种不同的问题类型:第一,单一出发地和单一目的地;第二,单一出发地和多目的地;第三,多出发地和多目的地。

(一)单一出发地和单一目的地问题

单一出发地和单一目的地运输路线的计划,可以被看作一类网络规划问题,用运筹学的方法可以很好地解决。其中,最简单直接的解法,是时间最短路线方法。示例6-2是某公司采用时间最短路线方法确定商品运输路线的过程。

示例 6-2　某公司运输的时间最短路线

某公司要在起点 A 和终点 J 之间寻找一条运输时间最短的路线。从 A 到 J 有多条路线(见图 6-4),图 6-4 中凡是连接的地方均是可以通达的路线,其中每两个节点之间的运输时间如图中数字所示(单位为分钟)。

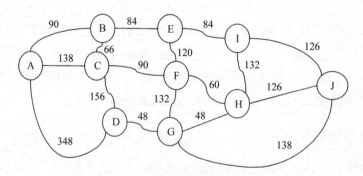

图 6-4　公司运输的多条路线

寻找 A 与 J 之间时间最短路线的运筹学解法如下:

(1) 到 A 最近的节点。与 A 直接相连的点是 B、C、D,其中与 A 最近的点是 B。B 可以认为是这一步所找到的已决点(solved note)。

(2) 以 A 和 B 为已决点寻找下一个节点。距离 A 最近的节点为 C(B 作为已决点不再考虑),距离 B 最近的节点为 C(A 作为已决点不再考虑)。将 A—C 与 A—B—C 两条路线进行时间最短路线比较。显然,A—C 为时间最短路线。现在把 C 也作为已决点。

(3)以 A、B、C 为已决点寻找下一个节点。分别找出与它们最近的节点,比较后找出从起点 A 到这一节点的时间最短路线,并把找到的节点作为已决点进行下一步寻找。

…………

(n)一直这样寻找直到终点 J。

具体的求解过程和步骤如表 6-1 所示。

表 6-1 寻找时间最短路线的运筹学方法

步骤	已决点	最近未决点	总时间(分钟)	第 n 步最近节点	最短时间(分钟)	最优路线
1	A	B	90	B	90	AB*
2	A B	C C	138 90+66=156	C	138	AC
3	A B C	D E F	348 90+84=174 138+90=228	E	174	BE*
4	A C E	D F I	348 138+90=228 174+84=258	F	228	CF
5	A C E F	D D I H	348 138+156=294 174+84=258 228+60=288	I	258	EI*
6	A C F I	D D H J	348 138+156=294 228+60=288 258+126=384	H	288	FH
7	A C F H I	D D G G J	348 138+156=294 288+132=420 288+48=336 258+126=384	D	294	CD
8	H I	J J	288+126=414 258+126=384	J	384	IJ*

注:顺着"*"指示的路径走下来,就得到时间最短路线。

经过计算,最优路线为 A—B—E—I—J,最短时间为 384 分钟。

资料来源:摘编自朱道立、龚国华、罗齐编著,《物流和供应链管理》,上海:复旦大学出版社,2001年,第 249—250 页。

需要说明的是,节点和可供选择路线的增多将会增加运算的难度,需要计算机帮助计算。另外,示例 6-2 在选择运输路线时,只考虑了时间问题,而没有考虑路线质量和可用的运输工具及其成本问题。在实际的决策过程中,这些都是需要考虑的变量。

(二) 单一出发地和多目的地问题

单一出发地和多目的地的运输路线计划,有几种方案可供选择:一是采取零担运输方式把产品从出发地直接运往各地市场;二是将制成的零配件运到各个市场装配;三是采取整车货运方式将产品运到靠近各个市场的某个中心仓库(物流配送中心),再由中心仓库转运到各地市场。

前两种方案的运输路线计划,可参照"单一出发地和单一目的地"的路线计划方法做出。在第三种方案中,企业的一个重要决策是确定中心仓库的位置。这一决策不仅会对商品流转速度和流通费用产生直接影响,而且关系到企业对顾客的服务水平和服务质量,最终影响到企业的销售量和盈利水平。

确定中心仓库位置的方法有三种:第一,根据运量确定;第二,根据运距确定;第三,根据运输费用确定。关于此方法的详细介绍,参见本章第三节的有关内容。

无论采用哪种方法来确定中心仓库的位置,都必须做一些前期准备工作。这些工作包括:(1)在特定地区的缩尺地图上设立一个坐标,在地图上标明各个市场(服务对象)所在的位置。(2)掌握各个市场点的总运输量。由于各点的运输量在不同时期会有波动,因此要对所采用的数据进行研究,并将所确定的数据标在地图各点的旁边。(3)掌握每公里的运费水平。

在完成上述准备工作,掌握了必要的资料后,便可选择适当的方法来确定中心仓库的位置。仓库建成后,单一出发地和多目的地的方案就简化为单一出发地和单一目的地的情况,可以采用前述的"单一出发地和单一目的地"的分析方法来选择最优运输方案。

(三) 多出发地和多目的地问题

实际运输中常碰到一家制造商从多个出发地将产品供应给多家中间商的问题,此时运输的起点和终点都不是单一的。这其实是一个线性规划问题,有计算机软件工具可以利用。示例 6-3 是用 Excel 软件对一个多出发地和多目的地问题进行求解得到的结果。

示例 6-3　多出发地与多目的地的供货运输问题

一家生产制造商有三家工厂甲、乙、丙,同时向三家零售商 A、B、C 供货。A、B、C 的需求量分别为 600、500、300(重量单位)。甲、乙、丙的供应量也有限制。甲最大的供应量为 400,乙最大的供应量为 700,丙最大的供应量为 300。每家工厂到每家零售商的运输成本也不相同。甲到 A、B、C 的运输成本分别为 4、7、6(货币单位),乙到 A、B、C 的运输成本都为 5,丙到 A、B、C 的运输成本分别为 9、5、8。表 6-2 是用 Excel 的线性规划方法求解所得到的运输计划。

表 6-2　运输计划

工厂	零售商			总计
	A	B	C	
甲	400	0	0	400
乙	200	200	300	700
丙	0	300	0	300
总计	600	500	300	

根据计算结果，甲只向 A 供货 400，乙向 A、B、C 分别供货 200、200 和 300，丙只向 B 供货 300。

资料来源：作者根据相关资料编写。

除了采用如示例 6-2 的线性规划方法解决多出发地和多目的地的运输问题，下面的方法也可以选择使用：

- 表上作业法，即根据运筹学原理，采用线性规划方法，根据商品从生产地到销售地之间的单位运价，运用表格进行作业，选择商品运行路线，确定运费最少的运输方案的方法。
- 综合比算法，即对可能运用的运输工具、方式及运转环节进行分析、综合比较，从中选出最优的运输方案的方法。
- 距离差比较法，即对从产地到销地的运输距离进行比较，制定使商品运输总里程最短的运输方案的方法。
- 五比法，即通过比里程、比环节、比时间、比费用、比安全等方面，确定运输方案的方法。

三、选择运输方式

企业要根据商品对运输时间和运输条件的要求，选择适当的运输方式和运输工具，使商品能用最少的时间、走最短的路线、花最少的费用，被安全地运往仓库、中间商、消费者或用户手中。常用的运输方式包括铁路、公路、水路、航空和管道运输。表 6-3 显示了各种运输方式的运营特点。

表 6-3　各种运输方式的运营特点

运营特点	铁路	公路	水路	航空	管道
速度	一般	良	稍差	优	差
可得性	良	优	稍差	一般	差
可靠性	一般	良	稍差	差	优
运输能力	良	一般	优	稍差	差
使用频率	稍差	良	差	一般	优
成本费用	良	稍差	优	差	良

(一)常用的运输方式

1. 铁路运输

铁路运输方式的优点：一是运量大，每辆货车的平均载重量达2 000多吨；二是连续性强，不受气候和季节的影响，日夜不停；三是运输成本低。铁路运输适合运输运距长、批量大、单位价值较低的笨重货物，如煤、矿石、砂、农产品和木材等。但是，铁路运输时间较长，商品费用率比较复杂，比如满载起运的收费很低，但零担起运的收费却较高。

2. 公路运输

公路运输比较适合短途运输，具有机动、灵活、适应性强、受自然条件影响不大等特点。与其他运输方式相比，公路运输的技术性较低，汽车的驾驶和维修人员的培训也比较容易。公路运输可与铁路和水路运输相配合，实现"门到门"的直达运输。与铁路运输相比，公路运输费用较高。

公路运输的主要优点决定了它适合中、小批量商品的近距离运输。一般来讲，批量较大并需要长途运输的商品，铁路运输要比公路运输费用低；而批量较小，只需短途运输的商品，公路运输要比铁路运输费用低。

3. 水路运输

水路运输包括内河运输和海运，它是以天然河流及广阔的海域为水道的一种运输方式，突出特点是成本低和载运量大。船舶的载重量随科学技术的进步而不断增大，特别是海运，万吨至10万吨以上的货轮已十分普遍。不过，水路运输在很大程度上受自然条件的限制，比如河流的宽度、长度、通航季节、自然流向等都不能人为地选择或任意改变。另外，水路运输很慢，受气候条件的影响很大。水路运输适合运送一些笨重的超大型货物，如煤、石油和金属矿石等体积大、价值低、不易腐坏的产品。

4. 航空运输

航空运输的优点是速度快，不受地形的限制，能够深入其他运输方式所难以抵达的地区，但有运输能力弱、燃料消耗大、运费高的缺点。一般只适合运送急需且价值高的产品(如珠宝)、易腐产品(如鲜花)或精密产品(如高技术仪器设备)。

5. 管道运输

管道运输主要适用于液体货物和气体货物的运输，如石油、天然气、煤气等。它的优点是基建投资和运输成本较低，运送途中损耗小。另外，输油管道可以埋在冻土层以下，不受气候限制，不占用地面空间，对环境和生态也没有太大的影响。管道运输的不足之处是运输量的变化范围小，输送品种单一，而且只能向一个方向输送，输送的地区覆盖面较小。此外，还需要水、电的配合，只有在水、电都具备的情况下才能运输。

(二)选择运输方式应考虑的因素

上面介绍的运输方式各有优点和缺点，因此企业应该结合自己的商品性能、运输速度和路程、运输能力和密度、运输费用、市场需求的缓急程度等因素的基础上选择运输方式。

1. 商品性能

商品性能是影响企业选择运输方式的重要因素。一般来讲,粮食、煤炭等大宗货物,适合选择水路和铁路运输;鲜花、电子产品、宝石以及季节性很强的商品,适合选择航空运输;石油、天然气等特殊商品,适合选择管道运输。

2. 运输速度和路程

运输速度的快慢、运输路程的远近,既决定了货物运送时间的长短,也决定了在途商品资金占用的大小。因此,运输时间和路程的长短对能否及时满足销售需要、减少资金占用具有重要影响。通常运输距离长、速度上要求不高的商品,适合选择海路或铁路运输;运输距离长、速度上要求高的商品,适合选择航空运输;而运输距离短的商品,适合选择公路或内河运输。

3. 运输能力和密度

运输能力一般以能够应付某一时期的最大业务量为标准。运输能力的大小对企业的物流组织与管理影响比较大。特别是一些季节性商品,在旺季时销售量很大,运输会达到高峰状态。如果运输能力不足,不能合理、高效率地安排运输,不能按时运往销售地销售,则一方面会造成商品积压,另一方面还会使企业错失销售良机。

运输密度是指各种运输工具的班次(如车、船、飞机的班次)以及各班次的间隔时间。运输密度对于商品能否按需要的时间运送到顾客手中,及时满足顾客需要非常重要。因此,企业在选择运输方式时,必须了解和规划各种运输方式的运输密度,尽量缩短商品的待运时间,加快货物运输的速度。

4. 运输费用

进行商品运输,必然会支出一定的运输费用。企业进行运输决策时,要根据其经济实力以及各种运输方式所需的运输费用来选择运输方式。

5. 市场需求的缓急程度

市场需求的缓急程度也会影响企业对运输方式的选择。市场急需的商品,需要选择速度较快的运输方式,如航空运输或汽车直达运输;反之,则可选择成本较低、速度较慢的运输方式,如铁路运输或水路运输。

四、监控运输过程

除选择合理的运输方式和运输工具外,商品运输中还有一个重要的内容,就是对运输过程进行监控,以确保商品运输能够顺利进行,降低运输风险,避免运输过程中可能发生的各种各样的损失。

(一) 运输过程监控的任务

安全、迅速、及时、准确和运费低,是运输过程监控的基本任务。

安全是指在运输过程中要保证商品和运输工具不受损伤,并把运输中不可避免的商品损耗降到最低限度,保质保量地完成商品运输任务。

迅速、及时对企业的营销活动具有重要影响。第一,提高企业的市场竞争能力。商品销售具有一定的时间性,如果能够很好地把握市场时机,使商品迅速到达市场,就可以抢先占领市场,获得市场先机。第二,加速资金周转。商品及时运送、及时销售,便可迅速收回资金,加速资金周转,提高资金的使用效率。另外,由于及时满足市场需求,又可省去由于商品储存而需要支付的储存费用。第三,减少商品损失。有些商品,容易腐烂变质,如果不能及时运送,就会因商品变质而造成经济损失。如鲜花、水果、蔬菜、水产品等,其销售价格的高低与商品的新鲜程度有很大的关系。

准确就是在商品运输过程中,避免错发、少发、漏发等种种差错事故的发生。

运费低就是以最低的运输费用完成商品运输任务。运输费用的高低会影响到商品的销售成本、商品价格和市场竞争力,最终影响到企业的整体经济效益和经营总目标的实现。

(二)运输合同

运输合同是托运人和承运人根据自愿原则签订的具有法律约束力的文件,规定了双方当事人的权利、义务、责任和豁免,明确了双方当事人的各种经济与法律关系。任何一方违反合同规定,都要承担相应的法律责任。在签订运输合同时,托运人应以与收货人签订的贸易合同为依据,使运输合同与贸易合同相衔接,确保贸易合同能够顺利履行。

根据运输方式的不同,运输合同也有多种分类,比如公路运输合同、铁路运输合同、航空运输合同、海上运输合同等。不管采用何种运输方式,也不管运输合同的形式有何不同,运输合同中的合同条款,都要求完整、明确、合理和切实可行。

一般而言,运输合同以运单或提单的形式出现。运单或提单是由承运人或其代理人出具的书面单据,具有如下性质和作用:

- 是托运人与承运人之间订立的运输合同;
- 是收货人或其代理人接收货物的证明;
- 可作为运费账单和发票使用;
- 在国际贸易中,是报关单据;
- 可用作保险证书(当承运人承办保险或发货人要求承运人代办保险时);
- 是承运人内部业务的依据,也是收货人核收货物的依据。

运单或提单的内容主要包括:收货人的名称和地址,发货人的名称和地址,发货地名称,目的地名称,保险金额,货物件数,货物重量,计费重量,运费总额,货物品名及数量,货物的唛头标记、号码和包装种类等。

(三)运输保险

运输保险是承运人采取的一项运输风险预防措施。商品在运输过程中,可能会因为意外事故或自然灾害而遭受损失。为了转嫁运输风险或减少运输风险所造成的损失,承运人需要对商品进行投保。这样,一旦出现意外风险造成商品损失,承运人便能够从保险公司获取一定的经济补偿。

运输保险实务的操作过程如下:

第一,了解各种货物运输保险的种类、险别和各种险别的责任范围。

第二,投保,这相当于投保人与保险公司签订保险合同。企业在投保时要注意选择投保方式、投保条件和险别。

第三,保险索赔。当投保商品遭受承保责任范围内的风险损失时,企业向保险人提出索赔要求。

第三节　商品储存与养护

商品储存是指商品在流动过程中出现的"停滞"。它不但能够在很大程度上化解商品运输过程中的矛盾,也能够通过调解供求之间在时间上的矛盾,创造出商品的时间效用。但是,如果商品库存过大,则会引起资金占压和商品贬值,使物流成本加大、企业效益下降。

一、商品储存的形成

从商品实体的运动来看,商品在离开生产线以后,就要进入消费领域。从这时起,商品在到达消费者手中之前,除实体移动之外,往往会在流通领域停留一段时间,这就形成了商品储存。商品储存一般发生在仓库和运输中转环节。

商品储存形成的原因有很多,主要有如下几个:

第一,商品生产与商品消费在时间上存在的差异。许多商品在生产与消费上有季节性。有些商品季节生产,常年消费,如农产品;有些商品常年生产,季节消费,如衬衣。即使那些常年生产常年消费的产品,在生产与消费的时间上也多多少少存在一定的差异。这种差异客观上要求商品储存来调节。因此,商品储存在商品的供需之间起着"调节器"的作用。

第二,商品生产与商品消费在空间上存在的距离。商品一般是一地生产多地消费,这就存在生产地点与消费地点的不一致,需要进行商品的集中和分散。集中和分散需要时间,由此形成商品储存。另外,在商品运输过程中由于运输条件的限制,如需要中转、海路转铁路、铁路转公路,也会形成一定的商品储存。

第三,防止商品脱销的需要。由于市场经常变化,因此供求总是在不断地波动,经常会出现供需脱节现象,导致某些商品的压库或脱销。所以,在商品供过于求时,可以收购并储存一些商品,以备未来市场急需,调节供求,保持市场稳定。在商品供不应求时,可以把储存的商品投放市场,满足市场需要,稳定市场价格。

第四,某些商品生产工艺的需要。有些商品在生产过程中需要一定的储存环节来提高和改进其品质。比如,酒类产品需要储存一定的时间,才能达到一定的成色品质标准,而且储存的时间越长,成色越好,品质越高,价格也会相应提高。

第五,流通加工的需要。商品在进入最终销售环节之前,需要进行验收、登记、挑选、整理、编配等,这些活动能够创造商品的形式效用。停留在这段时间内的商品,也会形成储存。

从总体上看,商品储存既能够减少资源消耗和浪费,提高生产效率和节约运力,也能够增加商品的时间效用和形式效用,更好地满足消费者需求。但是,不当的商品储存,会增加物流费用,再传递到商品成本上,使价格上涨。

二、商品储存管理的内容

商品储存会占压资金和增加储存费用。为了减少储存费用,企业必须对商品储存进行科学管理,使商品储存在数量、品种结构、地理分布和时间等方面适应市场需求。储存管理的内容主要有三个方面:仓库选择、商品储存定额管理及库存管理。

(一)仓库选择

仓库是商品储存的基础设施。对于储存时间稍长的商品,都必须放进仓库保管,以防止露天存放所带来的自然损失以及可能发生的被盗损失。仓库选择有以下几个方面的决策:确定仓库类型,确定仓库规模,确定仓库位置。

1. 确定仓库类型

仓库类型可以根据不同的标准进行划分,主要按照所有权划分,分为自有仓库、公共仓库和合同仓库三类(朱道立等,2001)。

自有仓库是指企业自己拥有所有权的仓库。使用自有仓库储存商品,具有很多优点,比如可以根据企业的需要,构建特有设施;可以通过综合处理收货、保管、出货等业务,为顾客提供更周到的服务。但是,自有仓库既需要一定数额的资金建设,也需要专业人员进行仓库管理。

公共仓库是指企业不拥有所有权但可以使用的仓库。公共仓库专门向客户提供相对标准的仓库服务,例如储存、搬运和运输等,因而又被称为"第三方仓库"。使用公共仓库储存商品具有的优点是:第一,企业不需要筹集建立仓库所需的资金,能够减少资金占用;第二,不储存时,不需要支付各种费用;第三,有专业人员负责对出入库的商品进行管理,保证商品在库的安全;第四,可以根据市场的变化及商品特点选择合适的仓库,比较灵活。但是,公共仓库也有商品储存费用较高、功能单一,以及不能根据自己的需要构建设施的缺点。

合同仓库是指在一定的时期内,按照一定的合同约束,公共仓库向企业提供的仓储设备、空间和服务。合同仓库是从公共仓库中延伸出来的一个分支,其基于一种长期互惠协议,排他性地向客户提供定制存储和运输服务。合同仓库将自有仓库和公共仓库两方面的优势相结合,尽管仓库设施仍然需要一定限度的固定资产来维持,但由于双方存在长期的合同关系和共担风险的责任,使得使用合同仓库的成本低于租赁公共仓库的成本。与此同时,合同仓库的经营能够加强双方的沟通和协调,提供较大的灵活性,实现仓库信息资源的共享。

一些新型的、能够提高仓库利用效率的仓库类型纷纷问世。有采用升降机存取货物,并配备计算机进行自动化管理的高空间、多层架构的立体仓库;有进行商品分类、加工、包装、配销和送货等活动,为零售商店提供方便进行配送服务的中心式仓库;有既能做仓库又能做商店的仓储式商店。

企业在对仓库类型进行选择时,需要综合考虑自己的经济实力、营销战略和目标市场,进行分析、比较之后,挑选出适合自己的仓库类型。在实际的操作过程中,很多企业同时拥有自有仓库和租用公共仓库。自有仓库可以用来保持市场所必需的最基本的库存水平,公共仓库则可以用来满足储存高峰期间的产品需求。

2. 确定仓库规模

仓库规模是指仓库能够容纳的货物的最大数量或总体积(总面积)。仓库规模的大小主要受商品储存量和商品储存时间或商品周转速度的影响。一般来说,商品储存量越大,仓库的规模就越大;商品储存量越小,仓库的规模也越小。在商品储存量一定的条件下,商品周转速度越慢,所需仓库规模就越大;反之,所需仓库规模就越小。

3. 确定仓库位置

仓库位置的确定关系到企业的服务水平、服务质量,是影响企业产品物流速度和费用的一个重要因素。确定仓库位置,首先要考虑商品运输任务的需要。有三种方法可供选择:一是根据运量确定仓库位置,二是根据运距确定仓库位置,三是根据运费确定仓库位置。

根据运量确定仓库位置,目的是使某地的仓库尽可能接近运量较大的市场,从而使较大的商品运量走相对较短的路程。这种方法实际上就是求出某地区商品运量的重心所在位置,将仓库设在重心所在位置的附近,故也称"重心法"。计算公式为:

$$X = \frac{\sum_{i=1}^{n} X_i T_i}{\sum_{i=1}^{n} T_i}; \quad Y = \frac{\sum_{i=1}^{n} Y_i T_i}{\sum_{i=1}^{n} T_i}$$

式中,n 为运输点数目;X_i、Y_i 为第 i 点的位置坐标;T_i 为第 i 点的运输量;X、Y 为求出的仓库设置地点坐标。

根据运距确定仓库位置,目的是使某地的仓库到各运输目的地和运输起始点的总距离最短,又称"最小运距法"。计算公式为:

$$X = \frac{\sum_{i=1}^{n} X_i}{n}; \quad Y = \frac{\sum_{i=1}^{n} Y_i}{n}$$

式中,n 为运输点数目;X_i、Y_i 为第 i 点的位置坐标;X、Y 为求出的仓库设置地点坐标。

根据运费确定仓库位置,将商品运输量、运距、单位商品运价综合起来考虑,目的是使总的运输费用最小。计算公式为:

$$X = \frac{\sum_{i=1}^{n} C_i X_i T_i / d_i}{\sum_{i=1}^{n} C_i T_i / d_i}; \quad Y = \frac{\sum_{i=1}^{n} C_i Y_i T_i / d_i}{\sum_{i=1}^{n} C_i T_i / d_i}$$

式中，n 为运输点数目；C_i 为仓库到各点的单位商品运价；d_i 为仓库到第 i 点的距离；X_i、Y_i 为第 i 点的位置坐标；T_i 为第 i 点的运输量；$X、Y$ 为求出的仓库设置地点坐标。在计算中，需先设置仓库的初始位置，在此基础上不断反复计算，直到仓库位置最佳。

除需要考虑商品运输量、运距、单位商品运价等因素以外，在确定仓库位置时，还需要考虑：客户条件，即客户的地理分布、客户的需求变化及未来发展趋势，如果客户比较集中分布于其周围地区，则在那里设置仓库就能够达到理想的效果；用地条件，即能否以合理的价格得到设置仓库所需要的土地；运输条件，即各种运输方式、运输工具的适用状况，以及装运和卸载服务的成本大小；自然地理条件，即水文、地质、气候等自然条件是否适合设置仓库；法律条件，即在某地设置仓库是否符合法律的规定。

（二）商品储存定额管理

在商品储存过程中，储存量过少，就会导致市场商品脱销，不能及时满足顾客的需求；储存量过多，又会造成库存商品积压，影响企业资金周转，增加流通费用。商品储存定额就是为了解决这一问题，根据商品供应能力、运输条件和市场需求而制定的商品储存数量或者时间标准。商品储存定额主要有以下指标：

- 最高储存定额，是指商品储存数量允许达到的最高水平。确定这个定额的主要目的是防止仓库储存量过大。
- 最低储存定额，是指商品储存数量允许达到的最低水平。确定这个定额主要是考虑到商品销售具有连续性，而供货具有间断性，为了防止在组织商品进货的过程中出现脱销，必须有最低储存定额的商品数量。
- 保险储存定额，是指为了防止由于商品需求非正常变动造成商品脱销，保证市场不间断销售而建立的商品储存定额。商品需求的非正常变动主要包括由自然灾害，如旱涝灾害造成的对某种商品需求的突然增加；社会灾害，如政治或社会性突发事件对商品需求带来的影响而引起的需求增加等。
- 平均储存定额，是指平均库存量，用下面的公式计算：

$$平均储存定额 = (经常储存量 \div 2) + 保险储存量$$

- 周转储存定额，是指为了满足日常销售或生产需要的商品储存量，也称"经常储存定额"。
- 进货批量定额，是指每次订购的商品数量。
- 进货间隔期定额，是指两次订货之间的商品储存定额，用下面的公式计算：

$$进货间隔期定额 = 每批货物的销售周期 \times 日均销量$$

- 订货周期，是指在商品周转储存定额未用完之前，提前实施订货行为的时间。因为订单发出后，对方供货需要一段时间，为了保证平均储存定额，需要分析顾客需求的连续性、日均销售量以及从发出订单到收到货物所需要的时间，以确定订货周期。

运用这些商品储存定额对企业的商品库存进行管理，能够在很大程度上避免商品储存严重过量或严重不足，从而降低企业商品积压或商品脱销的概率。

（三）库存管理

库存管理的主要内容,包括库存控制、日常库存管理和库存分析三个方面。

库存控制最基本的方法是定期库存控制和定量库存控制。定期库存控制需要根据企业的实际情况,先规定一个进货的间隔期,然后按照规定的期限检查库存量,组织进货。定量库存控制则以进货批量定额和订货点为基础,对库存量进行连续盘查,加以控制。

日常库存管理的内容主要包括:(1)制订储存计划;(2)商品出入库管理;(3)商品养护及保管业务;(4)库存商品信息管理。

库存分析的目的是评估库存管理工作的成绩和不足,总结经验教训,发现问题,寻找原因,找到解决问题的方法,提高库存管理水平。库存分析主要包括以下几个方面:(1)商品储存量分析;(2)商品储存结构分析;(3)库存周转情况分析;(4)库存对销售的保证程度分析。

三、经济订货批量的确定

商品储存占用仓库面积,增加储存费用,同时也占压商品资金。如何降低储存费用,是商品储存中的一个难题。企业可以通过科学的进货管理、库存管理,制定一个经济合理的商品采购批量,来降低商品储存费用。

（一）商品储存费用

商品储存费用是企业自建仓库或租用仓库因商品的储存而支付的费用。这种费用主要包括:仓储费用、资金成本、商品损失、保险费与税金。

1. 仓储费用

无论是自建仓库或租用仓库都需要支付仓储费用。如果是租用仓库,则需要向专业的仓储企业支付"商品储存费",即"仓库租金"或者"保管费"。企业自建仓库,仓储费用就是发生的业务支出及业务备租费,具体包括以下内容:(1)工资;(2)燃料、润滑剂等费用;(3)水电费;(4)修理费;(5)大修理提存费;(6)低值易耗品消耗;(7)企业管理费(包括折旧和由管理活动引起的各类开支);(8)其他直接费用等。

2. 资金成本

商品储存需要占用资金,必然带来资金成本(即占压资金支付的利息)。

3. 商品损失

储存中的商品经常面临一些损失风险,如自然损耗(包括风、火、水、地震等及商品的变质、霉烂、破损和有生命商品的死亡)和责任事故(包括有关人员的贪污、盗窃和破坏)造成的损失。这些损失也是商品储存的成本。

4. 保险费与税金

保险费是企业支付给保险公司的各种费用。包括三个方面:一是为库存商品向保险公司投保而支付的保险费,二是为仓库的固定资产和流动资产向保险公司投保而支付的保险费;三是为非生产性固定资产和流动资产向保险公司投保而支付的保险费等。税金是指按照国家有关规定向税务部门缴纳的各种款项金额。

一般来说,储存费用与商品采购量、商品储存时间成正比,即商品采购量越大、储存时间越长,储存费用就越高。商品的储存费用可以用下面的公式计算:

$$F = (K + Q/2)pi$$

式中,F 为商品储存费用,K 为保险储存量,Q 为一次订货的批量,p 为单位商品进价,i 为平均年储存费用率(元/单位库存价值)。

(二)订货成本

订购和组织进货需要花费一定的费用,如订货手续费,谈判与签约活动费,以及履行收货、验收、入库及货款发付手续等所需要的费用。这些费用称为订货成本。在一定的时期内(通常为一年),订货成本与商品订货批量成反比,与订货次数成正比,即一次订货批量越大,订货成本越低;订货次数越多,订货成本越高。订购成本可以用下面的公式计算:

$$C = AD/Q$$

式中,C 为订货成本,A 为一次订货的费用,D 为一定时期商品销售总量,Q 为一次订货的批量。

(三)经济订货批量

经济订货批量(economical order quantity, EOQ)是指在满足市场需求、保证市场充足供应的条件下,使储存费用最低的每次订购数量。它通过综合考虑订货成本和储存费用来确定。

企业在订货时,为了减少订货费用就要增加每次的订货批量,但是储存大量货物又要增加储存费用;为了减少储存费用就要减少每次的订货批量,而这样做又会增加订货次数,增加订货成本。因此,在决定订货批量时,必须对订货成本和储存费用进行综合的分析比较。

订货成本与储存费用都随着订货批量的大小而发生变化。订货成本随着订货批量的增加而降低,储存费用随着订货批量的增加而增加。如图6-5所示,这两条曲线垂直相加,即得到总成本曲线。从总成本曲线的最低点做垂直于横轴的直线,与横轴的相交点就是经济订货批量,或经济订货量。

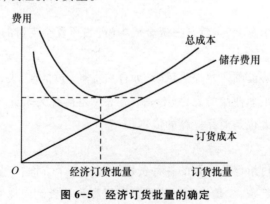

图6-5 经济订货批量的确定

经济订货批量可以用公式计算出来。因为一定时期总的储存成本 T 为储存费用 F 与订货成本 C 之和，所以有：

$$T = (K + Q/2)pi + AD/Q$$

因为 K 为常数，所以求极值得经济订货批量 EOQ 为：

$$EOQ = \sqrt{\frac{2AD}{pi}}$$

示例 6-4 是一个求解经济订货批量的例子。

示例 6-4　DK 公司的经济订货批量

DK 公司每年销售 3 600 只特种式样的时钟，时钟的进价为每只 50 元，订货费用每次为 100 元，平均储存费用率为 20%。问：经济订货批量应是多少？

已知：$p = 50, i = 20\%, A = 100, D = 3\ 600$。

代入公式，得

$$EOQ = \sqrt{\frac{2AD}{pi}} = \sqrt{\frac{2 \times 100 \times 3\ 600}{50 \times 0.20}} \approx 268(只)$$

因此，经济订货批量为 268 只。

相应地有：平均库存水平为 134 只，进货次数约为每年 13 次，进货间隔天数为 28 天。

按照经济订货批量安排企业的进货与库存，确定商品的库存水平、进货次数等，能够保证企业以较低的成本满足消费需求。在实际工作中，因为总成本曲线在经济订货批量附近走势平缓，订货批量的变化只能引起总成本的微小变化，所以企业在确定经济订货批量时，一般是选取一个近似值。比如，示例 6-5 中的 268 只可以改为 270 只。

四、商品养护

商品养护是对在库商品进行的经常性保养和维护工作，目的是保证商品在储存期间质量完好，使用价值不受损害。商品养护包括养护技术和养护管理措施两个方面。

养护技术的重点是考虑影响商品质量的各种因素，掌握商品质量的变化规律，研究适用于各种商品的科学养护方法。养护管理的重点是在工作制度上保证养护技术措施的贯彻执行。

商品储存期间，质量会发生一些变化。导致商品质量变化的有内外部两种因素。内部因素源于商品本身的自然属性——随着时间的推移，商品会发生一些质量变化；外部因素源于自然条件——自然条件会使商品在储存期间发生物理或化学变化，或遭受虫、鼠侵害。

商品养护要做好以下几个方面的工作:

第一,严格商品入库验收。商品入库验收是商品养护工作的第一步,只有严格把住商品入库验收关,才能防止有问题的商品进入仓库。

第二,安排适宜的保管场所。商品入库之后,应从商品的养护需要出发,根据入库商品的特点安排保管场所。在安排保管场所时,需要考虑与同库储存的商品在性能上是否互相抵触,消防、养护措施是否一致,是否会挥发化学性气体及感染其他商品,商品和包装的含水量是否会对同库储存的商品产生影响等。若不相适应,要及时调整。

第三,科学堆码。为保证商品质量,必须根据商品性能、包装、仓储设施条件及季节气候等,进行科学、合理的堆码。

第四,及时调整库房温湿度。商品储存是否安全,与仓库温度和湿度关系十分密切。仓库温度和湿度管理,是商品养护管理中的一项基础性工作,也是确保储存商品安全的关键。

第五,做好在库商品的质量检查。对在库商品定期或不定期地进行质量检查,对维护商品质量起着重要作用。质量检查的方式主要有:通过盘点、对账进行定期检查;通过发货业务在拆垛开箱的同时进行经常性检查;在梅雨、汛期、台风、暴雨、大雪等自然环境发生变化前后进行临时性检查。

第六,保持仓库干净卫生。垃圾、纸屑、杂草、灰尘等藏污纳垢的处所是菌类微生物和害虫滋生繁殖的温床,如不及时清除,则会导致商品霉烂变质、虫蛀鼠咬。为了防止商品霉烂变质、虫蛀鼠咬,仓库应该经常进行清洁工作。除每日清洁外,还要定期进行大扫除,以确保储存商品的安全。

第四节 配送中心

配送是物流的环节之一。有人曾将配送和其他物流活动做了这样一个区别:企业的物流活动可以划分为多个交接点的连接活动,从最后一个交接点到销售地点的连接活动就是配送,其他连接活动则称为一般的运输活动。配送中心是专门从事配送工作的组织或场所,其主要任务是从供应者那里接受种类繁多的大量货物,然后对货物集中进行保管、分类、加工和信息处理,按照订货者的要求进行货物搭配,迅速、准确、经济地将货物运送到目的地。

一、配送中心的类型

配送中心有很多不同的分类方法。比如,按照配送中心的组织方式或隶属关系来划分,可以分为自营配送中心、代理配送中心和共同配送中心三种形式。自营配送中心是指企业自行经营配送业务,为下属单位提供配送服务的组织形式;代理配送中心是指企业的配送业务交由供应商或第三方的配送中心实施的组织方式;共同配送中心是指企业与多家有定期运货需求的企业合作,共同将配送业务交由某个物流商,由物流商从事商品配送活动的组织形式。

再如,按照经营权限来划分,可以分为物流形式的配送中心、授权形式的配送中心和配销形式的配送中心三种。物流形式的配送中心,需要根据企业总部的指示进行物流作业,一般没有商品采购和商品配送的决策权;授权形式的配送中心,拥有商品采购权及定价权,但是没有商品组合、批发销售以及业务监管的权力;配销形式的配送中心,独立从事商品采购和商品配送作业,可以向用户直接批发销售商品。

用得最多的分类方法,是按照配送中心承担的商品分配职能来划分,可以分为转运中心、发货中心和加工中心三种形式。以下是以连锁零售企业为例,对三种配送中心形式的一个说明。

第一种是转运中心。各分店向总部商品部订货;总部商品部向供应商订货;供应商依据总部商品部的订货单,将商品依分店名称分装,然后将其送到转运中心;转运中心验收后按店分货、集货;集货量达到标准配送量后,将其转运到各个分店。采用转运中心模式的连锁店一般与供应商关系密切,货源充足。图6-6是转运中心的示意图。

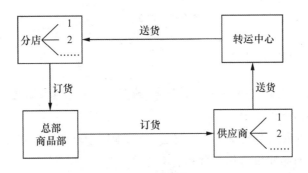

图 6-6　转运中心

第二种是发货中心。总部商品部大量采购商品,并暂时将其储存于发货中心仓库,然后将备货品种及数量告知分店,分店通过电子订货系统向总部商品部订货,总部商品部下达出货指令,发货中心将货物配齐后,送往分店。发货中心兼有储存和配送双重功能,商品一般会在发货中心停留和储存一段时间。发货中心比较适用于周转速度快的生活日用品和加工食品等的配送。图6-7是发货中心的示意图。

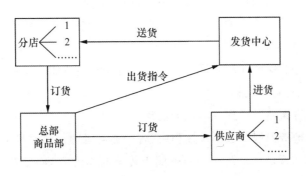

图 6-7　发货中心

第三种是加工中心。加工中心依各店的订货要求,对大批量采购的半成品(多为生鲜食品)进行加工、解冻、分割、包装,而后送至各分店。这种形式较适用于超市生鲜食品的配送。图 6-8 是加工中心的示意图。

实际上,大部分配送中心兼有转运、配货和加工等功能,只是有的转运功能较强,有的配货功能较强,有的加工功能较强罢了。不同的配送中心各有特点,企业根据自己的实际情况,既可以只采用某一种形式,又可以同时采用多种形式。

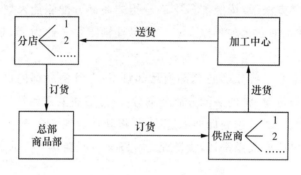

图 6-8 加工中心

二、配送中心的配送业务

配送中心的配送业务主要包括以下各项:进货、分货、保管、流通加工、按订单分拣、检验、包装、发货和信息处理等。

- 进货,是指由供应商把商品送达配送中心,配送中心进行核对货单、检查商品外包装、核查数量、检验商品质量等作业过程。
- 分货,是指对商品按不同的品种、不同的送货方向、不同的顾客等进行分拣。
- 保管,是指在商品储存期间,对其进行养护,保证商品质量、数量不发生变化。
- 流通加工,是指在发货之前将配送的商品按照销售要求进行再加工,包括为商品贴标,如为商品粘贴价格标签、印制条形码等;包装,如将几种商品组合成套作为赠送的礼品装袋,或将大包装、散装的商品按零售商的要求进行重新包装;切割,如对大尺寸商品按不同用途切割成符合要求的尺寸等。
- 按订单分拣,是指根据用户的订货清单,将商品整理配备。
- 检验,是分拣之后开始的作业,是指把分拣出来的商品(经有关人员检查确认无误)放置到暂存区,准备装货上车。
- 包装,是指为了保证商品质量在运输、保管、交易过程中不受损害而使用适当的材料、容器等对商品进行包裹与捆扎的活动。
- 发货,是指将商品发送到目的地的活动。
- 信息处理,是指配送中心运作过程中,各个参与者的信息收集、加工和在各个参与者之间进行的信息传递活动。配送中心不同于传统的物流活动,其中一个重要的区别是配送中心更依赖现代的信息技术收集、加工和传递信息。

三、配送中心的成本控制

商品配送管理的主要内容,是在提高服务水平与配送成本之间寻找平衡点,即在一定的服务水平下使配送成本最低,或在一定的成本下尽可能提高服务水平。因此,在服务水平一定的情况下,配送中心的成本控制就是配送中心商品配送管理的核心。配送中心的成本控制有两项主要内容:一是通过对配送环节的规划与控制,控制成本;二是通过采用不同的配送策略,降低配送成本。二者相辅相成。

(一)配送成本控制

配送成本控制就是通过对配送环节的规划与管理来控制成本,具体内容包括合理地选择配送路线和车辆配载,加强商品配送的计划性。

1. 确定合理的配送路线

配送路线直接影响配送速度和配送成本。科学、合理地选择配送路线,有利于加快配送速度和减少配送时间,从而降低配送成本。确定配送路线,应注意以下几点:(1)最大限度地缩短商品配送的时间;(2)不要超出配送中心配送货物的能力范围;(3)在商品规格、品种、数量及时间上满足各店铺的配货要求。

2. 选择合理的车辆配载

不同的商品体积、重量、包装形态,对运输工具的要求是不同的。因此,在进行配送时,就应注意商品的组合搭配,如对重商品和轻商品进行组合搭配,以便有效地利用车辆的有效体积和载重能力。

3. 加强商品配送的计划性

为了避免由于临时配送、紧急配送或无计划随时配送而提高配送成本,配送中心的经营者需要加强配送的计划性,制定各销售网点的配送申报制度,完善各销售网点的销售点终端(Point of Sales, POS)、EOS 系统,以便配送中心及时掌握各店铺的存货情况,及时、准确、安全和经济地配货。

(二)降低配送成本的策略

配送中心的经营者通过采用不同的配送策略也能够降低配送成本。降低配送成本的常用策略主要有差异化策略、混合策略、合并策略和延迟策略。

1. 差异化策略

当一家企业拥有多种产品线时,应按不同产品所具有的特点、销售水平来设置不同的仓库、不同的运输方式及不同的储存地点,提供不同的配送服务。这就是差异化策略的基本思路。

例如,某企业同时生产 A、B、C 三种产品,其中 A 产品的销售量占企业总销售量的 65%,B 产品的销售量占企业总销售量的 25%,C 产品的销售量占企业总销售量的 10%。原来,企业对三种产品采用相同的配送方式。后来,企业根据三种产品的销售比例对它们的配送方式进行了调整,对于 A 产品,企业在各销售网点都备有库存;对于 B 产品,企业只在地区的销售中心备有库存,而在各销售网点没有库存;对于C产品,企业只在工厂的仓库备有库存,其他地方没有库存。

2. 混合策略

企业的配送业务可以完全外包给第三方物流公司或全部由自己完成。这样做,在配送方面会有一定的规模效益,管理也会比较简单。但是当企业的产品品种多变、规格不一,并且销售变化比较大的时候,采用完全外包或全部由企业自己配送的方式,常常会使配送成本提高。此时,企业采用混合策略,将配送业务一部分外包给第三方,另一部分由自己完成,进行合理安排,就可能降低企业的商品配送成本。

3. 合并策略

合并策略包括配送方法上的合并与共同配送两个层次。

配送方法上的合并是指根据商品包装的要求、储运性能的不同以及商品重量体积的差异,进行搭配装车。这种策略充分利用车辆的容积和载重量,做到满载满装,降低成本。

共同配送是指几家企业联合起来,配送资源共享,共同利用同一配送设施进行配送。共同配送策略有两种情况:第一,中小型生产企业、零售企业之间分工协作的共同配送。如果同一行业或同一地区的中小型生产企业、零售企业能够联合起来进行共同配送,那么就可以避免单独配送所造成的运输量少、效率低的弊端,也可以减少企业的配送费用,同时还有利于提高车辆的利用率。第二,对某一地区的用户,几个中小型配送中心之间的共同配送。如果配送中心的实力、资源有限,无法满足用户的需要,那么就可以集中车辆等资源共同配送,为用户提供令其满意的服务。

4. 延迟策略

延迟策略的基本内容,是对产品的生产及配送尽可能延迟到接到用户订单后进行。大多数情况下,企业的生产、配送都是根据市场预测进行的。预测存在一定的风险。当市场预测量与实际需要量不相符时,就会出现库存过多或过少的情况,提高企业配送成本。延迟策略可以尽量避免风险。

本章提要

物流是指商品实现实体空间位移的全部活动和全部过程。其中,商品运输和商品储存是物流的两项核心活动,其他活动围绕这两项活动展开。

根据商品运输和商品储存的承担者不同,物流有三种类型:第一,直销渠道自营物流,是指在直销渠道中,制造商直接将商品出售给消费者或用户,不通过批发商或零售商等中间环节。此时,商品运输和商品储存主要由生产制造商承担。第二,中间商渠道自营物流,是指在中间商渠道中,生产制造商生产出来的产品要经过中间商销售给消费者或用户。此时,商品运输和商品储存既可以主要由生产制造商承担,也可以主要由中间商承担。第三,第三方物流,是指由不属于交易双方任何一方的物流商承担商品买卖中主要物流任务的物流方式。

物流的内容构成除商品运输和商品储存以外,还有很多与商品运输和商品储存活动相伴的辅助活动,包括商品的包装、保管、装卸和搬运、流通加工,以及物流信息的收集、处理和传送等。

物流涉及的内容有很多,需要企业内许多部门和企业外许多机构的配合才能很好地运行起来。企业的物流系统由企业物流管理部门、中间商、储运公司、金融机构和保险公司等构成。它的核心活动有两个:一个是运输,一个是储存。物流系统的管理过程分为渠道计划、订单处理、存货管理、运输管理、终端售点管理等步骤。

商品运输的组织与管理,是指物流管理部门依据企业的营销计划、贸易合同、销售状况等对物流中的商品运输工作进行计划、组织、协调与控制。内容主要包括确定运输方案,选择运输方式,决定发运的批量、时间和行走的路线。

确定运输方案涉及的主要内容,是制订合理的路线计划。路线计划可以分为三种不同的问题类型:第一,单一出发地和单一目的地;第二,单一出发地和多目的地;第三,多出发地和多目的地。

常用的运输方式有铁路、公路、水路、航空和管道等,每种方式各有其优缺点,因此企业要根据商品对运输时间和运输条件的具体要求,选择适当的运输方式和运输工具,使商品能用最少的时间、走最短的路线、花最少的费用,被安全地运往仓库、中间商、消费者或用户手中。选择运输方式时,企业应考虑下述因素:商品性能、市场需求、运载能力、速度、频率、可靠性和成本等。

运输过程监控的基本任务,是使运输安全、迅速、及时、准确和运费低。运输合同和运输保险是两个主要工具。运输合同是托运人和承运人根据自愿原则签订的具有法律约束力的文件,规定了双方当事人的权利、义务、责任和豁免,明确了双方当事人的各种经济与法律关系。运输保险则是承运人为了转嫁运输风险或减少运输风险所造成的损失而采取的一项运输风险预防措施。

商品储存是指商品在流动过程中出现的"停滞"。它不但能够在很大程度上化解商品运输过程中的矛盾,也能够通过调解供求之间在时间上的矛盾,创造出商品的时间效用。

储存管理的内容主要有三个方面:仓库选择、商品储存定额管理及库存管理。仓库选择需要确定仓库类型、仓库规模和仓库位置。商品储存定额管理是企业为了避免出现商品积压或脱销问题,根据商品供应能力、运输条件和市场需求而制定的商品储存数量或者时间的标准,有最高储存定额、最低储存定额、保险储存定额、平均储存定额、周转储存定额、进货批量定额、进货间隔期定额、订货周期等。库存管理包括库存控制、日常库存管理和库存分析三项主要内容。

经济订货批量是指在满足市场需求、保证市场充足供应的条件下,使储存费用最低的订购数量。确定经济批量最常用的一种方法是经济批量法,即通过综合考虑订货成本和储存费用,确定使总成本最低的订货数量。

商品养护是对在库商品进行的经常性保养和维护工作,目的是保证商品在储存期间质量完好,使用价值不受损害。商品养护包括养护技术和养护管理措施两个方面。养护技术的重点是考虑影响商品质量的各种因素,掌握商品质量的变化规律,研究适用于各种商品的科学养护方法。养护管理的重点是在工作制度上保证养护技术措施的贯彻执行。

企业的物流活动可以划分为多个交接点的连接活动,从最后一个交接点到销售地点的连接活动就是配送。配送中心是专门从事配送工作的组织或场所,其主要任务是从供应者那里接受种类繁多的大量货物,然后对货物集中进行保管、分类、加工和信息处理,按照订货者的要求进行货物搭配,迅速、准确、经济地将货物运送到目的地。

配送中心按组织方式或隶属关系划分,可分为自营配送、代理配送和共同配送三种形式;按承担的商品分配职能划分,可分为转运中心、发货中心和加工中心三种形式。配送中心的配送业务主要有进货、分货、保管、流通加工、按订单分拣、检验、包装、发货和信息处理。商品配送管理的主要任务,是在保证高质量服务水平的同时,最大限度地降低配送成本。配送中心的成本控制有两项主要内容:一是通过对配送环节的规划与管理,控制成本;二是通过采用不同的配送策略,如差异化策略、混合策略、合并策略和延迟策略等,降低配送成本。

参考文献

罗森布罗姆,伯特,2014,《营销渠道:管理的视野(第8版)》,宋华等译,北京:中国人民大学出版社,第311—332页。

朱道立、龚国华、罗齐编著,2001,《物流和供应链管理》,上海:复旦大学出版社,第4、132—135页。

练习与思考

1. 什么是物流?物流的三要素是什么?
2. 为什么说物流是"第三利润源泉"?
3. 找一家物流公司,全面了解其运作过程。
4. 各种运输方式有何特点?如何选择不同的运输方式?
5. 找一份运输合同,看看运输合同中都涉及哪些内容。
6. 举例说明为何会形成商品储存。
7. 商品储存管理主要从哪些方面进行?
8. 按承担的商品分配职能划分,配送中心可以分为哪几种?各有什么特点?
9. 配送中心的主要业务活动是什么?找一家配送中心考察一下。

第七章

渠道领袖与渠道领导方法

▶▶ 知识要求

通过本章的学习,掌握以下要点:
- 渠道领导与渠道领袖的特点和重要性;
- 渠道领袖需要发挥的领导作用;
- 影响一个渠道成员领导地位的因素和影响渠道领导行为的因素;
- 渠道领导的方式及后果;
- 渠道权力的内涵、权力使用的方法及其后果;
- 渠道激励涉及的层面、渠道激励的三个缺口、渠道激励的原则和方法;
- 沟通频率、沟通方向、沟通形式和沟通内容;
- 渠道沟通策略及其与渠道特性的匹配。

➲ 技能要求

通过本章的学习,要求学生能够做到:
- 用自己的语言阐述领导的基本理论;
- 清楚地描述渠道领导与渠道领袖的特点,并能举例说明渠道领导的重要性;
- 了解渠道领袖需要发挥的领导作用,分析影响渠道领袖和渠道领导行为的因素;
- 了解渠道领导的不同方式及其后果;
- 用渠道权力理论分析渠道领导行为;
- 对多种不同的激励理论有一个大致的了解,明确渠道激励的独特性,能用自己的语言描述基于期望理论的渠道激励模型;
- 为渠道领袖设计渠道激励政策和措施;
- 阐述渠道沟通策略及其与渠道特性的匹配。

渠道设计与组织的主要目的,是避免渠道功能在参与者之间的不当分配,减少渠道中的重复劳动,提高渠道运行的效率(Robicheaux and El-Ansary,1976)。然而,再好的设计与组织,如果执行不力,设计与组织的意图也难以实现。由此,我们进入营销渠道管理的另一大领域,即营销渠道行为,涉及的内容为营销渠道管理的另外两大职能:渠道领导与渠道控制。我们先讲渠道领导。

如前所述,在大多数情况下,营销渠道是由性质不同的企业或机构组成的。它们在功能上相互依赖,它们之间最低限度的合作是营销渠道得以产生与存在的前提。因为相互依存又性质不同,所以为了使渠道运转有效力和高效率,它们中间必须有人出面协调。一方面,通过各种激励方式,增进彼此的合作;另一方面,采用各种技巧,解决在合作中出现的摩擦或冲突。这就需要一个起协调和激励作用的渠道领袖。根据渠道治理策略或渠道组织形式的不同(参见本书第四章),渠道领袖会以不同的形式出现。比如,在公司型和特许型的垂直渠道系统中,渠道领袖就是控股公司或特许商。在管理型的垂直渠道系统中,渠道领袖就是渠道中最有影响力的公司,既可以是制造商,如大多数汽车制造商与其经销商之间的关系;也可以是零售商,如大型零售商与其自营品牌制造商之间的关系。而在关系型的垂直渠道系统中,因为双方的互依程度很高,一方在一些方面有较大的话语权,另一方在其他方面有较大的话语权,所以渠道领袖的角色不是很确定,依问题的特性而决定。

以下我们主要讲中间商渠道的渠道领袖和渠道领导行为。当渠道不涉及中间商,比如是直销渠道或企业外设销售机构渠道时,渠道领导等同于企业内部对销售人员或销售部门的领导行为。如果想了解这种渠道的领导方法,请参阅企业管理和销售管理的相关书籍(李先国等,2019;熊银解等,2017)。

第一节 渠道领袖与领导方式

一、领导与领袖

在汉语中,"领导"有两种意思:一是做名词用,指领导人、领导者或领袖;二是做动词用,指领导行为。这里,我们用"领袖"一词专指起领导作用的人或组织,用"领导"一词专指领导的行为过程。

作为一种行为,人们常常认为领导就是指挥、命令别人。这其实是一种误解。现代管理理论认为:领导的本质是一种影响行为,即通过沟通来影响、激励和引导他人执行任务,使人们积极地、心甘情愿地为实现组织或群体的目标而努力工作(罗宾斯、库尔特,2017;芮明杰,2021)。它有三个要点:

第一,只有具有较大的影响力,才是真正的领导者。一个人只占据领导岗位但不具有重要的影响力,并不是真正的领导者。

第二,领导是一个对他人施加影响的过程,具有较高的艺术性。领导者面对复杂、动态和不确定的内外部环境,要处理与各种人的关系,所以很难将其行为标准化。这就要求领导者善于审时度势,灵活处理各种问题。因此,领导行为具有较高的艺术性,很难用好坏、高低来简单评判。

第三,领导是一项目的性很强的行为,其目的就是要使人们心甘情愿地为实现群体的目标而努力工作。领导者的水平和能力在很大程度上决定了这一目的达到的程度。领导行为包括指导、沟通、先行和激励等。

二、渠道领导与渠道领袖

渠道领导是指一个渠道成员为了控制渠道运行的各个方面而影响其他成员之营销政策和行为的活动(Schul et al., 1983; Mehta et al., 2001; Mehta et al., 1996)。渠道领袖则是指在一条渠道中发挥领导作用的企业或组织。

渠道领导活动,需要通过渠道领袖中的渠道经理或渠道管理人员来完成。渠道经理或渠道管理人员常常被称为边界人员(boundary employees 或 boundary spanners),因为他们的工作跨越组织的边界,更多地把时间花在与其他企业员工的沟通与互动上。

在一条渠道中,渠道领导与渠道领袖不会自动出现。虽然在现实生活中,经常有一些渠道成员对其他渠道成员使用权力,影响后者做一些其原本不愿意做的事情,但前者并不一定是渠道领袖,其行为也并不一定就是渠道领导行为。渠道领袖和渠道领导行为的要点在于:通过指导、沟通、先行(包括计划、决策和榜样)、情感培养和激励等领导行为,协调整个渠道的运行过程,增进渠道合作,提高渠道效率,获取渠道竞争优势,使每一个渠道参与者都能够得到应有的利益。

当然,并非每一条渠道都必须要有渠道领袖发挥领导作用才能运行。不过,在没有渠道领袖的渠道中,渠道参与者的联系往往是松散的,很难形成合力,一旦发生矛盾,各方都不愿承担责任,因此很难达到较高的效率和获得持久的竞争优势。

(一) 渠道领导的作用

渠道领袖不仅仅是某一家企业以某种功能(如供货或销货)把其他企业简单地聚在一起。它要发挥领导作用,使渠道参与者之间产生凝聚力,为共同的繁荣而努力,创造出单个企业独自很难获得的竞争优势。当然,这是很难办到的。正因为难,所以如果一旦由于渠道的凝聚力而获得了竞争优势,那么这一竞争优势就是其他企业难以模仿的,因而是可持续的。正是在这种意义上,营销渠道被称为"超级组织"(El-Ansary and Stern, 1972)。

与其他管理相同,渠道领袖也要发挥指导、沟通、先行和激励等领导作用。

1. 渠道指导

渠道领袖在对渠道目标进行了设计,并选择了适当的成员组成"超级组织"以后,就要通过指导行为,把有关的政策和决策传递给其他成员。与组织内管理不同,渠道指导较少地采用命令的方式,较多地采用洽谈、信息沟通、请求和说服等方式。当然,必要的时候,在条件允许的前提下(比如在渠道领袖的权力很大时),命令可能是一种更有效率的方式,因为命令直截了当,不含含糊糊。

渠道指导要清晰、完整、可执行。渠道指导工作并不是在发出命令或经过沟通、确认以后就完成了,渠道领袖还必须为渠道成员实施有关的政策和决策创造条件,并进行后续跟踪检查,以保证计划得到执行。这就要求渠道领袖下达的命令或指导性意见应该清楚明确,不容易引起误解;完整可行,不要忘记重要的内容,也不要难以执行。难以执行的命令或指导性意见可能造成严重的后果,比如使渠道成员因为无法完成任务而情绪低落,甚至对渠道领袖不满,产生离开的倾向。

2. 渠道沟通

渠道领袖只有通过向其他渠道成员传达感受、意见和决定才能对其施加影响,才能实施领导行为;其他渠道成员也只有通过沟通才能使渠道领袖正确评估自己的领导活动,并使渠道领袖关注其他渠道成员的感受与存在的问题。因此,渠道沟通以及营造一个可沟通的渠道氛围,是渠道领袖要发挥的第二个领导作用。

如上所述,渠道领袖的指导行为,较多地通过沟通来实现,但渠道沟通的作用还不局限于此。它还有利于渠道成员之间互通信息,及时发现和解决渠道运行中出现的问题;有利于渠道成员联络感情,增强渠道的凝聚力,鼓舞士气,提高整个渠道的竞争力。

3. 渠道先行

渠道领袖要站在其他渠道成员之前,鼓舞并引导这个群体追随自己,齐心协力去实现渠道目标。鼓舞并引导群体,自己得先行。

渠道先行包含三方面的内容:第一,渠道设计与组织,即渠道领袖要设计渠道目标、渠道结构和选择渠道成员,这涉及本书前面讲到的内容。第二,风险承担,渠道领袖一般要比其他渠道成员承担更大的风险和责任。第三,榜样,渠道领袖一般在利益分配上要发扬先人后己的风格,而在危难之时则要能够镇定从容地指挥应对。

4. 渠道激励

渠道激励是指渠道领袖对其他渠道成员激发鼓励,调动其热情和积极性的行为。从心理学的角度看,激励是通过外部的某种刺激激发人的内在动机,形成动力,从而增强或减弱人做某件事的意志。因此,激励的核心问题是动机能否被激发出来。通常,激励的程度越高,人们的动机被激发得就越强烈,为实现目标而进行工作也就越努力。

渠道激励最常用的手段是鼓动、支持与奖励。当然,适当使用惩罚也是必要的。前者是正向的激励,后者是负向的激励。

(二) 谁是渠道领袖

如上所述,渠道领袖是指在一条营销渠道中发挥领导作用的企业或组织。那么,谁能够或者应该成为渠道领袖呢?

一般而言,渠道领袖由对渠道效率影响较大、在市场上竞争力较强,因此渠道权力较大的企业或组织充当。不过,规模与实力并不是唯一的决定因素,下面的因素也在一定程度上影响着一个企业或组织在渠道中的领导地位:

- 品牌的归属及其影响力。知名品牌的拥有者一般多充当渠道领袖的角色。一家不大的公司,如果拥有较强的品牌,也能够在一定的范围内担当领袖的角色。知名品牌的拥有者不一定是制造商,还有可能是自营品牌的零售商或品牌商。

- 企业在渠道中的角色。有些市场分散、销售潜力较大的品牌商品,比如可口可乐、农夫山泉、娃哈哈等软饮料以及各种品牌的家用电器,需要较大的广告投入。生产制造商必须承担起广告宣传的责任,因此也很容易成为自己产品的渠道领袖。
- 渠道的长度、宽度和企业的渠道影响力。渠道的长度、宽度意味着渠道领袖的"下属"数量。一般而言,渠道越长、越宽,渠道领袖对其他成员的影响力越小。在渠道较短、较窄时,渠道领袖能够有效地控制其他成员,及时发现与阻止可能的投机行为,因而具有较大的渠道影响力。通过连锁经营、特许经营,一家企业可能在加宽和加长渠道的同时,保持其影响力。
- 渠道成员之间的契约或协议。如果渠道成员之间存在某种默契,自愿服从某个中间商或者生产厂商的管理,或签订过有某种权力与责任的协议,那么其他企业即使经济实力更强,也难以成为渠道领袖。
- 产品性质。当一种产品需要较高的研发费用(如汽车、专利药品、通信设备等)时,营销渠道大多由承担研发费用的制造商控制。
- 市场性质。如果市场需求难以估计,市场很不确定,制造商往往因为缺乏市场推销的经验而难以承担渠道领袖的责任。此时,则需要由批发商或零售商来担任渠道领袖。在市场不景气时期,经常会出现这种情况。

长期以来,在中国的营销渠道中,渠道领袖主要由大的制造商来担任。示例7-1是关于贵州茅台作为渠道领袖的一则报道。在这个示例中,贵州茅台拥有较大的权力,承担着维护渠道秩序的责任。

示例 7-1　作为渠道领袖的贵州茅台

2017年4月25日,对于贵州茅台的股东们来说是幸福的一天,公司股价首次超过每股400元,报收于418.89元/股。而这一天对于经销商们来说却是"难过"的一天,贵州茅台一天内下发了两道处罚文件,对贵州省内16家经销商以及全国范围内的66家经销商下发了处罚决定。

起因是茅台酒的价格在经销商的助推下大幅度波动。在短短的几个月内,53度飞天茅台酒的价格从不到900元/瓶涨到2 300元/瓶,后又跌回。为避免重蹈5年前的历史覆辙,贵州茅台未雨绸缪,开始了一轮渠道管控和价格稳定的行动,下发了《关于追究北京德华永胜商贸有限公司等单位违约责任》和《追究贵州市场部分经销商违约责任》的处罚通知。

前者显示:贵州茅台的工作人员在市场检查过程中发现有66家经销商有违约行为——私自向电子商务平台供货,跨区域销售,损坏了消费者的利益和茅台的品牌形象,扰乱了市场秩序。针对上述违约经销商,贵州茅台给予了多个方面的处罚,包括暂停合同业务办理、扣减10%的履约保证金以及扣减2017年约定计划供货量的比例。扣减最多的经销商被扣减了约定计划供货量的30%。

后者则指出,3月5日至17日,茅台渠道管理部逐家对贵州专卖店、特约经销商2017年茅台酒销售价格、产品流向、店面及公司基础管理进行了实地调研。发现共有16家经销商在销售价格和产品流向上出现违约行为。贵州茅台对这些省内经销商的处罚包括:黄牌警告,暂停茅台酒业务办理;扣减10%的履约保证金;取消评先评优资格;取消市场支持费用;星级评定下调一级;自通报之日起7个工作日内完成整改、补缴履约保证金,并向省区提交书面整改材料。其中,有4家经销商还多了一项扣减2017年约定计划供应量30%的处罚。

对于处罚经销商的举动,茅台酒股份公司副总经理、销售公司董事长王崇琳接受记者采访时表示:前一段时间,茅台酒涨价是经销商的一种暴利行为,是人为炒作下的结果,从长远来看,会损害茅台的品牌形象。对违规经销商进行处罚,控制市场价格不要过快上涨,是为了贵州茅台的健康发展和对茅台品牌的保护,当然也是对消费者负责的行为。

资料来源:《茅台重拳净化渠道市场 82家经销商遭处罚》,http://www.ce.cn/cysc/sp/info/201704/26/t20170426_22355499.shtml,2023年4月12日读取资料。

(三)渠道领导模型

图7-1根据Stern and El-Ansary(1992)的渠道领导模型简化而得,描述了渠道领导的前因后果。此模型建立在对前人研究成果进行综述的基础之上,具有较高的概括性。

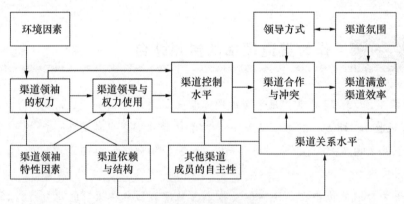

图7-1 渠道领导模型

如图7-1所示,影响渠道领导与权力使用的因素有很多,包括渠道领袖的权力、渠道依赖与结构(如依赖程度与互依结构)和渠道领袖的特性因素(如渠道领袖在渠道中的地位、规模、以往的经济成就、资源、渠道专有知识)等。此外,渠道环境,如市场需求状况、竞争状况、技术发展状况和法律制度等,也会通过渠道领袖的权力影响渠道领导。渠道领导的直接结果是渠道控制水平。在渠道控制水平、渠道领导方式和渠道关系水平的共同作用下,渠道合作与冲突会发生改变。渠道合作与冲突又影响渠道满意与渠道效率。

三、渠道领袖的领导方式

营销渠道理论中关于渠道领导方式的研究建立在行为科学家对领导科学的研究基础之上。领导科学有多种流派,主要有三大类(罗宾斯、库尔特,2017;芮明杰,2021;杨明刚,2001):第一,品质理论,又称特质理论,主要研究领导者的个人素质问题;第二,领导行为理论,主要研究领导作风和领导方式;第三,权变理论,主要研究环境与领导方式的有效结合问题。

渠道领导方式的研究主要以权变理论中的路径-目标理论为依据(Schul et al., 1983; Mehta et al., 2001; Mehta et al., 1996)。该理论认为(罗宾斯、库尔特,2017;芮明杰,2021;杨明刚,2001):第一,领导者需要阐明对下属工作任务的要求,帮助下属排除实现目标的障碍,为下属提供满足需要的机会;第二,领导的效率取决于下属实现目标的能力;第三,最有效的领导方式,必须考虑领导方式与决策情境的匹配。在此基础上,路径-目标理论提出了四种领导方式:(1)指令型领导,即个人决策,发布命令由下属无条件地服从并执行;(2)支持型领导,即关注下属需求,人际关系融洽,但难以通过工作使下属满意;(3)参与型领导,即决策时注意收集并认真考虑下属的意见;(4)成就型领导,即向下属提出目标,相信他们的能力,通过目标的实现使其获得成就感。

这四种领导方式并无绝对的好坏之分。好与不好,取决于是否用得适当。比如,当员工工作任务及职责不明、无所适从时,领导者采取指令方式,明确其职权,指导其工作,就是一种好的领导方式。而当员工任务、权责明确时,领导者再采用这种高压的方式领导,恐怕就难有好的效果。这时,采用其他三种领导方式,关心、支持员工,为他们创造条件满足其愿望,才是更好的领导方式。

基于路径-目标理论,渠道领导方式被分为参与型(participative)、支持型(supportive)和指导型(directive)三种(Schul et al., 1983; Mehta et al., 2001; Mehta et al., 1996)。这三种渠道领导方式分别对应于上述参与型领导、支持型领导和成就型领导。指令型领导在渠道管理中并不适用,因为渠道成员之间是互依合作的关系,很少有企业会以命令的方式让其他企业服从。

表7-1是渠道领导方式量表。在一条有渠道领袖的营销渠道中,被调查者(可以是渠道成员,也可是渠道领袖)被要求从1(极不同意)到7(极为同意)打分指出他们对表中每一个题项同意与不同意的程度,从中可以看出三种不同领导方式的具体含义。

- 参与型。参与型渠道领袖有事与其他渠道成员商讨解决,经常征求并在做决策时考虑其他成员的意见。
- 支持型。支持型渠道领袖充分考虑其他渠道成员的需要和利益,努力创建一个良好的信息沟通网络和一个友好而愉快的工作氛围。
- 指导型。指导型渠道领袖是渠道的组织者,它将不同的渠道功能或角色在渠道成员中进行分配,在必要时对渠道成员如何完成任务给予指导,并对渠道成员的工作表现做出评价。

表 7-1 渠道领导方式量表

量表题项	领导方式		
	参与型	支持型	指导型
1. 渠道成员对渠道领袖在渠道政策与衡量标准方面的决策有重要影响	√		
2. 渠道成员的建议经常无法被渠道领袖听到#	√		
3. 在决定渠道衡量标准时,渠道领袖不允许渠道成员提建议#	√		
4. 渠道领袖很少给予渠道成员扶持、传授和反馈#		√	
5. 当把产品卖出后,渠道领袖对渠道成员不再提供支持#		√	
6. 渠道领袖很关心渠道成员的利益		√	
7. 渠道领袖对于怎样经营产品有很明确的说明和提示			√
8. 渠道领袖对于渠道各方的权力与责任有明确的说明			√
9. 渠道领袖鼓励渠道成员使用统一的作业程序			√

注:根据 Schul et al.(1983)、Mehta et al.(2001)和 Mehta et al.(1996)翻译和修改;#为逆向打分项目;√表示如果做因子分析,9 个题项最可能得出的因子结构。

实证研究的结果显示:这三种渠道领导方式只要用得好,都可以强化营销渠道中的合作关系,减少营销渠道中的冲突或摩擦(Schul et al.,1983;Mehta et al.,2001;Mehta et al.,1996),但不同的文化环境下,这三种渠道领导方式的效果是不同的(Mehta et al.,2001)。

第二节 渠道权力与权力的使用

由前面的图 7-1 可以看出,渠道权力是影响渠道领袖发挥渠道领导作用的一个直接因素。实际上,对渠道进行领导,就是使用渠道权力的一种方法。当然,还有其他使用渠道权力的方法,如渠道控制。一个没有渠道权力的渠道领袖,就和一个没有权力的皇帝一样,可能只是一个象征或摆设。渠道领袖或渠道领导的后面,是渠道权力。

一、渠道权力与来源

"power"在英文中有权力和力量(或力)两种基本含义。"channel power"也有两层意思:一层意思是一个渠道成员相对于另一个或一些渠道成员所拥有某种权力;另一层意思是这种权力是一种力量,会促使其他成员做一些他们原本不会做的事情。

理论界普遍认为,渠道权力是一个渠道成员对于另一个在同一渠道中不同层次上的渠道成员的影响力(El-Ansary and Stern,1972;Gaski,1984;林舒进等,2019)。当渠道成员 A 使渠道成员 B 做了一件 B 原本不会做的事时,我们就说 A 对于 B 有权力;权力的大小(即力量)是由 A 能使 B 做那件事的能力而确定的。

关于渠道权力的来源有两种说法:一是依赖-权力说,二是权力基础说。

(一) 依赖-权力说

依赖-权力说根源于社会心理学家 Emerson(1962)。这种学说认为,渠道权力来源于依赖。当 A 依赖于 B 时,在某个程度上 B 对于 A 就拥有权力。相反,当 B 依赖于 A 时,A 对于 B 就或多或少地拥有权力。

渠道成员之间的相互依赖,是渠道成员功能专业化的必然结果(参见第一章关于营销渠道存在基础的讨论)。由于成为一个渠道的成员这件事本身就意味着这个成员既依赖于别人同时又被别人依赖,所以从理论上讲,每个渠道成员对于其他渠道成员都多多少少地拥有一定的权力——依赖别人就给了别人权力,而被别人依赖又使自己拥有权力。

(二) 权力基础说

权力基础说根源于社会心理学家 French and Raven(1959)。这种学说认为,与其他权力一样,渠道权力也有六种基础(power bases),即奖励权力(reward power)、强迫权力(coercive power)、法定权力(legitimate power)、认同权力(referent power)、专家权力(expert power)和信息权力(information power)。

- 奖励权力来源于一个渠道成员能够给予另一个渠道成员某种有价值的东西以帮助他们实现其目标的能力。比如,一家零售商具有给某种产品更多或更佳展位的能力,而生产商则具有为零售商提供批量折扣、优先供货等能力。

- 强迫权力基于一个渠道成员惩罚另一个渠道成员的能力。实际上,奖励权力和强迫权力是可以相互转化的。当一个渠道成员为另一个渠道成员提供某种优惠时,这是在用奖励权力;而当他撤销或威胁要撤销这种优惠时,则是在用强迫权力。

- 法定权力产生于渠道内部成文或不成文的规则,这些规则规定一个渠道成员有影响另一个渠道成员行为的合法性,而后者有义务接受这种影响。比如,合同规定的权利、责任和义务,各方都应该遵守。如若一方违反合同,其他相关方就拥有阻止其行为的法定权力。法定权力与强迫权力的区别在于:法定权力一般是有法律保障的,一方对另一方的惩罚通过法律机构实施;强迫权力则无法律保障,一方对另一方的惩罚是直接的,无须法律机构插手。

- 认同权力来源于一个渠道成员的形象,其形象对其他成员具有较大的吸引力,能够获得其他成员的尊重和认同。名牌产品的制造商和规模较大的名店一般具有这种权力。

- 专家权力来源于一个渠道成员在某一方面所具有的专业知识。专家权力与奖励权力的区别在于:作为一种资源,专业知识一旦提供给合作伙伴,就不能再撤回;而奖励权力是可以撤回的。

- 信息权力产生于一个渠道成员提供某一类信息的能力。信息权力与专家权力很相近,二者在提供出去后都无法再收回。二者的区别在于:专家权力是长期经验积累或专业训练的结果,而信息权力则只是由于一个渠道成员容易接触到某一类信息而对某一类事物具有更多的知识。比如,零售商具有对各种商品销售情况的信息,因此具有与商品销售情况相关的信息权力。

示例7-2是一个从中间商一边测量制造商权力基础的量表。这里只给出了测量强迫权力（PS1—PS5）、奖励权力（PS6—PS10）和专家权力（PS11—PS14）的项目。欲了解其他权力基础的测量方法，可参阅相关的研究文献（Kale, 1986；Gaski and Nevin, 1985；Hunt and Nevin, 1974）。

示例7-2 权力基础量表

请用打分的方式指出：_____公司（一家制造商）为了改变贵公司某方面的决策或行为而采取下列行为的能力（0=无任何能力，4=有非常强的能力，1—3为两种极端情况的中间状态）。

PS1	延迟给贵公司供货
PS2	与贵公司打官司
PS3	拒绝向贵公司销售商品
PS4	针对贵公司提高其商品的售价
PS5	搭售贵公司不想要的商品
PS6	向贵公司提供广告支持
PS7	向贵公司提供特别折扣或津贴
PS8	培训贵公司的员工
PS9	提供促销材料
PS10	提供资金或金融支持
PS11	提供商品销售方面的好的建议
PS12	提供商品制造方面的专业知识
PS13	提供商品使用方面的专业知识
PS14	帮助贵公司做出正确决策

资料来源：根据Kale（1986）、Gaski and Nevin（1985）以及Hunt and Nevin（1974）翻译和修改。

实际上，依赖-权力说和权力基础说的观点在更深的层次上合而为一，即它们都派生于有价值的资源（valued resources）。从企业资源禀赋理论（the resources-based view of the firm）的角度看，一个渠道成员不过是"一个监管系统中资源的集合体"（Penrose, 1959）。渠道成员之间的相互依赖，不过是它们彼此对对方资源禀赋的需求（第一种观点）；而一个渠道成员所拥有的资源可以被组合为不同的权力基础（第二种观点）。一般而言，越是对方急需而又难以替代的资源，越是能够形成对对方较大的权力。

因为在进行实证研究时，很难将各种非强迫性权力基础区别开来，所以渠道权力理论倾向于将以上六种权力基础重新组合划分为两大类：一是强制性权力基础（coercive power bases),由上面的强迫权力构成;二是非强制性权力基础(noncoercive power bases),由除强迫权力以外的其他权力构成。

当然,也有另一种较为常用的分类方法,即把渠道的权力基础分为中介性权力(mediated power)和非中介性权力(unmediated power)。所谓中介性权力,是指只有以利益为媒介物才能展示的权力;而非中介性权力,是指不需要通过媒介物就能展示的权力。前者包括强迫权力、奖励权力和法定权力,后者则包括认同权力、专家权力和信息权力。中介性权力和非中介性权力在使用时的一个最大区别就在于:中介性权力直接要求对方做某件事,而且有后续的手段或强制或引诱对方去做那件事,如奖励(得到利益)或惩罚(失掉利益);非中介性权力并不直接要求对方做某件事,也不做任何承诺,权力使用者只是向对方提供信息或意见,去影响对方的决策或行为,而对方则根据自己的意愿做出选择。

这里要特别注意,权力是一种被意识到了的能力,存在于权力对象的感觉中——一个渠道领袖的权力如果不被其他渠道成员认同,它就与没有权力差不多;这时,它需要展示权力,以获得大家的认同。在很多情况下,为了影响一个渠道成员的决策或行为,渠道领袖不一定非要真实地使用权力,权力对象会根据他们对渠道领袖所拥有权力的认识而采取顺从或合作的行动。于是,这就产生了权力与权力运用的背离。一个经常使用权力,尤其是经常使用强制性权力的渠道领袖可能并不一定拥有更大的权力。

二、渠道权力的使用

渠道权力可以有多种不同的使用方法。一部分研究者将使用权力视同使用权力基础(Etgar, 1978; Gaski and Nevin, 1985; Gaski, 1986),另一部分研究者则将使用权力看成一个渠道成员(如渠道领袖)对另一个渠道成员施加影响的策略(influence strategies)(Shamdasani et al., 2001; Frazier and Summers, 1984; Kumar et al., 1998; Kale, 1986; Frazier and Rody, 1991)。不过,这两部分研究者有一点是共同的,即他们都将权力的使用分为两种基本形式:使用强制性权力与使用非强制性权力。

示例7-3是一个从制造商的角度测量零售商使用权力的量表。其中,前七项(UP1—UP7)意在测量零售商使用强制性权力的程度;后十三项(UP8—UP20)意在测量零售商使用非强制性权力的程度。

示例7-3 使用权力量表

请用打分的方式指出在与贵公司做生意时,为了改变贵公司(制造商)的行为或决定,该零售商采用下列行为方式的程度(1=从来没用过,2=很少使用,3=有时使用,4=经常使用,5=总是使用)。

UP1　　拒绝订货或威胁将要取消订货
UP2　　要求贵公司降低产品价格

UP3	威胁要与贵公司打法律官司
UP4	迟交货款
UP5	威胁或实际减少订货量作为不服从它们的惩罚
UP6	推迟订货作为惩罚
UP7	撤销原有的一些支持
UP8	主动帮助贵公司在店内展示产品
UP9	提供市场或销售信息
UP10	提供产品创新的主意
UP11	向贵公司通报竞争产品的情况
UP12	对贵公司产品有特别的促销活动
UP13	增加贵公司产品在商店内的展位
UP14	为贵公司提供专业性指导
UP15	为贵公司提供有用的促销建议
UP16	说服贵公司相信它们更了解市场
UP17	做一些让贵公司喜欢它们的事情
UP18	让贵公司认同它们的形象
UP19	它们的行为方式试图在各方面达到贵公司的要求
UP20	用它们在零售业的经验说服贵公司

资料来源：改写自 Zhuang, G. J., Impact of Power Structure on Exercises of Power in Marketing Channels. Ph.D. Dissertation, City University of Hong Kong, 2001。

当使用权力被看作是发挥影响力的沟通过程时，一个渠道成员（如渠道领袖）可以选择下述六种不同的影响策略（Shamdasani et al., 2001; Frazier and Summers, 1984; Kumar et al., 1998; Kale, 1986; Frazier and Rody, 1991）：

第一，许诺策略（promise strategy）——如果贵公司按照我们说的去做，我们就会给贵公司某种奖励，或使贵公司获得某些好处。

第二，威胁策略（threat strategy）——如果贵公司不按照我们说的去做，我们就会用某种方式惩罚贵公司，或者做出某些不利于贵公司的事情。

第三，法定策略（legalistic strategy）——贵公司必须按照我们说的去做，因为根据协议（合同或备忘录），贵公司曾经答应过会这样做。后面隐含的意思是，如果贵公司不按照我们说的做，我们不排除和贵公司打官司的可能性。

第四，请求策略（request strategy）——请按照我们说的去做（没有许诺或更进一步的说明）。

第五，信息交换策略（information exchange strategy）——无须说明自己想让对方做什么，只为对方提供信息或与对方探讨什么方式对双方的合作更有利，目的是改变对方的态度与看法，让对方自愿做出有利于己方的决定。

第六，建议策略（recommendation strategy）——这种策略与信息交换策略看似一样，实则不同。它指明了结论，如"如果贵公司按照我们说的去做，贵公司的盈利状况会更好"。

第二、三种影响策略相当于使用强制性权力，其他影响策略相当于使用非强制性权力。大量实证研究的结果显示：使用强制性权力会引起权力对象的不满，甚至产生反作用力（权力对象以相同的影响策略来回应），进而发生较为严重的渠道冲突，降低渠道合作水平；使用非强制性权力，由于是通过利诱的方式改变合作伙伴的行为或态度（其要点在于让合作伙伴意识到顺从得到的利益要大于不顺从得到的利益，从而自愿地改变自己的行为或态度），因此一般不会引起权力对象的强烈不满，也不会导致较为严重的渠道冲突（Etgar, 1978; Gaski and Nevin, 1985; Gaski, 1986; Shamdasani et al., 2001; Frazier and Summers, 1984; Kumar et al., 1998; Kale, 1986; Frazier and Rody, 1991）。

示例7-4是2004年国美与格力争夺渠道领导权的一场较量。双方都使出了最强硬的手段，都以不惜断绝交易关系相要挟。当然，双方的理由都很充分，因此很难说谁做得对，谁做得不对。对与不对，最终要由结果来判定，即结果是否符合本企业的战略和长远利益。

示例7-4　国美、格力"激情碰撞"

2004年3月初，中国家电连锁业的龙头老大国美电器向各地分公司下发了一份关于清理格力空调库存的紧急通知。通知表示，鉴于格力代理商模式、价格等无法满足国美的市场经营需要，国美要求各地分公司将格力空调的库存及业务清理完毕。很快，国美在全国各地卖场内的格力空调开始陆续撤出。

国美总部销售中心副总经理H解释说，3月份已进入空调市场启动时期，各生产厂家都在积极以直接供货方式进入国美，以求节省中间成本、降低价格。但格力至今仍通过代理商供货，在价格上也不肯让步，这与国美一向秉承的"薄利多销"原则相违背。不过，H同时表示，类似这样的清理库存通知在国美每月都会有，国美并非只是与格力过不去。至于现有库存处理完后国美是否还会从格力进货，将视事态的进一步发展而定。

在中国空调市场上，格力向来以老大自居，一直是中国家电业的一个另类，也是为数不多的敢与国美相对抗的厂家。在国美、苏宁等全国性连锁大卖场势力渐大的今天，格力依然以自己的经销网点为主渠道，只是从2001年下半年才开始进入国美、苏宁等大型家电卖场。但与其他家电企业依赖大卖场渠道不同的是，它只是把这些卖场当作自己的普通经销网点，在供货价格上与其他二级或三级经销商一视同仁。这是格力在全国的渠道模式，也是保障其各级经销商利益的方式。

以北京地区为例，格力在2003年拥有1 200多家经销商，总销售额为3亿元，而通过国美等大卖场实现的销售额不过10%。格力认为，如果迎合了国美就会伤及上千家经销商，得不偿失。当然，格力也意识到，原来那种单纯依靠自己的经销网络的渠道策略已经不适应市场的发展,这也是其2001年进入大卖场的原因。不过,格力以自有经销网络为主渠道的策略并没有改变。它与苏宁、大中等家电零售商的合作关系均没有出现问题。

面对国美的打压,格力总部表示,如果国美不按照格力的游戏规则行事,格力就将把国美清除出自己的销售体系。

国美、格力"激情碰撞",双方互不相让,最后终止了合作。直到2007年,双方才在利益的驱使下,重新开始试探性合作(参见示例4-5的描述)。

资料来源:《销售老大挑战生产巨头 国美全国卖场清理格力》,https://finance.sina.com.cn/b/20040311/0842665761.shtml,2023年4月12日读取资料;《国美全线"封杀"格力空调 双方均无让步迹象》,https://finance.sina.com.cn/b/20040312/0834667628.shtml,2023年4月12日读取资料。

示例7-4的内涵很丰富。除对渠道领导权的争夺和权力的使用以外,还涉及渠道结构、渠道治理策略、渠道的互依关系对权力的影响以及使用强制性权力的后果等内容。

三、权力使用的成本

不同的权力使用方式成本是不同的。这一点用中介性权力和非中介性权力的使用来说明。使用中介性权力,通过利益(媒介物)的许诺展示权力;使用非中介性权力,不做任何利益上的许诺,权力使用者只是通过向对方提供信息或意见的方式影响对方的决策或行为,而最终的决定由对方根据自己的意愿做出。因此,两种权力使用方式又可以称为许诺式影响策略(promissory influence strategies)和非许诺式影响策略(non-promissory influence strategies)。

许诺式影响策略在权力使用之后,需要有后续的手段完成其许诺,否则权力使用是不可信的,因而也是无效的。比如,在使用了奖励权力之后,如果权力对象按照渠道领袖的意图做了,那么渠道领袖就必须按照事先的许诺,对其进行奖励,否则渠道领袖就会失去信用,从而失去奖励权力的基础。在使用了惩罚权力或法定权力之后,如果权力对象没有按照渠道领袖的意图去做,那么渠道领袖就必须按照事先的许诺,对其进行惩罚或诉讼,否则渠道领袖就言而无信,别人也就不会再怕它,其惩罚权力或法定权力的基础也就失去了。不管是奖励、惩罚还是诉讼,都需要付出一定的成本。不过,这里有一个区别,奖励权力的使用只有在权力对象按照权力使用者的意图服从以后,权力使用者才需要付出一定的成本;而惩罚权力或法定权力的使用只有在权力对象没有按照权力使用者的意图行动时,权力使用者才需要付出一定的成本。

使用非许诺式影响策略,因为没有许诺,只是"晓之以理,动之以情",所以在权力使用之后,不需要支出任何费用。

不过,这并不意味着使用非许诺式影响策略就一定比使用许诺式影响策略好。许诺式影响策略直接、明确,针对权力对象趋利避害的动机,如果使用得当,见效快,意图不易被曲解。非许诺式影响策略的作用方式比较微妙,它通过改变权力对象的态度改变其行为,但人的态度有时是很难改变的,因此见效慢,而且权力使用者的意图很容易被曲解。

一个猜想是:强势渠道领袖或进行指导性领导的渠道领袖会较多地使用许诺式影响策略,而弱势渠道领袖或进行参与性或支持性领导的渠道领袖会较多地使用非许诺式影响策略。

总之,渠道权力的使用与其他权力使用一样,并无绝对的好坏之分,好与不好,依情境而定。

第三节 渠道激励

渠道领袖要发挥领导作用,使渠道参与者之间产生凝聚力,为共同的繁荣而努力,创造出单个企业独自很难获得的竞争优势。为此,渠道领袖要对渠道成员进行激励,调动其合作的热情和积极性,为提高整个渠道的效率而努力工作,简称为渠道激励。

渠道激励的困难在于:激励者与被激励者分属于不同的组织,从法律上讲,它们是各自独立的经济实体,在组织目标、组织战略、组织文化等方面有很大差别。这使得很多在组织内行之有效的激励方法,在渠道激励中并不适用。比如,在组织内如果一个员工工作努力,业绩出众,那么升职对他来说是一种最强的激励措施。而在营销渠道中,一个渠道成员企业的员工做得再好,另一个渠道成员企业的领导也没有权力让他升职,后者能够做的充其量是在前一个渠道成员企业的领导面前说那个员工的好话。

然而,因为组织目标不同,甚至常常相左,所以渠道成员更需要激励。否则,营销渠道就很难有凝聚力,也无法形成合作紧密的"超级组织",创造出持久的竞争优势。

一、激励理论

一般而言,激励是通过刺激和满足人们的需要或动机,强化、引导或控制人们行为的过程(罗宾斯、库尔特,2017;芮明杰,2021)。有多种激励理论,如需要层次理论、双因素理论、目标设置理论和期望理论等,可以作为激励活动的指导。

需要层次理论主要有马斯洛的需要层次理论和 ERG 理论两种。按照马斯洛的需要层次理论,每个人都有五种层次的需要,由低到高依次为生理需要、安全需要、社会需要、尊重需要和自我实现需要。在低层次的需要被基本满足以后,高一个层次的需要会变得越来越迫切。因此,在某种低层次需要被满足后,再针对这一需要进行刺激,激励作用就不大了。根据这一理论,进行激励时,首先应知道被激励者处于需要的哪个层次上,然后再去设法满足他的需要。

ERG 理论是对马斯洛需要层次理论的重组。该理论认为,一个人有三种核心需要,即生存(existence)、相互关系(relatedness)和成长(growth)。生存需要涉及基本的物质生存需要,包括需要层次理论的生理需要和安全需要两项;相互关系需要包括需要层次理论的社会需要和尊重需要之外在部分;成长需要则包括需要层次理论的尊重需要之内在部分和自我实现需要。ERC 理论通过实证研究发现:(1)多种需要可以同时存在;(2)如果高层次的需要不能得到满足,则满足低层次需要的愿望会更强烈。

根据双因素理论,影响人们工作态度和行为的因素有两大类:保健因素和激励因素。

保健因素是指对人们维持工作现状起保全作用的因素,主要属于工作环境和工作关系方面的因素,如企业的物质条件、工资和福利待遇、监督的方式方法,以及人与人的关系等。如果这些问题解决不好,低于人们可接受的水平,那么就会引起人们对工作的不满;而当这些因素获得改善,达到人们可接受的水平时,就会消除人们对工作的不满,但它不会提高人们工作的积极性。激励因素是指对人们工作的积极性起调动作用的因素,主要属于工作本身和工作内容方面的因素,如工作上的成就感、能力获得的认可度、工作责任心、成长和发展机会等。当这些因素得到满足时,人们的工作积极性会大大提高。双因素理论认为,只有通过激励因素来调动员工的积极性,才能提高生产效率。

目标设置理论提出,指向一个目标的工作意向是工作激励的主要源泉,因为目标告诉员工需要做什么以及需要付出多大的努力。目标设置理论有三个要点:第一,如果能力和目标的可接受性保持不变,则目标越具体、越困难,绩效水平就会越高;第二,反馈能够帮助员工认清工作结果和目标之间的差距,因此向员工反馈工作业绩会帮助他们做得更好;第三,如果员工有机会参与设置自己的目标,他们会更努力地工作。

最后,期望理论认为,一种行为倾向的强度取决于一个人对这种行为可能带来的结果的期望强度以及这种结果对行为者的吸引力。当一个员工认为努力会带来良好的绩效评价时,他就会受到激励从而付出更大的努力。因此,期望理论的关键是了解个人目标以及努力与绩效、绩效与奖励、奖励与个人目标满足之间的关系。

二、渠道激励的特点与方式

上述激励理论,尤其是需要层次理论和期望理论,为渠道激励提供了理论基础。结合渠道管理的跨组织特点,渠道激励具有与一般管理激励不同的特点。

(一)渠道激励的针对性

根据需要层次理论,渠道激励要有针对性。不过,因为渠道领导是跨组织领导,而且是通过渠道经理或渠道管理人员等边际人员来完成的,所以渠道激励的针对性是多层面的,既要针对渠道成员企业,也要针对本企业的渠道管理人员,还要针对渠道成员企业的渠道员工(参见图2-2和图2-3)。

几个层面的激励相互关联和协调,才能使企业的渠道策略得到有成效和高效率的执行。任一层面上激励政策与激励措施的不到位以及激励针对性的偏差都会打击渠道士气,导致渠道效率的下降。其中,渠道领袖企业的高层管理者对本企业渠道管理人员的激励和渠道成员企业对本企业渠道员工的激励,属于企业内部激励问题;渠道领袖企业对渠道成员企业的激励、渠道领袖企业渠道管理人员对渠道成员企业的激励和渠道领袖企业渠道管理人员对渠道成员企业渠道员工的激励,属于跨组织激励问题。只有跨组织激励才是营销渠道管理所关注的激励问题。

不过,这里要强调:尽管渠道激励关注的是跨组织激励问题,但是渠道士气不高,可能不仅仅是渠道激励出了问题,有可能是与渠道激励有关的企业内部激励,如渠道领袖企业的高层管理者针对本企业渠道管理人员的激励出了问题。

（二）渠道激励的期望理论

图 7-2 是根据激励的期望理论（罗宾斯、库尔特，2017）所构建的渠道激励模型。

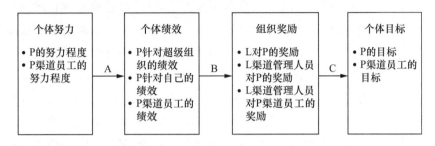

注：P=被激励的渠道成员，L=实施激励的渠道成员。

图 7-2　渠道激励模型

期望理论相信，一个个体的行为倾向取决于他对这种行为可能带来结果的期望和这种结果的吸引力。其中，涉及如图 7-2 所示的 A、B、C 三种链接关系。

A 链接（期望）——努力与绩效的关系。回答这样的问题：我能达到要求的绩效水平吗？为了达到一定的绩效水平，我必须付出多大的努力？

B 链接（工具）——绩效与奖励的关系。回答这样的问题：达到了要求的绩效水平，我能得到奖励吗？我会得到怎样的奖励？

C 链接（吸引力）——奖励与个体目标满足的关系。回答这样的问题：那个奖励是我想要的吗？它能帮助我实现自己的目标吗？奖励的吸引力有多大？

将其应用到渠道激励中，首先，渠道参与者 P 及其渠道员工对他们的工作产出或结果有一个认知。他们工作产出的效果可能是正的，如渠道领袖 L 和 L 的渠道管理人员对他们的各种奖励、他们通过工作得到的利润和工资，以及他们从 L 处得到的安全感和与 L 及其渠道管理人员所建立起来的合作关系。他们工作产出的效果也可能是负的，如工作的艰辛、无聊、烦琐和压力，以及 L 的渠道管理人员的严密监控和威胁。这里，问题的关键不在于被激励者的认知是否正确，而在于他们怎样看待其工作结果。

其次，渠道参与者 P 及其渠道员工对他们工作产出的吸引力进行评价。评价结果可能是正面的，也可能是负面的，还可能是中性的。此评价是个性化的，取决于评价者的态度、个性和需要。当工作产出被一个渠道参与者认为有吸引力时，它就希望这个结果能够出现，否则它就会想办法避免这一结果的出现。这是 C 链接的含义。

再次，当工作产出被认为有吸引力时，为得到该产出，渠道参与者 P 及其渠道员工会考虑他们需要采取的行动。只有当他们清楚地知道自己需要做什么、需要怎样做以及工作绩效怎样评价、评价标准是什么时，以渠道领袖为首的"超级组织"的奖励才会影响他们的行为与工作绩效。如果他们不相信渠道领袖会兑现奖励承诺，那么他们一般不会为提高工作绩效而努力工作。这是 B 链接的含义。

最后，在上面的问题都得到了肯定的回答以后，渠道参与者 P 及其渠道员工就会考虑他们的能力以及他们成功完成任务的可能性。这时，如果业绩指标定得太高，渠道参与者 P 及其渠道员工根本无法完成,则其他一切激励措施都很难起到激励效果。这是 A 链接的含义。

三个链接又可以被看作三个缺口,分别称为能力缺口、信任缺口和认知缺口。只有这三个缺口很好地衔接,渠道领袖的激励才会有效。为此,渠道领袖要根据实际情况选择较有能力的渠道成员,以此弥补能力缺口;渠道领袖要言而有信、奖罚分明,以此弥补信任缺口;渠道领袖要了解渠道成员和其渠道员工的需要,以此弥补认知缺口。

这里要特别注意:渠道参与者和其渠道员工在很多方面,如在需要、产出认知和吸引力评价等方面都有可能存在差异,因此针对渠道参与者的激励政策与激励措施不一定能够激发其渠道员工工作的积极性。这是渠道激励的一个重要特点,也是渠道领袖进行渠道激励时需要考虑的一项重要内容。

(三)渠道激励的原则

作为调动渠道成员积极性的一种手段,渠道激励需要遵循一定的规矩或原则。否则,轻则起不到激励的作用,重则还可能引起渠道成员的不满、渠道领袖和渠道成员之间的矛盾、渠道成员与渠道成员之间的争斗,以及一家企业不同渠道之间的混乱。

第一,实事求是原则。渠道激励的起点是满足渠道成员的需要。渠道领袖在进行激励时,要坚持实事求是的原则,在调查研究的基础上,根据大多数渠道成员的需要层次和需要结构,有针对性地采取激励措施。

第二,目标相容原则。设置目标必须在体现"超级组织"目标要求的前提下,兼顾各个渠道成员的个体组织目标,力求使渠道中各个成员之间的目标相容。当渠道目标与某些渠道成员的目标相左时,渠道领袖应设法弥补其损失。

第三,适时原则。在激励过程中应注意时机的把握。如果时机把握不当,应奖励时不奖励,则会使渠道成员丧失工作的积极性,甚至产生不满和消极情绪。另外,要注意长期效果,如果过分重视短期的激励效应,有可能使渠道成员产生错误的营销理念,只顾眼前利益,采用不道德的手段销货,损害"超级组织"的长远利益和渠道领袖的企业形象。

第四,奖罚相结合的原则。奖励是一种正向激励,处罚是一种负向激励。只奖不惩,领袖没有威严;只惩不奖,渠道成员没有积极性。渠道领袖在激励时要善于正负结合,以正为主,以负为辅,鼓舞士气。

第五,公平原则。渠道领袖在激励渠道成员时要公平,调动渠道大多数成员的积极性。人们通常用横向比较和纵向比较两种方法来判断自己所得报酬是否公平。横向比较是将自己与别人进行比较来判断自己所获报酬是否公平。纵向比较是将自己目前的状况与过去进行比较。一个人对所得的报酬、奖励是否满意不是看其绝对值,而是通过纵横比较看其相对值。如果经过比较认为自己现在的所得偏低就会感到不公平、不合理,从而影响工作热情。

(四)渠道激励的方法

大部分渠道激励的方法,都是从制造商的角度、以制造商为渠道领袖提出来的。这是因为制造商具有更强烈的控制营销渠道的欲望。如果渠道领袖是中间商，如自营品牌的零售商，那么可以根据渠道激励的原则仿照制造商来设计渠道激励的方法。

从制造商的视角看问题，中间商销售产品的积极性主要源自以下方面：(1)利润回报；(2)产品畅销；(3)价格优惠；(4)先期铺货；(5)供货及时；(6)广告支持；(7)销售技巧培训；(8)特殊补贴；(9)付款优惠；(10)区域销售潜力；(11)厂家青睐；(12)品牌威望等。据此，制造商激励中间商可以采用如下方法：

第一，向中间商提供适销对路的优质产品。好的产品，带来好的销售；好的销售，带来好的利润回报。这是对中间商最好的激励。

第二，给予中间商尽可能大的获利空间。制造商应优先考虑中间商的利益，要先想办法使它们得利，然后才考虑自己的利益。那种不遗余力挤压中间商获利空间的做法，也许能够使制造商得利于一时，但从长远看，是不明智的。

第三，协助中间商进行人员培训。许多产品需要安装调试、维修、改装、施工、技术改造以及其他业务技术咨询。这些服务部分需要中间商来提供，而且中间商在销售过程中也确实需要这方面的知识。生产制造商帮助中间商培训销售与服务人员，一方面是双方企业的需要，另一方面也是对中间商的一种激励，尤其是当人才培训被看作一种福利时。

第四，给予中间商独家经营权，即指定某一中间商为独家代理商。这种做法，一方面使中间商在一定的区域内对所代理的产品有垄断权，从而避免了同一产品的近距离竞争，利润比较有保证；另一方面，也表明制造商对中间商比较信任与肯定。这能够起到调动中间商积极性的作用。特别是作为大企业、名牌产品的独家分销商，独家经营权的激励作用更大。

第五，双方共同开展广告宣传或促销活动。这表明了制造商与中间商相互依存、互惠互利的关系，因此对中间商有激励作用。

第六，对成绩突出的中间商在价格上给予较大优惠，如按照批量制定出厂价。对中间商来讲，最直接的动力就是能够取得较丰厚的利润。对成绩突出的中间商给予较大的价格优惠，一方面会鼓励做得好的中间商，另一方面也会鞭策做得不够好的中间商。

示例 7-5 是 HS 啤酒生产企业的渠道激励政策。它说明了渠道激励的手段是丰富多样的。

示例 7-5　HS 啤酒渠道激励政策

1. 对批发商的激励

批发商全年销售达到 120 万箱，在年底结算货款时，公司将给予实际销量的 4% 作为奖励；达到 20 万箱并全部结清货款，则给予实际销量的 3% 作为奖励。

对于完成全年规定销量的批发商，公司将提供 1 个境外旅游、考察名额。

凡在规定时间内，达到销量目标并发展 60 家固定零售客户的批发商，公司奖励价值

3万元的奖品一件。

2. 对零售商的激励

对于那些完成全年销量且能及时结清货款的零售商,公司年终将一次性给予实际销量的3%作为奖励。

3. 对饭店和饭店服务人员的激励

只要服务人员向消费者推荐售卖HS牌啤酒,可凭收集的瓶盖向公司兑换现金奖励(兑换比例:一个瓶盖可兑换相当于一瓶啤酒出厂价3%的现金)。

饭店服务人员累计兑换现金达到1 000瓶时,公司将向饭店赠送HS牌啤酒一捆(10瓶)。

资料来源:作者根据对一家啤酒生产企业的实地访问情况编写。

第四节 渠道沟通

渠道领袖要发挥的另一个领导作用是渠道沟通。渠道领袖发挥的影响力,实施的影响策略,采用的激励政策和激励措施,都需要通过沟通来实现。当然,渠道沟通不仅仅局限于渠道领袖通过沟通向其他渠道参与者施加影响,还包括渠道参与者通过沟通向渠道领袖施加影响,以及渠道联盟中合作伙伴之间通过沟通相互施加影响。在实际工作中,渠道沟通与整个渠道管理活动相伴随,渗透于渠道管理活动的每一个环节。这里,虽然是从渠道领袖的角度讨论渠道沟通问题,但是讨论的大部分结论对于其他情况下的渠道沟通也同样适用。

一、管理沟通的一般理论

一般而言,沟通被认为是在两个或更多的人之间进行的关于事实、思想、意见和情感等方面的信息交流。通过沟通,人们能够增进彼此的了解,取得相互信任,建立良好的人际关系。因此,沟通必须具备以下三个基本条件:第一,涉及至少两个人;第二,有一定的沟通内容,如消息、信息或情感;第三,有传递内容的媒介,如语言、画面和符号等。

在管理学中,沟通则被定义为把管理信息按某种可以理解的方式从一方传递给另一方,把一个组织中的成员联系在一起,以实现共同目标的过程(罗宾斯、库尔特,2017;芮明杰,2021;杨明刚,2001)。

(一)管理沟通的过程

管理沟通的过程即管理信息传递或交流的过程。在这一过程中,至少存在一个信息发送者和一个信息接收者。以下是一个简化的过程:

第一,信息发送者有需要向信息接收者传送的信息,如关于管理活动的一些想法、观点、资料等;

第二,信息发送者将这些信息译成接收者能够理解并且媒介能够传送的信息符号,如语言、文字、图表、照片等;

第三,信息发送者将上述符号通过适当的媒介传递给接收者,如通过书面(信、备忘录等)、口头(交谈、演讲、电话等)甚至身体动作(手势、面部表情、姿态等)传递;

第四,接收者通过适当的方式接受这些符号,如通过听、看、读等方式接收符号;

第五,接收者将这些符号翻译为具有特定含义的信息;

第六,接收者消化、理解信息的内容,并采取行动;

第七,信息发送者通过接收者的行动反应或信息反馈来了解其想传递的信息是否被对方准确无误地接受了。

由于整个过程中存在干扰和噪音,因此管理沟通并非总是有成效和高效率的。管理沟通的成效和效率取决于信息发送者、信息接收者和媒介三个方面——发送者要选择适当的媒介,并且是接收者可以接收和理解的;发送者要准确地发送信息;接收者要准确地理解信息;媒介要有较少的干扰和噪音。

(二)管理沟通的分类

管理沟通有多种分类方法。按照采用的媒介划分,可分为口头沟通、书面沟通、非言语沟通、体态语言沟通及电子媒介沟通等。

按照信息的流向划分,可分为下行沟通、上行沟通和平行沟通。下行沟通是指上级将信息传达给下级,是由上而下的沟通。上行沟通是指下级将信息传达给上级,是由下而上的沟通。平行沟通是指同级之间的横向信息传递,也称横向沟通。

按照功能划分,可分为工具式沟通和情感式沟通。工具式沟通是指发送者将信息、知识、想法、要求传送给接受者,以便影响和改变其行为,达成个人或企业的目标。情感式沟通是指沟通双方表达情感,获得彼此在精神上的同情和谅解,从而改善相互之间的人际关系。

按照是否有反馈划分,可分为单向沟通和双向沟通。单向沟通是指没有反馈的信息传递,一方是单纯的信息接收者,一方是单纯的信息传递者。双向沟通是指有反馈的信息传递,是发送者和接受者相互之间进行信息交流的沟通。

按照组织系统划分,可分为正式沟通和非正式沟通。正式沟通是指按照组织明文规定的途径进行信息传递和交流的方式,与一个组织的结构密切相关,主要内容包括企业高层的命令、指示、文件,企业召开的正式会议,企业内部上下级之间或同事之间因工作需要而进行的正式接触。非正式沟通以社会关系为基础,由员工自行选择进行,与组织内部明文规定的制度无关,不受组织监督,也没有层级结构上的限制,如员工之间的交谈、议论,有人传播的小道消息、流言等。

二、渠道沟通的特点与作用

渠道沟通是管理沟通的一种,其特点在于跨组织性。渠道领袖与渠道参与者之间的沟通路径与图 2-2 所展示的渠道管理路径相似,不同之处在于渠道沟通大多是双向的。

因此,将图2-2中的箭头变成双向的,就可以表示渠道沟通的主要路径。具体而言,有如下几条:(1)渠道领袖企业的高层管理者与本企业渠道管理人员之间的沟通;(2)渠道成员企业与本企业渠道员工之间的沟通;(3)渠道领袖企业与渠道成员企业之间的沟通;(4)渠道领袖企业渠道管理人员与渠道成员企业之间的沟通;(5)渠道领袖企业渠道管理人员与渠道成员企业渠道员工之间的沟通。前两条属于企业内部沟通渠道,后三条属于跨组织沟通渠道。尽管企业内部沟通会影响渠道的跨组织沟通(如上述前两条路径中如果上情不能下达,则渠道组织之间就可能产生误解),但是渠道沟通关注的主要是渠道的跨组织沟通问题。

在营销渠道管理中,沟通是一个黏合剂,将渠道参与者黏合在一起(Mohr and Nevin, 1990)。通过沟通,渠道领袖或主要参与者,第一,传递规劝性信息(persuasive information);第二,调动其他成员参与决策的积极性;第三,分配渠道任务,协调渠道工作;第四,使用权力,对其他成员的决策施加影响;第五,鼓励互信、互依和相互承担责任的合作关系,建立良好的渠道氛围。如果缺乏渠道沟通,渠道就没有了黏合剂,大家各行其是,渠道成员之间就很容易产生误解、摩擦,甚至较大的冲突。

三、渠道沟通模型

图7-3是渠道沟通的一个权变理论模型(Mohr and Nevin, 1990),涉及四个变量:渠道沟通策略、渠道环境的特性、定性的渠道产出和定量的渠道产出。所谓权变,是指渠道沟通策略的效果如何取决于渠道沟通策略与渠道环境的特性之间的匹配状态,并无绝对的好与不好。

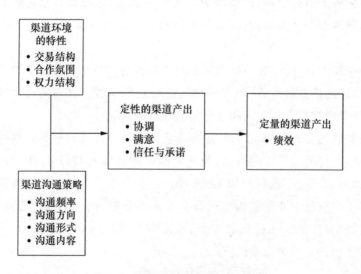

图7-3 渠道沟通的权变理论模型

(一)渠道沟通策略

渠道沟通策略由下述要素的变化或组合而得:沟通频率(frequency)、沟通方向(direction)、沟通形式(modality)和沟通内容(content)。

沟通频率,是指一定时期内进行沟通的次数。尽管一定数量的沟通对于渠道合作是必要的,但是沟通频率并非越高越好。过于频繁的沟通,尤其是那些缺乏实质内容的沟通,可能会使合作伙伴感到厌烦,进而产生不良后果。因此,在对沟通频率进行评估时,要把渠道成员之间的实际沟通量与合作所必需的沟通量放在一起对比,过高和过低的沟通频率都意味着沟通方面存在问题。

沟通方向,是指沟通信息在组织中纵向或横向的流动。在营销渠道中,分为向上游沟通、向下游沟通和双向沟通。这是渠道沟通与组织内部沟通的一个重要差别。组织内部沟通一般分为向上、向下和双向沟通;"上""下"表示组织内部的层级关系。然而,在营销渠道中,层级关系并不是很清楚,有时制造商权力较大,有时批发商或零售商权力较大,因此按照营销渠道的结构,将渠道成员向制造商方向进行的沟通称为向上游沟通,向零售商方向进行的沟通称为向下游沟通;这里的"上""下"并不表示渠道权力的大小和地位的高低,而是在营销渠道中的相对位置。向上游沟通和向下游沟通都是单向沟通,当一方渠道成员向上游沟通,而相对一方的渠道成员同时向下游沟通时,就是双向沟通。

沟通形式,是指信息传送的形式,如面对面沟通、文字沟通和电话沟通等。一个广泛采用的分类方式是正式沟通和非正式沟通。正式沟通一般是指渠道成员通过书面或会议形式进行的沟通。非正式沟通则是指渠道成员的员工之间所进行的较为个性化的(如口头传播)跨组织沟通方式。

沟通内容,是指沟通所传送的信息内涵。如渠道成员在使用权力时,一种是使用强制性权力,一种是使用非强制性权力;两种权力的使用通过沟通所传达的信息内涵是不同的,因而才会起到不同的作用。沟通内容可以分为直接沟通与间接沟通。直接沟通以直接的请求、命令或威胁为信息内涵,间接沟通则以商讨、交换意见和对问题的看法为信息内涵。

综合渠道沟通要素的四个方面,渠道沟通策略可以分成两种大的倾向:合作式渠道沟通策略和自主式渠道沟通策略。合作式渠道沟通策略倾向于与其他渠道成员进行高频率、双向、非正式和间接沟通,自主式渠道沟通策略则倾向于与其他渠道成员进行低频率、单向、正式和直接沟通。

(二)渠道环境的特性与渠道沟通策略

渠道环境的特性包括交易结构、合作氛围和权力结构。表 7-2 显示了渠道环境的特性与渠道沟通策略之间的关系。①

---

① 这里只是考虑了渠道环境的特性对渠道沟通策略的权变影响。实际上,渠道的组织形式或治理策略(参见第四章)会是渠道沟通策略的一个重要的权变因素,即渠道的组织形式或治理策略与渠道沟通策略相匹配才会得到好的沟通效果。不过,至今尚未看到这样的研究文献发表。

表 7-2　渠道环境的特性与渠道沟通策略之间的关系

环境特性	沟通要素				沟通策略	
	频率	方向	内容	形式	合作式	自主式
交易结构						
关系型	高	双向	间接	非正式	A	C
市场型	低	单向	直接	正式	B	D
合作氛围						
支持	高	双向	间接	非正式	A	C
不支持	低	单向	直接	正式	B	D
权力结构						
对称	高	双向	间接	非正式	A	C
不对称	低	单向	直接	正式	B	D

资料来源：根据 Mohr and Nevin(1990)翻译和整理。

交易结构可以根据渠道成员之间交换的特点分为两种极端的形式：市场型结构(market structure)和关系型结构(relational structure)。市场型结构，是指渠道成员之间的交换以实物为基础，是一种非连续性交易——有一个明确的开始与结束，且持续时间很短。关系型结构，是指渠道成员之间的交换以无形的东西(如感情、承诺、信任等)为基础，可以追溯到先前交换双方的活动，反映一个持续的过程，且持续的时间较长。一般而言，在市场型结构中，渠道成员倾向于采用自主式的渠道沟通策略与其他成员沟通；而在关系型结构中，渠道成员倾向于采用合作式的渠道沟通策略与其他成员沟通。

渠道氛围是指渠道成员对渠道工作环境的总体认知，包括渠道的组织特点和成员之间的关系状态。它有点像渠道文化，人们看不到它，但它却无处不在。渠道氛围有很多不同的分类方法，简单一点，可以把它看作一条直线，两个端点分别是：(1)互相支持与彼此信任的渠道氛围；(2)缺乏支持与互信的渠道氛围。两个端点之间存在大量的中间状态。一般而言，在互相支持与彼此信任程度较高的渠道氛围中，渠道成员倾向于采用合作式的渠道沟通策略与其他成员沟通；而在互相支持与彼此信任程度较低的渠道氛围中，渠道成员倾向于采用自主式的渠道沟通策略与其他成员沟通。

渠道权力结构通常被分为对称的(symmetrical)权力结构与非对称的(asymmetrical)权力结构。在对偶渠道成员关系中，对称的权力结构是指双方拥有大致相同的渠道权力，而非对称的权力结构则是指一方拥有的渠道权力明显大于另一方。一般而言，在对称的权力结构中，渠道成员倾向于采用合作式的渠道沟通策略与其他成员沟通；而在非对称的权力结构中，渠道成员倾向于采用自主式的渠道沟通策略与其他成员沟通。

(三) 渠道产出与渠道沟通策略

渠道产出分为定性产出和定量产出。定性产出是指那些很难量化、主观色彩很浓(不同的人有不同的评价)的渠道产出，如渠道成员之间的协调性、渠道成员满意与不满意的感觉和渠道成员之间所达成的关系水平,主要由信任与承诺水平测量。定量产出是指渠道的整体绩效和每个渠道成员的个体绩效,主要由商品的流通量、流通费用和利润额等测量。

根据权变理论,渠道沟通策略对渠道产出的影响由渠道沟通策略和既定的渠道环境的特性相互作用决定,并无绝对的好坏之分。用得适当(渠道沟通策略和渠道环境的特性很好地匹配)就好,用得不当(渠道沟通策略和渠道环境的特性没有很好地匹配)就不好。

营销渠道理论认为,总体来讲,合作式渠道沟通策略对渠道产出的影响要大于自主式渠道沟通策略,但是与渠道环境的特性不匹配的合作式渠道沟通策略的效果不如与环境匹配的自主式渠道沟通策略。一般而言,我们有:

$$产出水平:A>D>B>C$$

其中,A、B、D、C 的含义由表 7-3 的后半部分给出。例如,A 表示合作式渠道沟通策略与关系型渠道结构、互相支持与彼此信任的合作氛围、对称的权力结构相匹配。

根据渠道沟通模型,渠道领袖采取怎样的渠道沟通策略,要根据渠道环境的特性(交易结构、合作氛围和权力结构)灵活运用。考虑到渠道沟通策略由多个渠道沟通要素变化和组合而成,渠道领袖选择渠道沟通策略的空间还是很大的。渠道领导活动要通过渠道领袖企业中的渠道经理及渠道管理人员来完成。

本章提要

渠道领导是指一个渠道成员为了控制营销渠道运行的各个方面而影响其他成员之营销政策和策略的活动。渠道领袖是指在一条营销渠道中发挥领导作用的企业或组织。在营销渠道中,渠道领袖要发挥指导、沟通、先行和激励等领导作用。

渠道领袖一般由渠道权力较大的企业或组织充当。不过,影响一个企业或组织在渠道中领导地位的还有一些其他因素,如品牌的归属及其影响力、企业在渠道中的角色、渠道成员之间的契约或协议等。

影响渠道领导的因素有很多,包括渠道领袖的权力、渠道领袖的特性因素、渠道依赖与结构以及渠道环境。渠道领导的直接结果是渠道控制水平,渠道控制水平影响渠道合作与冲突,进而影响渠道满意与渠道效率。

基于路径-目标理论,营销渠道理论将渠道领导方式分为参与型、支持型和指导型三种。参与型渠道领袖有事与其他渠道成员商讨解决,经常征求并在做决策时考虑其他成员的意见。支持型渠道领袖充分考虑其他渠道成员的需要和利益,努力创建一个良好的信息沟通网络和一个友好而愉快的工作氛围。指导型渠道领袖是营销渠道的组织者,其将不同的渠道功能或角色在渠道成员中进行分配,在必要时对渠道成员如何完成任务给予指导,并对渠道成员的工作表现做出评价。

渠道领导后面的支撑,是渠道权力。渠道权力是一个渠道成员对另一个在同一渠道中不同层次上的渠道成员的影响力。渠道权力可以有多种不同的使用方法,如使用不同的权力基础(奖励权力、强迫权力、法定权力、认同权力、专家权力和信息权力)或实施不同影响的策略(许诺策略、威胁策略、法定策略、请求策略、信息交换策略和建议策略)。不同的权力使用方式,在成本上有所不同。

渠道领袖要发挥领导作用,就要对渠道成员进行激励。渠道激励涉及多个层面,既有跨组织激励问题,又有企业内部激励问题;既要针对组织,又要针对个人。任一层面的激励政策与激励措施的不到位,都会打击渠道士气,导致渠道效率的下降。渠道激励要很好地弥补三个缺口,即能力缺口、信任缺口和认知缺口。为此,渠道领袖要根据自己的实际情况选择较有能力的渠道成员,以此弥补能力缺口;渠道领袖要言而有信,奖罚分明,以此弥补信任缺口;渠道领袖要了解渠道成员和其渠道员工的需要,以此弥补认知缺口。渠道激励要坚持实事求是原则、目标相容原则、适时原则、奖励与惩罚相结合原则和公平原则;渠道激励方法则可从利益回报、沟通交流、支持扶助和巩固关系等方面来发掘、设计和选择。

渠道沟通是渠道领袖要发挥的另一个重要的领导作用。渠道沟通策略由沟通频率、沟通方向、沟通形式和沟通内容等要素的变化或组合而得,可以分成两种大的倾向:合作式渠道沟通策略和自主式渠道沟通策略。合作式渠道沟通策略倾向于与其他渠道成员进行高频率、双向、非正式和间接沟通,自主式渠道沟通策略则倾向于与其他渠道成员进行低频率、单向、正式和直接沟通。渠道沟通策略对渠道产出的影响由渠道沟通策略和渠道特性的相互作用而决定——当渠道沟通策略和渠道特性很好地匹配时,有利于提高渠道产出;当渠道沟通策略和渠道特性没有很好地匹配时,渠道产出就比较低。

参考文献

李先国、杨晶、梁雨谷主编,2019,《销售管理》(第5版),北京:中国人民大学出版社。

林舒进、庄贵军、沈璐,2019,《营销渠道中权力、权力源与权力使用的元分析》,《西安交通大学学报(社会科学版)》,第1期,第58—64页。

罗宾斯,斯蒂芬;库尔特,玛丽,2017,《管理学(第13版)》,刘刚等译,北京:中国人民大学出版社,第379—485页。

芮明杰编著,2021,《管理学》(第四版),北京:高等教育出版社,第183—194、233—250页。

熊银解、富特雷尔,查尔斯·M.主编,2017,《销售管理》(第四版),北京:高等教育出版社。

杨明刚主编,2001,《实用管理学:知识·技能·案例与实训》,上海:华东理工大学出版社,第204—208页。

El-Ansary, A. I., and L. W. Stern, 1972, "Power Measurement in the Distribution Channel", *Journal of Marketing Research*, 9, 47-52.

Emerson, R., 1962,"Power-Dependence Relations", *American Sociological Review*, 27, 31-41.

Etgar, M., 1978,"Differences in the Use of Manufacturer Power in Conventional and Contractual Channels", *Journal of Retailing*, 54(4), 49-62.

Frazier, G. L., and J. Summers, 1984,"Interfirm Influence Strategies and Their Application within Distribution Channels", *Journal of Marketing*, 48(3), 43-55.

Frazier, G. L., and R. C. Rody, 1991,"The Use of Influence Strategies in the Interfirm Relationships in Industrial Product Channels", *Journal of Marketing*, 55(1), 52-69.

French, J. R. P., and B. H. Raven, 1959,"The Bases of Social Power", In D. Cartwright(ed.), *Studies in Social Power*, Ann Arbor: University of Michigan Press, 150-167.

Gaski, J. F., and J. R., Nevin, 1985,"The Differential Effects of Exercised and Unexercised Power Sources in a Marketing Channel", *Journal of Marketing Research*, 22(2), 130-142.

Gaski, J. F., 1986,"Interrelations among a Channel Entity's Power Sources: Impact of the Exercise of Reword and Coercion on Expert, Referent, and Legitimate Power Sources", *Journal of Marketing Research*, 23(1), 62-77.

Gaski, J. F., 1984,"The Theory of Power and Conflict in Channels of Distribution", *Journal of Marketing*, 48(3), 9-29.

Hunt, S. D., and J. R. Nevin, 1974,"Power in a Channel of Distribution: Sources and Consequences", *Journal of Marketing Research*, 11(2), 186-193.

Kale, S. H., 1986,"Dealer Perceptions of Manufacturer Power and Influence Strategies in a Developing Country", *Journal of Marketing Research*, 23, 387-393.

Kumar, N., L. K. Scheer, and J. E. M. Steenkamp, 1998,"Interdependence, Punitive Capability, and the Reciprocation of Punitive Actions in Channel Relationships", *Journal of Marketing Research*, 35(2), 225-235.

Mehta, R., T. Larsen, and B. Rosenbloom, 1996,"The Influence of Leadership Style on Co-operation in Channels of Distribution", *International Journal of Physical Distribution & Logistics Management*, 26(6), 32-59.

Mehta, R., T. Larsen, B. Rosenbloom, J. Mazur, and P. Polsa, 2001,"Leadership and Cooperation in Marketing Channels: A Comparative Empirical Analysis of the USA, Finland and Poland", *International Marketing Review*, 18(6), 633-666.

Mohr, J., and J. R. Nevin, 1990,"Communication Strategies in Marketing Channels: A Theoretical Perspective", *Journal of Marketing*, 54(3), 36-51.

Penrose, E., 1959, *The Theory of the Growth of the Firm*, NY: Oxford University Press Inc.

Robicheaux, R. A., and A. I. El-Ansary, 1976, "A General Model for Understanding

Channel Member Behavior", *Journal of Retailing*, 52, 13-30.

Schul, P. L., W. M. Pride, and T. L. Little, 1983, "The Impact of Channel Leadership Behaviour on Intrachannel Conflict", *Journal of Marketing*, 47(3), 21-34.

Shamdasani, P., H. T. Keh, and K. T. S. Chan, 2001, "The Efficacy of Power and Influence Strategies in a Conventional Channel: A Singapore Perspective", *Journal of Business & Industrial Marketing*, 16(1), 21-38.

Stern, L. W., and A. El-Ansary, 1992, *Marketing Channels* (4th ed.), NJ: Prentice-Hall, Inc.

练习与思考

1. 渠道领导有什么特点？
2. 渠道领袖是必要的吗？为什么？
3. 渠道领袖需要发挥哪些领导作用？
4. 有哪些因素影响一个渠道成员的领导地位？举例说明其中一二。
5. 有哪些因素影响一个渠道领袖的渠道领导行为？举例说明其中一二。
6. 渠道领导有哪几种方式？可能的后果是什么？
7. 什么是渠道权力？关于渠道权力有哪两种主要观点？你觉得哪种更有道理？为什么？
8. 渠道权力有哪几种使用方法？可能的后果是什么？
9. 渠道激励涉及哪几个层面？
10. 根据渠道激励的期望理论，渠道激励有哪几个缺口？各是什么？
11. 渠道激励有哪些基本原则？有哪些常用方法？
12. 渠道沟通策略由哪些要素构成？
13. 简述渠道沟通权变理论模型。
14. 阅读和分析本书"案例分析"部分的案例8、案例9，并回答问题。

第八章

渠道成员之间的合作和冲突

>> **知识要求**

通过本章的学习,掌握以下要点:
- 渠道依赖的内涵和渠道互依的结构;
- 渠道依赖与互依的相关理论;
- 中间商业务量分析与渠道依赖矩阵的内涵;
- 渠道合作的内涵及其形式;
- 渠道联盟的内涵及其形式;
- 供应链的内涵及其渠道联盟;
- 渠道冲突、渠道合作与渠道依赖的关系;
- 渠道冲突的根源与过程;
- 解决渠道冲突的基本方法。

➡ **技能要求**

通过本章的学习,要求学生能够做到:
- 用自己的语言清楚地表达渠道冲突、渠道合作与渠道依赖的概念,解释其内涵,并描述三者之间的关系;
- 熟悉渠道依赖与互依的相关理论;
- 应用中间商业务量分析与渠道依赖矩阵进行相关的分析;
- 明确承诺在渠道合作、渠道联盟和供应链中的作用,合理设计渠道合作的方案;
- 熟悉渠道冲突的根源与过程,设计解决渠道冲突的方案。

渠道成员之间最低限度的合作,是营销渠道系统得以存在的必要条件。正如 Stern and El-Ansary(1992)所言:"(渠道)成员被推入彼此依赖的关系中,因为他们彼此需要对方的资源——不仅仅是资金,还有专业化技巧、进入某一特定市场的能力,以及与此相似的其他要素。为了完成渠道任务,渠道成员在功能上的相互依赖性要求他们必须进行最低限度的合作,否则,渠道便不可能存在。"上一章所述渠道领袖的领导行为或影响行为的主要目的就是增强渠道成员之间的合作、提高渠道系统的运行效率。然而,要合作,就会有冲突。渠道合作与渠道冲突是一枚硬币的两个面。冲突的性质、大小和解决方法,会对渠道合作产生重要的影响。

本章首先讨论渠道合作的基础——渠道依赖;然后,讲解渠道合作的内涵和常用方法;最后,讨论渠道冲突与解决方法。

第一节　渠道依赖与互依结构

渠道成员之间的相互依赖是中间商渠道存在的基础。正因为如此,营销学者们在研究营销渠道时,才特别重视对营销渠道成员之间依赖和互依关系的讨论(Gundlach and Cadotte, 1994; Heide and John, 1988; Lusch and Brown, 1996;庄贵军等,2003)。这种讨论有利于我们更深刻地认识营销渠道中渠道参与者之间的合作与冲突。

一、渠道依赖

依赖最初是一个心理学概念,被心理学家和社会心理学家定义为这样一种状态:一个人希望或主动寻求得到其他人在经济、情感、安全等方面的帮助(Sutherland, 1989; Glanze and Goldenson, 1984)。它常常被认为是一种消极的行为。比如人格理论认为,当一个人面对挑战缺乏自信,觉得无力、无助时,才会依赖他人的帮助而不是自己迎接挑战(Bornstein, 1994)。缺乏自信、过度依赖他人,被称为依赖人格综合征(dependent-personality disorder)(Sutherland, 1989)。

在营销渠道理论中,依赖是指渠道成员为了实现自己的目标而需要与另一个渠道成员维持交换关系的心理与行为状态(Kale, 1986),或渠道合作伙伴所提供资源难以替代的程度(Buchanan, 1992)。

渠道成员之间的相互依赖是渠道成员功能专业化的必然结果。在一个渠道功能非专业化的经济中,生产者或服务供应者将产品或服务直接出售给最终消费者,因此不需要依赖其他人或组织的帮助就能完成整个再生产过程。然而,随着人类社会的发展,社会分工、专业化和市场交换,以及以媒介商品交换为目的的商业出现了。产销直接见面的交易方式变得越来越不经济,多层次渠道逐渐占据了统治地位。渠道成员专业化于那些它们具有相对优势的功能上,一方面获取规模效益(这是功能专业化的主要动力),另一方面在功能上相互依赖。这就使它们为了实现自身的目标必须先实现渠道成员共同的目标。

二、渠道互依及其结构

在对渠道依赖状态进行分析时,研究者们普遍采用一种被称为对偶分析的研究方法(the dyadic approach),即以配对成员为分析与研究的基本单位。实际上,渠道成员之间的依赖状态,要比对偶分析得到的结果复杂得多;只有采用网络分析的研究方法(the network approach),才能对其复杂性进行更全面的了解。但是,对偶分析却是网络分析的前提(Iacobucci and Hopkins,1992)。

我们可以把两个渠道成员之间的互依关系(对偶分析)看作营销渠道系统(网络分析)的一个特例。在讨论渠道互依及其结构时,我们假定:两个渠道成员互相依赖,相对独立于整个营销渠道系统。

在对偶或配对渠道成员的关系中,渠道互依既有程度上的区别,也有结构上的差异。依赖程度标志着一个成员对另一个成员依赖水平或互依水平的高低;而互依结构则表示互依的对称与非对称性,比如 A 对 B 的依赖水平可高于、等于或低于 B 对 A 的依赖水平(Kumar et al.,1998)。

示例 8-1 给出的是从制造商的角度测量制造商对零售商依赖程度的两种量表:一种是功能依赖程度量表,即通过测量制造商对零售商在各种功能上的依赖程度得到前者对后者总的依赖程度;另一种是替代难度量表,即通过测量制造商替代零售商的难度得到前者对后者的依赖程度。

示例 8-1　渠道依赖量表

渠道依赖量表(1)

请用打分的方式指出:在下列各项目中,贵公司(制造商)依赖××公司(零售商)的程度(0=我们完全不依赖它们,1=我们在很小的程度上依赖它们,2=我们在一定程度上依赖它们,3=我们在很大的程度上依赖它们,4=我们完全依赖它们)。

D1　产品的全国性广告(如在中央电视台上做广告)
D2　产品的地方性广告(如在省市电视台上做广告)
D3　产品送货(谁负责公司产品的运送)
D4　产品信息(质量、性能及竞争产品的相关信息)
D5　销售信息(销量、存货、流行趋势及竞争产品的销售情况)
D6　售后服务(售后服务由谁提供)
D7　营销活动(谁制定和执行公司产品的营销策略)
D8　销售额(该店的销售额对贵公司及贵公司产品的销售额对该店的重要性)
D9　利润额(该店的利润额对贵公司及贵公司产品的利润额对该店的重要性)
D10　资金支持(在资金方面谁支持谁)

D11 产品质量保证(产品的质量保证由谁负责)
D12 产品信誉(产品信誉由谁负责)

渠道依赖量表(2)

请用打分的方式指出：你同意与不同意下列项目的程度(1=极不同意,2=不同意,3=不同意也不反对,4=同意,5=极其同意)。

R1 在这个地区,我们可以找到其他的商店提供与该公司相同的服务[#]
R2 如果找其他商店代替该公司,会给我们带来损失
R3 我们很难找到一家商店,像该公司一样带给我们这么多的销售额和利润额
R4 总之,我们与该公司的关系对于实现我们的目标来讲非常重要

注:#为逆向打分项目。

资料来源:改写自 Zhuang, G. J., Impact of Power Structure on Exercises of Power in Marketing Channels, Ph.D. Dissertation, City University of Hong Kong, 2001。

这两个量表所能测到的是一个渠道成员对另一个渠道成员的依赖。而要测量互依程度及其结构,则要从这个对偶关系的两边同时测量,再将测得的结果进行运算。比如,按照 Kumar et al.(1998)的方法计算,将互依程度(interdependence magnitude)记为 InterPD,互依非对称性(dependence asymmetry)记为 AsymPD,渠道成员 S 对 D 的依赖和渠道成员 D 对 S 的依赖分别记为 DP_s 和 DP_d,则计算公式如下:

$$InterPD = DP_d + DP_s$$
$$AsymPD = DP_d - DP_s$$

其中,AsymPD 又需要分为两个指标:D 更依赖 S 时的互依非对称性,记为 DmorePD(意为 D is more dependent);S 更依赖 D 时的互依非对称性,记为 SmorePD(意为 S is more dependent)。当 AsymPD>0 时,令 DmorePD = $DP_d - DP_s$;当 AsymPD≤0 时,令 DmorePD = 0。当 AsymPD<0 时,令 SmorePD = $DP_s - DP_d$;当 AsymPD≥0 时,令 SmorePD = 0。这样计算得出的 InterPD、DmorePD 和 SmorePD 等指标,就能够全面地反映对偶关系中的互依程度及其结构。

渠道成员要对渠道的互依结构非常敏感,因为它意味着渠道的权力结构,而权力结构又会影响一个渠道成员的领导地位和渠道权力的运用及其后果。比如,在一个严重不对称的互依关系中,处于领导地位的企业(权力较大的一方)在运用权力方面通常有较大的自由,既可以使用非强制性权力,也可以使用强制性权力;使用非强制性权力被认为比较仁慈,而使用强制性权力则被认为是应该的。在一个基本对称的互依关系中,一个渠道成员使用强制性权力就会受到很大的限制,否则会引起对方的强烈反弹,使合作关系走向终结。如第七章示例 7-4 中,国美和格力的"激情碰撞"就源自二者对称但水平不高的互依结构。如果一家企业是一个不对称互依关系中的弱者,则它更不能随意使用强制性权力,否则将会遭到对方的强力报复。

三、渠道依赖与互依的理论基础

有多种理论被用于解释营销渠道中的依赖与互依关系，主要有交换理论、交易成本理论、依赖与权力理论和互依理论（interdependence theory）。前两者来自经济学，后两者来自社会心理学。它们之间并不对立，是相互印证与互补的关系。

（一）交换理论

第一章对交换理论有详细说明，这里不再重复，只是将其引申到渠道依赖上而概述如下：

渠道成员之间之所以相互依赖，是因为它们彼此需要对方的某些专业化了的功能。虽然这些功能它们自己也可以去实现，但是在经济上是不划算的。通过功能交换，双方都可以得利。通过功能交换所得到的利益，是渠道依赖与互依关系的本质。当功能交换无利可图，或有更好的互利替代关系时，一个对偶的渠道关系就失去了存在的基础，这一关系本身可能也就走到了尽头。

（二）交易成本理论

交易成本理论将渠道成员之间的依赖与互依归因于交易专有资产。交易专有资产（transaction-specific assets）是指一家企业针对一个特定的交易伙伴所进行的在设备、程序、培训或关系方面的投资（Joshi and Stump，1999）。比如，一家零售商要销售海尔的家用电器产品，海尔可能会要求它专门针对海尔的产品进行售点装饰，购买特定的电脑软硬件并匹配海尔的信息系统，而海尔则会对这家零售商的销售人员进行产品知识的培训。除此之外，两家企业还要花费时间建立关系，迎来送往地应酬。这种针对性很强的投入，不能毫无成本地转移，用于与另一个交易伙伴的合作。因此，一旦双方结束合作关系，双方已经投入的交易专有资产就会全部或部分损失。试想，一旦结束与海尔的合作关系，上面那家零售商针对海尔产品的售点装饰和与海尔信息系统匹配的电脑软件还有多少价值呢？当然，海尔在培训和关系方面的投入也无法收回。

一家企业要与其他企业保持持续的交换关系，一定程度的交易专有资产投入是必需的。这是因为：第一，交易专有资产比一般性资产在持续的交换或合作关系中更有效率。在持续的交换或合作关系中，各方参与者在资源和优势上通常是互补的。为了获得较高的效益，各方参与者都需要根据自己的优势和劣势，针对其他方投入有较强针对性的专有资产。这些资产优势互补，因此更有效率。

第二，通过交易专有资产的投入，各方参与者显示它们对交易伙伴的忠诚或承诺。相互信任是跨组织合作的一个重要前提。一家企业要想与另一家企业合作，首先要使后者对自己有起码的信任。社会规范会起一定的作用——在一个信任度较高的社会里，一家企业比较容易获得另一家企业的信任。但是，社会规范带来的信任是有限的，尤其是在那些信任度较低的社会里。为了加深企业之间的信任，双方需要针对彼此投入交易专有资产，利用交易专有资产的转移成本把双方"锁"在交易关系中。双方投入交易资产的专有程度越高,力度越大,转移就越困难,在结束关系时的损失也就越大。因此,针对交易伙伴投入交易专有资产,可以被视为表达合作诚意的一种手段,很容易获得交易伙伴的信任。

第三,交易专有资产投入有时是交易条款的一部分。一家企业在与交易伙伴签订合作协议时,双方为了防止对方可能出现的投机行为,要求对方针对己方进行这种投入。比如,国内的一些烟草公司要求零售商先购买电脑并与烟草公司的网络连接后才向其供货。其中,零售商购买电脑就是交易条款中烟草公司对零售商的要求。

因为交易专有资产不能毫无成本地转移,所以一家企业一旦投入交易专有资产,就对交易伙伴产生了某种程度的依赖。它依赖交易伙伴发挥某种作用,即使期间有什么不满,也不能随意更换交易伙伴。一般而言,交易资产的专有程度越高,投入越大,转移越困难,企业对交易伙伴的依赖程度就越高。

(三)依赖与权力理论

依赖与权力理论即前面第七章所讲的依赖-权力学说。这种学说除了指出在依赖与权力之间存在倒置的关系(A 对 B 的权力等于 B 对 A 的依赖),还指出影响依赖的两大因素:B 对 A 的依赖,与 B 预期 A 能够实现其欲求目标的程度成正比,与 B 在 A 和 B 的关系之外达到欲求目标的可能性成反比(Emerson, 1962)。

这里,所谓的"欲求目标",是指一个人有意或无意地想从一种关系中获取的利益或奖励;所谓的"关系之外达到欲求目标的可能性",则是指任何能够替代某一特定关系且实现欲求目标的途径和关系。

(四)互依理论

互依理论用对比水平(comparison level, CL)与替代对比水平(alternatives comparison level, CLalt)两个概念来定义依赖与互依(Kelly and Thibaut, 1978)。对比水平 CL 是指一个人根据以前他从一些关系中得到的成果与现在的情况相比较而认可的、应得的最低成果。替代对比水平 CLalt 则是指一个人对于他从其他关系中所能获得成果的认识。

根据互依理论,成功的渠道关系取决于企业对渠道关系的满意程度和双方的互依程度。一家企业通过它从一个渠道关系中的所得与 CL 比较决定它对这一渠道关系的满意程度,通过它从一个渠道关系中的所得与 CLalt 比较决定它对这一渠道关系的依赖程度。用公式表示,就是:

$$成果 - CL = 满意水平$$
$$成果 - CLalt = 依赖水平$$

简言之,如果它从一个渠道关系中的所得大于 CL,那么它就对这一渠道关系感到满意,否则就不满;如果它从一个渠道关系中的所得大于 CLalt,那么它就会依赖这一渠道关系,否则就会放弃这一渠道关系。

四、渠道依赖的一个应用

渠道依赖的一个重要应用是中间商业务量分析(distributor portfolio analysis)与渠道

依赖矩阵(the channel dependence matrix)(Dickson,1983)。

中间商业务量分析类似于应用波士顿矩阵法对多业务公司的业务量进行分析。它为制造商提供了一个管理中间商的分析框架,能够帮助制造商精确评价中间商经营本公司产品的业绩和潜力,有利于公司的营销渠道达到动态平衡。它意味着,一家企业在与其中间商打交道时,任何一个给定的时点内都会同时针对不同的中间商应用不同的策略。图 8-1 是一个假设的分析结果。

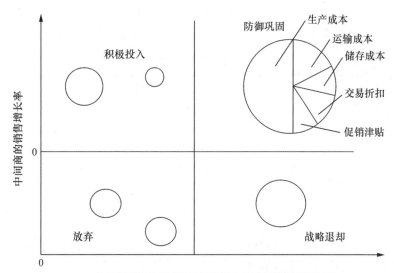

图 8-1　中间商业务量分析

在图 8-1 的十字坐标中,纵轴表示中间商的销售或业务增长率,其可以是正的,也可以是负的;横轴表示中间商销售公司产品的销售额占公司总销售额的比率,取值范围为 0—100%。图 8-1 中每一个圆的面积与每一个中间商销售公司产品的销售额占公司总销售额的比率相对应,并且每一个圆的面积可以根据公司的成本构成分成若干块(如图 8-1 右上角的圆所示)。

根据分析结果,制造商可以分别采用四种不同的中间商策略:积极投入(offensive investment)、防御巩固(defensive entrenchment)、战略退却(strategic retreat)和放弃(abandonment)。比如,图 8-1 中左上角的两个中间商正处于销售额快速增长阶段,而制造商对它们的利用很不够,因此应该采用积极投入策略,加强对它们的利用。对于落于图 8-1 中右下角的那个中间商,尽管它销售公司产品的销售额占公司总销售额的比率较高,但是它的销售额正在下降,因此制造商应考虑采用战略退却策略——一方面利用它,另一方面视情况减少对它的依赖。

中间商业务量分析可以用于单品的渠道管理、产品线的渠道管理和一组产品的渠道管理。只要改变横轴的内涵就能办到,如将"中间商销售公司产品的销售额占公司总销售额的比率"变为"中间商销售公司某一品牌产品的销售额占公司此品牌产品总销售额的比率""中间商销售公司某一产品系列的销售额占公司此产品系列总销售额的比率"。

此外,通过成本构成分块(如图 8-1 右上角的圆所示),中间商业务量分析还有助于企业比较成本和利润分布,发现营销渠道中存在的问题。

渠道依赖矩阵根据制造商与中间商的市场占有率得出,如表 8-1 所示。X、Y、Z 表示不同的制造商,A、B、C、D、E 表示不同的中间商。行表示一家制造商某种产品的市场占有率在不同中间商之间的分布,列表示一家中间商经销某种产品的市场占有率在不同制造商之间的分布。表中的每一格,都表示一家中间商销售一家制造商某种产品的市场占有率。例如,X—A 一格是 20%,表示中间商 A 销售制造商 X 的产品获得了 20% 的市场占有率;Y—D 一格是 5%,表示中间商 D 销售制造商 Y 的产品获得了 5% 的市场占有率。

表 8-1　渠道依赖矩阵

制造商	中间商					
	A	B	C	D	E	总计
X	20%	20%	5%	0	5%	50%
Y	20%	0	5%	5%	0	30%
Z	10%	0	0	5%	5%	20%
总计	50%	20%	10%	10%	10%	100%

在行或列的总计之内进行比较,可以看出行业的市场集中度;将行与列的总计进行比较,可以看出在营销渠道中制造商与中间商之间的互依结构。比如,X—A 是平衡的互依结构;X—B、X—C、X—D、X—E 等是不平衡的互依结构。渠道依赖矩阵表各格内数字的变化,暗示的是互依结构的变化。

渠道依赖矩阵与中间商业务量分析是一种互补关系。通过中间商业务量分析,一家制造商能够精确地评价各中间商经营本公司产品的业绩和潜力,从而有重点地扶持一些中间商,当然也为必要时淘汰一些中间商提供了依据。不过,这样做只是考虑了经济方面的因素,而没有考虑心理或行为上的因素。依此进行决策,有可能过分依赖某些中间商,使自己失去主动权。通过渠道依赖矩阵,企业能够了解渠道互依结构的现状和变化;通过对不同中间商依赖程度的调整,比如通过对一些小的中间商的依赖去平衡对大的中间商的依赖,控制互依结构向着对自己有利的方向变化。因此,中间商业务量分析和渠道依赖矩阵从正反两个方面提示着企业的渠道机会。

第二节　渠道合作与策略

渠道合作是指渠道成员为了共同及各自的目标而采取的共同且互利的行为。示例 8-2 从制造商的角度给出了一个渠道合作的量表。根据这个量表打分,得分越高,意味着渠道成员之间合作的程度越高。

示例 8-2　渠道合作量表

就贵公司（制造商）与××零售商的关系，请用打钩的方式指出您同意与不同意下列表述的程度（1＝极不同意，2＝不同意，3＝无意见，4＝同意，5＝极其同意）。

CP1　我公司未来的目标只有通过与××零售商共同努力才能达到

CP2　我公司的利润取决于我们与××零售商保持良好的工作关系

CP3　××零售商给我公司很大的支持，比如为我公司的产品提供了较好的展位

CP4　我公司帮助××零售商改善了其业绩

CP5　与××零售商保持良好的关系，对双方都有利

CP6　如果××零售商达到其竞争目标，我公司在竞争中也会处于有利地位

CP7　××零售商只是在利用我公司达到其目的，很少关心我公司的利益[#]

CP8　我公司与××零售商的合作是成功的

CP9　我公司与其他零售商的合作更有效率[#]

注：#为逆向打分项目。

资料来源：改写自 Zhuang, G. J., Impact of Power Structure on Exercises of Power in Marketing Channels, Ph. D. Dissertation, City University of Hong Kong, 2001。

如前所述，渠道合作根源于渠道成员之间的相互依赖性，而相互依赖性又是渠道成员功能专业化的结果。渠道功能专业化的原始动力，是通过专业化充分发挥自己的优势，获得在某一个功能上的规模经济。但是，功能专业化也将再生产过程割裂开来，使得任何一家企业都难以高效率地完成再生产所要求的每一个环节。这就产生了一家企业对其他企业的依赖。而且，它所依赖的企业处境与它相似，也要依赖其他企业才能完成再生产过程，所以渠道中企业之间的依赖是相互的。相互依赖性由此就成为渠道中企业之间合作的基础或根源。一般而言，相互依赖性越强，合作的基础就越坚实，在其他情况相同时，合作的程度也就越高。相互依赖性消失了，合作的基础就没有了，合作也会随之消失。

一、渠道合作的内容与形式

渠道合作的内容与形式有很多，主要有建立稳定的交易关系、提供专卖产品、联合贮运、信息共享、联合促销、联合培训和地区保护等。

建立稳定的交易关系，即制造商与中间商达成长期且固定的交易关系——制造商持续地向中间商供应产品，中间商则通过努力帮助制造商开拓市场而获得收益。这是渠道合作的基础形式，其他合作形式均建立在此基础之上。

提供专卖产品，是指制造商向自己的渠道成员提供专门为它们设计的产品，以应对或减轻价格竞争对它们的影响。这是因为专卖产品设计独特，且只在专门指定的范围内

销售，使消费者不太容易与类似的产品在价格上进行比较，从而降低价格竞争的效应。

联合贮运，包括制造商和中间商联合加入适时管理系统（just-in-time，简称"JIT 系统"）、联合加入电子数据交换系统（简称"EDI 系统"），制造商或批发商发起或参与对中间商的紧急货运活动，以及制造商帮助批发商和零售商筹措存货资金等。

信息共享，包括制造商、批发商和零售商共同加入电子数据交换系统，方便、快捷地交换信息；制造商和中间商共同发起或加入销售商联合会，增加同业交流与沟通；渠道成员内分享渠道调研成果。

联合促销，包括联合广告活动（如制造商把中间商的名字列入产品或企业广告中）、联合产品展示活动（如制造商向批发商和零售商提供示范产品，批发商和零售商积极配合）、联合销售活动（如制造商加入批发商或零售商的销售活动中）、联合调研活动（如制造商提供价格折扣，让批发商和零售商帮助进行市场调查）、联合担保活动（如售出的产品如果发生质量问题，既可以找中间商也可以找制造商）等。另外，在价格竞争十分激烈时，为了让中间商更灵活地应对，制造商还常常向中间商提供价格补偿。

联合培训，包括批发商和零售商联合加入制造商的销售培训及产品培训项目。比如，一些制造商利用自己的教育基地，对中间商的业务骨干进行教育培训。

地区保护，即制造商特许中间商的地区独家代理权。渠道合作会因为这种地区保护政策而得到加强。

二、渠道关系与生命周期

企业之间在渠道中的合作关系，简称为"渠道关系"，其是一个动态演化的过程。一个完整的渠道关系会经历知觉（awareness）、开发（exploration）、强化（expansion）、承诺（commitment）和散伙（dissolution）五个阶段，这被称为渠道关系的生命周期（Dwyer et al., 1987）。表 8-2 给出了渠道关系生命周期各阶段的描述和基本特征。

表 8-2　渠道关系的生命周期

阶段	描述	关键特征
知觉	• 一家企业发现另一家企业有可能成为交易伙伴 • 一方很希望了解另一方，常常通过后者与其他企业的互动了解它 • 希望有第三方搭桥 • 少量的沟通与互动，目的在于彼此了解 • 彼此缺乏信任	• 至少一方发现或意识到双方共同的利益，这是合作的基础
开发	• 沟通与互动增加，开始谈判，双方互探对方的性质与动机 • 彼此之间开始选择性地披露信息 • 有了角色限定，开始尝试性的合作 • 出现了关系准则，有了互依性	• 通过沟通，使一方的发现成为双方的共识 • 对权力和公正问题极度敏感 • 关系很容易被任何一方终止，关系终止的成本不高

(续表)

阶段	描述	关键特征
强化	• 合作使双方得益,有了更大的合作动力 • 双方都愿意为合作承担更大的风险和责任 • 目标的一致性更高 • 沟通增多,合作增强,互依性提高 • 其他企业替代合作伙伴的可能性降低	• 必须有进一步发展关系的动力,为此双方要寻找新的合作领域 • 诚信最重要
承诺	• 双方加大交易专有资产的投入 • 关系的长期导向 • 不会轻易寻找或使用替代者 • 高度期望、高度信任、高度互依 • 合同、关系准则和共同的价值观是强化双方关系的纽带 • 有化解冲突、相互适应的有效机制	• 忠诚、适应性、持续性和高度的互依性使得这一关系与众不同
散伙	• 环境或双方的变化失去了合作的基础 • 难以化解的冲突使双方交恶 • 一方撤回投资,激起另一方的报复 • 维系双方关系的关键人物离去	• 建设需要双方的努力,但破坏只需一方 • 在渠道关系中,失去共同的利益是关键

资料来源:根据 Coughlan et al. (2014) 翻译和整理。

(一)渠道关系的知觉阶段

渠道关系的知觉阶段开始于一家企业发现它与另一家企业有共同的利益,因此,后者有可能成为其交易伙伴。它一方面希望对对方的历史和它与其他企业的互动状况有进一步的了解,以判断它是否值得交往;另一方面它在寻找第三者,希望第三者在适当的时机能起到中介作用。这时,在双方之间基本没有或只有少量旨在对彼此进行初步了解的沟通和互动。因此,在很多情况下,第三者的中介作用很重要,这是达成彼此了解和起码信任的一条捷径。

知觉阶段的结果如果是正面的,则渠道关系的发展就会进入下一阶段;如果是负面的,如发现与对方的合作基础其实是不存在的,或发现对方根本无意与自己合作,则渠道关系没有开始就终止了。当然,此时其他合作伙伴的主动介入,也有可能终止处在萌芽中的关系。

(二)渠道关系的开发阶段

经过渠道关系的知觉阶段,如果一家企业对它与另一家企业发展互利合作关系的评价是正面的,也就是既有必要也有可能发展这一关系,则渠道关系就进入开发阶段。

在渠道关系的开发阶段,一方试探性地与另一方接触,开始尝试性的合作,比如进行一些市场交易活动。在进行市场交易活动时,双方都在小心地考察、考验和评估对方。关系的发展是渐进的。这一阶段可能持续较长的时间。

如果双方的接触与初步合作是愉快的,则它们就会增强沟通与互动,彼此之间有了角色定位和互依性,开始有选择性地披露一些相关的信息。它们甚至开始商谈,希望加强合作,或者开展范围更加广泛的合作。当然,如果接触与初步合作是不愉快的,则关系发展可能就此停下来或结束。

在渠道关系的开发阶段,双方的行为对关系发展有着巨大的影响。因为这时,双方都在对另一方形成印象,一旦初步印象不好,要想改变就非常困难。彼此给予对方的印象,往往决定着渠道关系能否进入下一阶段。

(三) 渠道关系的强化阶段

合作使双方得益,双方都有进一步发展关系的动力——都愿意为合作承担更大的风险和责任。这时,渠道关系进入强化阶段。

在这一阶段,在渠道成员之间,沟通增多,合作增强,互依性提高,目标有了更高的一致性,信任螺旋式上升,其他企业的替代性降低。示例8-3是一家经销商的经理讲述他的公司与一家制造商发展合作关系的过程。其中,前一部分是关系强化过程,后一部分是关系承诺过程。

示例8-3 某经销商与制造商合作关系发展过程

关系强化过程

开始时,我并不知道是否能够相信他们告诉我的事情,但是通过经验、事实和交易的积累,我逐渐建立起对他们的信任。

这中间有很多次的试错。我们从错误中学习,并逐渐成为W公司运行中的一部分。时间一长,我们和W公司之间有了相互妥协并解决问题的机制。我们了解了W公司的游戏规则,这使得我们与W公司之间的业务往来更为简单。

W公司一直在推动我们。他们说:"如果你做我们也做。"我们做到了,他们也做到了。他们建议如果我们开展某一项目,他们就可以确保一定数量的额外业务。事情就这样完成了。他们总是说到做到。我们需要鼓励,因为我们不得不在缓慢发展的产业中经营,并且在尝试不同事物时谨小慎微。这就是我们与W公司如何从开始的一点点接触,发展到今天成为彼此都非常重视的合作伙伴的过程。

关系承诺过程

为了保持和巩固这种合作关系,还需要做很多工作,包括双方各个层面的日常交流。我们和W公司之间的沟通非常频繁,他们几乎把我们当成了他们延伸出来的另一个部门。当他们和我们谈话时,就像与他们自己的员工谈话那样坦率。

共同参与和紧密联系,把我们与W公司的关系突显了出来。诚信和理解使之与众不同。我们与W公司都会设身处地为对方着想:为了共同的利益,我们还能多做些什么?

我们希望关系持久。他们是一家成功的企业,与他们合作带给我们成功。他们也相信我们,他们知道我们会尽最大的力量配合他们。这种关系需要有很多的交流和信任才可能得到。

我们双方一直在对开展业务的方式进行尝试和改进。我们交换新的想法,测试新的流程,尝试一些不同的东西。双方都会由此产生一些成本,但我们愿意支付。我们从他们那里学到了很多东西。他们使我们变成了更好的公司。

当他们需要合作时,我们会尽我们之所能给予配合。但如果无能为力,我们就会直说,也没有关系。只要把事情讲清楚,他们会谅解的。

与其他重要的合作伙伴相比,我们对他们更在意。我们会为他们提供更好的服务,对于配合他们的工作也格外的努力和更具紧迫感。

资料来源:翻译和改编自 Coughlan, A., E. Anderson, L. W. Stern, and A. I. El-Ansary,《市场营销渠道(第6版)》,北京:清华大学出版社,2001年,第340—341页。

(四)渠道关系的承诺阶段

在渠道关系的承诺阶段,经过长时间的考验,双方都坚信他们之间关系稳定,谁也不会轻易寻找或使用替代者。为了使合作能够更好地展开,双方都故意加大交易专有资产的投入,巩固和维持它们之间已形成的伙伴关系。合同、关系准则和共同的价值观,是强化双方关系的纽带。由于有了化解冲突、相互适应的有效机制,所以即使出现一些矛盾与冲突,也比较容易化解。示例8-3的后一部分描述的是一家经销商与一家制造商在关系承诺阶段的行为表现。

在这一阶段,如果企业间良好的合作关系用某种合约的形式固定下来,就是渠道成员之间的战略联盟。

(五)渠道关系的散伙阶段

大多数渠道关系的散伙,是由环境或双方某些方面发生了变化,使双方失去了合作的基础所致。但也可能由其他一些因素导致,如一方的投机行为、强权行为或维系双方关系的关键人物离去等。当投机行为、强权行为导致难以化解的冲突时,双方交恶,渠道关系将倾向于解体。当维系双方关系的关键人物离去而双方合作的基础又不是很牢固时,双方的关系会慢慢冷却下来。

另外,渠道关系的衰退与解体,还常常源于其中一方的麻木心理:它们把渠道关系看成是理所当然之事,以为它们是不可替代的,因此既不努力工作以保持关系,也不小心谨慎以维护关系。

这里需要注意,渠道关系的发展并不一定是线性的,也不一定像我们在表8-2中所展示的那么有规律。它可能发生突变,在经历了某一突发事件之后,使渠道参与者突然看清了它们的共同目标、各自的功能定位和联合价值创造的可能性及其潜力等,在渠道领袖的推动下,渠道关系发生并迅速提升。因此,大多数情况下,我们很难确切地说,一个渠道关系究竟处于生命周期的哪一个阶段。不过,有这样一个概念在心中,就会使渠道参与者有意识地发展渠道关系和小心谨慎地维护已经发展起来的渠道关系。

三、营销渠道中的战略联盟

营销渠道中的战略联盟,简称"渠道联盟",是指处于同一渠道中的两方或多方成员通过协商一致而形成的长期的利益共同体。它是渠道关系发展到一定阶段的产物。在渠道联盟中,渠道成员按照商定的渠道策略和游戏规则,共同开发市场,共同承担市场责任和风险,共同管理和规范销售行为,公平地分享经济利益和合作成果。

渠道联盟的第一个重要特点是长期性。如果交易伙伴只是为了交易方便或谋求一时之利而联合起来,则只能称之为战术联盟或普通的商业伙伴关系。

渠道联盟的第二个重要特点是参与各方自愿。有的联盟建立在一种不平等的权力关系之上,由强大的一方对弱小的一方进行控制。虽然表面看起来它们就像一个整体,但是弱小一方的利益常常被剥夺,弱小一方对强大一方的依附往往是被迫的。在一个真正的渠道联盟中,权力是相互且相对平衡的:每一方对另一方都有较大的影响力。只有在这种权力结构上建立的联盟,才是自愿的,因此也是稳固的,并能够长久。

渠道联盟的第三个也是最重要的特点,是彼此之间的高水平承诺。渠道联盟,对于每一个参与者,都意味着交易专有资产的投入和对其合作伙伴依赖性的增加,也意味着风险的增大。企业"被锁定"在一个合作关系之中,即使发现有合作伙伴针对自己采取投机行为,因为怕伤害自己的交易专有资产,企业有时也不得不忍受。因为风险太大,所以渠道成员之间除非有高水平的彼此承诺,否则是不会建立渠道联盟的。可以这样讲,没有彼此之间的高水平承诺,就没有渠道联盟。因此,渠道成员之间的彼此承诺是渠道联盟的核心变量。

(一)承诺

渠道成员之间的承诺,是指渠道成员对维持一种渠道关系的愿望(Moorman et al.,1992),或为维持一种渠道关系而愿意承担某种责任和义务的愿望表达(Morgan and Hunt, 1994)。这种愿望表达可以是口头上的,比如经过协商,联盟各方所签订的协议;也可以是行为上的,比如一方交易专有资产的投入,就表达了它对维持与另一方渠道关系的愿望及其强烈程度。

一般而言,行为表现出的承诺比口头表达出的承诺更可信。比如,针对合作伙伴投入交易专有资产,比口头保证或书面协议可信得多。因为交易专有资产不能毫无成本地转移,所以一方投入的交易资产专有程度越高,力度越大,转移就越困难,也因此需要更加依赖交易伙伴。这使它处于一种脆弱的地位,更容易受到交易伙伴投机行为的伤害。不过,因为它把自己置于这样的地位,所以表示出它对合作伙伴的信任和"用情"专一,承诺也因此更可信。如果一个交易伙伴只是说得多(口头上的承诺很多)而做得少(实际的行为很少),其承诺就是虚假承诺,也就是我们通常所谓的"口惠而实不至"。对于这样的交易伙伴企业需要更加谨慎。

示例 8-4 是从供应商的角度给出的一个渠道关系的承诺量表。由其内容,我们可以大致看出渠道中关系承诺的内涵。

示例 8-4 渠道关系的承诺量表

请用打分的方法,指出贵公司(供应商)与××经销商关系的特点(1=极不同意,2=不同意,3=无意见,4=同意,5=极其同意)。

CN1 我公司希望与该经销商能够进行长期的业务往来
CN2 在其他人做有损于该经销商的事情时,我公司会捍卫该经销商的利益
CN3 我公司愿意花足够的时间与该经销商一起解决问题和解释误会
CN4 我公司对该经销商很忠诚
CN5 我公司愿意继续发展这种关系
CN6 对于该经销商犯的错误,甚至带给我公司的麻烦,我公司有足够的耐心
CN7 我公司愿意针对该经销商进行长期投资,并耐心等待回报
CN8 我公司鼓励增进双边业务发展的行为或个人
CN9 我公司不会寻找另外的组织作为该经销商的替代者或补充者
CN10 即使有其他组织提供更优惠的条件,我公司也不会放弃与该经销商的合作

资料来源:翻译和改编自 Anderson, E., and B. Weitz, "The Use of Pledges to Build and Sustain Commitment in Distribution Channels", *Journal of Marketing Research*, 1992, 29, 18-34。

营销学者们普遍认为,承诺与信任密切相关。根据 Morgan and Hunt(1994)的"关系营销的关键中间变量模型",第一,信任是承诺的基础,一个渠道成员越相信另外一个渠道成员,它就越愿意与其保持高水平的合作关系,也就越愿意在交易专有资产上进行投入;第二,关系终结的成本、关系带来的利益、共同的价值观、沟通、强权和"搭便车"行为等因素,会直接或间接(通过信任)影响承诺水平,其中前四个因素是正向的影响,后两个因素是负向的影响。

然而,承诺与信任的因果关系也可能反过来,承诺在先,信任在后。比如,在营销渠道中,一个渠道成员先行投入或先行加大投入交易专有资产,把自己变成容易受伤害的弱者,让对方感觉自己容易控制,由此取得对方的信任。在这种情况下,先有自己的承诺行为,后有对方的信任(庄贵军、铁冰洁,2010;庄贵军、杜甲,2013)。这时,如果自己一方做了有害于对方的事情,结束关系就是对方可以采用的报复手段。

(二)承诺的识别

怎样才能知道合作伙伴对渠道联盟的承诺是否可信以及程度高低呢?

假设一家供应商与一家中间商建立了战略联盟关系,那么供应商通常会根据中间商过去的行为来判断其承诺的可信性和程度。供应商会关注:第一,该中间商以前对承诺的履行情况;第二,该中间商为了进行联盟合作采取了哪些具体的、可以表明其承诺真诚与否的行动。

第二点尤其重要。对于供应商而言,能够表明中间商承诺的行为有两种:一种是中

间商对供应商的保护——它是否在各种情况下主动维护了供应商的利益。比如,当其他供应商想"挖墙脚"时,中间商是否不被诱惑,是否主动把有关情况通报给供应商以便供应商积极防范。中间商越是主动维护供应商的利益,供应商就越是相信中间商的承诺。相反,如果中间商只是看重自己的利益,经常有违背诺言的行为,那么供应商就越不相信中间商的承诺。

另一种是中间商针对供应商交易专有资产的投入。因为这些投入专门针对一个特定的供应商,当将其挪作他用时,就会由于不适用而贬值,所以交易专有资产投入的大小表明了中间商承诺的可信度和水平。对于中间商来讲,这些难以挪作他用或挪作他用会贬值的交易专有资产有:

- 专为销售供应商的产品而建立的信息传输系统和物流系统;
- 为销售供应商的产品而专门定做的货柜;
- 与供应商建立联盟关系所花费的费用和时间;
- 为宣传供应商的产品而设计的方案;
- 中间商积累起来的关于供应商的信息,如供应商的经营方法、人员及其个性以及供应商的优势和劣势分析。

从供应商的角度来讲,这些难以挪作他用或挪作他用会贬值的交易专有资产则有:

- 提供给中间商的人员和设施;
- 供应商积累起的关于中间商的信息,如中间商的经营方法、人员及其个性以及中间商的优势和劣势分析;
- 与中间商系统能够衔接或兼容的信息传输系统和物流系统(特别是当供应商的系统为专有系统时);
- 有助于业务展开而对中间商进行的培训;
- 为宣传产品专门针对一个特定中间商而设计的方案;
- 与中间商建立联盟关系所花费的费用和时间。

总之,识别承诺的一个基本原则是:听其言,观其行,且重在观其行。

(三)渠道联盟的必要条件

建立渠道联盟有很多好处,比如资源共享,风险共担,更好地发挥联盟内各成员的优势,从而获得单个企业或松散的渠道系统所难以获得的竞争优势。然而,建立渠道联盟有时也会有负面影响,比如联盟的运作成本太高,建立联盟使企业得不偿失;联盟的基础不牢固,联盟内投机行为严重;在一个灵活性极为重要的竞争性行业内,联盟有可能捆住企业的手脚,使企业在竞争中丧失灵活性。因此,渠道联盟并非任何情况下都是合适的。另外,在一般的营销渠道可以满足企业分销任务要求的情况下,建立渠道联盟可能根本就没有必要。

那么,什么是建立渠道联盟的必要条件呢?以下四个条件是必需的:(1)一方在营销资源或能力上有独特的需要;(2)另一方有这些资源或能力;(3)双方加入联盟之后,都能获益;(4)双方彼此承诺,能够构筑起较高的退出壁垒(Coughlan et al., 2014)。

前三个条件意味着联盟能带来更高的价值增值,且联盟各方均能得益,这是渠道战略联盟的基础。"一方在营销资源或能力上有独特的需要",这一条件规定了一个渠道成员在营销资源或能力上的需要很难在市场上以相对低廉的价格获得。"另一方有这些资源或能力",这一条件把那些有心无力的渠道成员排除在外。"双方加入联盟之后,都能获益",这一条件要求联盟所带来的超额利益不能被一方所独占。有了这三个条件,渠道联盟就有了基础——超额利益和公平分配的原则。

最后一个条件,"双方彼此承诺,能够构筑起较高的退出壁垒"。这意味着联盟中承诺不是单向的,而是双向的;而且彼此承诺要达到一定的水平,使得任何一方的单方面退出都会给它自己带来损失。只有这样,联盟才能维持较长的时间,才是战略性的。

最后一个条件特别重要。如果说前三个条件给出了建立联盟的理由,那么最后一个条件就给出了保持联盟,使之长久,真正成为战略性联盟的理由。因为有退出壁垒,所以各方不能随意进出。构筑退出壁垒的方法,是承诺行为,即投入较多的交易专有资产。

如果这些条件确实存在,那么建立一个渠道联盟才是可能和有必要的,渠道联盟才是有生命力的。

(四)渠道联盟常见的一些组织形式

渠道联盟有很多不同的组织形式。在营销实践中,常用的有会员制、销售代理制、特许专营、联营公司、促销联盟和供应链整合等。注意,这些联盟的组织形式其实就是联盟的治理形式,也可以按照第四章对渠道治理策略的分析方法,从产权、权威和激励三个交易治理维度来认识。比如,会员制很像渠道治理策略中的管理型垂直渠道系统,销售代理制和促销联盟与关系型垂直渠道系统比较接近,特许专营与特许型垂直渠道系统相似,而联营公司很像公司型垂直渠道系统(参见第四章渠道治理策略的内容)。渠道联盟组织形式的不同之处在于:它不限于上下游企业之间的垂直合作关系,还包括各种同类型企业之间的水平合作关系。比如,2003年年末,由格兰仕牵头,全国11家知名家电生产企业加盟,在北京推出了一项联合促销计划——消费者购买联盟内任一企业的任一款产品,均可获赠总值不超过5 000元的优惠券;消费者凭优惠券到指定地点购买,可享受与优惠券同等面值的折扣。虽然这是"一场短命的联合促销",但却是中国家电生产企业建立制造商水平渠道联盟的一次尝试。更详细的内容请阅读书后"案例分析"部分的案例9。另外,渠道联盟不是一般的渠道组织,它是各方高度互依、互信和彼此高度承诺的渠道组织。

1. 会员制

会员制渠道联盟,是指渠道成员通过协议方式成立一个类似于俱乐部的组织,组织内成员之间高度信任,大家互相帮助,遵守共同的游戏规则,共同发展。这是渠道联盟的一种初级形式,约束力不是特别强。会员制渠道联盟又可以根据参与者的不同分为四种子形式:(1)制造商与经销商(批发商)之间的联盟;(2)批发商与零售商之间的联盟;(3)制造商与零售商之间的联盟;(4)零售商之间的联盟。

示例8-5显示的是美国Ace五金制品公司的背景资料。它最初就是一个零售商之间会员制式的采购联盟——中小零售商以缴纳会费或加盟费的形式加入,由 Ace 出面直接向制造商统一采购,以便与大零售商竞争。

示例 8-5　　Ace 五金制品公司的理念与组织形式

　　1924 年,Richard Hesse 在芝加哥创建了 Ace 五金制品公司。他在经营第一家五金制品商店时,发现零售商的传统采购方式存在许多缺点。零售商向批发商采购,既抬高了五金制品的价格,又压缩了零售商的利润空间。此时,一个经营海绵的批发商建议他增大购买批量来节约成本。尽管个人没有能力购买那么大批量的海绵,但是他召集了几个区域的零售商合伙购买。由此,Hesse 开始联合其他零售商合伙批量购买各种货物,并确立了以最低成本采购的 Ace 理念。

　　选择 Ace 作为公司的名称,缘于一个偶然而新奇的想法。在一次会议期间,Hesse 看到有一辆侧面印有"Ace Laundry"的卡车驶过,他突然意识到 Ace 这个名称通常会排列在电话号码簿的最前面,并且 Ace 这个单词还带有许多积极的含义,如老大或第一等。

　　Ace 的运作非常成功。1968 年,它开始向国际市场拓展,在关岛开办了第一家境外商店。现在,它已经是一家国际知名的大公司,在全球拥有 5 000 多家由独立零售商全资拥有的合作商店。

　　成为 Ace 零售店的启动费用只需 24.35 万—100 万美元。Ace 将向 Ace 零售店提供国际水平的支持、培训和专业团队,帮助其改善运营。另外,Ace 零售店在商品货源上有非常多的选择,既可以从 Ace 采购,也可以自由地从其他任何供应商那里采购。

　　资料来源:根据 Ace International 网站(http://china.acehardwareintl.com/)的资料编写,2017 年 8 月 12 日读取。

　　为了便于控制,会员制渠道联盟的核心企业可以根据自己的地位和其他渠道成员的接受程度,向会员收取一定的保证金或签订具有较强约束力的保证协议书。根据上面关于承诺的分析可知,这里的保证金或保证协议书,实际上就是核心企业要求参与企业做出的行为承诺或书面承诺。当然,一般协议书中也会有关于参与企业权利的条文,那就等于是核心企业的书面承诺。这种承诺,会强化渠道联盟中的互信和互依,有利于渠道合作活动的展开。如果没有某种形式的承诺,那么联盟就缺乏约束力,组织就是松散和脆弱的。

2. 销售代理制

　　作为渠道联盟的销售代理制,与一般意义上的销售代理有不同的含义。渠道联盟销售代理制,一方面要求销售代理商签订销售代理制合同,另一方面要求制造商签订制造承包制合同。因此,渠道联盟的销售代理制,从制造商的角度看是销售代理制,而从销售代理商的角度看则是制造承包制。它是一种比会员制更紧密的渠道联盟——制造商要利用和依赖销售代理商的销售能力和渠道优势,而销售代理商则要利用和依赖制造商的生产制造能力和优势。

渠道联盟的销售代理制具有如下几个方面的特点:

(1) 通常采用独家总代理或某地区的独家代理形式,即制造商只能委托一家代理商从事其产品销售工作,被给予独家代理权的销售代理商在同类产品中也只能代理委托人一家的产品。一般销售代理不受此限制,既可以是独家代理,也可以是多家代理;在同类产品中既可以代理销售一家企业的产品,也可以代理销售多家企业的产品。

(2) 多采用佣金代理形式,即销售代理商一般不拥有产品所有权,只是帮助制造商销售产品,获取佣金。一般销售代理既可以是佣金代理,也可以是买断代理,还可以是二者的某种结合。

(3) 销售代理商与制造商之间的代理协议约束力较强,双方在权利义务方面的约定比较广泛,牵涉的内容也较多,两家的联合通常由销售代理和制造承包两份协议构成,一份协议的履行为另一份协议有效的前提。一般销售代理协议的约束力较弱,涉及的条款内容较少,双方只需签订一份协议,如供销合同。

(4) 合作期限较长,有时可长达十年以上。一般销售代理的合作期限较短,通常一年续签一次合同。

3. 特许专营

特许专营与特许型垂直渠道系统的内涵相同,是由一家主导企业(特许方)以特许经营合同为基础将合作伙伴(授许方)联系起来所组成的一个渠道联盟。特许方将自己的运作技术、管理方式、经营诀窍以及教育培训方式等无形资产特许传授给授许方,准许授许方按照双方协议的规定从事经营活动。下面是常见的一些具体形式:

(1) 零售商与零售商之间的特许专营。如城市里随处可见的耐克、李宁、安踏、名创优品等专卖店。特许方向授许方提供产品、商标、包装、服务训练、经营技巧等,授许方需要向特许方缴纳一定的特许费,并按照特许协议从事实际的经营活动。

(2) 批发商与零售商之间的特许专营。此类特许专营在批发商与零售商之间不存在二级批发,批发商一般为某类或某种商品的总代理或总经销,向零售商特许代理或经销商品的经营权。它多发生在国外进口商品上,如专用设备、建筑材料、服装、化妆品、药品、计算机等。

(3) 制造商与零售商之间的特许专营。这是较早的一种特许专营形式,汽车的制造商和经销商会经常采用。石油公司和加油站之间也是这种特许专营形式。另外,其他行业的制造商为减少批发环节,也可以采用特许专营方式与零售企业建立战略联盟。

(4) 制造商与批发商之间的特许专营。在这种渠道联盟中,被授权的批发商不但要发挥销售功能,而且要发挥产品的加工功能,如可口可乐和百事可乐在中国各地建立的以装瓶厂为授许商的特许专营体系。这些装瓶厂通常称为分公司、分厂,一方面使用特许商提供的饮料浓缩原汁进行稀释、生产和装瓶工作,另一方面在指定地区全权负责产品的销售工作。

4. 联营公司

联营公司是指合作双方为充分发挥各自的优势,通过法律程序而建立的联合经营体。一般而言,联营公司要求联盟各方要在利益上有更高的一致性,风险共担、利益共享,所以只有当渠道合作发展到较高水平时,联营公司才会出现。联营公司的主要形式包括合资经营和交叉持股两种。

合资经营由联盟双方共同出资、共同经营、共同管理、共担风险、共享利润,一般按照双方的股份分担风险和享受利益。由于联盟双方以各自的优势资源投入合资企业中,因此能使这些资源发挥更大的作用,更好地为联盟双方服务。很多中外合资企业就是境外企业因为看好中国市场的潜力而建立的,它们试图通过境内企业的销售渠道网络占领中国市场。

交叉持股是指联盟各方为加强联系和合作而相互持有对方一定数量的股份,双方的资产和人员不必进行合并的一种联盟方式。在这种渠道联盟中,因为你中有我,我中有你,所以联盟关系更加紧密,有利于渠道成员进行长期合作。在示例4-2中,格力的渠道模式就是这种在制造商和经销商之间交叉持股的渠道联盟。

5. 促销联盟

促销联盟是指产品或业务相关联的多家企业,共同开展促销活动或其他有助于扩大产品销售的活动,包括共享品牌、共享推销队伍和场所、共同做广告、交叉向对方的顾客销售产品、相互购买产品(即互为对方的顾客)、共同开展营业推广和公关活动等。

根据产品或服务之间的关联关系,促销联盟可以分为三种:(1)同类产品的促销联盟,如同类产品的展销会、零售商的产品品牌宣传广告。(2)互补产品(电脑与外置设备、照相机与胶卷)的促销联盟,如小天鹅与广州宝洁公司曾在高校中组建"小天鹅碧浪洗衣房",进行洗衣机与洗衣粉的联合促销。(3)非直接相关产品的促销联盟,比如可口可乐为其新包装产品做有奖销售时,以华为的新款手机为奖品。又如钟薛高(一款中国本土的冰激凌雪糕)与小仙炖(瓶装燕窝)、奈雪的茶(冷饮店)、泸州老窖、娃哈哈、盒马、五芳斋等跨界推出的联名款雪糕,按照钟薛高公司自己的说法:"每一次的品牌跨界,都带给消费者意料之中的惊喜。意料之中,钟薛高会玩!惊喜之外,这都能玩在一起!"。

6. 供应链整合

企业的再生产过程,从原材料和零部件的采购和运输,到加工制造,再到分销,直至最终送到顾客手中,是一个环环相扣的链条。供应链整合就是一种把产品的供、产、销等多种不同的价值创造活动以及从事这些活动的企业整合到一起的战略联盟。图8-2是一个简化了的供应链,它由多家供应商的价值链、核心企业自身的价值链、中间商的价值链以及顾客的价值链连接构成。

在供应链整合中,核心企业对其价值创造活动进行了前伸和后延,一方面把供应商的活动视为自己价值创造活动的有机组成部分而加以前伸,另一方面把自己的价值创造活动后延至产品的销售、服务和消费阶段。因此,供应链整合包含渠道联盟,渠道联盟是其中的组成部分,处在某些节点上(Tamilia et al., 2020)。

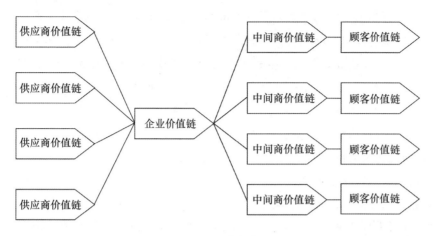

图 8-2 供应链

作为供应链的组成部分,供应链整合中的渠道联盟有更强的合作关系。组成联盟的成员不仅需要彼此承诺,还需要对整个供应链负责,因此会有许多交易专有资产被投入彼此的关系中和供应链中。这使得每一个联盟成员(包括渠道成员)除了彼此高度互依,还高度依赖整个供应链,从而强化联盟成员(包括渠道成员)彼此之间的合作。

第三节 渠道冲突及其解决方法

渠道成员之间要进行合作,矛盾或冲突就难以避免。不过,矛盾或冲突有大有小,性质和解决方法也各有不同,这些都会导致不同的结果。

一、渠道冲突及其类型

渠道冲突是指下述这样一种状态:一个渠道成员正在阻挠或干扰另一个渠道成员实现自己的目标或有效运作;或一个渠道成员正在从事某种会伤害、威胁另一个渠道成员的利益,或者以损害另一个渠道成员的利益为代价而获取稀缺资源的活动(Etgar, 1979)。

冲突与竞争意思相近,经常可以相互替代,不过二者还是有区别的。用一个例子可以说明这一点。比如,有两个人同时去应聘一个职位。如果二人都以尽量展示自己实力的方法力争得到那个职位,那么他们是在进行竞争。如果其中至少有一个人通过其他方法,如想方设法阻止另一个人应聘,或在另一个人应聘时捣乱,那么他们中间就存在冲突。竞争就像游泳和田径比赛,一个人只要比其他所有的竞争对手游得快或跑得快,他就可以获胜;相反,冲突就像拳击比赛,一个人如果不打击对方,就不可能获胜。具体到营销渠道上,当一个渠道成员需要跨越的障碍是另一个渠道成员而不是市场本身时,那么他就感受到了冲突。

渠道冲突可以有多种不同的类型,这是因为营销渠道涉及横向、纵向、类型间和多渠道等多种关系(参见第一章图 1-3)。与横向关系相对应的是水平冲突,例如同在一个批发商那里采购商品的零售商之间为了抢占市场而引发的冲突,同一连锁企业不同分店之间由于商圈的重叠而引发的冲突。与纵向关系相对应的是垂直冲突,例如生产商与批发商之间、批发商与零售商之间由于各种矛盾而引发的冲突。与类型间关系和多渠道关系相对应的是交叉冲突,例如同一制造商的不同渠道之间为了争夺稀缺资源而引发的冲突,同一制造商所使用的批发商与零售商之间由于各种原因而可能引发的冲突。

然而,渠道理论研究更关注垂直冲突。这是因为:在营销渠道中,垂直冲突不仅经常发生,而且通过冲突的调解能够更好地满足消费者的需求,从而提高企业的竞争实力;良好的纵向渠道关系是一个渠道顺利且有效运行的前提条件,而关系的好坏取决于双方的行为,包括合作、冲突与冲突的解决。

此外,只有垂直冲突是营销渠道中最具特色的冲突。当营销渠道中的水平冲突发生在不同企业之间时,实际上是竞争对手之间的冲突,冲突的解决就是看谁在竞争中能够胜出或被淘汰;而当营销渠道中的水平冲突发生在同一家企业(如一家连锁企业)不同网点之间时,实际上就是企业内部不同业务单位之间的冲突,因此冲突的解决方法也如企业内部冲突的解决方法。营销渠道中的交叉冲突,也很像一家企业内部不同业务单位之间的冲突,同样可以参考企业内部冲突的解决方法进行处理。只有垂直冲突才是互依成员之间的冲突,是因为要合作才发生的冲突。

因此,我们这里所说的渠道冲突,除非特别申明,指的都是垂直冲突,即渠道纵向关系中所发生的冲突。

二、渠道冲突的根源

渠道冲突以渠道合作为前提。没有渠道成员之间的合作,也就没有渠道成员之间的冲突。试想,两个没有交集的人是不会发生冲突的。而渠道成员之间要进行合作,冲突也是难免的。渠道合作与冲突是一枚硬币的两个面,二者均源自渠道成员之间功能专业化所带来的"功能性相互依赖"。当功能性相互依赖为渠道成员提供了合作的必要性时,它也同时播下了冲突的种子。合作意味着两个独立个体的协调行动;既然是两个独立的个体,那么就不免在目标、角色、意识和资源的分配等方面存在利益上的差异和矛盾。这些差异和矛盾就是潜在的冲突。当然,潜在的冲突不一定表面化。潜在冲突的表面化需要一定的条件,比如市场环境恶化或某个渠道成员使用权力。第一章示例1-2所描述的中国家电行业的厂商冲突,就发生在世纪之交环境剧烈变化的背景下。

许多因素可以导致渠道冲突。根据 Rosenbloom(1987),有七种因素是最基本的:角色界定不清、资源稀缺、感知差异、期望误差、决策领域有分歧、目标不一致、沟通障碍。

(一)角色界定不清

在营销渠道中,角色是对各渠道成员应该发挥功能和活动范围的界定,涉及"应该做什么"和"应该怎样做"的问题。如果角色界定不清,一方面,渠道成员之间功能不互补,甚至重叠,就会造成渠道资源的浪费;另一方面,一些渠道成员会采取投机行为,有利可图和容易做的事情抢着做,无利可图又难做的事情推给别人。另外,在发生责任事故而使整个渠道蒙受损失时,大家又会想尽办法逃避责任,推诿扯皮。不管哪种情况出现,都会导致渠道冲突的发生。

比如,很多企业会把收集与传送市场信息的工作视为渠道合作者的分内工作,而自己则不愿意投入成本和人员进行市场调研,实际上它们自己在营销渠道中也需要发挥收集与传送市场信息的功能。对于售前和售后服务活动,供应商和经销商之间经常会出现扯皮现象,大家无法在由谁来负责、怎么做和怎样补偿等问题上达成一致。在存货问题上,供应商认为应该由中间商负主要责任,而中间商则认为应该由供应商负主要责任。而在出现了产品积压以后,制造商会认为是中间商促销不力所致,而中间商则会认为产品本身有问题。

(二)资源稀缺

为了实现各自的目标,渠道成员在一些稀缺资源的分配问题上有时会产生分歧,从而导致冲突的产生。比如,无论是制造商还是批发商,都将零售商看作实现其分销目标重要而稀缺的资源,因此制造商和批发商常常会在零售商的分配问题上发生冲突——制造商要保留一批销售业绩好的零售商作为直供客户,而批发商会认为这种对资源的分配对其不利从而坚决反对。再如,在特许经营渠道中,一家供应商在同一个市场范围内将经营权特许给一些新的经营者,那么对老的经营者而言,新的经营者就在和他们抢夺市场这一稀缺资源,这样老的特许经营者与特许商之间就会发生冲突。

当一家制造商采用多渠道营销策略时,经常会发生这样的冲突。比如,在现有的网络环境下,许多企业都会开通线上渠道,如果协调不好,就会导致线上线下争夺资源的不同渠道之间的冲突(参见后面第十一章的相关内容)。这是因为,一方面,制造商在稀缺资源的配置上会有所偏向,另一方面,制造商的不同渠道会去争夺同一个市场,这样不同的渠道之间就形成了竞争关系。

(三)感知差异

感知是指人对外部刺激进行选择和解释的过程。然而,由于个性、背景、态度和敏感程度等方面存在差异,所以不同人的感知存在差异。在营销渠道中,针对同一种刺激,不同的渠道成员可能会有不同的感知或对感知有不同的理解。庄贵军等(2003)在中国进行的一项研究结果显示:在配对渠道成员的关系中,第一,存在对彼此依赖程度的感知差异;第二,对彼此依赖程度的感知差异会导致渠道成员之间更多的摩擦或冲突。

在实际工作中,渠道成员之间感知不一致的事例比比皆是。例如,制造商通常会认为它们在超市里进行促销活动既有利于其销售,也会为超市带来人气,超市应该大力支持。但是,超市却常常向它们收取促销费用,因为超市认为制造商是在利用超市的空间资源为它自己做宣传。再如,一家制造商为自己的产品印制了十分精美的宣传册,并提供给商店让其代为分发,而商店则将其视为一堆废纸,随便丢在一边或用作包裹杂物的材料。

(四)期望误差

一个渠道成员会对其他成员的行为有预期,并根据预期采取自认为应该采取的行动。如果预期有误,那么它就会采取错误的行动,导致它与其他成员之间的不良互动,由此产生冲突。

比如,在国美和格力"激情碰撞"的例子中(参见第七章示例7-4),国美根据自己在家电零售业的龙头地位和家电市场竞争的激烈状况,预期只要自己针对格力提出价格问题,格力最终是会屈服的。但格力可不这么认为。格力认为,自己在国美的销售额只占其总销售额中很小的比例,更何况还有其他合作伙伴可以依靠,所以没有必要屈从于国美。二者的冲突,源于一个错误的预期。

(五)决策领域有分歧

由于发挥不同的功能,承担不同的责任,扮演不同的角色,因此渠道成员都有自己的决策领域——某一方面的话语权。在特许型垂直渠道系统中,合同中会明确划清决策领域的界限并做详尽解释,而在那些由独立公司组成的比较传统、组织松散的渠道中,决策领域有时"需要争夺"。因此,当触及"谁有权决策,做何决策"的问题时,便常常引发冲突。

比如,在价格决策方面。零售商一般认为这是它们的决策领域,但是有的制造商为了更好地控制终端,严格限制零售商的打折权力。当零售商感觉到制造商试图通过操纵定价侵入其决策领域时,就会产生不满;严重时,会导致较为激烈的冲突。第一章示例1-2描述了多个实例,显示出在1997—2004年间由于零售商不断挑战家用电器制造商的价格决策权而引发的渠道冲突。

(六)目标不一致

渠道成员除了有一个共同的目标(如满足更有效率的最终顾客的需求),还有各自的特定目标。当渠道成员的目标之间不一致或不相容时,就容易产生冲突,如表8-3所示。

(七)沟通障碍

如第七章所述,沟通是在两个或更多的当事人之间进行的关于事实、思想、意见和情感等方面的信息交流。如果当事人之间不进行沟通,或在整个沟通过程中存在大量的干扰和噪音,那么沟通就存在障碍。不进行沟通、沟通困难或沟通无效,都有可能导致渠道冲突的发生。

比如,一家名为AG的特许公司,有300多家特许加盟店。这些加盟店常常抱怨,因为它们认为AG公司除收取加盟费以外,很少和它们打交道,根本没有提供什么支持。它们甚至起诉了AG公司。而AG公司也很委屈,为自己辩解道:它们需要加盟店按规定为自己提供信息,否则自己无法为其提供支持。当时,只有不到半数的加盟店按AG公司的要求每月递交财务报表。为了化解矛盾，AG公司重新修订了特许经营合同，规定加盟店必须及时向AG公司提供详尽的财务报表，而AG公司则有义务向加盟店详细说明特许费的使用情况。

表 8-3 目标不一致与渠道冲突

目标	供应商观点 通过以下方式使供应商的利润最大化	经销商观点 通过以下方式使经销商的利润最大化	冲突表现
财务目标	• 更高的出厂或批发价 • 更大的销售额 • 给经销商更大的帮助 • 减少给经销商的补贴	• 更大的购销差价 • 更少的费用，包括为供应商提供更少的支持 • 更快的商品和资金周转 • 供应商更高的补贴或更大的支持	• 供应商：经销商没有付出足够的努力销售供应商的产品；经销商定价太高，影响了产品销售 • 经销商：供应商没有给经销商足够的支持；供应商的批发价太高，经销商无利可图
客户与市场目标	• 多个细分市场 • 跨区域市场 • 一个区域市场，多个渠道 • 所有愿意使用供应商产品的客户	• 特定的细分市场 • 常常是区域市场 • 一个区域，独家经营 • 有获利潜力的客户	• 供应商：供应商需要更大的市场覆盖面，经销商的销售努力不够 • 经销商：供应商只顾自己赚钱，不关心经销商的利益
产品与客户政策	• 集中精力做产品和品牌 • 根据可能对产品线做出调整，向传统优势以外的领域扩张	• 范围经济：多种品牌，多种选择 • 不经销滞销产品	• 供应商：经销商经营了太多的产品线，对供应商的品牌关注不够，不忠诚 • 经销商：顾客是上帝，供应商应该考虑淘汰那些不好销的产品或产品线

资料来源：根据 Magrath and Hardy(1989) 翻译和整理。

三、渠道冲突的一个过程模型

图 8-3 是 Etgar(1979) 提出的一个渠道冲突过程模型。他将渠道冲突的过程分为四个阶段：首先是冲突的根源(sources of conflict)阶段，分为冲突的态度性根源(attitudinal sources of conflict)和冲突的结构性根源(structural sources of conflict)。冲突的态度性根源是指渠道成员之间由于接收和处理的环境信息不同所导致的差异，如它们对各自在渠道中所扮演的角色、对渠道的期望和认知等的不同意见。冲突的结构性根源则是指渠道成员在利益上的不同或对立，如目标的不一致，自主意识与行为，由于资源稀缺所形成的竞争关系。渠道冲突的根源是与渠道合作同时出现的，不过在根源阶段，冲突是潜在的，人们往往并没有意识到。

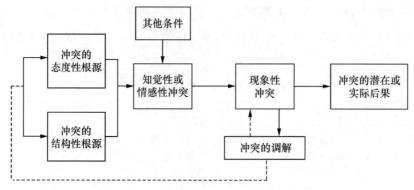

图 8-3 渠道冲突的一个过程模型

在一些外力的作用下,如渠道成员在签订供销合同时讨价还价,市场环境恶化迫使渠道成员重新考虑已签订的供销合同,一个渠道成员使用强制性权力要求另一个渠道成员做一些后者原本不会做的事情等,冲突就成为可感知的,由此进入渠道冲突的第二个阶段,即知觉性或情感性冲突(cognitive/affective conflict)阶段。知觉性或情感性冲突是指冲突被感觉到并造成了渠道成员之间的紧张关系,使渠道成员对彼此之间的关系产生忧虑或者不满。在这一阶段,冲突虽然被感觉到了,并造成了一定程度的不满,但还不至于使渠道成员将这种不满表现在行动上。

当渠道成员将它们的不满表现在行动上时,渠道冲突就上升为现象性冲突(manifest conflict)阶段。现象性冲突是指一个渠道成员采取实际的行动阻止另一个渠道成员实现自己的目标。在这一阶段,渠道成员之间的关系非常紧张,需要进行调解,否则的话,冲突会愈演愈烈,最终使合作伙伴变成敌人。

不管现象性冲突是否解决,渠道冲突都会进入最后一个阶段,即冲突的潜在或实际后果(potential or actual conflict outcomes)阶段。冲突带来的结果不一定都是坏的。有研究认为,低水平的冲突对营销渠道的效率并没有大的影响,中等水平的冲突对营销渠道的效率有好的或建设性的影响,如可以促使渠道成员增强适应性,对市场机会更加敏感等;而高水平的冲突则对营销渠道的效率有坏的或破坏性的影响,如渠道成员之间相互拆台、相互伤害和报复等(Rosenbloom,1987;Magrath and Hardy,1989)。

四、渠道冲突的解决方法

解决冲突最好的方法是不让高水平的冲突产生。但正如上面所分析的,没有冲突的合作实际上意味着没有合作;要合作,冲突就是不可避免的。不过,通过预防措施将冲突控制在无害的水平上,却是企业可以而且也应该设法办到的。所以,解决冲突最好的方法就是不让有害或高水平的冲突发生。关系营销是企业预防在营销渠道中发生有害冲突的一种有效的方法。

根据 Morgan and Hunt(1994)的"关系营销的关键中间变量模型",信任和承诺是关系营销的两个关键的中间变量,企业或组织的关系营销通过改变这两个中间变量发展、维持和增进与目标市场的关系。关系终结的成本、关系带来的利益、共同的价值观、沟通、强权和投机行为,会影响关系双方对彼此的信任和承诺;其中,前四个因素是正向的影响,后两个因素是负向的影响。信任与承诺又会反过来影响关系双方的认同、合作、功能性冲突或摩擦(属于一种良性冲突)、离弃倾向和不确定性;其中,对前三项是正向的影响,对后两项是负向的影响。

按照这一模型所揭示的变量间的关系,渠道成员可以通过提供更多的利益,增大某一关系方终结关系的成本,增强沟通和彼此对某一价值观的认同,以及减少强权和投机行为,来提高双方对彼此的信任度和承诺,并由此将冲突控制在无害的水平上。具体的做法有:

- 确立共同的目标和价值观。通过确立共同的目标和价值观,增进各个成员对环境威胁、渠道合作和渠道互依的认识,防止恶性冲突的发生。例如,当出现强有力的竞争者或市场需求发生变化时,渠道成员通过沟通达成共识,能够有效地缓解渠道矛盾。
- 组织共商共议活动。合作不能靠强制、威胁来维持。相互认可、共同参与非常重要。通过共商共议活动,确立共同目标,让每个渠道成员明确自己的权利、义务和责任,能够提高合作水平,减少冲突发生的可能性。
- 倡导相互咨询。彼此尊重,多多沟通,是渠道合作的基础,也是减少冲突的有效方法。一家企业经常邀请一些重要的渠道成员参加董事会会议和专题讨论会等,鼓励他们在相关问题上提出意见和建议,会使他们感到有面子、受尊重,他们也会用同样的方法回应。形成良性互动,恶性冲突自然会减少。
- 交换管理人员以增进相互了解。同一渠道的成员之间往往由于各自的特殊情况而缺乏了解,即使进行沟通有时也难以消除误会。解决的办法之一就是成员之间相互派遣管理人员到对方那里去工作一段时间,让有关人员亲身体验对方的特殊性。比如,一些经销商派出自己的管理人员到生产厂家的销售部门工作一段时间。当这些人员回到自己公司后,就会运用亲身体验,从对方的角度出发考虑有关合作问题。
- 对渠道中的弱者提供帮助。在别人最需要的时候给予帮助,被中国人称为"雪中送炭"。提供帮助以扶助弱者,不仅可以尽快恢复渠道功能,也能让其他成员产生好感,增强合作的信心,减少恶性冲突的可能性。

不过,再有效的关系营销,也难以完全杜绝有害渠道冲突的发生;有害渠道冲突一旦发生,就要想办法解决。渠道冲突的性质不同,调解或解决的方法也不同。营销学者将其概括为四种方法:问题解决法(problem solving)、劝解法(persuasion)、讨价还价法(bargaining)和第三方介入法(politics)(Dant and Schul, 1992; Strutton et al., 1993)。

问题解决法的目的是通过讨论或商谈找到使双方都能够接受的解决冲突的方案,其前提是冲突双方有一些事前约定好的共同目标,双方都有维持良好关系的意愿。一般的程序是,冲突双方或一方提供一些新的信息,支持或说明自己的主张与行为,然后双方围绕这些新的信息进行思考、回顾、讨论和协商,最后设计出使双方都能够接受的方案或条款。在使用问题解决法调解渠道冲突时,关系双方本着互惠互利的原则一般都要做出一些让步,因此属于一种合作性冲突解决法。

在使用劝解法调解渠道冲突时,一个渠道成员通常试图通过说服的方式改变另一个渠道成员对一些重要问题的看法或决策标准,比如一个渠道成员劝说另一个渠道成员要顾全大局,不要因为只考虑自己的利益而忘记了大家共同的利益。劝解法与问题解决法的区别在于:前者是一个渠道成员劝说另一个渠道成员意识到它们共同的利益,在它们之间建立一些共同的目标;后者则是在双方已有共同目标的基础上,调解矛盾。比如,2000 年 7 月,当国美在京、津、沪三地以超低价格出售长虹彩电时,如果长虹不同意,那么国美可以劝说长虹接受自己的价格理念,当然长虹也可以劝说国美接受自己的价格理念(参见第一章示例 1-2)。

当冲突双方各自强调其目标,并在目标上存在较大差异时,就需要使用讨价还价法来解决冲突。通常,冲突双方都会利用自己所拥有的权力迫使对方在相关问题上做出让步;只有一方或双方都做出某种程度的让步,冲突才能解决。这时,冲突的解决通常是由权力较大的一方或者诱使(使用非强制性权力)或者迫使(使用强制性权力)另一方做其原本不愿做的事情;在后者不愿妥协时,前者则往往有后续手段,对后者实施惩罚。采用这种方法解决冲突,冲突双方实际上是在通过讨价还价的程序为双方寻找一个得与失的平衡点。但是,如果谈判破裂,则意味着更大的冲突。

第三方介入法一般适用于在冲突达到较高水平且冲突双方感觉到难以在它们之间达成妥协的情况下。具体方法有:第一,沟通,由独立的第三方将冲突双方召集起来让它们面对面心平气和地交换意见;第二,调解,由独立的第三方帮助冲突双方确定问题之所在,并找到双方都可以接受的解决方案;第三,司法介入,由司法机构作为独立的第三方介入,为双方解决矛盾。卢亭宇、庄贵军(2022)的一项实证研究显示:渠道冲突对制造商和经销商之间的协作有负面影响,会减少双方共同制订计划与共同解决问题的行为;而制造商邀请第三方介入进行调解,有助于弱化渠道冲突的这种负面影响。

一般来讲,使用问题解决法和劝解法有利于渠道成员之间合作关系的进一步发展与巩固,而使用讨价还价法和第三方介入法,特别是过分依赖这两种方法,则会破坏渠道成员之间的合作关系。

本章提要

渠道成员之间的相互依赖是中间商渠道存在的基础,也是渠道合作的前提。渠道依赖是指渠道成员为了实现自己的目标而需要与另一个渠道成员维持交换关系的心理与行为状态,或渠道合作伙伴所提供资源难以替代的程度。渠道成员之间的相互依赖是渠道成员功能专业化的必然结果。渠道互依既有程度上的区别,也有结构上的差异。依赖程度标志着一个成员对另一个成员依赖水平或互依水平的高低,而互依结构则表示互依的对称与非对称性。多种理论被用于解释营销渠道中的依赖与互依,主要有交换理论、交易成本理论、依赖-权力理论和互依理论。

渠道依赖的一个重要应用以中间商业务量分析与渠道依赖矩阵为工具。中间商业务量分析为制造商提供了一个管理中间商的分析框架,能够帮助制造商精确地评价中间商经营本公司产品的业绩和潜力,使其营销渠道达到动态平衡。它意味着,一家企业在与其中间商打交道时,任何一个给定的时点内都会同时针对不同的中间商采用不同的策略。渠道依赖矩阵通过制造商与中间商市场占有率的变化,揭示渠道互依结构的变化。

渠道合作是指渠道成员为了共同及各自的目标而采取的共同且互利性的行动和意愿。渠道合作的内容与形式主要包括建立稳定的交易关系、提供专卖产品、联合贮运、信息共享、联合促销、联合培训和地区保护等。

渠道联盟是渠道关系发展到一定阶段的产物,是处于同一营销渠道中的两方或多方成员通过协议形成的长期的利益共同体。渠道联盟有长期性、各方自愿和高水平承诺三个特点。其中,最重要的是高水平承诺。渠道成员之间的承诺,是指渠道成员对维持一种渠道关系的愿望,或为维持一种渠道关系而愿意承担某种责任和义务的愿望表达。渠道联盟的主要形式有会员制、销售代理制、特许专营、联营公司、联合促销和供应链整合等。

供应链整合把一种产品的供、产、销等多种不同的价值创造活动以及从事这些活动的企业整合到一起,使之作为一个整体运作。渠道联盟是其中的一个组成部分。作为供应链的组成部分,供应链中的渠道联盟关系更加紧密,因为联盟成员不仅要彼此承诺,更要对整个供应链负责。

渠道冲突是指一个渠道成员正在阻挠或干扰另一个渠道成员实现自己的目标或有效运作,或者正在从事某种会伤害、威胁另一个渠道成员的利益,或者以损害另一个渠道成员的利益为代价而获取稀缺资源的活动。

导致渠道冲突的根源主要有角色界定不清、资源稀缺、感知差异、期望误差、决策领域有分歧、目标不一致、沟通障碍等。渠道冲突的过程,可分为根源阶段、感知阶段、现象阶段和结果阶段。

解决冲突最好的方法是不让高水平的冲突发生。关系营销是企业预防在营销渠道中发生有害冲突的一种有效的方法。但要合作,冲突就是不可避免的。有害渠道冲突一旦发生,就要用四种方法加以解决:问题解决法、劝解法、讨价还价法和第三方介入法。

参考文献

卢亭宇、庄贵军,2022,《渠道冲突与企业间协作:第三方介入的调节作用》,《中国管理科学》,第 10 期,第 277—286 页。

庄贵军、杜甲,2013,《合作关系中企业间信任与承诺因果互动的多案例研究》,《西安交通大学学报(社会科学版)》,第 5 期,第 29—37 页。

庄贵军、铁冰洁,2010,《营销渠道中企业间信任与承诺的循环模型:基于双边数据的实证检验》,《营销科学学报》,第 3 期,第 1—20 页。

庄贵军、周南、周筱莲,2003,《营销渠道中依赖的感知差距对渠道冲突的影响》,《系统工程理论与实践》,第 7 期,第 57—62、117 页。

Bornstein, R. F., 1994, "Dependent Personality", In V. S. Ramachandran(ed.), *Encyclopedia of Human Behavior*, CA: Academic Press Inc., 105-112.

Buchanan, L., 1992, "Vertical Trade Relationships: The Role of Dependence and Symmetry in Attaining Organizational Goals", *Journal of Marketing Research*, 29(1), 65-76.

Coughlan, A., E. Anderson, L. W. Stern, and A. I. El-Ansary, 2014, *Marketing Channels: Pearson New International Edition*(7th ed.), London: Pearson Education Limited, 251-287.

Coughlan, A., E. Anderson, L. W. Stern, and A. I. El-Ansary, 2001,《市场营销渠道（第6版）》,北京:清华大学出版社,第340—341页。

Dant, R. P., and P. L. Schul, 1992, "Conflict Resolution Processes in Contractual Channels of Distribution", *Journal of Marketing*, 56(1), 38-54.

Dickson, P. R., 1983, "Distributor Portfolio Analysis and the Channel Dependence Matrix: New Techniques for Understanding and Managing the Channel", *Journal of Marketing*, 47(3), 35-44.

Dwyer, F. R., H. S. Paul, and O. Sejo, 1987, "Developing Buyer-seller Relationships", *Journal of Marketing*, 51(2), 11-27.

Emerson, R., 1962, "Power-Dependence Relations", *American Sociological Review*, 27, 31-41.

Etgar, M., 1979, "Sources and Types of Intrachannel Conflict", *Journal of Retailing*, 55(1), 61-78.

Glanze, W. D., and R. M. Goldenson, 1984, *Longman Dictionary of Psychology and Psychiatry*, NY: Longman Inc.

Gundlach, G. T., and E. R. Cadotte, 1994, "Exchange Interdependence and Interfirm Interaction: Research in a Simulated Channel Setting", *Journal of Marketing Research*, 31 (Nov.), 516-532.

Heide, J. B., and G. John, 1988, "The Role of Dependence Balancing in Safeguarding Transaction-specific Assets in Conventional Channels", *Journal of Marketing*, 52(1), 20-35.

Iacobucci, D., and N. Hopkins, 1992, "Modeling Dyadic Interactions and Networks in Marketing", *Journal of Marketing Research*, 29, 5-17.

Joshi, A. W., and R. L. Stump, 1999, "Transaction Cost Analysis: Integration of Recent Refinements and an Empirical Test", *Journal of Business-to-Business Marketing*, 5(4), 37-71.

Kale, S. H., 1986, "Dealer Perceptions of Manufacturer Power and Influence Strategies in a Developing Country", *Journal of Marketing Research*, 23, 387-393.

Kelley, H. H., and J. W. Thibaut, 1978, *Interpersonal Relations: A Theory of Interdependence*, NY: John Wiley & Sons.

Kumar, N., L. K. Scheer, and J. E. M. Steenkamp, 1998, "Interdependence, Punitive Capability, and the Reciprocation of Punitive Actions in Channel Relationships", *Journal of*

Marketing Research, 35(2), 225-235.

Lusch, R. F., and J. R. Brown, 1996, "Interdependency, Contracting, and Relational Behavior in Marketing Channels", *Journal of Marketing*, 60(4), 19-38.

Magrath, A. J., and K. G. Hardy, 1989, "A Strategic Paradigm for Predicting Manufacturer-reseller Conflict", *European Journal of Marketing*, 23(2), 91-108.

Moorman, C., G. Zaltman, and R. Deshpandé, 1992, "Relationships between Providers and Users of Marketing Research: The Dynamics of Trust within and between Organizations", *Journal of Marketing Research*, 29, 314-328.

Morgan, R. M., and S. D. Hunt, 1994, "The Commitment-trust Theory of Relationship Marketing", *Journal of Marketing*, 58(3), 20-38.

Rosenbloom, B., 1987, *Marketing Channels: A Management View* (3rd ed.), Chicago: The Dryden Press.

Stern, L. W., and A. El-Ansary, 1992, *Marketing Channels*, NJ: Prentice-HallInc.

Strutton, D., L. E. Pelton, and J. R. Lumpkin, 1993, "The Influence of Psychological Climate on Conflict Resolution Strategies in Franchise Relationships", *Journal of the Academy of Marketing Science*, 21(3), 207-215.

Sutherland, S., 1989, *The Macmillan Dictionary of Psychology*, London: The Macmillan Press Ltd.

Tamilia, R. D., O. C. Ferrell, and K. Hopkins, 2020, *Marketing Channels and Supply Chain Networks in North America: A Historical Analysis*, Switzerland: Springer, 53-61.

练习与思考

1. 什么是渠道依赖？为什么说它是渠道合作的基础？
2. 请举例说明中间商业务量分析与渠道依赖矩阵的应用。
3. 渠道依赖、渠道合作和渠道冲突三者有怎样的关系？
4. 举例说明渠道合作的形式。
5. 什么是渠道联盟？谈谈承诺在渠道联盟中的重要性。
6. 什么是交易专有资产？谈谈交易专有资产具有的特性。
7. 什么是渠道冲突？渠道冲突的根源是什么？
8. 在谈到与渠道合作伙伴的关系时，有人说：我们只要合作，不要冲突。你认为这可能吗？为什么？
9. 谈谈在日常生活中，你是怎样解决与同学的矛盾与冲突的？
10. 阅读和分析本书"案例分析"部分的案例10，并回答问题。
11. 阅读和分析本书"案例分析"部分的案例11，从交易专有资产的角度讨论QY公司客户欠款问题产生的原因。

第九章

营销渠道控制

▶▶▶ 知识要求

通过本章的学习,掌握以下要点:
- 控制的内涵和管理控制的特点;
- 管理控制系统和管理控制的程序;
- 渠道控制的特点与理论基础;
- 交易专有资产、不确定性对渠道控制的影响;
- 渠道治理与渠道控制的关系;
- 渠道治理与渠道控制的影响因素;
- 渠道治理与控制的方法;
- 渠道投机行为及其控制。

➡ 技能要求

通过本章的学习,要求学生能够做到:
- 清楚地描述高质量管理控制系统应具有的特质;
- 应用交易成本理论解释渠道治理与控制的本质;
- 应用图9-2的理论模型讨论实践中存在的渠道控制问题;
- 了解不同渠道治理策略的区别;
- 举例说明渠道控制的不同方法;
- 举例说明在营销渠道中可能出现的投机行为,以及可能的控制方法;
- 了解窜货产生的根源,应用渠道控制理论解决窜货问题。

企业对营销渠道的控制,简称渠道控制,就是企业为确保渠道目标的实现而对渠道活动进行监督、评价和纠偏的活动。渠道控制分为企业内部的渠道控制和跨组织的渠道控制两种。前者以企业整个的渠道体系为控制对象,后者以中间商渠道中其他渠道成员的行为为控制对象,重点是监督和约束其他渠道成员针对自己可能出现的投机行为。

本章先介绍控制和管理控制的基本概念和一般理论,然后阐述渠道控制的特点、理论基础和理论模型。在讨论了渠道控制方法之后,讲述营销渠道中的投机行为及其控制。

第一节　管理控制

控制是管理的一项重要职能。它与管理的计划职能密不可分。管理没有计划,是盲目的;管理若失去控制,则实现计划的过程不被监督和约束,很可能发生大的偏差,甚至南辕北辙。计划是控制的标准,脱离计划,控制就会失去方向、失去标准,也就失去了意义;计划的实现则离不开控制,只有有效地实行控制,计划的实现才有保证。实际上,计划本身就是企图对未来的活动加以规范,而规范就是一种控制。

不过,控制并非一定完全服从于计划。计划在实际执行中可能会出现一些难以预料的偏差,有些可能是计划本身的问题,比如计划制订者对计划赖以形成的前提判断有误。此时,控制应从实际情况出发,纠正计划本身的失误。

一、控制的内涵

"控制"一词最初用来指"掌舵术",即领航者通过发号施令将偏离航线的船只拉回到正常的轨道上来。因此,控制最初的意思就是指"纠偏",也就是按照计划标准衡量所取得的成果,并纠正所发生的偏差,以确保计划目标的实现。

在控制论中,控制被认为是为了"改善"某个或某些受控对象的功能,以信息为基础而施加影响作用的行为过程。这一过程可用图 9-1 表示。

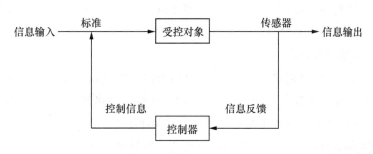

图 9-1　控制系统与控制过程

如图 9-1 所示,控制系统由以下四个基本要素构成:第一,标准,即系统的输入信息,指示出控制要达到的目的;第二,受控对象,即控制系统施加影响作用的对象;第三,传感器,用于测量系统的输出信息,将其做必要的转换后返送到输入端;第四,控制器,用于将传感器传出的输出信息与输入信息进行比较,求其偏差,并通过控制信息的输入达成目标。控制是通过信息反馈来实现的——控制系统把信息输送出去,又把其作用结果返送回来与输入信息进行比较,并利用二者的偏差对信息的再输出产生影响,以达到预定的目的。

二、管理控制与系统设计思路

管理控制是控制论原理在管理活动中的应用,它是指为确保组织目标按计划实现而对组织活动进行监督,并在发生明显偏差时进行纠正的程序(芮明杰,2021;罗宾斯、库尔特,2017)。管理控制有如下特点:第一,管理控制是对人并由人执行的控制;第二,管理控制不仅是对受控对象的规范和监督,还是对他们的指导和帮助,因此有效的管理控制是提高组织成员工作能力的重要手段;第三,管理控制具有整体性,讲究一个组织内各部门、各单位彼此在工作上的均衡与协调;第四,管理控制具有高度的动态性,不像机械控制那样程序化,而是在动态的环境中对活动着的人进行控制。

管理控制系统有三种不同的设计思路:市场控制(market control)、层级控制(bureaucratic control)和文化控制(clan control)(芮明杰,2021;罗宾斯、库尔特,2017)。

市场控制强调将组织外部的市场机制(如价格竞争和市场占有率等)作为控制标准运用于组织的控制系统中。一般情况下,那些产品或服务独特又面对激烈市场竞争的企业,常使用这种方法设计管理控制系统。它们会将企业划分成不同的业务经营单位(利润中心),根据各单位对企业总利润的贡献大小对其做出评价,并以此为依据,决定企业未来的资源配置、战略转变和发展方向。

层级控制强调组织权力和权威的作用,依靠组织层级和组织内部管理机制,如规则、程序、政策、标准化行为准则、岗位职责和预算等,保证员工有良好的表现和完成组织分配的任务。大部分企业的内部管理,都多多少少采用这种控制系统。

文化控制,也可称小团体控制,强调通过共同的价值观、规范、传统、礼仪、信念和其他组织文化要素约束员工的行为。如果说层级控制的基础是组织层级赋予的权力和权威,那么文化控制的基础则是个人之间或小团体(clan)内大家普遍认可的观念、准则和行为规范。因此,这种控制系统通常被那些团队型组织(组织内有很多小的团队)和技术变化较快的行业内组织所采用。

大多数组织不是仅仅按照一种思路来设计管理控制系统,而是以层级控制或文化控制中的一种为主,以市场控制为辅来设计。当然,管理控制系统设计的关键,还是要能够帮助组织有成效和高效率地实现组织的目标。Newman(1975)提出高质量管理控制系统应具有的十个特质,可以视为管理控制系统的评价标准和构建原则:

(1)准确(accuracy)。管理控制系统要能够获得和提供准确、可靠的信息,否则管理者会被错误的信息误导而采取错误的行为,不但解决不了问题,反而会激化矛盾,使问题进一步恶化。

(2)及时(timeliness)。管理控制系统的信息反馈要及时,以便在出现问题时尽快引起管理者的注意,及时纠正偏差。

（3）经济(economy)。管理控制系统的运行要经济。好的管理控制系统,会考虑系统的投入产出比,将控制活动保持在一个适当的水平。过于繁杂的控制系统,即使可行,也不划算。比如,一些企业采用过于频繁和细化的考核体系考核自己的员工,名曰"360度"考核,但它们没有意识到的是,考核难道不需要成本吗?

（4）灵活(flexibility)。为了纠正偏差或利用新的机会,管理控制系统要有足够的灵活性或柔性。这是因为大多数组织都在复杂多变的环境中生存,都需要随机应变。即使那些高度机械化的控制系统（如生产的流水线控制）,也要求有一定的灵活性,以便根据时间和条件的变化进行调整。

（5）易于理解(understandability)。管理控制系统要容易被理解。让人难以理解的管理控制系统,一是难以运行,二是容易让人产生困惑和误解,导致不必要的冲突。

（6）理性标准(reasonable criteria)。管理控制系统的控制标准要理性,既合理,又适度。控制标准不宜定得太高,否则就失去了激励作用,也容易诱导不道德行为和投机行为。

（7）战略焦点(strategic placement)。管理控制系统应该把控制的注意力放在那些对组织绩效有战略意义的因素上,即那些重要的活动、运作程序、资源、人和事件以及那些容易产生偏差并会带来严重危害的节点。

（8）强调例外(emphasis on the exception)。如果任何偏差都反馈给管理者,要求管理者及时处理,那么管理者会不堪重负。于是,就有了一个"例外系统"——管理者在授权以后,只关注那些例外的事情。比如,一家制造商授权它的代理商,在销售制造商的产品时,最多只能打九折。超出这个限度,代理商必须征得制造商的同意。后面这一条,就是"例外"。

（9）复合标准(multiple criteria)。企业的员工会根据控制标准使自己"看起来很好"。如果管理控制系统采用单一标准,如销售额,那么员工就会只专注于那个标准,努力使自己看起来好,而不管自己是不是真正做得好,更不管其他方面。采用复合标准,一是不容易被操纵,能够约束那些"只是为了看起来好而努力"的行为;二是更加客观,能够更加准确地评价员工、部门的工作成效。

（10）纠偏指导(corrective action)。管理控制系统不但要指示哪里、什么时间计划的执行过程发生了偏差,还要给出纠偏的建议和方法,如给出一个"如果……就……"式的指导——如果单位产品利润下降2%,那么就要设法使成本下降2%。

三、管理控制的类型

管理控制可以在活动展开之前、之中或之后进行。据此,管理控制被划分为前馈控制(feedforward control)、现场控制(concurrent control)和反馈控制(feedback control)三种类型(芮明杰,2021;罗宾斯、库尔特,2017)。

前馈控制,也称事前控制,管理人员通过测量和观察那些作用于系统的各种输入和干扰,分析它们对系统输出的影响,在严重的不利影响出现之前,采取措施,消除不利影响。前馈控制关注的重点是投入,目的是防患于未然,未雨绸缪。

现场控制,也称过程控制或即时控制,它的控制重点是正在进行的计划执行过程。现场控制多用于基层管理人员对下属的控制,如管理人员深入现场,亲自监督、检查和指导下属人员的活动。在现场控制中,控制标准来自制订计划时所确定的目标、政策、规范和制度,而控制的成效在很大程度上取决于管理人员的个人素质、表达方式以及下属的理解程度。其中,管理人员的"言传身教"发挥着很大的作用。

反馈控制,也称事后控制或结果控制,它的控制重点是计划的执行结果。管理人员分析前期的工作结果,将前期的工作结果与控制标准相比较,当发现偏差时寻找产生偏差的原因,并对偏差加以纠正。这是最早的管理控制方式。反馈控制既可以用来控制系统的最终成果(端部反馈),也可以用来控制系统的中间成果(局部反馈)。局部反馈和端部反馈之间是一种多重嵌套关系,反映了管理控制的复杂与动态特征。

三种控制方式在管理中发挥着不同的作用,各有其优缺点,只有结合使用,才能达到令人满意的控制效果。比如,反馈控制的作用在于防止已经发生的偏差继续扩大,而前馈控制的作用则在于防止偏差的发生;二者结合起来,不仅可以减少反馈控制因时滞而带来的损失,也可以在偏差发生时及时且高效率地予以纠正。

四、管理控制的一般程序

不论对象有何不同,管理控制的基本过程都是相似的,包括确定控制标准、衡量实际工作成效和采取纠偏措施三个步骤。

(一)确定控制标准

控制标准是指评定成效的尺度或指标。确定控制标准是进行管理控制的基础,它为衡量绩效或纠正偏差提供了客观依据。

控制标准来源于计划,但又不同于计划。如果计划已经包括具体、可测量的指标,那么这些指标就可以直接作为控制标准。当计划是为实现某一决策目标而制定的综合性行动方案,即计划只有行动纲领而没有具体的实施细则时,就需要将计划的目标转换为具体、可测量的标准。

控制标准有很多,从大的方面分,有定量控制标准和定性控制标准两大类。

定量控制标准有实物量标准,如产品产量、单位台时定额、单位产品工艺消耗定额等;货币标准,如产品成本、销售收入、利润等;时间标准,如生产线节拍、生产周期、交货期等;综合标准,如劳动生产率、市场占有率、投资回报率等。

定性控制标准用于衡量某些不能用数量来衡量的方面,有较大的弹性,如企业的信誉、员工的工作能力和道德水平、完成某项工作的操作标准等。

(二)衡量实际工作成效

衡量实际工作成效就是将组织活动的实际成果和所确定的控制标准进行比较,找出二者的偏差,为进一步采取控制措施提供全面、准确的信息。

衡量实际工作成效一般分为两个步骤来进行:第一,通过调查、汇报、统计等方法,了解一个组织、一个部门或一个人完成工作任务的情况;第二,将收集来的信息与所确定的标准进行对比分析,找出差距,进行工作成效评价。

(三) 采取纠偏措施

经过工作成效的衡量和比较后,如果没有发现偏差,或者发现的偏差在允许范围之内,那么管理者除了继续监控,不需要做什么。相反,如果发现了超出允许范围的偏差,那么管理者就要采取纠偏措施。采取什么措施纠偏,要由偏差产生的原因决定。

产生偏差的原因可能有三个:一是计划内容不切合实际;二是计划内容虽然切合实际,但在实施中出现了新情况,如环境发生了重大变化;三是计划内容切合实际,实施中也未出现新情况,但组织指挥不力。如果是第一个原因,则需要对计划进行修改;如果是第二个原因,则需要根据新的情况,重新考虑企业的内外部条件,对计划做出调整;如果是第三个原因,则要明确责任,按规定处罚有关人员,调整或改组领导班子。

第二节 渠道控制的理论与模型

营销渠道有多种不同的结构和组织形式(参见第四章的相关内容)。企业对结构和组织形式不同的渠道进行控制,内涵和方法有很大的区别。比如,企业对直销渠道的控制,实际上就是组织内部控制,所采用的也就是基于企业层级系统的各种控制方法或手段;而企业对中间商渠道的控制,则既有组织内部控制问题,也有跨组织控制问题。此时,基于企业层级系统的控制方法可能并不好用。

从根本上讲,直销渠道的控制问题是企业内部的控制问题,一般在销售管理课程中会有详细的介绍和讨论(李先国等,2019;熊银解等,2017),因此不是本书的焦点。本书只把焦点放在中间商渠道的跨组织控制问题上。

一、渠道控制的特点

企业对中间商渠道的控制,是一种交叉着组织内部控制的跨组织控制。它不仅涉及针对本企业员工或部门的控制,而且涉及针对分属于不同利益主体的组织或个人的控制。因此,与渠道管理相同,渠道控制也有纵横两个方面(参见第二章图2-2)。纵向的渠道控制属于企业内部的渠道控制,以企业整个营销渠道体系为控制对象,是渠道管理者对企业渠道体系总的运行情况所进行的监督、评价和纠偏活动。横向的渠道控制属于跨组织的渠道控制,以渠道中其他企业的行为为控制对象,是企业通过渠道管理者对中间商渠道中其他企业可能出现的投机行为进行的监督和约束。二者相互补充,不可或缺。

因为施控者与受控者分属于不同的企业或组织,所以中间商渠道的跨组织控制更复杂,影响因素更多。这既是渠道控制的特点所在,也是其难点所在。具体而言,中间商渠道的跨组织控制具有如下几个特点:

第一，渠道成员之间各自独立，这表现在法人资格、利益、文化、企业战略和行为方式上等。

第二，渠道成员之间相互依赖、互惠互利，这既是渠道这一"超级组织"得以建立、发展和维持的基础，也是渠道控制的前提。

第三，渠道成员之间互为施控者与被控者，一个渠道成员在某一种或几种渠道功能上有较大的话语权，是施控者；而在另一种渠道功能上少有或没有话语权，是被控者。

第四，渠道成员之间的控制更多的是建立在平等原则上的沟通或影响，而不是建立在层级制度上的命令和指挥。

以上特点决定了：(1)在渠道控制中，施控者与被控者之间的关系在本质上是平等的，基于企业层级系统的控制方法或手段往往很难采用，或者即使采用了效果也不好；(2)施控者与被控者的目标同中有异，"同"促其合作，"异"产生矛盾与冲突；(3)双方为了各自的利益而进行的影响与控制是相互的。因此，渠道控制是指下述这样的状态：一个渠道成员成功影响了另一个渠道成员在某些方面的决策(Skinner and Guiltinan，1985)。当A采用某种方法影响了B，使B实施了A所希望的行为时，A就在一定程度上控制着B；当A对整个渠道中的成员都有相当大的影响力时，A就在一定程度上控制着整个渠道。另外，渠道控制的成效也不仅仅取决于某一方的努力，而需要双方或多方的协调努力。

二、渠道控制的理论基础

渠道控制的理论基础主要有交换理论、交易成本理论和渠道行为理论。交换理论为渠道的产生及其控制提供了可能性和必要性，交易成本理论揭示了渠道控制(治理)的本质(促进合作和保护交易专有资产的安全)，渠道行为理论则进一步发展了交易成本理论在营销渠道方面的应用，提出了渠道治理和控制的具体形式和方法。

(一)交换理论在渠道控制上的应用

交换理论前面已有详细介绍(参见第一章第三节)。将其应用到解释渠道控制上，可以概括为：第一，渠道成员之间为了达成各自的目标需要进行功能交换，这就为中间商渠道的产生及其控制提供了可能性；第二，要交换，特别是要与其他渠道成员维持较长时间的交换关系，各方都多多少少会有一些交易专有资产的投入；第三，企业为了保护自己交易专有资产的安全，需要对渠道进行控制。不过，交换理论无法回答在跨组织关系中企业如何才能通过控制或治理保护自己交易专有资产安全的问题。

(二)交易成本理论在渠道控制上的应用

交易成本理论通过渠道的治理结构，试图解决这个问题(Joshi and Stump，1999；Brown et al.，2000；Heide，1994；Anderson，1988)。交易成本理论认为，一家企业要与渠道中的其他企业保持持续的交换关系，必须投入一定的交易专有资产。因为交易专有资产不能毫无成本地转移，所以一家企业一旦投入交易专有资产，尤其是投入较多的交易专有资产以后，它就要设法保持其交易专有资产不会因为交易伙伴的渠道投机行为而遭受损失(参见第八章的相关内容)。

渠道投机行为,是指在渠道交易中以损害其他企业利益的方式为自己谋取私利的行为,比如窜货(供应商或经销商的投机行为),店内展示、店外销售的商品"体外循环"(供应商的投机行为),经销商使用供应商的货款销售其他厂家的商品(经销商的投机行为),经销商得到供应商的让利却不履行义务(经销商的投机行为)。

交易成本理论有一个基本信念,那就是企业的交易专有资产可以通过对渠道交易活动的一体化或内部化得到更好的保护。渠道一体化的极端形式是企业将所有的渠道交易活动内化于企业内部,使企业对渠道的治理或控制建立在公司权力分层的基础上,即所谓的"层级治理结构"。在这种治理结构的渠道中,施控者与被控者同属一个组织,二者之间虽然是代理与被代理的关系,但信息是透明的,施控者(即被代理人)很容易发现被控者(即代理人)的投机行为,并予以惩罚。

因此,为了防止交易伙伴的渠道投机行为伤害自己,在其他条件相同时,企业投入的交易专有资产越多,它就越倾向于通过使渠道交易活动内部化的方式或采用层级治理结构来构建自己的营销渠道。相反,交易资产的专有程度越低,交易伙伴的投机行为对企业的伤害越小,企业就越倾向于较少地控制渠道,更多地通过市场交易完成交易活动,即采用所谓的"市场治理结构"。

除此之外,渠道中存在的不确定性也会影响企业对渠道治理结构的选择。渠道中存在的不确定性分为外部不确定性与内部不确定性(Heide,1994)。外部不确定性与决策环境有关,是指在一项交易中事先决定各项条款(通常采用签订合同的形式)时变数的多少和对这些变数变化情况进行预测的难度。内部不确定性与渠道内的评价有关,是指一个渠道成员评价另一个渠道成员履行承诺及其成效的难易程度。一般而言,外部不确定性水平越高,交易伙伴之间越难事先确定各项交易条款,因此交易各方越需要根据环境的变化而彼此调适;内部不确定性水平越高,一个渠道成员要评价另一个渠道成员的履约情况就越困难。

不确定性对渠道治理结构的影响有两个相反的方向。一方面,不确定性程度越高,企业越需要通过交易的一体化来加强对营销渠道的控制,以便保护自己交易专有资产的安全;另一方面,企业也越需要通过交易的市场化来化解不确定性带来的风险,因为交易的市场化意味着交易伙伴之间无须针对彼此进行专有资产投入,也就不必担心对方的投机行为会严重损害自己的利益。

(三)渠道行为理论在渠道控制上的应用

渠道行为理论进一步发展了交易成本理论在营销渠道方面的应用(Joshi and Stump,1999)。具体而言,渠道行为理论对渠道控制的讨论由治理结构转向治理或控制行为,由层级治理的单向控制(市场治理实际上是企业不控制)转向合作、参与、影响和发展关系的双向控制。此外,它还讨论了不同控制方式的互补或互替关系、控制的动机与能力、不确定性对治理结构与方式的影响等,从而在一定程度上弥补了交易成本理论的不足。

交易成本理论能够很好地解释市场中为什么会有不同的渠道治理结构和不同的控

制欲望,但它无法解释市场中为什么会有如此多种不同的渠道治理或控制方式。比如,同属垂直渠道系统,为什么有的采用公司型渠道治理,有的采用特许型渠道治理,而有的则采用管理型或关系型渠道治理?再如,同属垂直渠道系统中的跨组织关系,为什么一家企业倾向于使用强制性权力进行渠道控制,而另一家企业则倾向于通过非正式的方式影响其交易伙伴?渠道行为理论回答了这些问题。

三、渠道治理与控制的一个理论模型

把治理策略与控制行为放在一起论述,是因为二者在渠道控制中很难区分开。如前所述,一家企业在选定了渠道治理策略以后,它实际上就与渠道合作伙伴约定了彼此之间关系的性质,包括产权形式、权力结构(权威机制)和激励方式。而控制行为则是一方依约对另一方施加影响的过程。当然,控制行为有失当的时候,比如一家企业针对渠道合作伙伴使用了它没有的权力。图9-2是渠道治理与控制的一个理论模型,它显示了渠道治理与控制的内涵、前因、后果以及其他重要的影响因素(庄贵军,2012)。

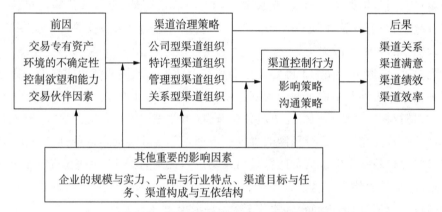

图 9-2 渠道治理与控制的一个理论模型

(一) 渠道治理策略

企业对渠道的控制首先表现在对渠道治理策略的选择上。根据交易成本理论,渠道治理有两种性质不同的成分:一种是基于公司内部权力的层级治理,另一种是基于市场机制的市场治理。一般而言,企业越希望严格控制渠道,它就越倾向于选择一体化程度比较高的渠道组织形式,把较多的渠道功能活动内化于企业内部,从而越趋向于层级治理;相反,企业越不愿意控制渠道(因为控制渠道是有成本的),它就越倾向于选择市场化程度比较高的渠道组织形式,把较多的渠道功能活动外部化于市场,从而越趋向于市场治理。渠道治理由此而展现出许多介于层级治理和市场治理之间的策略或方式。它们被交易成本理论称为准一体化(quasi-integration)的治理结构(Zaheer and Venkatraman, 1995),即交易者虽然属于不同的组织,但它们之间又不是一次性的市场交易,而是具有层级治理的某些成分。

不过,如我们在第四章第三节所讲,从一家企业的角度看,渠道治理策略就是企业把

渠道参与者组织起来的渠道组织形式及其约定，体现为跨组织的垂直渠道系统，分为公司型、特许型、管理型和关系型。因此，企业可以"基于渠道组织形式选择渠道治理策略"。关于渠道治理策略的内涵，第四章已有详细说明。

除此之外，尽管在模型中并没有体现，但是正如我们在第四章第三节所言，市场治理是企业可以选择的一种"企业不治理"的治理策略——在法律法规的规范下，买卖双方依法、依规进行交易。企业可以把它视为最后的、别无选择的一种渠道治理策略。

（二）渠道控制行为

渠道治理策略是渠道参与者之间关于渠道组织形式的约定。要将其落到实处，就需要各个渠道参与者按约行事，承担自己的责任，履行自己的义务，发挥相应的渠道功能。在这一过程中，会出现各种问题、矛盾和冲突，包括一些渠道成员之间针对彼此的投机行为。因此，一家企业要想建立稳定的渠道组织，就必须将渠道治理策略转变为行动，根据治理策略中的约定行使自己的权力，对合作伙伴进行跨组织的监督和控制。此时，企业对渠道的控制行为就是治理行为。由此可见，渠道治理策略与渠道控制行为密切相关——渠道治理策略中的约定为渠道控制行为提供了合法性的依据，而渠道控制行为则是体现渠道治理策略的治理行为。企业对渠道的控制有三种基本的机制，即权力、合同和规范①。使用权力机制，意味着一家企业通过权力和权力的使用来控制其他渠道成员，比如使用奖励权力、强迫权力、法定权力、认同权力、专家权力或信息权力施加影响；使用合同机制，意味着一家企业通过签订合同和监督合同的执行来进行控制；使用规范机制，意味着一家企业通过与合作伙伴达成的默契以及互信、承诺、沟通与合作等关系规范（relational norms）来进行控制。

三种控制机制虽然并不相互排斥，但是在渠道治理策略的约束下，企业会侧重于选择或使用其中一种。表9-1是一个简单的归纳。其中，两个"√"表示"适宜于或侧重于使用的机制"，一个"√"表示"虽不一定合适但可以辅助使用的机制"。

对于公司型的渠道组织，如果涉及的只是企业自己的销售队伍，那么控制方法与企业的内部控制就没有区别，主要是通过采用企业的规章制度、政策以及现场监督等方法进行控制。而如果涉及的是有股权关系的不同企业，那么就需要采用公司治理的一些方法进行控制，包括股东大会（股东表决权或控制权争夺）、董事会（代表股东把握公司的大政方针）、经理报酬（利益相容）、购并和接管以及监管机构和社会舆论监督等机制（宁向东，2005）。当然，对于后一种情况，企业也可以根据自己拥有的股权与权力，对相关人员或合作伙伴进行程度不同的奖励或惩罚（权力机制）；根据公司法的规定，行使监督职能（合同机制）；在股东之间进行沟通与良性互动（规范机制）。不过，后面三种跨组织控制行为是次要的。

---

① 在 Weitz and Jap（1995）的论文中，渠道控制的三种机制是权威、合同和规范。为了与交易治理的产权、权威和激励三个维度区别开，也为了表达上的方便，这里将权威机制换为权力机制，二者的意思是相同的。

表 9-1 渠道的跨组织控制行为

渠道组织形式	渠道控制行为		
	权力	合同	规范
公司型	√根据股权的大小，企业有不同的权力，可以进行程度不同的奖励或惩罚	√根据公司法的规定，行使监督职能	√股东之间的沟通与良性互动
特许型	√√使用加盟合同赋予企业的权力，对合作伙伴进行奖励或惩罚	√√根据加盟合同的条款，监督合同的执行情况，发现问题及时解决	√培养共同的价值观和品牌归属感，指导合作者的日常运作，协商解决出现的问题
管理型	√√利用企业的"渠道领袖"地位和渠道权力，通过奖励或惩罚进行控制	√签订购销合同，监督购销合同的执行情况，发现问题及时解决	√倾听合作伙伴的意见，公平地处理渠道中的矛盾，增强渠道的跨组织凝聚力
关系型	√合作企业之间地位平等，渠道权力相当，有时会通过奖励或惩罚的方式解决双边矛盾	√签订购销合同，监督购销合同的执行情况，发现问题及时解决	√√长期的合作关系，通过与合作伙伴达成的默契和各种关系规范来进行控制

资料来源：引自庄贵军(2012)。

对于其他类型的渠道组织，因为需要治理的交易关系存在于不同的法人之间，所以企业对渠道的控制不能采用公司治理的行为方式。此时，三种基本的控制机制将发挥主要的作用。

对于特许型的渠道组织，企业主要采用合同机制和权力机制。采用合同机制，根据加盟合同条款的规定，监督合同的执行情况，发现问题及时解决。采用权力机制，企业则使用加盟合同赋予自己的权力，对合作伙伴进行奖励或惩罚。作为辅助手段，企业也会使用规范机制，在合作伙伴中培养共同的价值观和品牌归属感，指导合作者的日常运作，协商解决出现的问题。

对于管理型的渠道组织，比较适宜于使用权力机制——利用企业的"渠道领袖"地位和渠道权力，通过对渠道合作伙伴的奖励或惩罚进行控制。其中的原因，是企业居于"渠道领袖"的地位，有较大的、不对称的渠道权力。当然，合同机制和规范机制也可以作为渠道控制的辅助手段来采用，如与合作伙伴签订尽量详尽的合同并加强合同执行情况的监督；倾听合作者的意见，公平处理渠道中的矛盾，增强渠道的跨组织凝聚力。示例9-1介绍了娃哈哈的"利益共享联销体"，其中既有权力机制的作用——使用强制权力，强推保证金制度；也有规范机制的作用——经销商通过以保证金作为抵押，一方面获得娃哈哈的信任和授权，另一方面因为怕被罚（罚没保证金）而自觉抑制自己的投机行为，双方的互信、互依和合作水平由此而不断提高。

示例 9-1　娃哈哈"利益共享联销体"

娃哈哈从 1994 年开始建立"利益共享联销体",推行保证金制度。具体做法是:第一,要求所有的经销商按年度缴纳一定的保证金,在经营过程中进货一次结算一次;第二,作为回报,娃哈哈给予"利益共享联销体"中的成员更多优惠,并按高于同期银行利率的利率水平为保证金支付利息;第三,为经销商规定销货指标,年终返利,完不成任务者动态淘汰。

实施这一制度,为娃哈哈带来了很多好处。比如,避免了销售中拖欠货款的现象,促使经销商快速分销,回笼资金;充实了企业的经营现金流,使企业在不动用自有资金的情况下还拥有 20 多亿元银行存款;通过保证金设置门槛,只与优秀经销商打交道,使资金缺乏、市场开拓能力差的经销商无法进入联销体;最重要的是,把各层级客户及客户占有的资金、市场、配送体系等资源整合起来,形成联合体,提高了市场竞争力。娃哈哈也从小到大,从弱到强,成为目前中国国内最大的饮料生产企业。在 2007 年"达能强行收购娃哈哈"的案件中,娃哈哈在各地的经销商成为娃哈哈反收购的一股重要力量。

从渠道控制的角度看,娃哈哈的"利益共享联销体"充分利用了规范机制的特点来控制营销渠道。首先,娃哈哈具有高知名度的品牌、高性价比的产品和讲诚信的形象,这是联销体得以形成的基础。其次,凭借自身实力,娃哈哈以渠道领导者的身份要求经销商以保证金的形式(相当于经销商针对娃哈哈投入交易专有资产)对它做出承诺。由于投入了保证金,经销商与娃哈哈的利益被捆绑在一起,经销商会自觉地控制自己的投机行为,否则一旦被娃哈哈发现,就会被严罚。最后,娃哈哈用制度对这一体系加以保证,包括在全国各省设立销售分公司,对经销商实施管理;划区销售,实施区域销售责任制;统一价差体系,保证每级经销商都有利可图,防止价格混乱和窜货。

资料来源:引自庄贵军,《如何控制渠道投机》,《北大商业评论》,2009 年第 2 期,第 110—115、118 页。

对于关系型的渠道组织,最适宜于使用规范机制——企业与合作伙伴建立长期的合作关系,通过与合作伙伴达成的默契和各种关系规范来进行自我约束和控制。这是因为合作企业之间地位平等、权力相当,权力机制和合同机制都不是特别好用。当然,企业与合作伙伴之间也需要签订合同,有时也会通过奖励或惩罚的方式解决双边矛盾。但是,这两种机制只是次要的。

当然,企业的渠道控制行为常常有与其渠道治理策略不匹配的时候。此时,渠道控制的效果和效率就会打折扣。比如,在关系型的渠道组织中过分地使用权力,以权力机制为主要的控制手段,则很容易引发矛盾与冲突,破坏渠道的合作氛围,使彼此降低对对方的信任;在特许型的渠道组织中过分地讲究民主和合作伙伴的自我控制,以规范机制为主要的控制手段,则可能会使主导企业失去应有的权威和责任心,使加盟企业过分地强调特殊性,与主导企业讨价还价,破坏特许合同的有效性和严肃性。

企业的渠道控制行为在具体的操作中表现为管理人员的渠道沟通策略(Mohr and Nevin,1990;庄贵军等,2008)或影响策略(Frazier and Summers,1984;Payan and McFarland,2005;Su et al.,2009)。因为是管理人员代表企业在进行渠道管理时的具体行为方式,所以不免带有个人色彩。比如,一家企业的管理人员可能会习惯性地采用强制性沟通或影响策略,经常使用强迫权力和法定权力,迫使自己的合作伙伴做出或改变某种决策或行为;而另一家企业的管理人员可能会习惯性地采用非强制性沟通或影响策略,使用奖励权力、认同权力、专家权力或信息权力施加影响。虽然企业的管理人员如何使用渠道权力进行沟通和施加影响,在一定程度上受其性格、行事风格和沟通能力的影响,但是起决定性作用的还是企业所拥有的渠道权力和在一个渠道组织中的地位,而渠道组织的形式则主要取决于企业所采用的渠道治理策略。

(三)渠道治理与控制的前因

限制或影响企业选择渠道治理策略的因素有很多,主要有企业需要投入的交易资产数量和专有程度(交易专有资产)、环境的不确定性、企业对渠道控制的欲望和交易伙伴因素等。

(1)交易专有资产。根据交易成本理论,一家企业要与渠道中的其他企业保持持续的交换关系,获取更高的渠道效率,则必须投入一定的交易专有资产。然而,企业的交易专有资产不能毫无成本地转移,这使渠道中其他企业的投机行为很容易伤害自己,所以一家企业在交易资产上所需的投入越大、专有程度越高,就越需要加强渠道治理和对渠道的控制。其极端形式就是企业全资拥有一条渠道,即企业全资拥有的公司型渠道组织。此时,企业对渠道的治理与企业对其内部销售队伍的层级治理完全相同,只是在激励机制上更多地采用市场治理的激励方法,与纯粹的层级治理有所不同。相反,一家企业在交易资产上的所需投入越小、专有程度越低,交易伙伴的投机行为对其伤害就越小,控制渠道的必要性则降低。此时,为了节省渠道控制的成本,企业会将较多的渠道交易活动外部化,通过市场交易来完成,因而会采用其他渠道组织形式。企业可以通过与参与者签订不同形式的合同(意味着在权威或激励机制上有不同的安排)而组建不同形式的渠道组织,从而实现对渠道不同程度的控制。其极端形式是完全市场化的交易,即企业不针对交易活动进行任何形式的治理,交易治理由政府机构通过法律法规的规范来完成。

(2)环境的不确定性。环境的不确定性包括外部不确定性和内部不确定性。前者是指决策环境的预测难度,后者是指对交易伙伴绩效评估的难度(庄贵军,2012)。不确定性对渠道治理的影响有两个相反的方向:不确定性越高,一方面,企业越需要加强对营销渠道的控制,以便保护自己交易专有资产的安全;另一方面,企业也越需要通过交易的市场化来化解不确定性带来的风险,这意味着减少交易专有资产的投入,降低对营销渠道的控制。因此,环境的不确定性对渠道治理的影响难以确定,它可能会导致企业采用各种形式的渠道组织或渠道治理策略。

(3) 渠道控制的欲望和能力。这一因素本身受其他很多因素的影响,如企业的规模与实力、产品与行业特点、渠道目标与任务、渠道构成与互依结构等。因为控制是有成本的,所以一家企业并不是在任何情况下都愿意控制渠道。当渠道控制的成本大于收益时,企业就失去了控制的动力。另外,渠道控制还有能力问题,一家企业不是想控制就能控制的。渠道控制的欲望与能力,会影响企业对渠道治理策略的选择。比如,控制欲望较大、能力较强的企业,倾向于选择权力机制较强的渠道组织形式,通过领导、指挥和权力的使用来实施较严格的渠道治理;而控制欲望较小、能力较弱的企业,则倾向于选择权力机制较弱的渠道组织形式,通过关系与合作来实施较平和的渠道治理。渠道控制的欲望与能力的各种组合,使企业对渠道治理策略的选择有很多变化。

(4) 交易伙伴因素,包括交易伙伴的信誉、独立倾向、相对权力以及此前的投机行为表现等。比如,独立倾向较强、相对权力较大的交易伙伴可能不会接受公司型渠道组织的治理安排;而对于信誉欠佳、此前的投机行为严重的交易伙伴,企业既不愿意让它们加入管理型渠道组织,也不愿意与它们一同构建关系型渠道组织。对于后者,企业更倾向于不与其建立持续的交易关系,只在市场治理的结构下进行交易,即采用不治理的渠道治理策略。

以上这些因素本身还可能互有关联。比如,需要投入的交易资产数量和专有程度、环境的不确定性和交易伙伴因素等都可能影响企业对渠道控制的欲望和能力,企业对渠道控制的欲望和能力也可能反过来影响企业的交易资产投入和交易伙伴的独立倾向、相对权力等因素。

(四) 渠道治理与控制的后果

渠道治理与控制的后果或产出是渠道关系、渠道满意、渠道绩效和渠道效率。前两者是定性产出,后两者是定量产出。

渠道关系包括渠道合作、渠道冲突、渠道信任和渠道承诺等内容。恰当的渠道治理与控制有利于促进渠道合作,抑制渠道冲突,提高渠道信任程度和承诺水平;相反,不恰当的渠道治理与控制则会破坏渠道合作,导致恶性渠道冲突的发生,降低渠道信任程度和承诺水平。比如,研究表明(Lusch, 1976; Skinner et al., 1992; Gaski and Nevin, 1985):经常使用强制性权力影响或控制渠道,会导致较高水平的渠道冲突,降低渠道成员的合作意愿和合作水平;经常使用非强制性权力影响或控制渠道,则有利于降低渠道冲突水平,提高渠道成员的合作意愿和合作水平。

渠道满意包括消费者或用户对渠道的满意度、本企业对渠道的满意度和其他参与者对渠道的满意度。消费者或用户对企业的渠道系统是否满意,在很大程度上决定着企业的未来,是企业所有渠道管理活动(包括渠道治理)的终极目标。本企业和其他参与者对渠道的满意度体现为他们对渠道组织的整体运行、渠道氛围和彼此承担功能的认可程度或态度,它既是渠道组织运行的一个结果,又是决定其未来运行状态的一个因素。渠道治理与控制得当,本企业和其他参与者会对渠道有较高的满意度,渠道组织的整体运行状态也会比较好,渠道中则充满着相互认可和相互支持的氛围,消费者或用户的满意度也会比较高。反之,渠道治理与控制不当,本企业和其他参与者会对渠道有较低的满意度,渠道组织的整体运行不畅,渠道中则充满着互不买账和相互拆台的氛围,消费者或用户的满意度也会比较低。另外,渠道控制行为是否恰当,不但会影响被控者或被影响者做出不同的行为反应(即合作、冲突、信任和承诺等关系互动行为),还会直接影响被控者或被影响者的心情或情绪。研究显示(Frazier and Summers, 1986; Hunt and Nevin, 1974; Geyskens et al., 1999):(1)一个渠道成员对渠道的控制感(认为自己在控制着其他渠道成员),会提高它自己的渠道满意度;(2)使用强制性的影响策略,容易让合作伙伴产生不满,而使用非强制性影响策略,则有利于提高合作伙伴的渠道满意度。

渠道绩效和渠道效率密切相关。渠道绩效是渠道的产出;渠道效率是渠道的投入-产出比,在投入(或产出)一定时,产出越大(或投入越小),渠道效率就越高。渠道绩效和渠道效率主要用渠道的定量产出计算,包括销售额、费用额、利润额、利润率和投资回报率等(参见第十章)。企业对渠道的治理成果,最终体现在渠道绩效和渠道效率上;企业也会根据渠道绩效和渠道效率对自己的渠道治理策略、渠道组织形式和渠道治理行为进行调整。

以上这些后果本身也相互关联。比如,良好的渠道关系有利于产生较高水平的渠道满意,而高水平的渠道满意则会使一个渠道成员更愿意合作。再如,渠道绩效和渠道效率是影响渠道关系的重要因素,而良好的合作关系则是提高渠道绩效和渠道效率的一条重要途径。

(五)其他重要的影响因素

除上面讲到的前因以外,还有一些重要的因素会直接或间接地影响企业选择渠道治理策略与控制行为,包括企业的规模与实力、产品与行业特点、渠道目标与任务、渠道构成与互依结构等。

比如,规模大与实力强的企业一般更愿意也更有能力控制渠道,因此倾向于选择权威机制较强的渠道治理策略,使用权力机制通过对渠道合作伙伴的奖励或惩罚进行控制;对于那些适宜于采用广泛和密集分销的产品,一方面渠道的监控成本比较高,另一方面更需要激发合作伙伴努力工作的动机,因此企业倾向于选择权威机制较弱但激励机制较强的渠道治理策略,使用规范机制通过与渠道合作伙伴建立互信、互依的关系进行控制。

有时,建立某一种渠道组织形式是企业的渠道目标与任务之一,因此企业需要采用与之相对应的渠道治理策略。另外,渠道构成与互依结构可能限制企业的选择。比如,对于环节多、构成复杂的渠道,由于监管困难且内部不确定性程度高,因此不适用于权威机制强的渠道治理策略,采用关系型治理或市场治理比较合适。当企业在一条渠道中处于弱势地位时,因为不具备成为渠道领袖的条件,所以它可以加入一个管理型渠道组织,但是不适合将管理型渠道组织作为自己的渠道治理策略。

第三节 渠道控制的内容与程序

渠道控制程序是根据渠道控制内容对管理控制程序的具体化,也可以分为设计控制标准、监测与评价渠道运行状况、纠偏等三大步骤。不过,渠道控制与一般管理控制的一个很重要的区别是,在很多情况下,施控者与受控者并不是很清楚——一个渠道成员想控制另一个渠道成员,而后者也想控制前者;一个渠道成员控制着一种渠道功能,而另一个渠道成员控制着另一种渠道功能。另外,渠道成员从原则上讲是独立平等的,因此一个渠道成员对另一个渠道成员的控制要以一定的渠道权力为基础。

一、渠道控制的内容

渠道控制的内容很杂,可以有很多不同的分类。比如,可以根据渠道运行的过程来划分,分为对行为的控制和对结果的控制。在营销渠道的跨组织控制中,由于施控者与受控者在信息上严重不对称,因此对结果进行控制相对容易一些,对行为进行控制则要困难得多。但是,如果只控制结果而不控制行为,则很可能导致渠道投机行为的盛行。实际上,上一节所讲的渠道治理与控制方法,大多是为了对行为进行控制。

渠道控制的内容也可以根据营销组合因素来划分,分为对产品与服务的控制、对价格的控制、对促销活动的控制和对分销过程与分销区域的控制。表 9-2 从制造商和中间商两个角度列举了在营销渠道中控制营销组合因素的具体内容。

表 9-2 营销渠道中对营销组合因素的控制

控制内容	控制者	
	制造商	中间商
对产品与服务的控制	• 控制产品的生产制造过程 • 落实产品的质量保证 • 确保中间商为产品提供的各种服务能够兑现 • 监督中间商,不允许与自己有关的假冒伪劣产品通过中间商入市	• 控制产品的订购数量、品种、规格和质量 • 监督产品质量保证的落实 • 提供产品的安装与维修服务 • 提供售前、售中和售后服务 • 严把进货关,杜绝假冒伪劣产品入市
对价格的控制	• 按照合同,监督与控制自己产品的批发和零售价格 • 监督与控制中间商对企业折价政策的落实情况	• 根据市场情况和供销合同,确定或建议产品的批发与零售价格 • 落实制造商的折价政策 • 防止制造商制定对自己不利的价格歧视政策

(续表)

控制内容	控制者	
	制造商	中间商
对促销活动的控制	• 根据合同或实际需要,从事和控制企业产品的促销活动 • 监督中间商对自己产品的促销方式和促销努力	• 根据合同或实际需要,实施产品的售点促销,负责产品在售点的销售活动,进行售点的现场管理 • 向制造商提供促销活动的建议
对分销过程与分销区域的控制	• 按照合同,控制物流过程和分销区域,避免不同成员之间或不同渠道之间发生大的冲突	• 防止制造商的窜货行为和其他投机行为,如产品在售点的"体外循环"

另外,渠道控制的内容还可以按照渠道功能来划分,分为对渠道信息的控制、对所有权转移过程的控制、对资金流的控制和对物流的控制等。比如,我们在第一章示例1-1所举的海信广场的例子,海信广场放弃了对物流、所有权流和部分交易信息的控制,只控制发生在售点的资金流,因此整个控制系统变得非常简单。

二、渠道控制力的获取

渠道控制的前提是一定的渠道权力。从渠道控制的角度看,渠道权力就是渠道控制力。渠道的权力基础有六种,即奖励权力、强迫权力、法定权力、认同权力、专家权力和信息权力(参见第七章第二节)。不同的渠道成员获取这些权力的途径是不同的。表9-3显示了制造商、批发商和零售商获取渠道控制力的一些主要途径。

表 9-3 渠道控制力的获取途径

制造商	批发商	零售商
• 市场份额和规模经济 • 品牌忠诚度 • 特许经营协议 • 增加新渠道和渠道多元化 • 增加渠道内的新成员 • 提供渠道支持与帮助 • 构建渠道内跨组织的信息系统	• 批发规模与客户数量 • 客户忠诚度 • 独家代理协议 • 货源数量和稳定性 • 批量订货 • 控制市场信息	• 顾客的商店忠诚度 • 连锁规模与商店规模 • 自营品牌 • 大批量买断 • 直供协议 • 控制市场信息

一般而言,一家企业承担的渠道功能越重要、越难以被替代,那么它的渠道权力和渠道控制力就越大。因此,企业可以通过承担重要的渠道功能,降低其他渠道成员替代自己的可能性,获取渠道控制力。

三、渠道控制程序

根据管理控制的一般程序,渠道控制程序可以分为设计渠道控制标准、监测与评价渠道运行情况、纠偏三个步骤。不过,因为渠道控制是一种交叉着组织内部控制的跨组织控制,所以渠道控制的每一步都同时渗透着企业内部的控制内容(即渠道管理者以企业整个营销渠道体系为控制对象,对企业渠道体系总的运行情况所进行的监督、评价和纠偏活动)和企业对外的跨组织控制内容(即渠道管理者以渠道中其他企业的行为为控制对象,对渠道中其他企业可能出现的投机行为进行的监督和约束)。

(一)设计渠道控制标准

渠道控制标准是渠道管理者希望渠道运行所达到的状态或完成的任务。如果在企业的渠道方案中已经包括具体和易于测量的任务或目标指标(参见第三章第五节),那么这些任务或目标指标就可以直接作为渠道控制的标准。相反,如果渠道方案给出的渠道任务或目标指标不具体、难以测量,那么渠道管理者就需要设计具体的、可测量的渠道控制标准。不管在企业的渠道方案中是否给出了易于测量的渠道任务或渠道目标,渠道管理者在设计渠道控制标准时,都要以渠道任务和目标为依据。

本书第三章第五节把企业的渠道目标分为两大类:一类是渠道在一定时期内必须完成的任务,我们将其称为"渠道任务";另一类是渠道管理者根据渠道缺口所确定的渠道要达到的结果,包括渠道建设目标、渠道服务目标和渠道治理目标,我们将其称为"渠道目标"或"渠道设计目标"。渠道任务具有强制性,是企业根据其营销目标或发展目标要求渠道必须完成的;渠道目标则是渠道管理者对管理约束下"理想"渠道的一种追求,即使没有实现,往往也不会被问责,但是渠道目标能否实现对企业的长远发展却有很大的影响。

渠道任务大多是营销目标的分解,涉及以下几个方面:(1)销售业绩(产品、中间商或渠道的销售量与销售额);(2)盈利能力(产品、中间商或渠道带来的利润及利润率);(3)渠道费用(整个渠道或某一个环节的费用及费用率);(4)增长潜力(产品、中间商或渠道的销售增长率);(5)竞争力(竞争性产品或竞争性渠道之间的比较)。依据渠道任务设计的渠道控制标准,一般是具体的量化指标,很容易测量。

渠道目标是渠道管理者根据顾客需求和完成渠道任务的要求所确定的渠道在一定时期内要达到的结果,涉及以下几个方面:(1)市场渗透、市场覆盖、经销商发展和终端市场展示;(2)渠道的服务产出,如消费者或用户在购买批量、等候时间、空间便利、选择范围和服务支持等方面的渠道满意度;(3)不同渠道之间的关系与互动(如不同渠道之间的互补关系、不同渠道之间的冲突及其程度)、渠道成员的角色与功能发挥、渠道成员完成渠道任务的努力程度与成效、渠道成员合作的态度与成效、渠道成员的货款返还情况以及渠道成员之间的关系发展等。依据渠道目标设计的渠道控制标准,一般难以量化,不容易测量。

在渠道控制中,因为使用量化标准更容易操作,所以很多企业只看重量化标准,不太重视非量化标准。但是,如果只控制量化标准而不控制非量化标准,那么由于信息的严重不对称性,一些渠道成员会根据量化控制标准使自己"看起来很好",而实际上则采取投机取巧的行为。为了解决这个问题,在理论研究中,学者们采用了许多量表测量一些重要的非量化标准,如对渠道依赖、渠道冲突、渠道合作、渠道信任、渠道承诺和渠道满意的测量(Bruner and Hensel, 1992; Bearden et al., 1993)。这些量表可以在一定程度上将难以量化的标准量化。因此,企业在设计渠道控制标准时,可以参考这些量表设计一些非量化的控制标准。

简言之,渠道控制标准要具体、明确、可测量;对于不易量化的标准,也要尽量将其量化。第三章第五节对渠道目标的表述可以作为参考。

(二) 监测与评价渠道运行情况

对渠道系统的运行情况进行监测,目的在于发现问题,找出渠道运行中实际执行情况与控制标准之间的差距。渠道控制能否达到预期效果,这一步是关键,因为只有对渠道运行情况有一个全面、真实、及时的了解,才能对渠道控制做到胸中有数。

监测渠道运行情况的方法有很多,包括对销售业绩进行数据统计和分析、对顾客进行调查和分析、在现场进行观测和分析,以及通过中介组织进行调查和分析等。具体内容如下:

第一,通过实际执行情况与控制标准的比较,发现哪里出现了偏差以及分析偏差的性质。由于渠道控制的内容和标准有很多,所以偏差可能出现在许多不同的方面。比如,偏差可能出现在渠道效率方面——销售业绩不佳或渠道费用太高;也可能出现在渠道关系和渠道行为方面——渠道冲突恶化、合作水平和合作意愿降低、投机行为增多。找到偏差发生的地方,还要判断其性质。偏差不一定都是坏的,有时也可能是对企业有利的偏差。比如,渠道效率高得出奇,让企业事先没有预料到;企业与某一个合作伙伴的关系发展得太顺利,超出了企业的预期。对于性质不同的偏差,渠道控制的目的也有所不同。对于对企业不利的偏差,渠道控制的目的重在纠偏;而对于对企业有利的偏差,渠道控制的目的重在找出原因,以便向更有利的方向引导。

第二,分析偏差的大小及容忍度。偏差的大小表示实际执行情况与控制标准之间的差距。一般而言,实际执行过程总是或多或少地会偏离控制标准,这是正常的。相反,如果完全没有偏离控制标准,可能才不正常。问题在于,出现的偏差是否在允许的范围内。只有那些超出了允许范围的偏差,才是企业需要认真对待的。这体现了管理控制系统的"强调例外"原则(参见本章第一节)。控制者对那些发生在重要的控制标准上的偏差容忍度一般比较低,而对那些发生在不太重要的控制标准上的偏差,容忍度比较高。

第三,分析偏差形成的原因,制定纠偏措施。这里要把问题的表象和问题的根源区分开。有时,看起来是销售业绩出现了偏差,但实际上是渠道成员之间的合作出现了问题。有时,看起来是渠道合作出现了偏差,但实际上是企业的渠道政策伤害了合作伙伴,使合作伙伴采用消极的态度应付;或者,企业的渠道政策有漏洞,其他渠道成员借此从事投机活动。要找到偏差形成的根源,就需要进一步收集数据和资料,进行更深入的分析和评估。只有找到了偏差形成的根源,才能对症下药,制定出切实可行而又富有成效的纠偏措施。

(三) 纠偏

根据偏差形成的原因,纠偏有两个方面:第一,修改或调整企业自己的渠道任务、目标和策略,适应环境的变化。偏差有可能是由环境变化而使企业以前制定的渠道任务、目标和策略不再适用所致;也可能是由企业在制定渠道任务、目标和策略时,对未来过于乐观或过于悲观的估计所致;还可能是由企业的渠道政策设计不当,留下了太多的漏洞给投机者钻了空子所致。不管是哪一种情况出现,都意味着企业原有的渠道任务、目标和策略不再适用,需要做出修改或调整。随着渠道任务、目标和策略发生改变,渠道控制标准也要做出相应的修改或调整。

第二,影响或指导渠道成员改变某些不当行为,采用合理先进的工作方法,提高渠道效率与合作水平。如果偏差确属渠道合作伙伴的行为不当所致,那么就要通过各种手段或策略,对它们施加影响,改变它们的某些不当行为。当然,如果偏差为某一渠道合作伙伴的恶意投机行为所致,企业又无法通过重新设计渠道政策解决这一问题,那么企业要么严厉地惩罚它,要么与它中断合作关系。一般而言,同其他渠道成员终止合作关系,是纠偏措施的最后一个选项。

第四节 渠道中的投机行为与控制

在营销渠道中,尤其是中间商渠道中,投机行为是普遍存在的一个现象。示例9-2是一家家电连锁店在其内部报纸上登载的一篇关于"体外循环"的文章。其中所描述的"体外循环"就是供应商针对零售商的一种投机行为。

示例 9-2　体外循环早该休矣

"体外循环",顾名思义,是指在正常的循环体系之外的流通循环之举。体外循环,就是身在雅泰超市的厂家与导购人员,或单线联络,或内外勾结,把进雅泰购买电器的顾客,强拉硬拽到场外交易。他们为一家之利和图谋私利而扰乱供销秩序,置雅泰与供应商共同商定的"双赢双活、共同发展"的经营原则而不顾,实为不义之举。

目前,已被揭露的"体外循环"事例举不胜举。比如,AKM 太阳能热水器的导购人员,借顾客在雅泰挑选该厂产品之际,把顾客导引到本公司购买。这种双重推销的手法既是对供、销双方合作关系的一种破坏,又是对雅泰在消费者心目中形象的损坏。这是体外循环极为普遍之一例。

CIV 音响也以类似的手法,把顾客拉到厂家那里购买。这样,只要给顾客降价几十元钱,就可以节省下返给商场的几点利。他们借用雅泰为客户提供的销售平台,搞个体的"双重推销",给雅泰带来的却是销量与利润的双重损失。

HR 冰箱的销售人员与 HR 专卖店"挂钩联营",当顾客选中在雅泰展示的产品时,他们会声称无货,或错误地引导顾客说,"这里东西贵,专卖店便宜",最终,顾客花同样的钱买了同样的货,而专卖店则将返利给了促销员。

HX 电视由于厂家对每个销售点的市场份额进行考核,因而每个销售点为追求市场份额的平衡,经常违规操作,进行"体外循环"。特别是当客户是团体购买者时,常常会被介绍到没有完成市场份额的销售点去购买。

雅泰一贯主张供销双方的互利合作。"双赢双活、共同发展",这是21世纪经济发展的新趋势,也是雅泰与所有供应商合作的基础。一切违背这个基础与原则的事物,都应遭受唾弃。如同当年对"商业腐败"深恶痛绝一样,今年,雅泰对"体外循环"要像"秋风扫落叶一样",要把这种丑陋的经营行为从各个超市中扫除干净。

资料来源:雅文,《体外循环早该休矣》,《雅泰之声》(内部刊物),2002年1月28日。

一般而言,只要有代理问题,只要代理人与被代理人之间的信息是不对称的,投机行为就很难杜绝。在直销渠道中,一家企业和它的推销人员或销售公司之间是一种代理关系,而且企业没有办法对推销人员或销售公司的行为进行全程监控,所以推销人员或销售公司有时会从事投机活动,如夸大费用——一家企业的推销人员夸大推销费用;资金的"体外循环"——一家企业的销售公司为了"小单位"的利益,拿企业的资金销售其他企业的产品。

在中间商渠道中,投机问题可能更加严重,因为一个渠道成员往往是另一个渠道成员的代理人,而且渠道成员内部还有另一层代理关系,如制造商与其渠道管理人员之间,中间商与其推销或销售人员之间。这些代理人与被代理人之间的信息是不对称的。为了减少投机行为,一个渠道成员必须对其边界人员,即制造商的渠道管理人员或中间商的推销、销售人员,给予足够的激励,使其努力履行监控其他渠道成员的职责。边界人员的任何懈怠,都有可能造成渠道控制的失败。

因为直销渠道中投机行为发生在企业内部,属于组织内管理问题,所以不是这里要讨论的重点。这里要讨论的重点是中间商渠道中渠道成员针对彼此的投机行为,因为这是营销渠道中特有的一种现象。

一、渠道投机行为的形式

营销渠道中的投机行为,是指在营销渠道的交易中,一方缺乏坦诚,欺骗或使用诡计,以牺牲他人利益为代价,为己方谋私利(Wathne and Heide, 2000)。比如,在供应商与零售商关系中,零售商接受了供应商提供的促销津贴或实物,但并不按照事先的约定使用这些津贴或实物,而是另做他用,为自己谋利;零售商有意夸大供应商竞争对手所提供的折扣,意在从供应商那里获得更大的折扣;供应商承诺为提高产品的销售额,会加大广告的投放力度,目的是增加零售商对自己产品的信心,但在零售商订货以后,供应商没有兑现自己的承诺;供应商一方面给予零售商某一地区的独家销售权,另一方面又通过其他渠道进入这一地区,即所谓的"窜货"。

窜货,又称冲货、倒货,是一种产品越区销售的行为。其实质是渠道成员为了自己的利益,违反合同的约定而进行跨越经营区域的销售。它会对一条渠道中的其他成员和整个渠道造成伤害。示例9-3描述了窜货的两种形式。

示例 9-3　　窜货的形式

窜货既有可能发生在同一市场上,也有可能发生在不同的市场之间。

企业的营销渠道系统一般是按制造商→总经销商(总代理商)→二级经销商→批发商→零售商→消费者来组建的,层层放大,呈金字塔状。这种渠道系统的组建,就为同一市场中的窜货提供了可能。比如,某个总经销商底下有甲、乙两名二级经销商,甲经销商底下又有次一级批发商A,乙经销商底下又有次一级批发商B。当甲将货倒给B,或乙将货倒给A时,同一市场上的窜货就发生了。

同种商品,只要价格存在地区差异,或者只要同种商品在不同地区的畅销程度不同,就可能出现不同市场之间的窜货现象。比如,在市场一有总经销商甲,在市场二有总经销商乙,甲、乙之下又各有经销商A和B。这时如果甲将货倒给B,产品又经B分销给乙的其他下家,使商品在乙地市场流通,那么不同市场之间的窜货现象就出现了。

当然,窜货有时并非恶性的,比如相邻市场边界区域自然而然发生的跨区域销售;企业在市场开发初期,一些经销商跨区域将产品推向空白市场。只有那些为获取非正当利益,蓄意向自己辖区以外的市场倾销产品的行为,才是恶性的。

恶性窜货会扰乱企业整个渠道网络的价格体系,引发品牌内的价格战;还可能使经销商对企业的产品失去信心,丧失积极性,严重时还会放弃企业产品的经销。另外,混乱的价格也会导致消费者对企业的产品、品牌不信任。

如表 9-4 所示,渠道中的投机行为按照交易环境(circumstances)和行为(behavior)可以分为四种类型:原有环境下的主动投机行为、新环境下的主动投机行为、原有环境下的被动投机行为和新环境下的被动投机行为。所谓交易环境,是指由内外部因素所决定的交易条件。当交易条件发生变化时,称为新环境;反之,则称为原有环境。所谓行为,是指投机行为的意图是为了得利还是为了降低成本。为了追逐自己的利益而投机,称为主动投机行为;为了降低自己的成本而规避应该承担的责任或义务,称为被动投机行为。

表 9-4　渠道投机行为的分类

行为	交易环境	
	原有环境	新环境
主动	侵害:某一渠道成员在环境没有发生变化的情况下,为了自己的利益,从事某种被明确禁止或没有明说但隐性被禁止的行为	强制让步:一个渠道成员有意识地利用环境的变化从另一个渠道成员那里争取和获得更大的特权或让步
被动	逃避:在环境没有发生大的变化下采取逃避或者推脱责任与义务的行为	拒绝调整:一个渠道成员在环境发生变化的情况下缺乏弹性或拒绝调整

资料来源:根据 Wathne and Heide(2000)翻译和整理。

（一）原有环境下的主动投机行为

原有环境下的主动投机行为，简称侵害（violation），是指一个渠道成员在环境没有发生变化的情况下，为了自己的利益，从事某种被明确禁止或没有明说但隐性被禁止的行为。比如，一家中间商违反协议跨区域经销；一家制造商或供应商有意识地窜货；示例9-2所描述的厂家代表从事的商品"体外循环"活动。

侵害行为将直接增大被害者的渠道成本。比如，中间商违反协议跨区域经销，将使制造商对渠道的协调和控制更加困难，因为它必须花费更多的精力、财力和时间解决渠道中同一水平不同成员之间的冲突。再如，制造商的窜货行为和"体外循环"活动，会导致中间商或零售商对制造商更加严格的监控，因此产生更大的控制成本。

从收益角度看，侵害行为会增大投机者的收益，不过是以牺牲其他渠道成员的利益为前提的。比如，中间商违反协议跨区经销，能在短期内提高它自己的收益，但是却使相关中间商的销售额和利润减少。制造商的窜货行为，短期内会提高它的销售额，但却会使下游渠道成员的销售额下降。另外，从长期看，这种形式的投机行为会破坏整个渠道的和谐，最终降低整个渠道的收益——由于损害了下游渠道成员的利益，下游渠道成员会减少对该制造商的支持，最终制造商的利益也会受到损害。

（二）新环境下的主动投机行为

新环境下的主动投机行为，简称强制让步（forced renegotiation），是指一个渠道成员有意识地利用环境的变化从另一个渠道成员那里争取和获得更大的特权或让步。比如，一家制造商为了适应环境的快速变化，重新调整了营销战略，此营销战略需要零售商更积极的配合，如进行更多的沟通、提供更及时的信息。然而，零售商却不热心，反而提出了很多使它们享有特权的条件，如更低的折扣、更大的资金支持、更大的价格决定权等。

强制让步的实质，是一个渠道成员利用另一个渠道成员在变化或调整中的脆弱性（vulnerability），与后者讨价还价，以便获得更多的利益。因此，它的直接后果，是利益在渠道成员之间的重新分配——投机者通过讨价还价，获得了更多的利益，而反方则不得不做出某些让步，利益受到损害。不过，长期来看，受害者会增大对投机者的不信任感，产生离弃倾向，最终破坏双方的合作关系，使双方都受到伤害。除此之外，它还会提高双方的洽谈成本。

（三）原有环境下的被动投机行为

原有环境下的被动投机行为，简称逃避（evasion），是指一个渠道成员在环境没有发生大的变化时采取逃避或推脱责任与义务的行为。比如，在特许经营渠道中，特许加盟店没有按照特许商的规定提供应有的、高质量的服务。再如，在一个以零售商为渠道领袖的渠道中，制造商为零售商生产的自营品牌产品没有按照零售商的质量控制系统进行操作。

逃避行为能够在短期内为投机者节约经营费用或生产制造成本，但长期来看，则会通过消费者不满的增加，降低渠道控制者和整个渠道的收益。

(四) 新环境下的被动投机行为

新环境下的被动投机行为,简称拒绝调整(refusal to adapt),是指一个渠道成员在环境发生变化的情况下缺乏弹性或拒绝调整。比如,上面那一家为适应环境变化而重新调整营销战略的制造商,当要求零售商积极配合时,零售商虽然没有明确地提出异议,但是暗地里却不愿意对自己原有的经营方式做出相应的调整。

拒绝调整行为不会给其他渠道成员带来多大的成本,短期看还可能提高投机者的收益,如上例中,零售商可能从制造商那里得到更大的支持。不过,长期来看,渠道成员缺乏弹性或拒绝调整,会使整个渠道不能随着环境的变化而变化,适应性大减,从而减少渠道产出,影响每一个渠道成员的业绩。

二、渠道投机行为的原因

图 9-3 解释了渠道投机行为是如何发生的(Wathne and Heide,2000)。首先,渠道投机行为意味着一个渠道成员的实际行为(时间 2)与合约所规定的行为(时间 1)不一致且给合作者造成了损失,即违反合约的行为。这些行为包括我们前面提到的四种形式:侵害、强制让步、逃避和拒绝调整。

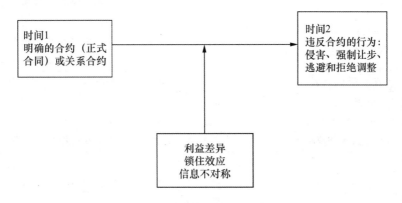

图 9-3　渠道投机行为的发生

其次,渠道投机行为有三个助推器①:一是利益差异,即渠道合作伙伴之间的利益并不完全一致。二是锁住效应,即出于某种原因(比如交易专有资产的投入),一个渠道成员不能毫无成本地与另一个渠道成员解除既有的交易关系,前者被锁在了与后者的关系中。这使前者不得不在某种程度上依赖后者,从而使前者对于后者有了某种程度的脆弱性,因此不得不忍受后者的投机行为,同时也使后者有了以损害前者利益的方式为自己谋利的机会。三是信息不对称,这增大了前者发现后者投机行为的难度,同时也使后者采取投机行为时不必过于担心被前者抓住。

---

① 在 Wathne and Heide(2000)所建立的模型中,渠道投机行为的助推器有两个,即锁住效应和信息不对称。本书作者这里将其修改为三个助推器,加上了一个"利益差异"。因为作者在授课的过程中发现,如果没有这个因素,渠道投机行为的模型就很难讲。另外,从逻辑上讲,首先,渠道合作伙伴之间的利益不一致是渠道投机行为的根源——如果没有利益差异,就不会出现渠道投机行为;其次,利益差异的大小还会提高或降低渠道成员的投机倾向。

三、渠道投机行为的控制方法

根据渠道投机行为的三个助推器,企业控制渠道合作伙伴可能发生的投机行为,主要有三条途径:第一,增大利益共同点;第二,降低信息的不对称性;第三,策略性地利用锁住机制。

前面所讲的权力、合同和规范三种渠道控制机制都可以用于渠道投机行为的控制。不过,针对渠道投机行为的四种类型和三个助推器,Wathne and Heide(2000)提出了四种更具体的控制方法,如表9-5所示。

表9-5 渠道投机行为的控制方法

控制方法	目的	前提	对投机行为的影响
监视	降低信息的不对称性,为奖罚提供依据;通过奖罚增大利益共同点	有明确和适用的监视标准;有监视合法性的约定,如在合同中明确说明企业有权监视合作者	只适用于基于信息的投机行为;对原有环境下的投机行为最有效;选择效应——那些不愿意被监视的合作者自己选择退出,而留下的合作者是更守规矩的
激励	使投机之所失大于投机之所得;使渠道成员成为利益共同体	有较大的渠道权力;有能力获得适用的信息,使奖罚公正、有据	能够限制各种投机行为;共同的利益会增加渠道成员之间针对彼此的交易专有资产,从而自觉地抑制自己的投机行为
选择	选择有共同利益的合作者,降低信息的不对称性;获得选择效应——让投机倾向高的成员退出	有适用的认证体系帮助选择;认证过程的成本不高;容易获得反映潜在合作者声誉的适用信息	选择方法的效果取决于选择或认证程序的有效性;信号作用——选择方法具有类似于广告的促销作用
社会化	促进渠道成员之间价值观和目标的一致化,增大利益共同点	有适用的普适性的价值标准,可以用在不同的环境下并适用于不同的渠道成员	有效性取决于价值标准的普适性;具有宣传企业价值观的信号作用;选择效应——让不认同企业价值标准的成员退出

资料来源:根据 Wathne and Heide(2000)翻译、整理和修改。

(一)监视

在信息不对称的关系中,一方有可能采取投机行为而不被察觉。监视的目的就是通过降低信息的不对称性,使奖罚更加公平,由此增大双方的利益共同点,在某种程度上解决这个问题。另外,监视行为本身也会给被监视者形成一种压力,使其采取顺从的行为。

因为监视的目的是通过降低信息的不对称性来控制投机,所以当投机行为的根源与掌握信息的多少无关时,监视很可能就是无效的。比如,在新环境下,当一个渠道成员针对另一个渠道成员采取拒绝调整或强制让步行为时(见表9-4),即使后者通过监视获得了更多的信息,知道前者在进行投机,也无法阻止前者的行为。

监视要发挥作用,有两个重要的前提:

第一,要有明确和适用的监视标准,即监视标准要明确地界定欲监视的投机行为。比如,对于在现有环境下侵害企业交易专有资产的行为和不履行责任与义务的行为(见表9-4),监视者要事先确定哪些行为是被严格禁止的(针对侵害行为),以及在哪些方面被监视者是有可能逃避责任的(针对逃避行为)。

第二,要有监视合法性的约定,即监视是合同或某种约定赋予的权力。一般而言,直销渠道中的投机行为要少于中间商渠道。除了因为直销渠道的控制属于组织内部控制,还因为监视有更强的合法性,被监视者认为被监视是应该的,是就业合同中隐含的规定。在中间商渠道中,监视的合法性有时不那么能让人接受,因为大家从根本上讲是平等的,监视也是相互的;一个渠道成员对另一个渠道成员过于严格的监视反而被视为违反合同,会引发被监视者的强烈不满,被监视者可能会改变形式,从事更多的投机活动,如"磨洋工"、出工不出力、不配合等。例如,Wathne and Heide(2000)在其论文中就用日本7-11便利店的例子来说明。日本的7-11便利店为了监视其加盟店,设计了一套监视系统,通过收银机将所有加盟店与总部连接。这套监视系统使公司总部不但能够掌握各商店的销售数据,而且能够监视各商店经理在每一项工作上所花费的时间。但是,经过一段时间的使用以后,发现效果并不好。一些商店经理抱怨说:"我经常想,到底是谁在经营这家商店?我感觉一天24个小时都在被监视中,我觉得自己就像一个奴隶。"监视活动做得好,在很大程度上能够限制由于信息不对称而引起的投机行为,特别适合控制原有环境下的投机行为,如侵害和逃避行为。除此之外,它还能产生一种选择效应,即让那些有投机倾向的渠道成员知难而退,在一开始就不要加入一个营销渠道系统中。

(二) 激励

激励的目的是要通过赏罚的方法,使投机者受损、不投机者得利,从而使渠道成员出于对自己利益的关心而减少投机行为。

激励可以用于控制上面所讲的每一种投机行为。比如,对于渠道成员不履行合同规定义务的行为(逃避行为),渠道控制者可以根据渠道成员各自的表现,奖勤罚懒,使懒之所失大于懒之所得;对于供应商有意降低质量标准的行为(侵害行为),零售商可以一方面给予质量标准执行好的供应商一些特权(如好的货位、较高的进货价和更多的促销支持),另一方面适当惩罚质量标准执行不好的供应商,使供应商侵害行为的所失大于所得;对于新环境下的强制让步和拒绝调整行为,可以运用激励的思路,通过增大双方在交易专有资产上的投入,使投机之所失大于投机之所得。

激励的前提,一是要有较大的渠道权力,因为一个渠道成员只有在渠道权力较大的时候,才有话语权,才能制定赏罚的游戏规则;二是要有适用的信息,否则奖罚不公,结果适得其反。从这个角度讲,激励方法需要监视方法的支持。

激励方法如果使用得当,会使渠道成员感觉投机之所失大于投机之所得,从而出于对自己利益的考虑而减少各种投机行为。使用激励方法的另外一个结果是,渠道成员之间针对彼此的交易专有资产投入增大。这些资产就像一把锁,把大家"锁"在一起,成为利益共同体。

(三) 选择

从原则上讲,限制投机行为最直接的方式是选择交易伙伴,即只与那些投机倾向低、合作意愿强的渠道成员进行交易。比如,为了控制出工不出力的逃避行为(原有环境下的被动投机行为),特许商只选择那些愿意接受全程监视的经销商加盟;为了控制制造商有意降低产品质量的侵害行为(原有环境下的主动投机行为),零售商只选择与那些愿意按照零售商质量监控程序生产运作的生产厂家打交道。

选择方法的目的,就是通过选择程序对潜在交易伙伴进行调查,了解交易伙伴的投机倾向和合作意愿,以降低信息的不对称性。另外,通过建立一种自选择机制,使那些投机倾向高的渠道成员自己选择不加入某一渠道。

要使选择方法有效,有几个重要前提:

第一,要有一套适用的选择标准和程序。比如,一些大的制造商要求中间商在正式加入它们的渠道之前,要经过一段时间的试用,得到认证体系的认证以后,才能成为它们的正式成员。在试用期,为了达到制造商事前设定的标准,中间商要耗费一定的时间、精力和金钱,有时甚至要进行交易专有资产的投入,因此整个选择过程本身,通过规范活动,就有可能在一定程度上防止中间商的逃避行为。另外,通过认证过程的投入,选择过程把中间商与制造商的利益"锁"在了一起,使中间商更愿意配合制造商的经营活动,由此可以在一定程度上防止中商间的拒绝调整行为。

第二,要使参与者承担的选择成本适量,否则要么不能成功阻止参与者的投机行为,要么参与者没有参与的动力。参与者参与认证过程所花费的成本,要大于投机所带来的短期利益,小于成为正式成员以后所能得到的长期利益。

第三,要能够得到关于交易伙伴声誉的适用信息。对交易伙伴的选择,要参考它们过去的声誉和现有的情况。如果没有适当的方法得到适用的信息,选择交易伙伴时就缺少了一个重要的依据。

选择方法的有效性,取决于选择或认证程序。设计良好的选择或认证程序在很大程度上能够把那些投机倾向较低的渠道成员选择出来,从而一开始就对投机行为有抑制作用。除此之外,选择方法还具有类似于广告一样的促销作用。比如,一家零售商对供应商有一个质量认证过程。虽然零售商的本意是要通过这一过程选出合格的供应商,但是对于顾客而言,质量认证过程本身也是一个信号,说明了零售商对产品质量的要求。

(四) 社会化

社会化方法就是采用社会化技巧,使渠道成员的目标趋向一致。具体的做法有很多,比如,特许经营系统建立加盟店培训学校,一方面向加盟店传授做生意的技巧,另一方面推广其经营理念;汽车制造商为其 4S 店举办研讨会,讨论的重点是公司的价值观和经营理念。

社会化方法可以用于控制表 9-4 中的每一种投机行为。要使这种方法有效,社会化努力所倡导的目标、价值观、形象等,必须具有普适性——可以用在不同的环境下和适用于不同的渠道成员。

社会化方法除了能够在一定程度上控制投机行为,还通过向顾客发出信号,具有促进推广作用,如宣传企业的经营哲学与理念。另外,它也能够产生一种选择效应,让那些不同意企业经营哲学与理念的渠道成员一开始就不要加入自己的渠道系统中。

本章提要

管理控制是指为确保组织目标按计划实现而对组织活动进行监督,并在发生明显偏差时进行纠正的程序。

管理控制系统有三种不同的设计思路:市场控制、层级控制和文化控制。市场控制强调将组织外部的市场机制作为在控制系统中使用的控制标准。层级控制强调组织权力和权威的作用,依靠组织层级和组织内部管理机制,保证员工有良好的表现并完成组织分配的任务。文化控制强调通过共同的价值观、规范、传统、礼仪、信念和其他组织文化要素约束员工的行为。大多数组织不是仅仅按照一种思路来设计管理控制系统,而是以层级控制或文化控制中的一种为主,以市场控制为辅来设计。

管理控制可以在活动展开之前、之中或之后进行。据此,管理控制被划分为前馈控制、现场控制和反馈控制三种类型。

管理控制的基本过程包括确定控制标准、衡量实际工作成效和采取纠偏措施三个步骤。

营销渠道有多种不同的结构和组织形式。企业对结构和组织形式不同的渠道进行控制,内涵和方法有很大的区别。但是,渠道控制主要是一种跨组织控制——施控者与受控者分属于不同的企业或组织。因此,渠道控制往往不是基于层级系统的命令、指挥与规范,而是一个渠道成员对于另一个渠道成员在某些决策方面的成功影响。

渠道控制的理论基础主要有交换理论、交易成本理论和渠道行为理论。交换理论为渠道的产生及其控制提供了可能性和必要性,交易成本理论揭示了渠道控制的本质(促进合作和保护交易专有资产的安全),渠道行为理论则进一步发展了交易成本理论在营销渠道方面的应用,提出了渠道治理和控制的具体形式和方法。

渠道治理策略与控制行为在渠道控制中很难区分开。渠道治理策略约定合作者之间关系的性质,而控制行为则是一方依约对另一方施加影响的过程。

渠道治理与控制的理论模型,显示了渠道治理与控制的可变内容和它的前因、后果。

从一家企业的角度看,渠道治理策略就是企业把渠道参与者组织起来的渠道组织形式及其约定,体现为跨组织的垂直渠道系统,分为公司型、特许型、管理型和关系型。因此,企业可以"基于渠道组织形式选择渠道治理策略",并且把市场治理视为企业可以选择的一种最后的、"企业不治理"的渠道治理策略。

企业对渠道的控制有三种基本的机制,即权力、合同和规范。利用权力机制,企业通过权力和权力的使用来影响或控制渠道中的其他成员。利用合同机制,企业通过合同的签订与对合同执行情况的监督来影响或控制其他成员。利用规范机制,企业与渠道合作伙伴之间达成默契,通过互信、承诺、合作等关系规范来相互影响或相互控制。三种控制机制虽然不相互排斥,但是需要与渠道治理策略相匹配,否则渠道控制的效果和效率会大打折扣。企业的渠道控制行为在具体的操作中表现为管理人员的沟通或影响策略,常常带有个人色彩。

渠道治理与控制的前因,主要有交易专有资产、环境的不确定性、企业对营销渠道控制的欲望和交易伙伴因素等。渠道治理与控制的后果,则包括渠道关系、渠道满意、渠道绩效和渠道效率。另外,还有一些重要的因素会直接或间接地影响企业对渠道治理策略与控制行为的选择,如企业的规模与实力、产品与行业特点、渠道目标与任务、渠道构成与互依结构等。

渠道控制程序分为设计控制标准、监测与评价渠道运行情况、纠偏三大步骤。渠道控制标准是渠道管理者希望营销渠道能够达到的状态或完成的任务,一般根据控制者的渠道任务、目标和策略来确定。监测与评价渠道运行情况,就是收集和分析与渠道运行情况有关的数据或资料,以便发现渠道运行中的问题。纠偏就是解决问题的过程。

营销渠道中的投机行为,是指在营销渠道的交易中,一方缺乏坦诚,欺骗或使用诡计,以牺牲他人利益为代价,为己方谋私利。渠道中的投机行为可以按照交易环境和行为分为四种类型:原有环境下的主动投机行为(侵害)、新环境下的主动投机行为(强制让步)、原有环境下的被动投机行为(逃避)和新环境下的被动投机行为(拒绝调整)。

渠道投机行为有三个助推器:一是利益上的差异,二是锁住效应,三是信息不对称。一个渠道成员要控制合作伙伴可能采取的投机行为,主要有三条途径:一是增大利益共同点,二是降低信息的不对称性,三是策略性地利用锁住机制。据此,渠道投机行为可以通过监视、激励、选择和社会化等方法进行控制。

参考文献

李先国、杨晶、梁雨谷主编,2019,《销售管理》(第 5 版),北京:中国人民大学出版。

罗宾斯,斯蒂芬;库尔特,玛丽,2017,《管理学(第 13 版)》,刘刚等译,北京:中国人民大学出版社,第 496—521 页。

宁向东,2005,《公司治理理论》,北京:中国发展出版社,第 9—20 页。

芮明杰编著,2021,《管理学》(第四版),北京:高等教育出版社,第 198—208 页。

熊银解、富特雷尔,查尔斯·M. 主编,2017,《销售管理》(第三版),北京:高等教育出版社。

庄贵军,2012,《基于渠道组织形式的渠道治理策略选择:渠道治理的一个新视角》,《南开管理评论》,第 6 期,第 72—84 页。

庄贵军、周南、苏晨汀、杨志林，2008，《社会资本与关系导向对于营销渠道中企业之间沟通方式与策略的影响》，《系统工程理论与实践》，第 3 期，第 1—15 页。

Anderson, E., 1988, "Transaction Costs as Determinants of Opportunism in Integrated and Independent Sales Forces", *Journal of Economic Behavior and Organization*, 9(3), 247-264.

Bearden, W. O., R. G. Netemeyer, and M. F. Mobly, 1993, *Handbook of Marketing Scales: Multi-item Measures of Marketing and Consumer Behavior Research*, California: Sage Publications Inc., 251-343.

Brown, J. R., C. S. Dev, and D. J. Lee, 2000, "Managing Marketing Channel Opportunism: The Efficacy of Alternative Governance Mechanisms", *Journal of Marketing*, 64(2), 51-65.

Bruner, G. C., and P. J. Hensel, 1992, *Marketing Scales Handbook: A Compilation of Multi-item Measures*, Chicago: American Marketing Association, 782-1289.

Frazier, G., and J. Summers, 1986, "Perceptions of Interfirm Power and Its Use Within a Franchise of Distribution Channels", *Journal of Marketing Research*, 23(2), 169-176.

Frazier, G. L., and J. Summers, 1984, "Interfirm Influence Strategies and Their Application within Distribution Channels", *Journal of Marketing*, 48(3), 43-55.

Gaski, J. F., and J. R. Nevin, 1985, "The Differential Effects of Exercised and Unexercised Power Sourcesina Marketing Channel", *Journal of Marketing Research*, 22(2), 130-142.

Geyskens, I., J. E. M. Steenkamp, and N. Kumar, 1999, "A Meta-analysis of Satisfaction in Marketing Channel Relationships", *Journal of Marketing Research*, 36(2), 223-238.

Heide, J. B., 1994, "Interorganazational Governance in Marketing Channels", *Journal of Marketing*, 58(1), 71-85.

Hunt, S., and J. Nevin, 1974, "Power in a Channel of Distribution: Sources and Consequences", *Journal of Marketing Research*, 11(2), 186-193.

Joshi, A. W., and R. L. Stump, 1999, "Transaction Cost Analysis: Integration of Recent Refinements and an Empirical Test", *Journal of Business-to-Business Marketing*, 5(4), 37-71.

Lusch, R. F., 1976, "Channel Conflict: Its Impact on Retailer Operating Performance", *Journal of Retailing*, 52(2), 3-12.

Mohr, J., and J. R. Nevin, 1990, "Communication Strategies in Marketing Channels: A Theoretical Perspective", *Journal of Marketing*, 54(3), 36-51.

Newman, W. H., 1975, *Constructive Control: Design and Use of Control Systems*, NJ: Prentice Hall.

Payan, J. M., and R. G. McFarland, 2005, "Decomposing Influence Strategies: Argument Structure and Dependence as Determinants of the Effectiveness of Influence Strategies in Gaining Channel Member Compliance", *Journal of Marketing*, 69(3), 66-79.

Skinner, S. J., and J. P. Guiltinan, 1985, "Perceptions of Channel Control", *Journal of Retailing*, 61(4), 65-88.

Skinner, S. J., J. B. Gassenheimer, and S. W. Kelley, 1992, "Cooperation in Supplier-dealer Relations", *Journal of Retailing*, 68(2), 174-193.

Su, C., Z. Yang, G. Zhuang, N. Zhou, and W. Y Dou, 2009, "Interpersonal Influence as an Alternative Channel Communication Behavior in Emerging Markets: The Case of China", *Journal of International Business Studies*, 40(4), 668-690.

Wathne, K. H., and J. B. Heide, 2000, "Opportunism in Interfirm Relationships: Forms, Outcomes, and Solutions", *Journal of Marketing*, 64(4), 36-51.

Weitz, B. A., and S. D. Jap, 1995, "Relationship Marketing and Distribution Channels", *Journal of the Academy of Marketing Science*, 23(4), 305-320.

Zaheer, A., and N. Venkatraman, 1995, "Relational Governance as an Inerorganizational Strategy: An Empirical Test of the Role of Trust in Economic Exchange", *Strategic Management Journal*, 16(5), 373-392.

练习与思考

1. 什么是渠道控制？它有哪些特点？
2. 举出你所熟悉的各种营销渠道，说说它们之间在治理结构上有什么不同？
3. 简述渠道控制方法和渠道控制程序。
4. 试用某一种或多种渠道控制方法解决示例9-3所讲的"体外循环"的问题。
5. 你都见过或听说过哪些渠道投机行为？它们为什么会发生？
6. 从渠道投机行为的角度分析本书"案例分析"部分的案例2，旭日集团面对什么样的渠道投机行为？根源是什么？应该如何控制？
7. 从渠道治理的角度分析本书"案例分析"部分的案例8，奥妮在2002年以前和以后分别采用了什么渠道治理策略？
8. 从治理的角度分析本书"案例分析"部分的案例9，"格兰仕联合促销计划"为什么会成为一场短命的联合促销？家用电器制造商之间的横向合作与一般渠道中的跨组织合作有什么不同？
9. 阅读和分析本书"案例分析"部分的案例12，回答案例后面的问题。

第十章

渠道效率评估

▶▶ 知识要求

通过本章的学习,掌握以下要点:
- 渠道效率评估的量化指标和非量化指标;
- 渠道效率综合评估的方法;
- 渠道效率评估、渠道调整和渠道控制三者之间的关系;
- 渠道调整的主要方法;
- 渠道整合的目的与原则。

➡ 技能要求

通过本章的学习,要求学生能够做到:
- 为企业设计渠道效率评估指标体系;
- 综合评估企业的渠道效率;
- 清楚地表述渠道效率评估、渠道调整和渠道控制三者之间的关系;
- 识别渠道调整时机;
- 了解和应用渠道调整的主要方法。

渠道效率是渠道的投入产出比。渠道效率评估的目的,一是检查渠道策略的执行结果,据以奖优罚劣;二是发现渠道运行中存在的问题,为企业整合营销渠道、调整渠道结构和增减渠道成员提供决策的依据。它也是渠道控制的一项重要内容,侧重于在企业可以控制的范围内对渠道做出调整,而不是第九章所讲的跨组织控制。

本章首先分别介绍渠道效率评估的量化指标和非量化指标,然后给出渠道效率评估的方法,最后讨论营销渠道的调整问题。

第一节 渠道效率评估的量化指标

渠道效率评估要以企业的渠道任务和目标为基础(参见第三章第五节关于"渠道任务"和"渠道目标"的论述)。因此,渠道效率的评估指标要能够反映渠道任务和目标的要求。不过,渠道效率的评估指标与渠道任务和目标也有区别:渠道效率的评估指标更看重投入产出比,而渠道任务和目标则大多是用绝对值表示的;渠道效率的评估指标更关心效率(efficiency),即能否用较小的耗费完成任务或达成目标,而渠道任务和目标则更关心效果(effectiveness),即能否完成任务或达成目标;渠道效率的评估指标是"过去时",而渠道任务和目标则是"未来时"。

根据渠道的跨组织特性,渠道效率需要从渠道和渠道成员两个层面进行评估。从渠道层面评估渠道效率,主要是分析一条渠道总的运作效率;从渠道成员层面评估渠道效率,主要是分析某一条渠道内各渠道成员执行渠道功能的效率。前者特别适用于那些采用多渠道策略的企业,后者则适用于所有的企业。

根据渠道产出的性质,渠道效率的评估指标可以分为量化指标和非量化指标。量化指标由渠道的可量化产出计算得出,非量化指标由渠道的不可量化产出计算得出。渠道效率评估的两个层面和两种性质的指标两两交叉,得到表10-1。

表10-1 渠道效率评估的层面和指标

评价层面	量化指标	非量化指标
渠道	• 商品流量指标,以商品流量为基础计算出的量化指标,如不同渠道的销售增长率、市场占有率和计划执行率 • 现金流量指标,以现金流量为基础计算出的量化指标,如不同渠道的销售贡献率、费用率和利润率	• 企业的渠道策略与渠道管理 • 企业不同渠道之间的互补与冲突,如不同渠道之间在市场覆盖和渠道功能上的重叠或交叉,不同渠道之间的合作与冲突水平 • 消费者或用户的渠道满意度
渠道成员	• 商品流量指标,以商品流量为基础计算出的量化指标,如不同渠道成员的销售增长率、市场占有率和计划执行率 • 现金流量指标,以现金流量为基础计算出的量化指标,如不同渠道成员的销售贡献率、费用率和利润率 • 其他量化指标,如货款支付率、平均存货量和存货周转率	• 与某一渠道成员的关系与互动,如合作与冲突水平、信任和承诺水平、投机倾向和行为 • 渠道成员的渠道满意度 • 渠道氛围

这一节先介绍渠道效率评估的量化指标,下一节再介绍渠道效率评估的非量化指标。由表10-1可见,渠道效率评估的量化指标可以分为商品流量指标、现金流量指标和渠道成员层面一些特殊的量化指标。

一、商品流量指标

营销渠道的基本任务就是把商品从生产领域转移到消费领域,从生产制造者手中转移到消费者或用户手中。因此,商品流量是营销渠道的一项基本产出:在其他条件相同时,通过一条渠道销售的商品或服务越多,说明这条渠道满足的消费者或用户的需求就越多,渠道产出也就越大。而基于其上的商品流量指标,也就成为衡量渠道效率的基本指标:在其他条件相同时,尤其是在渠道的投入一定时,销售量越大,单位投入的产出就越大,渠道效率也就越高。商品流量指标主要有销售增长率、市场占有率和计划执行率。

(一) 销售增长率

销售增长率,即用上一期某一渠道或渠道成员的销售量作为评估的基准,对本期这一渠道或渠道成员的商品流量水平做出评估。销售增长率的计算公式如式(10-1)所示。

$$销售增长率 = \frac{本期销售量 - 上一期销售量}{上一期销售量} \times 100\% \qquad (10-1)$$

销售增长率实际上是使用历史比较法来评估企业某一渠道或企业某一渠道中的某一成员的效率。在使用这一指标评估渠道效率时,既可以进行纵向比较,如将企业直销渠道本期的销售增长率与以前的销售增长率进行比较,以便了解企业直销渠道发展变化的趋势;也可以进行横向比较,如将某一渠道成员的销售增长率与同一渠道内其他渠道成员的销售增长率进行比较,以便掌握该渠道内各渠道成员在企业产品销售中未来可能的地位变化。

(二) 市场占有率

市场占有率又称市场份额(market share),是指在一定时期内企业某一产品的销售量占行业同类产品销售量的比重。不过,在评估渠道效率时使用这一指标,其含义略有改变。它特指在同一市场上,一条渠道在一定时期内销售企业产品的数量占企业同类产品销售总量的比重。我们不妨将其称为"渠道占有率",如式(10-2)所示。

$$渠道占有率 = \frac{企业产品经由某渠道的销售量}{企业同类产品的销售总量} \times 100\% \qquad (10-2)$$

对于使用多渠道策略的企业来说,这一指标可以用来评估不同渠道在企业销售某一产品中的地位。一条渠道的渠道占有率越高,说明这条渠道对企业产品的销售越重要;反之,则反是。示例10-1显示了BT公司的渠道占有率及其变化情况,由此我们可以清楚地看到BT公司采用多条渠道的相对重要性及其演变。

示例 10-1　BT 公司的渠道占有率

BT 公司是一家生产调味品的企业。自 2016 年以来,公司采用多条渠道销售自己生产的产品。虽然总的渠道结构没有发生变化,但是多条渠道的相对重要性却一直在变,如表 10-2 所示。

表 10-2　BT 公司的渠道占有率及其变化　　　　　　　　　　单位:%

年份	企业直销	代理商	专业批发	零售直供
2016	25.23	45.96	8.67	20.14
2017	38.78	40.42	8.92	14.88
2018	42.31	39.88	9.95	7.86
2019	35.00	47.00	8.00	10.00
2020	19.35	62.32	10.31	8.07
2021	19.50	62.31	10.21	8.03

由表 10-2 可见,总的来讲,代理商是公司的主渠道,并且其重要性还在上升;直销渠道的重要性先升后降,现在稳定在 20% 左右;零售直供渠道的重要性先快速下降,后逐渐稳定下来;专业批发则相对比较稳定。

将式(10-2)稍做改变,就可以用于测量一条渠道中某一渠道成员的重要性,如式(10-3)所示。我们将其称为"渠道成员占有率"。

$$渠道成员占有率 = \frac{某渠道成员经销企业产品的销售量}{企业同类产品的销售总量} \times 100\% \quad (10-3)$$

渠道成员占有率这一指标可以用来评价不同渠道成员在企业某一产品销售中的重要性。在企业某一产品的销售中,一家经销商的渠道成员占有率越高,说明这家经销商对企业销售这种产品越重要;反之,则反是。

(三) 计划执行率

对渠道效率的分析判断,也可以通过比较计划期的销售量与实际的销售量来进行。渠道计划是企业根据市场的变化规律、竞争状态、各渠道的优劣势分析和销售预测而制订的,是对企业、企业的某一条渠道以及某一渠道中的某一成员销售任务的要求。因此,计划执行率可以在一定程度上反映出企业的渠道管理水平,也可以反映出企业的渠道管理人员和渠道成员的努力程度。计划执行率可以分为渠道计划执行率和渠道成员计划执行率,分别用式(10-4)和式(10-5)表示。

$$渠道计划执行率 = \frac{某一渠道企业产品的实际销售量}{某一渠道企业产品的计划销售量} \times 100\% \quad (10-4)$$

$$渠道成员计划执行率 = \frac{某一渠道成员企业产品的实际销售量}{某一渠道成员企业产品的计划销售量} \times 100\% \quad (10-5)$$

由式(10-4)和式(10-5)可见,计划执行率可能高于、等于和低于100%。如果计划制订本身没有问题,则当计划执行率高于和等于100%时,就说明企业的某一条渠道或某一个渠道成员达到了较高的渠道效率;当计划执行率低于100%时,就说明企业的某一条渠道或某一个渠道成员的渠道效率较低,需要找出原因,解决问题。示例10-2 显示的是某家电制造商三条电冰箱销售渠道的计划执行情况。

示例 10-2 某家电制造商电冰箱的渠道计划执行率

某家电制造商主要采用三条渠道销售自己的电冰箱:一是大型的家电连锁店,二是传统的百货店,三是企业自设的专卖店。表10-3 是该公司2022年截至7月份在某市三条渠道的计划完成情况。

表 10-3 某家电制造商电冰箱的渠道计划执行率

地区	销售计划目标(台)	实际销售量(台)	渠道计划执行率(%)	原因
家电连锁店	2 500	2 400	96.0	
百货店	1 500	1 525	101.7	
专卖店	2 000	1 075	54.0	
合计	6 000	5 000	83.0	

三条渠道的计划销售量分别为2 500台、1 500台和2 000台,而实际完成的销售量则分别为2 400台、1 525台和1 075台。从计划执行情况来看,传统的百货店最好,超出1.7个百分点完成销售计划;而专卖店最差,计划执行率只有54%。因此,要完成全年计划,主要问题在专卖店这条渠道。为了解决问题,该公司需要分析专卖店计划执行率低的原因,并提出解决方案。

二、现金流量指标

营销渠道的产出不仅可以体现为商品流量,还可以体现为现金流量。商品流量和现金流量是一个事物的两个方面:企业的商品通过营销渠道流向消费者或用户,同时消费者或用户的现金通过营销渠道流向企业。而且,企业的商品流是否被市场认可以及在多大程度上被市场认可,最终由现金流体现出来。现金流就像是市场对企业做出的评价——现金流越大,说明市场越需要企业提供的产品和服务。因此,在实际的经济生活中,企业更看重的是现金流。

现金流量指标是以现金流量为基础计算出的量化指标,主要有销售贡献率、费用率和利润率。

(一) 销售贡献率

销售额是指企业的产品经由营销渠道销售所产生的现金额,也称销售收入。销售贡献率用来测量企业的某一条渠道或一条渠道的某一经销商对企业产品销售额的贡献大小,分为渠道销售贡献率和渠道成员销售贡献率,分别用式(10-6)和式(10-7)表示。

$$渠道销售贡献率 = \frac{某条渠道的企业产品销售额}{企业产品的销售总额} \times 100\% \quad (10-6)$$

$$渠道成员销售贡献率 = \frac{一条渠道内某经销商的企业产品销售额}{一条渠道内企业产品的销售总额} \times 100\% \quad (10-7)$$

销售贡献率与前面的市场占有率内涵相同,不同之处在于市场占有率以销售量计算、销售贡献率以销售额计算。

(二) 销售费用率

渠道在运行过程中,需要支付各种费用,包括员工工资、经营管理费用、商品运输费用、包装费用、储存费用以及占压资金向银行支付的利息等。销售费用率是指一定时期内商品销售费用占商品销售额的比重,计算公式如式(10-8)所示。

$$销售费用率 = \frac{商品销售费用}{商品销售额} \times 100\% \quad (10-8)$$

销售费用率既可以是某一条渠道的渠道销售费用率,也可以是某一渠道成员的渠道成员销售费用率。从投入产出关系上分析,商品销售费用是投入,商品销售额是产出。在产出不变的情况下,投入越小,渠道效率越高。换言之,不管是用来衡量一条渠道还是一个渠道成员,销售费用率越低,渠道效率越高。

(三) 销售利润率

企业历来重视对销售利润率的分析,在渠道效率的评估中也是如此。如果一家企业或一条渠道的销售量或销售额很大而利润很小,那么就是"只赚吆喝不赚钱"。

对于生产企业来说,利润就是企业的销售收入减去制造成本、经营费用和税金等项目之后的余额。对于中间商来说,利润就是企业的进销差价减去经营费用和税金等项目之后的余额。无论是对生产企业还是中间商,销售利润率就是利润与商品销售额之比,如式(10-9)所示。

$$销售利润率 = \frac{利润额}{商品销售额} \times 100\% \quad (10-9)$$

销售利润率也可以按照渠道和渠道成员两个不同的层面进行计算和分析。渠道层面的销售利润率,以企业的渠道为单位,计算不同渠道的渠道效率;渠道成员层面的销售利润率,则以企业某一条渠道的渠道成员为单位,计算不同渠道成员的经营效率。

三、其他量化指标

以上两种量化指标既可以用于对整条渠道的效率进行评估,也可以用于对一条渠道中各个渠道成员的效率进行评估。然而,由于渠道成员承担的渠道功能差异较大,要全面判断一个渠道成员的效率,还需要采用一些特定的效率指标,包括货款支付率、存货周转率、资产使用效率等。

(一)货款支付率

货款支付率是指一个渠道成员应付货款与其平均采购额之比。这是用来评价渠道成员能否快速支付货款的指标,如式(10-10)所示。

$$货款支付率 = \frac{应付货款}{平均采购额} \tag{10-10}$$

在企业规定的期限内,渠道成员对企业的货款支付率越高,说明渠道成员越可靠,是一个可以依赖的合作伙伴。反之,就需要对渠道成员的合作诚意、素质以及经营效率进行调查和分析,看其是否存在问题。

(二)存货周转率

渠道成员需要储存一定量的货物满足销售需要,以防止商品脱销。制造商一般也鼓励渠道成员储存一定量的货物以减少自己的库存。不过,过多的库存则会占压企业的资金,降低企业的经营效率。

存货周转率是指渠道成员的存货销售速度与存货补充更新速度,它一方面反映出渠道成员的经营能力,另一方面也反映出渠道成员的经营管理水平。存货周转率一般用存货的年周转次数来测算:存货周转率越高,说明渠道成员的效率越高。另外,存货周转率也可以用存货的周转天数来测算。不过,它是一个反向指标:存货周转天数越多,说明渠道成员的效率越低。两种测算方法的计算式如式(10-11)和式(10-12)所示。

$$存货周转率(年周转次数) = \frac{年度销售额}{平均存货量} \tag{10-11}$$

$$存货周转率(周转天数) = \frac{平均存货量}{日均销售量} \tag{10-12}$$

一般而言,在存货周转速度一定时,一个渠道成员的平均存货量越大,说明这个渠道成员的经营能力越强;而在平均存货量一定时,一个渠道成员的存货周转速度越快,则说明其经营效率和管理水平越高。

(三)资产使用效率

资产使用效率是指一家企业单位资产实现商品销售额的多少,主要用于显示渠道成员在承担渠道功能时投入资产的利用情况,如式(10-13)所示。

$$资产使用效率 = \frac{年度销售额}{总资产额} \tag{10-13}$$

资产使用效率越高,说明渠道成员使用相同资产实现的年度销售额越大,或者相同的年度销售额使用的资产越少。

第二节 渠道效率评估的非量化指标

渠道除了有可以量化的销售额(或零售额、批发额)、销售量、市场份额和利润额等产出,还有许多难以量化的产出,如消费者或用户的满足度、渠道便利程度、渠道忠诚度和渠道氛围等。有人曾经指出这样一个有趣的事实:如果只看可量化的产出指标,那么当年苏联零售企业的运作效率要比美国零售企业的运作效率高很多(Oi,1992)。因为长期的供不应求,苏联的零售企业只要很小的成本投入就可以得到相对比较大的销售额和利润额的产出。显然,这个结论是有问题的。尽管苏联的零售企业获得了较高的投资收益率,但是这个较高的投资收益率是在极低的服务产出水平上获得的,为此消费者不得不压抑自己的消费需求,不得不忍受排队、等待的煎熬和售货员的"白眼",不得不花更多的时间和精力去完成购买活动,不得不将货物在自己的家里储存更长的时间。

在评估渠道效率时,如果只看可量化的产出而不看不可量化的产出,则会出现类似的问题。在评估不同环境下(如不同地区)的渠道效率时,这一问题尤为严重。因为一个地区可量化的渠道效率之所以高于另一个地区,可能是因为那个地区相对比较封闭,缺乏竞争,企业只提供低水平的服务。如果企业以这一地区渠道的经验去改造其他地区的渠道,那么后果可想而知。因此,在对渠道效率进行评估时,企业既要考虑可量化因素,又要考虑不可量化因素。否则,就可能会出现不公平的问题,即奖了不该奖的,罚了不该罚的。如上述表10-1所示,用非量化指标对渠道和对渠道成员进行效率评估时,所用指标有很大不同。

一、渠道层面的非量化指标

渠道层面的非量化指标包括企业渠道策略和渠道管理、企业不同渠道之间的互补与冲突,以及消费者或用户的渠道满意度等内容。

(一)渠道策略和渠道管理

企业的渠道效率,在很大程度上取决于其内部渠道管理的成效和效率。如果一家企业内部的渠道策略不明确,渠道管理混乱,则很难期望它有高效率的渠道产出。本书"案例分析"部分的案例1"旭日升起又落下"就很能说明问题。旭日集团营销渠道混乱的根源在于其渠道政策的混乱,而渠道政策的混乱反映的则是企业在渠道策略和渠道管理上的混乱。

考察一家企业渠道策略和渠道管理的效率如何,主要看以下几点:(1)企业是否有一位称职的渠道经理或渠道主管;(2)渠道管理人员是否分工明确,使他们既各司其职,又交叉合作;(3)企业对渠道的管理是否规范,使渠道管理人员的工作既有章可循,又有足够的权力灵活应变;(4)企业的渠道策略是否符合实际,适应企业的自身条件和环境的要求。

这里所谓"称职"的经理或主管,一是具备较高的专业素质,如有一段时间从事销售和管理工作的经验,对营销管理知识有深入的理解,有较强的执行力;二是尽心尽责,对渠道管理工作认真负责,能够带领其他渠道管理人员努力工作;三是有创新精神,灵活应变,能在较短的时间内想出意外情况的应对方法。

(二)不同渠道之间的互补与冲突

采用多渠道策略的企业,要特别注意评价不同渠道之间的互补关系,因为它可能意味着渠道之间的协同效应。不同渠道之间的互补关系,表现在市场和功能两个方面。一般而言,不同渠道覆盖的市场相互重叠越少,市场互补的程度越高;不同渠道之间的渠道功能重叠越少,功能互补的程度越高;互补程度越高,渠道之间的协同效应就越大。示例10-3显示的是LW公司渠道调整前后的渠道互补关系。

示例10-3　LW公司的渠道调整

LW公司是一家家用电器制造商,以前一直采用三条渠道销售公司生产的产品:企业销售队伍、电话营销+邮购和经销商网络(见表10-4)。由于三条渠道分工不明确,各行其是,功能和市场重叠,经常发生跨渠道冲突。

表10-4　LW公司调整前的渠道系统

渠道	营销任务				
	寻找潜在客户	客户资格审查	售前联系	促成交易	售后服务
企业销售队伍			大、中、小客户		
电话营销+邮购			大、中、小客户		
经销商网络			大、中、小客户		

鉴于这种情况,LW公司对三条渠道进行了功能和市场重组,并增加了一条网上销售渠道,形成了如表10-5所示的渠道系统。渠道重组之后,不同渠道之间的市场互补性和功能互补性都得到了提高,不同渠道之间的冲突大为减少。

表10-5　LW公司调整后的渠道系统

渠道	营销任务				
	寻找潜在客户	客户资格审查	售前联系	促成交易	售后服务
网上销售	大、中、小客户				
电话营销+邮购	大、中、小客户		中、小客户		
企业销售队伍			大客户		
经销商网络			大、中、小客户		

四条渠道的关系如下:(1)网上销售渠道的主要任务是寻找潜在客户和客户资格审查。客户通过网上销售渠道与企业联系,经过初步的资格审查后,如果是中、小客户则转

交电话营销+邮购渠道,如果是大客户则转交企业销售队伍渠道。(2)电话营销+邮购渠道,除了寻找潜在客户和审查客户资格,还要针对中、小客户进行售前联系并完成交易。在客户资格审查阶段,如果发现大客户,则转交企业销售队伍渠道。另外,中、小客户的售后服务也转交企业销售队伍或经销商网络渠道。(3)企业销售队伍渠道的主要任务是进行大客户营销。在寻找潜在客户和客户资格审查阶段,如果发现中、小客户,则转交电话营销+邮购或经销商网络渠道。(4)经销商网络渠道独立于LW公司运营,只是在售后服务阶段会接受LW公司转过来的一些任务。

与互补关系相对应,多渠道策略容易产生不同渠道之间的竞争或冲突。冲突既可能表现在企业内部不同部门之间,如直销部与某地区销售公司之间,也可能表现在企业不同渠道的渠道成员之间,如百货渠道中的百货店和专卖渠道中的专卖店之间。当冲突严重时,会对企业的渠道系统起破坏作用。

不同渠道之间的互补与冲突,可以从以下几个方面评价:(1)不同渠道的市场覆盖面重叠或交叉的程度;(2)不同渠道的功能重叠或交叉的程度;(3)不同渠道之间的合作点与合作水平;(4)不同渠道之间的矛盾和冲突程度;(5)不同渠道之间的协调与整合程度。

(三) 消费者或用户的渠道满意度

满足消费者或用户的需求,是企业营销活动和渠道活动的最终目的。消费者或用户对企业渠道的满意度,在很大程度上决定着企业的未来发展。因此,消费者或用户的渠道满意度是衡量企业渠道效率的一个重要指标。

消费者或用户对企业某一条渠道的满意度,可以通过以下内容来测量:(1)消费者或用户对企业某一条渠道的投诉量以及相对于交易量的投诉率;(2)消费者或用户对企业某一条渠道表现的评价;(3)消费者或用户对企业某一条渠道的满意度及其相对于交易量的相对满意度。其中,后两个方面的数据要通过市场调查获得。

二、渠道成员层面的非量化指标

渠道成员层面的非量化指标包括渠道成员之间的关系与互动、渠道成员的渠道满意度以及渠道氛围等内容。

(一) 渠道成员之间的关系与互动

不管是采用多渠道策略的企业,还是采用单一渠道策略的企业,都需要对渠道中渠道成员之间的关系与互动做出评估。渠道是由许多企业组成的一个"超级组织"。一家企业加入这一"超级组织",是想通过与其他企业的合作达成自己的目标,获得它独自难以获得的竞争优势。因此,它与其他企业的合作和互动关系,在很大程度上影响着它在渠道运作上的效率。这就需要对渠道成员之间的关系与互动状态做出评估。

渠道成员之间的关系与互动,可以从以下多个方面进行评估:(1)一条渠道中,渠道成员之间的合作意愿与合作水平;(2)渠道成员之间的信任和承诺水平;(3)渠道成员之间的跨组织人际关系;(4)渠道成员之间感知的矛盾与冲突;(5)渠道投机行为的多少。

(二)渠道成员的渠道满意度

与消费者或用户的渠道满意度不同,渠道成员的渠道满意度特指一个渠道成员对另一个渠道成员的满意度。渠道成员的渠道满意度有两个不同的视角:一个是本企业对某一渠道成员的满意度,另一个是某一渠道成员对本企业的满意度。视角虽然不同,但评估内容是相似的,主要包括某一渠道成员对本企业或本企业对某一渠道成员在销售额、利润额上的贡献,以及彼此对对方在经营能力、适应性、顾客满意度和忠诚度等方面满意与否的评估。本书第三章第五节的表3-8给出了从制造商的角度评价渠道(对经销商)满意度的主要内容。企业在评估渠道成员的渠道满意度时,可以选取其中的一些内容作为评估指标。

(三)渠道氛围

渠道氛围(channel climate)是指渠道成员对一条渠道内各成员之间相互信任和相互支持程度的感知。一方面,渠道氛围是渠道运行的结果——渠道运行得顺利与否,会影响渠道氛围;另一方面,渠道运行又会受到渠道氛围的影响——渠道成员的互信水平和渠道成员的相互支持,在很大程度上决定着渠道能否顺利运行。示例10-4是从经销商角度测量渠道氛围的一个量表。

示例10-4 渠道氛围的量表

根据你自己的感觉,通过打分来表达你对下列各项目的态度(1=极不同意,7=极为同意,2—6=极不同意和极为同意的中间状态)。

一、信任

1. 我们相信这家供应商会告诉我们实情。
2. 我们相信这家供应商一直信守它的诺言。
3. 这家供应商经常做出口头承诺,但事后并不按照承诺去做。(R)

二、关系持续性

1. 我们期望与这家供应商保持长期的合作关系。
2. 我们与这家供应商的关系有可能在不久后会恶化。(R)
3. 这家供应商会接受另一家经销商的交易,而不考虑我们的利益。(R)
4. 我们与这家供应商的交易关系不会持续很久。(R)

三、团结

1. 在我们与供应商之间有一种共同体的感觉。
2. 在我们与供应商之间有共同的商业利益。
3. 我们与供应商联系紧密。

4. 这家供应商是我们一个非常重要的盟友。
5. 我们与这家供应商有很好的业务关系和私人关系。

注：(R)为反向计分的题项。

资料来源：翻译和整理自 Kim, K., "On Interfirm Power, Channel Climate, and Solidarity in Industrial Distributor-supplier Dyads", *Journal of the Academy of Marketing Science*, 2000, 28(3), 388-405。

由此量表可见，渠道氛围可以从渠道成员之间的信任、关系持续性和团结等方面进行评估。此外，渠道成员之间的沟通状况也能在一定程度上反映渠道氛围的好坏。经常性的良好沟通，有助于渠道成员之间以及不同渠道成员的边际人员（如企业销售经理与中间商采购经理）之间增进了解，互相接受或尊重对方的价值观，更愉快地合作。

第三节 渠道效率的综合评估方法

渠道效率评估最简单的方法，就是按照上面给出的量化指标与非量化指标，先一条一条地评估，然后在此基础上形成对渠道效率的总体评价。不过，由于渠道或渠道成员在各种指标上的表现有很大差异，所以总体评估结果可能会让人无所适从。比如，一家企业的某一条渠道销售增长率在所有渠道中是最高的，但是渠道占有率却不高；它的渠道费用率很低，但是渠道氛围却不佳。那么，这条渠道的效率是高还是低呢？再如，企业渠道中的一个合作伙伴的销售贡献率较高，但是销售利润率却不尽如人意；它的渠道投机行为较少，但是与企业的合作也不紧密。那么，这个合作伙伴的渠道效率是高还是低呢？

显然，这样的问题不是对渠道效率指标一条一条地分别进行评估所能回答的，而需要对渠道或渠道成员的效率进行综合评估。渠道效率综合评估的含义，可以用式(10-14)表示。

$$E = \frac{1}{n} \sum_{i=1}^{n} \omega_i x_i \qquad (10-14)$$

式中，E 为被评估对象（一条渠道或一个渠道成员）的综合效率，x_i 表示第 i 个指标经过标准化①的评估值，ω_i 表示第 i 个指标的权重系数，n 为评估指标的个数。因此，渠道效率的综合评估值是各个指标标准化评估值的加权平均数。

渠道效率综合评估的方法有许多，这里只介绍层次分析法、BP 神经网络法、数据包络法和效果等级评估法。

一、层次分析法

层次分析法，简称 AHP 法（analytic hierarchy process），是一种定性与定量分析相结合的多准则决策方法。它将决策问题的元素分解成目标、准则、措施等层次，在此基础上进

---

① 对指标进行标准化的目的，是防止某一个指标由于过大或过小而左右综合评估的结果。标准化最简单的方法，就是以某一个指标中最大的值为 100%，然后用这个值除以其他的值，再乘以 100%。比如，一家企业三条渠道的渠道氛围得分为 25、32 和 21。那么，三条渠道在这一指标上的标准化评估值就为 78%、100% 和 66%。

行定性分析和定量分析。

应用层次分析法计算渠道效率评估指标的权重系数,具体操作步骤如下:(1)构建渠道效率评估的指标体系,建立递阶层次结构模型;(2)组织评估者通过两两比较判断同一层次各元素对上一层次某一元素的重要性,构造各层次判断矩阵;(3)由判断矩阵计算被比较元素的相对权重,进行判断矩阵的一致性检验。

(一)建立递阶层次结构模型

构建渠道效率评估的指标体系,按照不同属性自上而下地把评估指标分解成目标层、准则层和措施层。同一层次的指标从属于上一层次的指标,上一层次的指标由下一层次的指标决定或体现。

在渠道效率评估中,目标层既可以是企业整体的渠道效率,也可以是企业某一渠道或一条渠道中某一渠道成员的效率。比如,一家企业同时采用直销渠道、零售渠道和网络渠道销售自己的产品。它想知道这三条渠道的综合效率如何,因此将各种渠道的效率设为评估目标。准则层为影响渠道效率的中间环节,称为结构性指标,可以有多层。比如,根据实际情况,企业设置了五个影响渠道效率的结构性指标,包括"竞争能力指标""盈利能力指标""渠道策略和渠道管理""用户的渠道满意度"以及"渠道关系与互动"。措施层为影响渠道效率的各种具体指标,称为测量性指标。比如,在"竞争能力指标"项下设置销售增长率、市场占有率和计划执行率等,在"盈利能力指标"项下设置费用率和利润率等。

层次分析法的层次结构可以用图形表示。比如,图10-1描述了上面那家企业多条渠道效率评估的层次结构。这个层次结构图意味着:企业三条渠道的效率都可以从竞争能力指标、盈利能力指标、渠道策略和渠道管理、用户的渠道满意度以及渠道关系与互动等方面测量,具体的测量指标则分为销售增长率、市场占有率、计划执行率、费用率和利润率等。

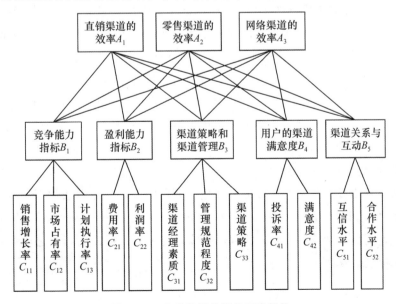

图10-1　企业营销效果的层次结构

在整个层次结构图中,企业各条渠道的效率(A层)是评估目标,B层是结构性指标,C层是测量性指标。这个层次结构图包括了对一级指标(A层)和二级指标(B层)的层次说明。例如,零售渠道的效率(A_2)可以从竞争能力指标(B_1)、盈利能力指标(B_2)、渠道策略和渠道管理(B_3)、用户的渠道满意度(B_4)以及渠道关系与互动(B_5)等五个方面测量,而渠道策略和渠道管理(B_3)则分为渠道经理素质(C_{31})、管理规范程度(C_{32})和渠道策略(C_{33})等三个测量性指标。

这里需要注意,直销渠道不存在渠道关系与互动问题,因此不需要针对直销渠道和渠道关系与互动构造判断矩阵。只是在用式(10-14)计算渠道效率的综合评估值时,将互信水平(C_{51})和合作水平(C_{52})的标准化指标值计为100%进行计算即可。

(二)构造各层次判断矩阵

判断矩阵是层次分析法的基本信息,也是计算权重的重要依据。判断矩阵的建立,以评估结构模型中上一级的某一要素为评估准则,由专家采用判断尺度对本级的要素进行两两比较后确定本级评估指标的权重。表10-6是层次分析法的判断尺度。

表10-6 层次分析法的判断尺度

赋值	定义
1	对某一评估准则(即上一级的某一指标)而言,i和j两个指标同样重要
3	对某一评估准则(即上一级的某一指标)而言,i指标比j指标稍重要
5	对某一评估准则(即上一级的某一指标)而言,i指标比j指标明显重要
7	对某一评估准则(即上一级的某一指标)而言,i指标比j指标重要得多
9	对某一评估准则(即上一级的某一指标)而言,i指标比j指标极端重要

在操作时,企业先组成评估小组,负责对企业渠道效率层次体系中各指标之间的相对重要关系进行评估。专家根据判断尺度为每一个指标打分。比如,以渠道策略和渠道管理(B_3)为评估准则判断渠道经理素质(C_{31})、管理规范程度(C_{32})和渠道策略(C_{33})等测量指标的重要性。如果一个专家认为对于渠道策略和渠道管理而言,渠道经理素质和管理规范程度同等重要,那么相对于C_{32},他会为C_{31}打1分;相对于C_{31},他会为C_{32}也打1分。如果他认为渠道经理素质比渠道策略稍重要,那么相对于C_{33},他会为C_{31}打3分;相对于C_{31},他会为C_{33}打1/3分。

一般而言,要比较n个测量性指标$X=\{x_1,\cdots,x_n\}$对某结构性指标Z的影响大小,可以采取对测量性指标进行两两比较的方法建立判断矩阵。具体做法如下:每次取两个测量性指标x_i和x_j,以a_{ij}表示x_i和x_j对Z的影响大小之比,全部比较结果用矩阵$A=(a_{ij})_{n\times n}$表示,则称A为Z—X之间的判断矩阵。若x_i与x_j对Z的影响之比为a_{ij},则x_j与x_i对Z的影响之比应为:

$$a_{ji}=\frac{1}{a_{ij}} \quad (10-15)$$

请每一位专家按照表10-6的规则进行判断打分,然后对调查结果进行整理,得到每一位专家的判断矩阵。比如,表10-7是其中一位专家的一个判断矩阵。

表10-7 判断矩阵

B_3	C_{31}	C_{32}	C_{33}
C_{31}	1	1	1/3
C_{32}	1	1	1/4
C_{33}	3	4	1

表10-7也可以转换成矩阵模式,如下所示:

$$\begin{bmatrix} 1 & 1 & 1/3 \\ 1 & 1 & 1/4 \\ 3 & 4 & 1 \end{bmatrix}$$

(三)权重向量的计算与判断矩阵的一致性检验

每一个评估者的判断矩阵建成以后,就可以使用数值分析中求解特征值的方法,找出特征向量,求取各层次要素的权重。权重计算的方法有多种,包括和法、根法(也称几何平均法)、特征根法和最小二乘法等。以和法为例,它将判断矩阵的行向量经归一化处理后的算术平均数作为权重向量,如式(10-16)所示。

$$\omega_i = \frac{1}{n} \sum_{j=1}^{n} \frac{C_{ij}}{\sum_{k=1}^{n} C_{kj}} \quad (i=1,2,\cdots n) \tag{10-16}$$

具体而言,第一步,对判断矩阵 A 的元素按行进行归一化处理,让矩阵内每一行各个元素之和等于1,即先求得各行的和 $\sum_{k=1}^{n} C_{kj}$,然后以各行的数值除以其和,得 $\frac{C_{ij}}{\sum_{k=1}^{n} C_{kj}}$;

第二步,将归一化后各列的数值相加,有 $\sum_{j=1}^{n} \frac{C_{ij}}{\sum_{k=1}^{n} C_{kj}}$;

第三步,将相加后的数值除以 n,得权重向量 $W = (\omega_1, \omega_2, \cdots, \omega_n)^T$,$W$ 就是同一层次测量性指标对于上一层次结构性指标相对重要性的权值。

比如,按照上面给出的 C_{31}、C_{32}、C_{33} 对 B_3 的判断矩阵,可以求得 C_{31}、C_{32}、C_{33} 对于渠道策略和渠道管理 B_3 的权值,为 $W_{C3} = (0.416, 0.458, 0.126)^T$。意即,对于 B_3 而言,C_{31}、C_{32}、C_{33} 的权值分别为0.416、0.458和0.126。

用同样的方法可以得到各层次指标的权向量:$W_{B1}, W_{B2}, W_{B3}; W_{C1}, W_{C2}, W_{C3}, W_{C4}, W_{C5}$。不过,这些权向量只给出了一组指标对上一层次指标(如 C 层指标对 B 层指标,或者 B 层指标对 A 层指标)的权值。我们最终要得到的,是各测量性指标对评估目标的排序权重,因此还需要自上而下地对各层次指标的权重进行合成。计算公式如下:

$$b_i = \sum_{j=1}^{m} b_{ij} a_j (i = 1, \cdots, n) \qquad (10-17)$$

式中，b_i 是合成的权重系数，a_j 是上一层次第 j 个指标的权重系数，b_{ij} 是下一层次对应于上一层次第 j 个指标的第 i 个指标。在我们的例子中，最后应该计算出 12 个权重系数，分别对应于销售增长率、市场占有率、计划执行率、费用率和利润率等 12 个测量性指标。

以上构造判断矩阵的办法，可能包含一定程度的非一致性。所谓一致性检验，是指两两比较的结果或具有逻辑上的传递性。比如，"C_{31} 比 C_{32} 重要，C_{32} 比 C_{33} 重要，所以 C_{31} 比 C_{33} 重要"。在判断矩阵的构造中，并不要求各个判断之间具有严格的一致性，但是要求有大体的一致性。如果出现"C_{31} 比 C_{32} 极端重要，C_{32} 比 C_{33} 极端重要，但 C_{33} 比 C_{31} 极端重要"这样逻辑混乱的判断，那么判断的可靠性就值得怀疑，也是层次分析所不能接受的。为此，需要进行一致性检验，以判断是否有这种严重不合逻辑的判断出现。

一致性检验步骤如下：

第一，根据式(10-18)，计算一致性指标 CI。式中，λ_{max} 为最大特征根。

$$CI = \frac{\lambda_{max} - n}{n - 1} \qquad (10-18)$$

第二，查找相应的平均随机一致性指标 RI，如表 10-8 所示。

表 10-8　判断矩阵的一致性检验

n	1	2	3	4	5	6	7	8	9
RI	0	0	0.58	0.90	1.12	1.24	1.32	1.41	1.45

表 10-8 中的 RI 值是这样得到的：用随机方法构造 500 个样本矩阵，然后随机地从 1—9 及其倒数中抽取数字构造正互反矩阵，求出最大特征根的平均值 λ'_{max}，并按照式(10-19)计算 RI。

$$RI = \frac{\lambda'_{max} - n}{n - 1} \qquad (10-19)$$

第三，根据式(10-20)，计算一致性比例 CR。

$$CR = \frac{CI}{RI} \qquad (10-20)$$

CR 越小，则判断矩阵的一致性越好。一般而言，当 CR<0.10 时，判断矩阵的一致性可以接受，否则应对判断矩阵做适当修正。

（四）综合评估结果及其分析

将计算出的权重系数代入式(10-14)，经过计算，就可以得到渠道效率的综合评估值。综合评估值越大，一条渠道或一个渠道成员的综合效率就越高。评估类型可以按照评估得分进行划分，比如以 0.85 分、0.70 分、0.55 分、0.40 分为分数界限，将评估结果分为优、良、中、低、差五种类型。

以企业的某一条渠道为例，如果其综合评估值得到 0.80 分，那么其渠道效率就达到良好水平;如果其综合评估值只得到0.30,那么其渠道效率就很差。这一评估结果既可以与企业的其他渠道做横向比较,考察不同渠道对企业渠道效率的相对贡献;也可以与其历史表现做纵向比较,考察不同渠道相对贡献的变化趋势。对渠道成员的效率评估,也可以用类似的方法进行。

二、BP 神经网络法

BP 神经网络(BP neural network),即误差反向传播神经网络,是人工神经网络模型中的一种。它分为输入层、隐含层和输出层。典型的 BP 神经网络模型如图 10-2 所示(陈祥光、裴旭东,2003;许月恒、朱振中,2008)。

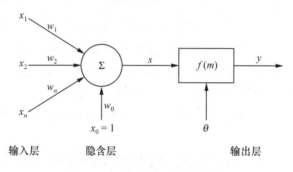

图 10-2 三层神经网络结构图

输入层接受外界数据,如 $x_1, x_2, \cdots, x_n$;输出层的输出 y,即为网络输出。输入层和输出层都只有一层,中间的隐含层可能是一层或多层。每个网络节点表示一个神经元。同层的网络节点之间没有连接。输入层和输出层神经元的个数,需要根据实际问题确定;隐含层神经元的个数没有统一的规定,需要网络设计者根据自己的经验和问题的特点确定。

BP 神经网络解决问题的过程,就是网络的学习过程或训练过程。它包括信号的正向传播和误差的反向传播两个阶段。它的学习规则是使用最速下降法,通过反向传播来不断调整网络的权值和阈值,使网络的误差平方和最小。正向传播时,输入样本从输入层传入,经隐含层处理后,传向输出层。若输出层的实际输出与期望输出不符,则 BP 神经网络自动转入误差的反向传播。误差的反向传播是将输出误差以某种形式通过隐含层向输入层逐层反传,并将误差分摊给各层的所有单元,从而获得各层单元的误差信号。BP 神经网络将这些误差信号作为修正各单元权值的依据。权值不断调整,一直持续到输出误差减小到可以接受的程度或某个事先设定的次数为止(华晓晖、闫秀霞,2007)。

采用 BP 神经网络法评估渠道效率的步骤如下:

第一步,需要设计渠道效率评估的递阶层次指标体系。这与前面层次分析法设计渠道效率评估指标的过程相同。当指标体系为三层时,神经网络隐含层神经元的个数为 $\sqrt{m \cdot n}$。其中,m 为神经网络的输入个数,n 为神经网络的输出个数。比如,如果 $m = 15, n = 1$,计算得 3.87,则隐含层神经元的个数为 4。

第二步，对网络神经元的连接权值和其他参数赋初始值。

第三步，输入渠道效率评估样本，每个样本点包括经过标准化处理的基础指标值和对应的期望输出值，即理想的渠道效率优度。前者为输入样本，后者为理想输出。

第四步，计算样本点的输出误差。若输出误差大于给定的收敛值，则进入第五步反向传播阶段；若输出误差小于给定的收敛值，则进入第六步。

第五步，从输出层开始按照某种事先给定的学习规则调整权值。按此学习规则不断调整权值，直到输出误差小于给定的收敛值。至此，BP神经网络学习结束，得到一个训练好的神经网络。

第六步，确定评估指标的权重，给出评估结果。渠道效率评估指标和BP神经网络模型存在一一对应的关系，由此可以确定各指标的权重，明确渠道效率的主要影响因素。利用BP神经网络评估渠道效率，可以根据渠道效率输出结果与评价时规定的标准进行比较，确定其隶属等级。比如，把渠道效率评估的等级分为很差、较差、一般、较好和很好五个等级，根据输出结果就知道被评估的渠道效率属于哪一个等级。

示例10-5是采用BP神经网络对某企业渠道效率的评估。按照神经网络模型的结构和运行规则，需要一些历史的学习数据。历史的学习数据越多，评估的准确性越高。

示例10-5　BP神经网络与企业的渠道效率评估

某企业对2020年8月到2021年8月的渠道效率进行评估。评估指标有15个，包括销售利润率、净资产收益率、存货周转率、市场占有率、销售增长率、渠道服务水平、渠道合作水平、不同渠道的协同性等。经过归一化处理后的指标相关数据依次为0.775、0.869、0.100、0.809、0.516、0.900、0.900、0.900、0.900、0.662、0.038、0.178、0.876、0.738、0.644。

首先，对目标企业的渠道效率评估指标数据进行处理，使基础层指标的效用值在[0, 1]区间；然后运用MATLAB软件对其进行编程运行，将处理后的基础层指标数据作为BP神经网络的输入层神经元，渠道效率优度作为输出层神经元。通常取$0.18 \leq \eta \leq 1$，这里取$\eta=1$。初始值包括权值和阈值的初始值，通常取0到1之间的随机值。等级值分别为很差（0—0.65）、较差（0.65—0.75）、一般（0.75—0.85）、较好（0.85—0.95）和很好（0.95—1）。经过BP神经网络学习后，得到企业的渠道效率优度为0.934。据此，可以判断被评估企业的渠道效率处于较好状态。

资料来源：改编自许月恒、朱振中，《基于BP神经网络的营销绩效评价研究》，《山东理工大学学报（自然科学版）》，2008年第2期，第100—103页。

三、数据包络法

数据包络法（data envelopment analysis, DEA）也称数据包络线分析。它通过考虑多种投入（即资源）和多种产出（即服务）的关系，来比较一家企业的多条渠道或多个销售网点之间的效率。

数据包络法是一个线性规划模型,其计算结果表示在一定投入之下的产出或产出对投入的比率。因此,它比只考虑产出的绩效评估方法更公平。比如,一家连锁零售企业有许多商店,如果不考虑地区经济发展因素和每个商店开店历史的长短而只看销售和利润指标,那么设立在经济欠发达地区和开店历史比较短的商店肯定吃亏。此时,用数据包络法进行评估,可以在很大程度上解决这个问题。数据包络法将各个单位的产出与投入进行对比,获得100%效率评分的单位被称为相对有效率单位,效率评分低于100%的单位则被称为低效率单位。由此,企业管理者就能够识别相对无效率的单位,并通过对无效率和有效率单位的比较,发现提高效率的方法。

建立数据包络法线性规划模型的步骤如下:

第一步,定义变量。设 $E_k(k=1,2,\cdots,K)$ 为第 k 个单位(如企业的一条渠道或一条渠道中的一个渠道成员)的效率比率,K 代表评估单位的总数;设 $u_j(j=1,2,\cdots,M)$ 为第 j 种产出的系数(即产出价值降低一个单位所带来的相对效率的下降),M 代表产出种类的总数;设 $v_i(i=1,2,\cdots,N)$ 为第 i 种投入的系数(即投入价值降低一个单位所带来的相对效率的下降),N 代表投入种类的总数;设 O_{jk} 为一定时期内由第 k 个单位所创造的第 j 种产出量;设 I_{ik} 为一定时期内由第 k 个单位所使用的第 i 种投入量。

第二步,建立目标函数和约束条件。数据包络法的线性规划目标是找出效率值最高的一组产出系数 u 和一组投入系数 v。目标函数如式(10-21)所示。

$$\max E_e = \frac{u_1 O_{1e} + u_2 O_{2e} + \cdots + u_M O_{Me}}{v_1 I_{1e} + v_2 I_{2e} + \cdots + v_N I_{Ne}} \quad (10-21)$$

式中,e 是被评估单位的代码。这个目标函数满足这样一个约束条件,即当同一组投入和产出的系数(u_j 和 v_i)用于与其他服务单位对比时,没有一个服务单位超过100%的效率。约束条件如式(10-22)所示。

$$\frac{u_1 O_{1k} + u_2 O_{2k} + \cdots + u_M O_{Mk}}{v_1 I_{1k} + v_2 I_{2k} + \cdots + v_N I_{Nk}} \leq 1 \quad (10-22)$$

式中,$k=1,2,\cdots,K$,且所有系数值都大于零。

第三步,线性规划模型变形。因为目标函数和所有约束条件都是比率而不是线性函数,所以为了用标准线性规划软件求解,需要将其变形。把评估单位的投入总和设为1.0,则公式(10-21)可以重新表述为公式(10-23),且满足约束条件公式(10-24)和(10-25)。

$$\max E_e = u_1 O_{1e} + u_2 O_{2e} + \cdots + u_M O_{Me} \quad (10-23)$$

$$v_1 I_{1e} + v_2 I_{2e} + \cdots + v_N I_{Ne} = 1 \quad (10-24)$$

$$u_1 O_{1k} + u_2 O_{2k} + \cdots + u_M O_{Mk} - (v_1 I_{1k} + v_2 I_{2k} + \cdots + v_N I_{Nk}) \leq 0 \quad (10-25)$$

式中,$k=1,2,\cdots,K; u_j \geq 0 (j=1,2,\cdots,M); v_i \geq 0 (i=1,2,\cdots,N)$。

线性规划模型建立起来以后,就可以应用电脑软件(如 DEAP 和 MyDEA2.1)求解目标函数,找出最优解。求解过程比较复杂,这里不详细说明,有兴趣的读者可以参阅相关书籍。

如果一个被评估单位是 DEA 有效的,那么它将具有如下特点:除非增加一种或多种新的投入,或者减少某些种类的产出,否则无法再减少任何现有的投入量,也无法再增加任何现有的产出量(陶敏,2006)。因此,如果某个被评估单位是 DEA 有效的,那么从生产函数角度讲,它既是技术有效的,也是规模有效的。

在使用数据包络法评估时,被评估企业或渠道的数量一般遵循式(10-26)给出的规则。

$$K \geq 2(M+N) \tag{10-26}$$

式中,K 为被评估的单位数,N 为投入的种类数,M 为产出的种类数。换言之,被评估的单位数要大于或等于投入种类数与产出种类数之和的 2 倍。

四、效果等级评估法

以上评估方法都是试图先将一些定性指标定量化,然后再进行定量分析,得到渠道效率的评估结果。然而,对于一些小企业而言,一是历史资料不完备,二是缺乏数据分析人才,这些方法都不好用。此时,可以采用主观性更强的效果等级评估法。表 10-9 是一个效果等级评估表。

表 10-9 效果等级评估表

一、企业渠道策略和渠道管理
(一)渠道管理人员是否分工明确,既各司其职,又有交叉合作?
0 否,分工不明确;
1 是,但缺乏令人满意的协调与合作;
2 是,协调与合作令人满意。
(二)企业的渠道管理是否规范,渠道管理人员既有章可循,又有足够的权力灵活应变?
0 否,不规范;
1 是,但灵活应变稍差;
2 是,既有章可循,又有较大的灵活性。
(三)企业的渠道策略是否实事求是,反映了企业的自身条件和环境的可能性?
0 否,与事实严重不符;
1 是,但没有充分反映企业的自身条件和环境的可能性;
2 是,充分反映了企业的自身条件和环境的可能性。
二、渠道组织
(一)主要的渠道功能是否进行了有效整合?
0 没有,功能缺乏整合,冲突严重;
1 有一点整合,但缺乏令人满意的协调与合作;
2 是,主要渠道功能进行了有效的整合。

(续表)

（二）渠道内各企业之间是否有很好的合作？
0　否,渠道内各企业之间关系紧张；
1　合作较好；
2　合作很好。

（三）渠道内各企业之间冲突是否严重？
0　是,很严重；
1　无冲突,大家怕伤和气；
2　有一些功能性的冲突,但是大家不伤和气。

三、渠道满意度

（一）消费者或用户对渠道的投诉率
0　较上一年有明显上升；
1　与上一年相近；
2　较上一年有明显下降。

（二）消费者或用户对渠道的相对（相对于交易量）满意度
0　较上一年有明显下降；
1　与上一年相近；
2　较上一年有明显上升。

（三）合作企业对渠道的满意度
0　较上一年有明显下降；
1　与上一年相近；
2　较上一年有明显上升。

四、运行效率

（一）渠道管理部门是否有效地运用了资源？
0　否,资源没有充分地运用于工作；
1　有一点,但资源没有恰当使用；
2　是,资源得到充分利用。

（二）渠道任务是否按计划完成？
0　否,有很大差距；
1　否,但是差距不大；
2　是,完成。

（三）渠道的各种建设目标是否按计划完成？
0　否,有很大差距；
1　否,但是差距不大；
2　是,完成。

评估规则

对各项加总得到总分,然后按照以下标准测定渠道效率水平：0—5 = 很差；6—10 = 差；10—15 = 中等；16—20 = 良好；21 以上 = 优秀。

效果等级评估法以企业的业务经理、营销经理或其他经理为评估成员,让他们根据自己的观察和了解从以上四个方面对渠道的表现打分,评估组织者则将他们的分数平均加总,确定企业的渠道效率等级。这种方法虽然主观性较强,但是简便易行,如果评估成员选择得当,评估结果在很大程度上能够反映渠道的实际情况。

第四节 渠道调整

如第九章所述,渠道控制从程序上看可以分为设计渠道控制标准、监测与评价渠道运行情况和纠偏三个步骤。渠道控制标准一般是在渠道的设计阶段就已经确定了,对渠道运行情况的监测与评价是在渠道的运行过程中和渠道运行到一个特定的时间段(一般是一年的年末)进行的,而纠偏则是在监测与评价发现偏差时所采取的渠道调整行为。因此,渠道效率评估的一个重要目的是为企业调整渠道提供决策依据。

一、渠道调整的方式

企业的营销渠道建成之后,不是一成不变的,需要随着渠道环境的变化、企业营销战略的变化而调整和改进。渠道调整的方式可以分为以下几种:

第一,调整渠道结构,即改变原有营销渠道的构成方法。比如,将企业原来以直销渠道为主的渠道结构体系改变为以中间商渠道为主的渠道结构体系。

第二,调整渠道中的代理方式,如原来采用独家代理的方式,为了制约独家代理商的行为,防止其过分扩张,可适当增加代理商的数目,把独家代理方式变为多家代理方式。

第三,调整渠道政策。企业的渠道政策包括价格政策、市场推广政策、信用额度政策、铺货政策、奖惩政策等,它们既服务于一定的环境,又要根据环境的变化做出适时的调整。比如,调整渠道信用政策:在产品不太好销或者要加大产品的促销力度时,对经销商采用"先给货,后付款"的政策;而在一些中间商出现信用问题时,为了降低信用风险,则采用"一手交钱,一手交货"或"先款后货"的政策。

第四,调整渠道成员关系,即根据渠道成员经营本企业产品的业绩,调整其在渠道中的地位,采取不同的优惠政策。比如,对于经营本企业产品业绩突出的经销商,企业给予优先供货、价格打折、提高信用额度(如在提货时,其他中间商需要支付60%的货款,而业绩突出的经销商只需要支付30%的货款)等优惠政策。而对于那些业绩下降的中间商,则取消原有的一些优惠政策,直至将其淘汰。

第五,调整区域市场的渠道结构,即根据市场结构的变化,在不改变整个企业渠道体系的前提下,改变某个区域市场的渠道结构。比如,在某个区域市场上增加一条新渠道以满足该市场某些消费者的特殊需要;缩小某个区域市场的渠道覆盖范围,减少一条渠道中渠道成员的数量。

第六,重组和更新整个渠道体系。由于自身条件、市场条件、商品条件的变化,企业原有的渠道体系制约了企业的发展,这时就必须对整个渠道体系进行调整。这种调整涉及面广,执行有难度。它不仅要突破企业原有的渠道网络,而且会引发整个渠道功能的重新安排和利益的重新分配,因此既可能遭到企业内部某些既得利益者的反对,也可能受到某些渠道成员的抵制。这种比较彻底的渠道改造方式,一般只有在企业的渠道体系受到外部严重威胁或内部发生重大变化时才会使用。

二、渠道调整的时机

渠道调整,时机很重要。过早过晚都不好。过早,问题没有充分暴露,企业内各部门和渠道内各成员对问题的严重性缺乏认识,渠道管理人员很难推动渠道的调整工作;过晚,错过了时机,即使各方面都努力推动,造成的损失也无法挽回。

下面几种情况是企业考虑是否应该调整渠道的较好时机:

第一,消费者或用户对渠道服务产出的不满有较大的上升。消费者或用户对渠道服务产出的要求,会随着市场环境的变化而改变,一般会变得越来越挑剔。消费者或用户对渠道服务产出的不满有较大幅度上升时,企业如果不做出改变,会使情况越来越严重。

第二,渠道没有被充分利用。市场上消费者或用户的需求存在差异,单一渠道很难满足所有消费者或用户的需要,于是企业采用多渠道策略。不过,多渠道建立起来以后,企业发现,有些渠道是多余的,没有得到很好的利用。这时,企业就应该根据不同渠道的效率,对整个企业的渠道体系做出调整。

第三,渠道的辐射力不足。随着企业规模的扩大,原有渠道的辐射力已经达不到企业的要求。这时,就需要对企业的渠道体系进行调整。

第四,对渠道控制力的要求提高。企业在经营初期一般实力比较弱,为了使自己的产品能够顺利进入市场,需要利用和依赖中间商。当中间商投机行为严重时,企业的经营风险增大。为了规避渠道中中间商投机行为带来的经营风险,企业需要加大对渠道的控制力。此时,也需要对企业的渠道体系进行调整。

第五,营销战略改变对渠道提出了新的要求。营销渠道是企业的一个重要的可控因素,因此它要服从于企业营销战略的要求。当企业的营销战略改变时,往往也会对渠道提出新的要求。

三、渠道整合

渠道整合是指企业为了达到渠道系统整体优化的目的,而将渠道任务分解和分配给各条渠道或各个渠道成员的过程。它也是企业对营销渠道的一种调整,不过它往往出现在渠道管理人员对营销渠道有了更深刻的认识,觉得有必要对企业的不同渠道或渠道中的不同功能进行重新组合之时。渠道整合有渠道内整合(intra-channel integration)与渠道间整合(inter-channel integration)两种基本类型。

渠道内整合就是要对企业某一渠道内的渠道任务和渠道成员进行统筹,根据比较优势将各项渠道任务分配给有比较优势的渠道成员去做,由此提高该渠道的渠道效率。它既适合采用单一渠道的企业使用,也适合采用多渠道的企业使用。

渠道间整合,也称跨渠道整合,适合采用多渠道营销的企业使用。随着企业细分市场和新兴渠道的增加,企业倾向于引入新的渠道,从而演变为多渠道的营销者。多渠道营销虽然能够增大企业产品的市场覆盖面,提高企业产品的市场占有率,但也不可避免地会带来渠道之间的冲突。因此,企业需要对多渠道营销系统进行跨渠道整合,一方面发挥多渠道营销系统的优势,另一方面把渠道之间的冲突限制在可以掌控的范围内,减少内耗。示例10-6是一个跨渠道整合的测量工具,可以体现渠道间整合的内涵,即企业通过协调和管理不同渠道和传播媒介,实现渠道功能的有效衔接和相互赋能,发挥渠道协同效应,提升企业绩效和满足消费者需求(庄贵军等,2019)。

示例 10-6　跨渠道整合的四维度量表

请根据你对企业各条渠道之间关系的感觉,通过打分来表达你对下列各测量题项的态度(1=极不同意,7=极为同意,2—6=极不同意和极为同意的中间状态)。

测量维度	测量题项
跨渠道一致性	公司的品牌名称、标语和商标在多条渠道内是一致的 公司多条渠道对于产品的描述是一致的 公司多条渠道销售的产品价格是一致的 公司多条渠道中的促销信息是一致的 公司多条渠道提供的服务形象是一致的 公司多条渠道提供的服务水平是一致的
跨渠道共享性	公司渠道系统支持各条渠道库存信息共享 公司渠道系统支持各条渠道物流信息共享 公司渠道系统支持各条渠道用户订购信息共享
跨渠道协作性	公司渠道系统支持用户通过线上渠道查询线下渠道的产品销售信息 公司渠道系统支持用户订单的跨区发货 公司渠道系统支持用户获得的积分、优惠券在各条渠道均可使用 公司渠道系统支持用户采用不同的支付方式(在线支付、货到付款、实体店自提支付等) 公司渠道系统支持用户通过线上渠道查询线下渠道的地址和联系方式
跨渠道互补性	公司渠道系统支持线上购买实体店提货、退货或维修 公司线上渠道为实体店消费者提供24小时服务 公司渠道系统通过线上渠道销售一些特殊产品(实体店销量小或针对特定用户的产品等) 公司线下渠道能为线上渠道的消费者提供产品体验服务

资料来源:庄贵军等(2019)。

由示例10-6可见,渠道间整合有多个方面,包括跨渠道一致性,即不同渠道提供的销售信息、服务水平和企业形象等方面的内容相似或一致的程度;跨渠道共享性,即企业的信息在不同渠道间收集并在多条渠道间共享的程度;跨渠道协作性,即各条渠道之间为服务用户而相互配合和协作的程度;跨渠道互补性,即不同渠道之间功能或优势互补的程度。其核心是渠道功能在渠道之间的有效衔接和渠道之间相互赋能。

企业在进行渠道整合时要遵循下述原则：

第一，利益相容原则。渠道整合的主要目的是通过渠道的多元化，接触更多的目标顾客，扩大渠道的覆盖面。但是，不要忘记"二八定律"，在扩大渠道覆盖面的同时，不要以伤害重点顾客的利益为代价。渠道整合要设法做到企业利益与重点顾客的利益相容。

第二，妥善处理冲突原则。渠道整合需要对渠道功能进行调整和重新分配，因此渠道之间或渠道成员之间免不了会发生冲突。比如，新设渠道可能与原有渠道争夺客户，由此引发渠道之间的冲突；渠道功能在一条渠道内重新安排，可能会使原有渠道中某些渠道成员的利益受损，由此引发企业和受损渠道成员之间的冲突。企业需要对这些冲突做出妥善处理，对受损害者做出适当补偿，以减少渠道整合的阻力。

第三，渠道增值原则。增加新的渠道可能会产生两种效果：渠道转移和渠道增值。渠道转移是指新增渠道只是使顾客简单地从一条渠道转向另外一条渠道，企业整体的渠道效率并没有明显的变化。渠道增值是指新增渠道或者为企业带来了新的业务，或者降低了渠道成本，提高了渠道效率。渠道整合的目的不是渠道转移，而是渠道增值。

四、基于渠道缺口的渠道调整

基于渠道缺口的渠道调整，是指企业根据渠道缺口分析（参见第三章），以缩小或消除渠道缺口为目的所进行的渠道调整。它与上面所讲的渠道调整方法或渠道整合方法并不矛盾，而是这些方法的一种更规范化的使用。使用这种方法对渠道调整的一个关键，是做好渠道缺口分析。根据渠道缺口的类型，基于渠道缺口的渠道调整分为缩小或消除需方缺口和缩小或消除供方缺口两种。

（一）缩小或消除需方缺口

缩小或消除需方缺口有下述几种基本思路：

第一，针对不同的目标细分市场，提供多样化、水平不同的服务产出，满足顾客的不同要求。比如，针对等待银行服务排队过长的问题，银行可以增设一条绿色通道，这只需要在叫号系统中设置一个功能即可。银行对由绿色通道取出的号，优先提供服务。不过，顾客也需要为优先服务支付一定的费用。只要费用合理，一部分顾客的抱怨就会减少。

第二，如果需方缺口源于服务产出供应过量，则企业可以考虑减少不必要的服务产出。

第三，改变企业所服务的目标市场。比如，由于外来竞争者的介入，竞争越来越激烈，企业因此而产生需方缺口（顾客开始对企业渠道提供的服务不满），或供方缺口（企业的渠道成本高于竞争者）。这时，一种最简单的应对方法，就是改变自己的服务对象。比如，21世纪初国内一些百货公司在应对跨国零售企业的竞争时，就采用了这种方法。在跨国零售企业纷纷进入大城市时，它们主动退却，把商店开到了附近的市县，改变了企业的服务对象，取得了较好的零售业绩。

（二）缩小或消除供方缺口

缩小或消除供方缺口有下述几种基本思路：

第一，改变当前渠道成员的角色。保持现有的渠道成员不变，只改变它们的角色，对渠道功能进行重组。第一章示例1-1海信广场的例子，就是在不改变渠道成员的情况下，对渠道功能的重组。重组之后，零售商与消费者之间少了所有权流、洽谈流和订货流，零售商的经营管理活动被大大简化了；供应商与消费者有了更密切的接触，虽然承担了更多的责任和风险，增加了流通费用，但对渠道的控制力度增大了。

第二，引进新的分销技术以降低成本。比如，在网络方面的投资，会大大降低企业获取、处理和传输信息的成本。

第三，引进新的渠道参与者以改进渠道的运行。比如，企业可以通过引进第三方物流商或第四方物流商，改善渠道中的实体流，降低物流成本；也可以通过引进电子中间商，改善渠道中的促销流或信息流，降低信息流成本；还可以通过引进财务公司，改善企业的资金流，降低资金流成本。

本章提要

渠道效率就是渠道的投入产出比，在投入一定时，产出越大，渠道效率就越高。渠道效率评估的目的，是为企业调整渠道结构、增减渠道成员和整合渠道提供决策依据。

渠道效率评估有渠道和渠道成员两个层面以及量化和非量化两类指标。从渠道层面评估渠道效率，主要是分析一条渠道总的运行效率；从渠道成员层面评估渠道效率，主要是分析某一条渠道内各渠道成员发挥渠道功能的效率。

渠道效率评估的量化指标，由渠道的可量化产出计算得出，分为商品流量指标和现金流量指标两种。商品流量指标显示渠道或渠道成员实现商品交易的数量，主要有销售增长率、市场占有率和计划执行率。现金流量指标显示渠道或渠道成员实现的产品或服务的价值量，主要有销售额、销售费用和费用率、利润额和利润率。另外，在评价渠道成员的效率时，还有一些特定的量化指标，包括货款支付率、存货周转率、资产使用效率。

渠道效率评估的非量化指标，由渠道的不可量化产出计算得出。渠道层面的非量化指标包括企业渠道策略和渠道管理、企业不同渠道之间的互补与冲突，以及消费者或用户的渠道满意度等内容。渠道成员层面的非量化指标包括企业与某一渠道成员的关系与互动、渠道成员的渠道满意度，以及渠道氛围等内容。

渠道效率评估不仅需要对单项指标进行孤立的评估，还需要将各种重要指标结合起来进行综合的评估。渠道效率的综合评估值是各个指标标准化评估值的加权平均数。

渠道效率综合评估的方法有许多，比如层次分析法、BP神经网络法、数据包络法和效果等级评估法。

渠道调整是在渠道监测与评估发现偏差时所采取的纠偏行为。企业对渠道调整的方式可以分为：调整渠道结构、调整渠道中的代理方式、调整渠道政策、调整渠道成员关系、调整区域市场的渠道结构,以及重组和更新整个渠道体系。

渠道整合是指企业为了达到渠道系统整体优化的目的,而将企业的渠道任务分解和分配给适当的渠道和(或)适当的渠道成员的过程。渠道整合有渠道内整合与渠道间整合两种基本类型。渠道内整合是将企业某一渠道内的渠道任务和渠道成员进行统筹,根据比较优势分配渠道任务。渠道间整合,也称跨渠道整合,指企业通过协调和管理不同渠道和传播媒介,实现渠道功能的有效衔接和相互赋能,发挥渠道协同效应。

参考文献

陈祥光、裴旭东编著,2003,《人工神经网络技术及应用》,北京:中国电力出版社。

华晓晖、闫秀霞,2007,《基于神经网络的订单预测研究》,《华东经济管理》,第 2 期,第 108—110 页。

陶敏,2006,《企业营销绩效评估》,辽宁工程技术大学硕士学位论文。

许月恒、朱振中,2008,《基于 BP 神经网络的渠道效率评估研究》,《山东理工大学学报(自然科学版)》,第 2 期,第 100—103 页。

庄贵军、邓琪、卢亭宇,2019,《跨渠道整合的研究述评:内涵、维度与理论框架》,《商业经济与管理》,第 12 期,第 30—41 页。

Oi, W., 1992, "Productivity in the Distributive Trades: The Shopper and the Economics of Massed Reserves", In Zvi Griliches (ed.), *Output Measurement in the Service Sectors*, Chicago: University of Chicago Press, 161–194.

练习与思考

1. 渠道效率评估、渠道调整和渠道控制三者之间有什么关系?
2. 在评估渠道效率时,为什么要使用非量化指标?
3. 渠道效率评估的量化指标主要有哪些?
4. 渠道效率评估的非量化指标主要有哪些?
5. 为什么要进行渠道效率的综合评估?
6. 如何使用效果等级评估法进行渠道效率的综合评估?
7. 什么是渠道调整?渠道调整的内容都包括哪些?
8. 什么是渠道整合?渠道整合有哪两种基本类型?
9. 阅读和分析本书"案例分析"部分的案例 13,并回答问题。
10. 阅读和分析本书"案例分析"部分的案例 14,从渠道整合的角度讨论"WM 公司的营销渠道转型之路"。

第十一章

网络环境下的营销渠道管理

▶ 知识要求

通过本章的学习,掌握以下要点:
- ➢ 互联网、电子商务和网络环境的内涵以及三者之间的关系;
- ➢ 网络渠道的特点、分类和构成要素;
- ➢ 网络在渠道管理中的基本功能;
- ➢ 网络与渠道功能重组;
- ➢ 网络环境下渠道管理的特点与主要内容。

▶ 技能要求

通过本章的学习,要求学生能够做到:
- ➢ 上网购买各类商品,描述网购的过程和体验;
- ➢ 深入理解网络环境的内涵、特点及其对企业的影响;
- ➢ 举例说明网络渠道所具有的特点;
- ➢ 从渠道功能的角度,说明网络给渠道管理带来的影响;
- ➢ 分析和说明网络环境下渠道管理的特点。

第十一章 网络环境下的营销渠道管理

互联网的应用与普及,是 20 世纪末 21 世纪初最重要的一项技术进步。它通过一张巨大无比的信息网络,将世界连在一起。一些产品和服务的供应商通过互联网络连接数以亿计的顾客,而顾客只要在他们的手机屏幕或电脑键盘上敲几下,就能够下单完成购买活动。对企业而言,网络不仅意味着一条新的营销和媒体渠道,而且意味着营销环境的基础性改变。不管是否意识到,也不管是否愿意,每一个人、每一家企业都生活在网络环境之中,都直接或间接地受到网络环境的影响,威胁与机遇并存。如果应对得当,企业有可能大大提高其渠道管理水平,降低渠道运行成本,获得渠道竞争优势;相反,如果应对失当,企业原有的营销渠道将受到威胁,使企业原有的渠道经验、知识和优势作废。

本章首先介绍互联网、电子商务和网络环境,然后说明网络渠道的特点和网络环境下的渠道功能重组,最后按照管理四大职能的顺序,讨论网络环境下的渠道管理。

第一节 互联网、电子商务与网络环境

在讨论网络环境下的营销渠道管理之前,首先需要搞清楚什么是网络环境。为此需要先了解互联网、电子商务、网络技术和基于网络技术的新兴商业模式。

一、互联网

互联网译自英文的"Internet"一词,也称因特网,是利用通信技术把许多计算机连接在一起而形成的一个信息传送网络。它的出现使计算机不但能处理信息,而且可以快速地获得和传递信息。通过计算机和互联网,整个世界被联系在一起,分享信息资源,因此它被公认为人类社会继电报、电话、无线电、计算机之后的又一个伟大发明。

(一)互联网的特点

互联网是由多个传送信息的网络互联而形成的一个网络集合(杨立钒、杨坚争,2019;冯英健,2016;刘向晖,2014)。在结构上,它基于共同的通信协议(TCP/IP),通过路由器将位于不同地区、不同环境、不同类型的多个网络互联成一个整体,构成一个新的网络,如图 11-1 所示。

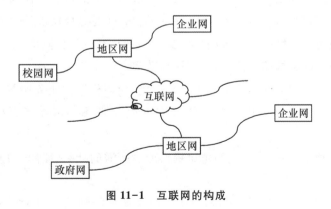

图 11-1 互联网的构成

根据2022年6月一家咨询机构发布的简报①,截至2022年1月,全球互联网用户数达49.5亿,占总人口的62.5%;每个互联网用户平均每天使用互联网的时间将近7小时,通过手机访问互联网的用户占92.1%。中国互联网络信息中心(CNNIC)2022年7月发布的《第50次中国互联网络发展状况统计报告》显示:截至2022年6月,中国网民规模达到10.51亿,互联网普及率为74.4%;手机网民规模达10.49亿,移动支付用户规模为9.04亿;网络购物用户8.41亿,占网民总规模的80%;近些年兴起的网络视频和短视频,用户规模达到9.95亿。另外,该报告还显示:网络消费在中国人民抗击新冠疫情的过程中发挥了重要的稳定消费的作用。由此可见,互联网对人类生活方式和工作方式的影响几乎无所不在。

互联网有下述几大特点:第一,信息全球即时、双向传播,人们从网上既可以获得社会生活各方面的最新信息,也可以针对某一问题进行远程讨论;第二,信息长期存储、长效发布,电脑存储技术的发展为人们提供了近乎无限的信息存储空间,信息一旦进入发布平台,即可长期存储,长效发布;第三,信息检索快捷,通过网络搜索引擎,一个人很容易检索出网上相关的信息;第四,入网方式灵活,任何计算机只要采用TCP/IP与互联网中的任何一台主机通信就可以成为互联网的一部分。

(二)互联网的软硬件组成

互联网由网络硬件、网络操作系统和网络三个部分组成。

1. 网络硬件

网络硬件主要包括集线器(Hub)、路由器(Router)、交换机(Switch Exchanger)、服务器(Server)、客户机(Client)、调制解调器(Modem)、网关(Gateway)等设备。

集线器是一种集中电路连接的网络部件,是某个区域的网络线集合中心。比如,一个8端口(8port)的集线器可以连接一部网络服务器和六七台用户计算机。

路由器是互联网的主要节点设备,通过路由决定数据的转发。在工作时,路由器能够按照某种路由通信协议,查找设备中的路由表,找到预先选择或最经济的传输路径。另外,路由器总是先按照预定的规则把较大的数据分解成大小适当的数据包,然后将这些数据包分别通过相同或不同的路径发送出去,待到达目的地后,再将其还原。

交换机是连接路由器与服务器、客户机的设备,负责把数据发送到指定地点或所有端口。交换机还可以把网络拆解成网络分支,分割网络数据流,隔离分支中发生的故障,减少每个网络分支的数据信息流量,提高网络效率。

服务器是一种存储器共享型的多用户处理机,为多机提供业务所需的计算、联网、数据库管理和各类接口服务。服务器可分为Web服务器、E-mail服务器、数据库服务器、DNS服务器等。

客户机是一种单用户工作站,为单机提供业务所需的计算、联网、访问数据库和各类

---

① 资料来源:《2022年全球及各个国家、地区互联网用户数量,互联网用户占比》,https://t.10jqka.com.cn/pid_227191538.shtml,2022年11月3日读取资料。

接口服务。

调制解调器是连接互联网的基本配备之一。它是把数字信号变成模拟信号,再把模拟信号变成数字信号的设备。

网关是使两个或多个不同的网络之间实现相互通信的通信服务器。它的基本功能是执行网络之间不同协议的转换。

2. 网络操作系统

网络操作系统,简称 NOS(Net Operation System),是网络用户与计算机网络之间的接口,如 Windows Server 2003、UNIX 和 Linux。网络操作系统的主要功能,就是使网络上各台计算机能够方便而有效地共享网络资源,并为网络用户提供所需的各种服务软件和有关规程的集合。

3. 网络

网络有局域网(Local Area Network, LAN)、广域网(Wide Area Network, WAN)、内联网(Intranet)、外联网(Extranet)和互联网(Internet)之分。

局域网是指在一个有限的地理区域内负责数据的传输以及电子设备的互联,如在一所学校内或一家企业内的电子设备联网(图 11-1 中的企业网或校园网)。局域网强调资源共享,更关注如何根据需要来规划网络,进行系统集成。

广域网是指覆盖范围广、以数据通信为主要目的的数据通信网。一般而言,超过局域网范围的网络,就叫广域网。广域网也可以看作局域网和局域网之间的结合,如图 11-1 中的地区网。一般一个省份、一个国家的网络都是广域网。广域网强调数据通信,侧重于数据传输业务和用户接入网络的方式。

内联网是指在现有局域网的基础上在企业或单位内部建立的网络系统。内联网系统多设有防火墙程序,以避免未经授权的人进入;信息存取只限于企业或单位内部,并在安全的控制下连接互联网。内联网可以节省企业或单位内文件往来的时间,方便沟通,降低管理成本,也可以通过互联网与外界双向沟通。

外联网是内联网的扩展,它不再局限于单个组织内部,而是把相互合作的组织连接在一起。外联网采用互联网技术和 Web 应用系统,使参与者均可在权限范围内自由读取其他组织的数据。

互联网是众多计算机网络的互联系统,分为核心层、边缘层和接入层。核心层由核心路由器或 ATM 骨干交换机组成;边缘层由边缘路由器或 ATM 接入交换机组成;接入层由包括网关在内的接入服务器和公共交换电话网(PSTN)、综合业务数字网(ISDN)和数字数据网(DDN)等多种接入方式组成。

(三)常用的互联网信息服务

互联网所提供的网络信息服务,大致可以分为三类:第一,固定信息服务,包括电子邮件(E-mail)、新闻组(Newsgroup)和文件传输(FTP)等;第二,在线实时通信,包括远程登录(Telnet)、网上聊天室、在线交谈、多人在线实时交谈系统(如微信)、网络视频(如抖音和快手)和视频会议等;第三,检索服务,包括万维网(WWW)、使用者查询(Finger)、维基百科、百度百科、360导航等。关于这些互联网信息服务的工作原理和具体的使用方法,可参阅相关书籍(杨立钒、杨坚争,2019;冯英健,2016;刘向晖,2014)。

(四)互联网的IP地址和域名

互联网采用了一种唯一、通用的地址格式,为网中的每一个网络和几乎每一台主机都分配一个地址。互联网中的地址有IP地址和域名地址两种类型。

IP地址为一个逻辑地址,用32位二进制数标识网络中的每一台计算机。它可以写成四个用小数点分开的十进制数,每个十进制数表示IP地址中的八个二进制数,形式如153.23.2.86。

由于IP地址是数字型的,使用起来不方便,也不便于记忆,因此人们又发明了另一套字符型的地址方案——域名。域名是互联网上识别和定位计算机的层次结构式的字符标识,与该计算机的协议(IP)地址相对应。域名一般有三到四级,通用格式如http://www.xjtu.edu.cn,其中,www是万维网的标志,xjtu(三级域名)表示西安交通大学,edu(二级域名)表示教育界,cn(一级域名)表示中国。

域名虽然与组织、企业、商标和产品名称无直接关系,但由于域名在互联网上是唯一的,一个域名注册后,其他任何人就不能再注册相同的域名,所以域名实际上与商标、企业标识物有类似的功能,可以称为"网络商标"。一旦在互联网上注册了域名,设立了网站,一个企业或组织就可以被全球互联网的用户随时访问和查询。

二、电子商务

互联网兴起和发展的一个直接后果,是电子商务的兴盛。

电子商务中的"电子",实际上并不是专指计算机和互联网,也包括电话、手机、传真、电子邮件、EDI(电子数据交换)等电子信息手段或技术。电子商务也不是有了互联网才出现的。不过,电子商务的概念却是因为有了互联网才被使用的,电子商务本身也是因为有了互联网才日益兴盛、终成气候的。以互联网为基础的电子商务并没有在本质上改变商务的内涵,改变的只是商务活动的方式。与以前的专用信息网络不同,互联网不属于某个国家或企业,它是一个开放的全球性信息传输网络,是一个公用平台。这一特性使它不但消除了数据交换的障碍,而且为企业开展电子商务提供了可能。相对于电话、传真、EDI等,互联网平台在成本、效率、准确度等方面都有优势,这是电子商务得以兴盛的根本原因。

电子商务将物流、信息流、资金流和商务流整合在一起,创造出新的市场机遇和新的经济活动。电子商务的兴盛,改变了传统经济活动的基础、运作方式和管理机制。

(一)电子商务的内涵

电子商务是指通过互联网相关的电子化手段来完成交易的商务活动及其业务流程,包括交易当事人或参与人通过电子化手段所进行的货物贸易、服务贸易和知识产权贸易等各类商业活动(杨立钒、杨坚争,2019;冯英健,2016;刘向晖,2014)。

国内外对电子商务有许多不同的理解,概括起来有广义与狭义之分。狭义的电子商务,是指利用网络技术和其他电子手段而进行的商品交易。而广义的电子商务,一方面将电子商务的外延推广到服务领域,甚至包括国家政府部门所进行的电子政务;另一方面使它不仅包括直接带来利润的商品买卖活动,而且包括所有借助网络技术和信息技术进行的支持利润产生的其他活动,如产品产生、需求服务、销售支持、用户服务、业务协调等。

从根本上讲,电子商务要从"电子化手段"和"商务"两个方面来理解。"电子化手段"涵盖了各种以使用电子技术为基础的信息传输方式,"商务"则包括各种性质的商务活动。将"电子化手段"看作一个子集,"商务"看作另一个子集,则电子商务所覆盖的范围应当是这两个子集所形成的交集。因此,电子商务意味着:(1)贸易活动的电子化和自动化;(2)利用各种网络技术和工具(如计算机、互联网、内联网、各种局域网等网络基础设施)从事各种商务活动;(3)在贸易方面涉及互联网、内部网、各种局域网和电子数据交换的各种用途。

一次完整的贸易活动,一般包括了解行情、询价、报价、发送订单、订单应答、发货通知、收货通知、收受取货凭证、支付汇兑等过程,涉及资金流、物流、信息流等的流动。还有可能涉及行政过程的认证行为。电子商务可以在贸易活动的一个环节或多个环节上实现,由此被分为高低两个层次:低层次的电子商务是电子商情、电子贸易、电子合同等;高层次的电子商务则是利用互联网进行贸易的所有活动,即从寻找客户开始,一直到洽谈、订货、在线付(收)款、开具电子发票,直至电子报关、电子纳税等均通过互联网实现。要实现高层次的电子商务,除买卖者以外,还要有金融机构、政府机构、认证机构、配送中心等机构的参与。

(二)电子商务的分类

按照交易对象,电子商务可以分为企业对消费者(B2C)、企业对企业(B2B)、消费者对消费者(C2C)、消费者对企业(C2B)以及企业对政府机构(B2G)或政府机构对企业(G2B)等多种类型。

B2C型电子商务是指生产制造企业或商业企业对消费者的电子零售业务。这种形式的电子商务随着计算机和互联网的普及迅速发展,目前很多企业通过网络设置各类网络商业中心,提供各种商品和服务。

B2B型电子商务是指生产制造企业或各类商业机构通过互联网或各种网络与其他生产制造企业或各类商业机构进行交易的商业活动。B2B的电子商务,使企业之间能够通过网络进行洽谈、订货、在线付(收)款、开具电子发票等。

C2C型电子商务指消费者个人通过网络平台对个人开展的商业活动。比如,一个人把自己不想要但还有价值的东西放到网站上拍卖,或者以个人的名义开网店销售产品。实际上,C2C中的前一个C并不一定是指真正的消费者。它可能只是指个体,如在网络平台上开店的小商户。中国有一些提供这种交易活动的网站,如阿里巴巴的爱淘宝网（https://ai.taobao.com/）。另外,抖音和快手这种手机视频平台也有大量的个人对个人开展的商业活动。此前,腾讯也开了拍拍网,后被京东并购。但是,2015年"双十一"前京东却宣布关闭拍拍网,并决定到2015年12月31日时止停止提供拍拍网的平台服务,并在三个月的过渡期后将其彻底关闭。按照京东的说法,关闭拍拍网的主要原因是C2C模式的监管难度大,无法杜绝假冒伪劣商品,对其正常的商业活动产生了负面影响。

C2B型电子商务是指由消费者先通过网络平台提出需求,然后由商家在网络平台报价和竞标,消费者选择后商家按需求组织生产。典型的有乐贴网旗下的"聚想要"（http://juxiangyao.jc123.com.cn/）。按照该网站的介绍,聚想要是中国第一家C2B电商平台,致力于改变用户的传统消费习惯,促进更加透明化、简单化的C2B反向消费模式的发展。①

B2G和G2B是指企业和政府机构使用网络平台交换数据、办理公务和做生意。在实际的应用中,二者很难区分开：在企业与政府机构的关系中,如果企业主动,就是B2G；如果政府机构主动,就是G2B。B2G和G2B的目的,旨在打破政府部门的界限,实现政府各相关部门在资源共享的基础上迅速快捷地为企业提供各种信息服务,精简管理业务流程,简化审批手续,提高办事效率,减轻企业负担,为企业的生存和发展提供良好的环境。比如,B2G和G2B已经应用于政府机构的电子采购与招标、电子化报税、电子证照办理与审批、相关政策发布、提供咨询服务等。

（三）电子商务的流转程序

电子商务的交易过程可以分为交易前的准备、交易洽谈、合同签订、交易手续办理、交易合同的履行和一方违约时另一方索赔等几个阶段。但是不同类型的电子商务交易,流转程序往往是不同的,可以归纳为三种基本的流转程序：网络直销的流转程序、企业间网络交易的流转程序和网络中介交易的流转程序。

1. 网络直销的流转程序

网络直销是指消费者和生产者或者需求方和供应方利用网络直接开展的买卖活动,如B2C型电子商务。这种交易的最大特点是供需直接联系,环节少,速度快,费用低。其流转程序可以用图11-2表示：(1)消费者进入和查看企业的主页或在线商店；(2)消费者通过购物对话框填写姓名、邮寄地址、手机号码,以及购买商品的品种、规格、数量和价格等；(3)消费者选择支付方式,如信用卡、支付宝、微信支付或电子货币；(4)企业的客户服务器检查支付方服务器,确认汇款额是否被认可；(5)企业的客户服务器确认消费者付款后,通知销售部门送货上门；(6)信用卡公司或第三方支付平台（如支付宝、微信支付）负责发给消费者收费清单。

---

① 资料来源：相关内容见聚想要平台"公司介绍"（http://juxiangyao.jc123.com.cn/introduce）,2022年11月5日读取资料。

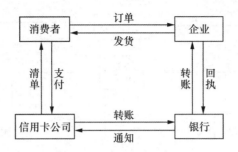

图 11-2 网络直销的流转程序

为了保证交易过程中的安全,网络直销程序中常常需要设置一个认证机构,对参与网络交易的各方进行认证,以确认他们的真实身份。网络直销的诱人之处在于,它能够减少交易环节,降低交易成本,从而降低消费者所得到商品的最终价格。不过,它也有消费者对欲购商品不能触摸、容易受不实广告欺骗和存在安全隐患等缺陷。

2. 企业间网络交易的流转程序

企业间网络交易是 B2B 型电子商务的一种基本形式。图 11-3 显示了这种交易形式的流转过程。

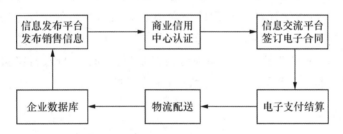

图 11-3 企业间网络交易的流转程序

由图 11-3 可见,企业间网络交易从一家企业利用自己的网站或网络服务商的信息发布平台发布买卖、合作、招投标等商业信息开始。当然,它也可以借助于互联网,寻找和了解世界各地买方企业的购买信息。由此,买卖双方取得联系。通过商业信用调查平台,买卖双方进入信用调查机构申请获得对方的信用信息;通过产品质量认证平台,买方可以对卖方的产品质量进行认证。然后,买卖双方在信息交流平台上签订电子合同,进而实现电子支付结算和物流配送。最后,是销售信息的反馈,相关数据进入买卖双方的内部数据库。

3. 网络中介交易的流转程序

网络中介交易是 B2B 型电子商务的另一种形式,是指通过虚拟网络市场进行的商品交易。网络交易中心以互联网为基础,将供应商、采购商和银行联系起来,为客户提供市场信息、商品交易、仓储配送、货款结算等多方面的服务。它的流转程序见图 11-4,其中的虚线为认证线路。如图 11-4 所示,网络中介交易的流转程序可以分为以下几个步骤:(1)买卖双方将各自的供应和需求信息通过网络告知网络交易中心(虚拟网络市场),网络交易中心则通过信息发布服务向参与者提供交易数据和市场信息;(2)买卖双方根据

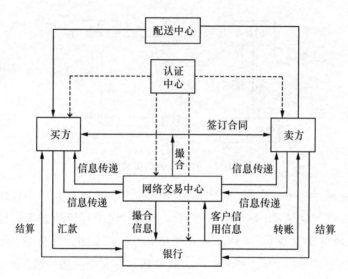

图 11-4 网络中介交易的流转程序

网络交易中心提供的信息,选择自己的贸易伙伴;(3)网络交易中心从中撮合,促使买卖双方签订合同;(4)买方在网络交易中心指定的银行办理转账付款手续;(5)指定银行通知网络交易中心买方货款到账;(6)网络交易中心通知卖方将货物发送到设在离买方最近的交易中心配送部门;(7)配送部门送货给买方;(8)买方验证货物后通知网络交易中心货物收到;(9)网络交易中心通知银行买方收到货物;(10)银行将买方货款转交卖方;(11)卖方将回执送交银行;(12)银行将回执转交买方。

三、网络环境

表面上看,互联网只是企业营销的一条新渠道或渠道运行与管理的一项新技术。但是,由于它从根本上改变了人们的生活方式与工作方式,也改变了企业的管理方式,所以它是一种影响其他环境因素(如政治、经济、法律、文化、生态和竞争等)变化的一个更为基础性的变量。

互联网技术的发展和逐渐被人们接受所带来的一个最重要和最深刻的变化,就是在交换中顾客权力的增大(Dholakia et al., 2010)。这体现在:首先,互联网技术通过更多的信息渠道、更便捷的信息获取方式,降低了顾客与企业之间关于商品和服务的信息不对称程度,能够帮助顾客做出更合理的购买决策;其次,互联网沟通所具有的双向、即时、快速响应和扩展性(沟通者形成网络的能力)的特点,能够大大增强顾客的影响力——一个顾客可以通过在网络上发布信息来影响其他人的购买活动,而企业却很难限制网上对企业不利言论的传播;再次,互联网技术使顾客更容易在不同的购买渠道之间迁移,从而增大了顾客的渠道选择权;最后,互联网技术还可能增大顾客的参与权,使他们的影响力不仅仅局限于口碑或鼠标传播,还渗透到企业的生产与营销管理中,如通过顾客参与来影响企业的产品设计、服务流程设计、价格确定以及广告媒体和营销渠道的选择。

这种顾客权力增大的趋势正在对一些传统的商业模式和经营方式形成挑战。比如,网上旅行代理的兴起,一方面提高了旅行价格的透明度,另一方面为顾客提供了一条获得旅行服务的新渠道,这使传统的旅行代理商感受到了很大的威胁。再如,顾客在商店内通过网络移动设备能够随时进行网上和网下的价格比较,这降低了买卖双方在价格信息上的非对称性,提高了顾客的议价能力,但是却让一些传统的零售商倍感无奈。当然,互联网技术的发展也为企业提供了新的沟通与管理工具,如电子邮件、网络搜索、即时通信、博客、微博、微信、反馈论坛、网上产品评价和品牌社区等,带来了企业沟通与管理能力的提高。比如,在互联网技术的帮助下,企业能够获取更丰富、更细节化和个性化的顾客信息;通过品牌社区,与顾客直接交流,对顾客之间的互动进行引导或干预;通过网络互动平台,为顾客在产品设计、价格比较、销售建议和口碑传播等方面的参与提供便利;通过人机互动,进行移动营销(mobile marketing);通过移动客户关系管理系统(Customer Relationship Management,CRM),强化企业与顾客之间、企业与合作伙伴之间以及企业与其他利益相关者之间的良性互动。

一些企业已经开始运用这种能力,抓住市场机遇,改善营销管理。比如,我们对一家企业的案例调查就发现[①]:企业各层级员工在与相关各方沟通和互动时,普遍采用了微信、QQ和电子邮件等工具;社会化网络工具(微信、QQ)降低了企业对IT资源(设备和软件)投入的要求,企业可以在IT资源投入不大的情况下通过各层级员工运用社会化网络工具而提高与相关各方沟通和互动的能力;在一些情况下,面对面交流这种最基本的沟通方式还是必需的。例如,永不分梨酒业公司在和君咨询合伙人的帮助下利用微信销售郫酒,将移动互联网的特点融入郫酒的营销之中,使郫酒的移动互联营销成为一个完整的体系。[②]

所谓网络环境,就是有互联网参与人类生活的环境。因此,不管是否愿意,也不管是否意识到,现在每一个人、每一家企业都生活在网络环境之中,都直接或间接地受到互联网的影响。当然,对于那些在企业的生产、经营和管理活动中使用网络的企业,网络技术的作用与影响更直接,也更重要。这里重点考虑网络技术对企业的渠道管理在哪些方面、有怎样的影响。

第二节　网络渠道

互联网对企业渠道管理的一个最直接的影响,是网络渠道的出现。网络渠道是一种有别于传统渠道的新渠道。它应用了当代科技发展的最新成果,在很多方面都具有优势,对传统渠道有一定的替代作用。不过,它也有自身的弱点和一定的适用范围,并不能完全取代传统渠道。

一、网络渠道的内涵

网络渠道是指企业通过与互联网相连接的电子设备与消费者或用户联系,完成交易

---

① 资料来源:庄贵军、林舒进、周筱莲、杨威,《ZY公司的网络沟通与互动》,中国管理案例共享中心,2016年中国管理百优案例,2016年8月入库,编号:MKT-0360。
② 资料来源:庄贵军、林枫,《郫酒的移动互联营销》,中国管理案例共享中心,2017年9月入库,编号:MKT-0433。

活动的营销渠道。它有如下几层意思：第一，与互联网相连接的电子设备是产需沟通的主要方式；第二，消费者或用户必须有条件和有能力使用网络电子设备；第三，既可以是供方主动（网络销售），也可以是需方主动（网络采购）。

网络渠道的一种极端形式，是应用互联网向网络终端用户提供数字化产品或服务，如文档资料、图片、软件、音乐和心理咨询等，并通过电子手段完成整个交易活动。在这种极端形式中，物流和商流都变成了信息流，营销渠道也成为虚拟的。然而，能够数字化的产品或服务只是很少的一部分，大多数产品或服务还无法使用这种极端形式的网络渠道完成销售。在现实中，很多企业所谓的网络渠道，只是应用互联网完成渠道的部分功能，如把自己的产品列在企业的网页上进行宣传或者指派销售人员浏览其他企业的网页，寻找潜在的客户。

从概念上讲，网络渠道的外延比电子商务小，它只是电子商务的一种形式，是电子商务在营销渠道中的应用。

二、网络渠道的构成要素

网络渠道的构成要素有网络前台系统、网络后台系统和外部接口系统三个部分。

（一）网络前台系统

网络前台系统是指消费者通过网络浏览器可以直接看到的部分，包括会员登录和注册、商品展示、购物车、下订单、订单管理、配送方式和支付方式等内容。示例11-1是当当网的首页。当当网1999年11月开办时是一家以销售中文图书为主的网上书店，之后逐渐发展为一家综合性的网上购物商城，由中国的一家名为"科文公司"的出版机构以及美国老虎基金、美国IDG集团、卢森堡剑桥集团、亚洲创业投资基金（原名软银中国创业基金）共同投资成立。

示例11-1　当当网的首页

资料来源：当当官网（http://www.dangdang.com/）的截图，2023年4月23日读取。

会员登录和注册。网站提供会员注册功能(如示例11-1中的"成为会员"键),一方面引导消费者成为会员,另一方面收集消费者的个人信息,确认消费者的真实身份。消费者一旦注册成功,就成为企业的会员,再购买时只要登录就可以了。对于会员,企业一般会根据购物金额的大小和会员身份的时长分级,在购物时给予一定比例的优惠。

商品展示。商品展示是网店的核心区域,一般按商品类别分成不同的区域进行展示。比如,在示例11-1中有横竖两种分类展示方法。纵向有"图书、童书""电子书""创意文具""服饰、内衣"以及其他类别;横向有"图书""电子书""童装童鞋""女装"等分类。示例11-1中部显示的是纵向类别"电子书"之下的商品展示,包括"排行榜""特价""小说"等。

购物车和下订单。顾客选择商品的主要工具是购物车。顾客可以随时把想要的产品放到购物车内,还可以在购物车里删除不想要的商品和修改订购的数量。选好商品后,点击进入"购物车",从那里可以填写和完成订单。暂时不买的商品,也会保存在顾客的账号中。

订单管理。通过"我的订单",顾客可以自助查询自己此前在这一网店的所有订单;通过"订单服务",顾客可以查询某一订单的配送状态,在一定的条件下还可以自助取消订单或自助修改订单。

配送方式。顾客可以选择的配送方式有网上下载、邮局寄送、快递送货上门以及顾客到指定地点领取等。

支付方式。网络购物支持的付款方式有货到付款、网上支付、礼品卡支付和银行转账等。提供在线支付业务的,除银行(如招商银行、中国工商银行和中国建设银行等)以外,还有支付宝、微信支付以及其他一些在线支付方式。

(二) 网络后台系统

网络后台系统是指消费者通过网络浏览器无法直接看到的部分,包括客户管理、网站维护、订单处理、款项查寻、库存管理、售后服务等内容。这些系统由网络平台企业或接入网络平台的企业购买和安装,一般使用一些现成的信息管理系统,如客户快速反应系统(Quick Response System, QRS)和客户关系管理系统。但是,因为每家企业都有自己的特点和特殊要求,所以大多数网络后台系统需要根据企业的要求对一些中间件做二次开发,与 Web 集成。

(三) 外部接口系统

外部接口系统是指网络前台系统和网络后台系统与外部网络系统的接口系统,包括网络安全认证中心提供的 CA 接口,用于提供安全性保证及身份确认;银行提供的支付网关接口,用于满足在线支付的需要;物流企业提供的物流服务接口,用于实现营销过程的物流配送。

网络前台系统、网络后台系统和外部接口系统是一个有机的整体,有效组织以后,能够全部或部分地实现渠道的各种功能。消费者通过网络前台系统的注册和登陆、商品展示区的选择、订单的提交、网上支付、送货方式的选择等操作,传递信息、支付货款。企业的后台管理系统在消费者购物的过程中,自动回应,向消费者反馈信息,接受订单和购物款,销售产品。通过外部接口系统,银行的参与,使网上支付成为可能;CA 认证机构的参与,保证了网上交易的安全性;而物流配送组织,如企业自身的配送部门、邮局、快递公司、运输企业,则促使商品实体的转移,最终将商品送到消费者手中。

三、网络渠道的结构与分类

图 11-5 显示的是网络渠道的结构与分类。由图可见,网络渠道可以分为两种渠道类型:一种是网络直销渠道,另一种是网络中间商渠道。

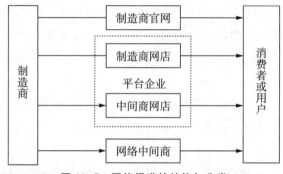

图 11-5 网络渠道的结构与分类

两种网络渠道各有其优劣势。比如,网络直销使产需直接见面,买卖双方均能得到快速回应;通过一对一的营销模式,企业可以与消费者建立良好的互动关系;企业比较容易控制渠道,不会发生与中间商的渠道冲突。但是,网上"眼球"竞争激烈,访问者不可能一个个去访问所有企业的主页,大多数直接网站的访问者寥寥。另外,企业进行网络直销,需要网络前台系统、网络后台系统和外部接口系统的配套支持,这些都需要投入较多的资金和有专门人才管理,很多小企业是负担不起的。

网络中间商渠道在很大程度上能够解决这些问题。网络中间商或者自己建设网络平台,或者利用天猫、淘宝、京东商城、小米商城等网络平台企业的平台,专门从事网络营销活动。这有助于消费者寻找企业的产品,在"眼球"竞争中不至于输在起跑线上。另外,利用网络中间商的网络营销系统,企业不必建立自己独立的网络营销系统,因此能够节约网络建设和网络运行的费用。

(一)网络直销渠道

网络直销渠道是指制造商或供应商通过互联网直接与消费者或用户联系和沟通,完成交易,整个交易过程无须任何中介组织的参与。其流转程序类似于上面所说的网络直销(见图 11-2)和企业间网络交易(见图 11-3)两种电子商务形式。网络直销渠道有两种具体的形式:

其一如图 11-5"制造商→制造商官网→消费者或用户"所示,企业建立自己的官网,申请域名,制作主页和销售网页,由企业的专职人员负责处理产品销售和服务相关事务。比如,海尔商城(ehaier)就是海尔集团官方建立的网络直销渠道。它采用"虚实融合模式",直销海尔的全系列家电产品。示例11-2是海尔商城的简介。海尔商城很好地体现了网络直销渠道的特点。

示例 11-2 海尔商城

海尔商城为海尔集团官方建立的海尔全系列家电"一站式"销售服务平台。海尔商城采用的是"虚实融合模式",由虚网(互联网)创造用户资源,由实网(海尔线下千家以上的销售服务中心)提供即买即送的产品和服务。

海尔商城依靠多年线下积累的强大营销、物流、服务网络资源,提供全国大部分城市24小时免费送货、家电选购设计、送货到门、安装同步等"一站式"服务。为了给用户创造更快更好的服务,依托海尔线下5 000家实体门店的网络优势,海尔商城承诺:24小时限时送达,超时免单。

海尔商城力求创造网购新标准,做到正品保证——海尔商城为海尔集团官方唯一经营的官方销售服务网站,提供全系列海尔产品;快速响应——海尔商城由全国各地的海尔销售服务中心直接提供服务,支持全国大部分城市24小时送达服务,支持货到付款;到货放心——送货上楼到户,支持到货后开箱验收、安装(需要)后付款;服务无忧——家电设计、配送、安装、售后等服务都由用户当地的海尔销售服务中心提供,有问题可网上反馈或者拨打海尔全国服务热线,24小时服务到位。

海尔商城的购物流程包括两个部分:一是线上流程,主要包括选择城市、浏览产品、添加到购物车、确认订购信息、确认订单和下单成功;二是线下流程,主要包括送货上门、拆箱验收、摆放调试、安装调试和满意付款。

资料来源:根据"海尔商城"官网(http://www.ehaier.com)的公开资料编写,2022年11月9日读取资料。

其二如图11-5"制造商→(平台企业内的)制造商网店→消费者或用户"所示,企业以付费或合作的方式在平台企业(如阿里巴巴的天猫)的网络平台上开网店,销售自己的产品。虽然这一过程有平台企业的参与,如认证企业资质、检验商品质量、记录交易过程、监督企业的销售行为,但是主要的销售活动还是在买卖者之间完成的。比如,海尔集团在天猫平台上开设了"海尔官方旗舰店"(https://haier.tmall.com),直销海尔集团的各种家电产品,虽然采用的销售和服务政策与海尔商城相同,但是使用的是天猫的虚拟空间。

(二) 网络中间商渠道

网络中间商渠道是指制造商或供应商通过一些网络中间商与消费者或用户联系,并由网络中间商帮助撮合交易。网络中间商渠道也有两种具体的形式:

其一如图11-5"制造商→网络中间商→消费者或用户"所示,即网络中间商在自己建立的网络平台上从事经营活动,帮助撮合买卖双方的交易。其流转程序与前面图11-4的网络中介交易的流转程序类似。比如,携程旅行网(http://www.ctrip.com)就是一家这样的网络中间商。示例11-3是携程旅行网及其经营方式的一个简单介绍。

示例 11-3　携程旅行网

携程旅行网创立于 1999 年,总部设在上海,在北京、广州、深圳、成都、杭州、南京等 17 个城市设有分支机构;2003 年 12 月在美国纳斯达克上市;2010 年投资台湾易游网和香港永安旅游,完成了在海峡两岸和港澳地区的布局;2014 年投资途风旅行网,将触角延伸至北美洲。

携程旅行网是一家综合性旅行服务公司,向超过 2.5 亿会员提供"集无线应用、酒店预订、机票预订、旅游度假、商旅管理及旅游资讯在内的全方位旅行服务",现有员工三万余人。

携程旅行网的经营理念是:秉承"以客户为中心"的原则,以团队间紧密无缝的合作机制,以一丝不苟的敬业精神、真实诚信的合作理念,建立多赢的伙伴式合作体系,从而共同创造最大价值。其经营流程如图 11-6 所示。

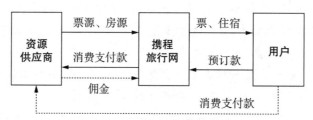

图 11-6　携程旅行网的经营流程

首先,携程旅行网与资源供应商(如航空公司、铁路公司、酒店、饭店、演出单位以及旅游景点)合作,掌握大量货源。比如,携程旅行网与国内外六十余万家会员酒店合作,拥有大量的酒店房源。

其次,通过其交易系统,携程旅行网用庞大的票源、房源吸引了数以亿计的用户加入,成为会员,由此掌握了用户资源。携程旅行网相当于一个市场的入口,用户只要进入这个入口,就能很容易地找到自己需要的票源和房源。而供应商只有加入这个平台,才更容易被用户找到。

再次,用户通过携程旅行网的交易系统找到票源、房源,下订单和支付预订款。预订款进入携程旅行网的账户。

最后,待用户消费后,携程旅行网与资源供应商分账。

当然,也可能有另外一种情况,即用户预订后先消费后付款(大多数酒店采用的都是这种方式),此时,消费支付款先进入资源供应商的账户,然后资源供应商向携程旅行网支付佣金。图 11-6 虚线的部分显示的就是这种情况。

资料来源:根据"携程旅行网"官网(https://www.ctrip.com)的公开资料编写,2022 年 11 月 11 日读取资料。

百脑汇（www.buynow.com.cn）、京东商城（www.360buy.com）、小米商城（www.mi.com）和当当网（www.dangdang.com）最初都属于这类中介机构。不过，随着时间的推移和经营规模的扩大，它们逐渐演变为平台企业——为制造商和中间商提供交易平台，并以此获取收益。

其二如图11-5"制造商→（平台企业内的）中间商网店→消费者或用户"所示。其中，中间商与传统的经销商或代理商无异，通过在平台企业的网络平台上开店代理或销售制造商的产品而获利。中间商一般会同时拥有线上渠道和线下渠道，以线下渠道销售为主，线上渠道销售为辅。随着网络的普及和广泛应用，线上渠道变得越来越重要。中间商只有接入网络平台的入口，才更容易被用户接触，也才有更多的市场机会。平台企业自己不从事直接的经营活动，而是向中间商提供交易平台，并以此盈利。

（三）平台企业

在网络渠道中，平台企业（如阿里巴巴的淘宝、天猫，以及百脑汇、京东商城、小米商城和当当网等）扮演着一个重要的角色。平台企业的主要业务不是与消费者或用户直接交易，靠收取佣金获利，而是为交易双方提供交易平台或虚拟的交易场所，通过向供应方收取费用的方式获利。比如，天猫就向入驻的商家收取软件服务费、软件服务年费和保证金。软件服务费按照商家销售额的百分比（简称"费率"）缴纳，相当于线下商店的扣点。软件服务年费则按照天猫的规定按年缴纳。另外，商家还需要缴存保证金，用于保证商家按照《天猫服务协议》、天猫规则经营，并且在商家有违规行为时用于向天猫及消费者支付违约金。当然，如果商家在经营过程中没有违规行为，那么保证金将会归还或续存。

实际上，平台企业并非网络环境下的新事物，其早已有之。在传统的线下渠道中，像万达、银泰和赛格等购物中心就是线下的平台企业。购物中心（英文中称为"shopping center"或"shopping mall"）通常由房地产开发商承建，而后将经营面积或店铺出租给零售商或其他类型的服务经营者，由承租者从事商品与服务的经营活动。开发商与经营者之间是一种租赁关系——开发商收取租金，并向经营者提供相应的服务。

不过，相对于传统的平台企业，网络渠道中的平台企业有更大的规模效益。随着一个平台上网络交易规模的扩大，单位经营成本会迅速下降。

四、网络渠道的特点

网络渠道和传统渠道的最终目的，都是满足市场需求和实现企业的营销目标。两种渠道在一定条件下可以互相支持、互相补充。比如，一些有形产品，通过网络无法实现物的转移，需要通过传统渠道的配送体系才能完成整个交易；而网络渠道能够帮助解决传统渠道中经常存在的产需信息沟通不畅的问题。表11-1通过网络渠道优势和劣势的对比说明了网络渠道的特点。

表 11-1　网络渠道的优势和劣势

优势	劣势
• **全球性**：交易覆盖范围可达全球有互联网联通的区域 • **方便、快捷的交易处理过程**：坐在家里，点击鼠标，就可以浏览、搜寻、下单、支付，甚至消费 • **信息处理的有效性和灵活性**：如在产品信息的排列上，计算机对产品的分类和排序更有效（便于人们搜索）、更具灵活性（多种不同的排列和展示方法） • **增强了以数据为基础的管理与关系**：信息双向沟通，一对一营销，大规模定制 • **降低了营销成本**：企业能够将存货集中存放于一个地点，如产品配送中心，或实施按订单生产、零库存销售，这些都会降低营销成本	• **缺乏实体接触及延时交货**：无法让购买者在下订单之前与产品直接接触，在大多数情况下，也不能让购买者在支付了货款以后马上得到产品 • **订单执行及物流工作滞后**：除了少数能够由网络"传递"的产品，订单执行及物流工作往往滞后，尤其是在购物节期间 • **互联网本身的混乱、疑惑及各种麻烦**：如商业广告、垃圾广告、垃圾邮件、网络堵塞、下载速度慢 • **对个人及社会购物动机的忽视**：人们购物并非仅仅是为了获得某个东西的使用权，有时逛街本身就是目的 • **安全问题**：网上支付的安全问题和个人购物隐私权的保护问题，如顾客常常不愿意在网络上填写信用卡账号

资料来源：根据罗森布罗姆（2014）整理。

相较于传统的线下渠道，网络渠道有如下几个基本特点：

第一，数字化。互联网只能传播数字化信息，这使得基于互联网的网络渠道更适合数字化产品（如文字、图形、声音和视频等）的营销。

第二，虚拟性。网络空间是一个虚拟的世界，在互联网上从事营销活动，企业看不到消费者，消费者也看不到企业员工；没有传统意义上的商店，也看不到实物，消费者只能通过网站上的文字、图片、视频和其他消费者留下的评论来了解产品的价格、规格、特性；整个购物过程是人与网络终端（如电脑、手机或平板电脑）的对话，一次鼠标或手指的轻轻点击，就能完成商品所有权的转移。

第三，交互性。网络渠道通过互联网，能够实现产需之间高水平、低成本和快速的一对一信息沟通和互动。

第四，随时和即时性。网上服务器一般24小时开放，用户可以随时访问；用户的很多要求，如软件的在线升级、电子图书的获取，自动服务系统都能即时满足。

第五，全球性。通过互联网，企业既可以访问全球的网上信息，也可以很方便地向全球发布信息，从而打破了传统渠道在地域上的限制，使企业可以方便地在全球市场上从事营销活动，参与国际竞争。

第六，网络外部性。网络外部性，是指网络用户数量增加以后，每个用户从中得到的效用会增加，而加入网络的成本却不会随着效用的增加而提高。比如一个租房的中介网站，当在它上面注册的客户增加时，无论对于出租者还是租房者来说，它提供的信息都变得更有价值，而增加注册的成本并不会随之提高。

第七，整合性。网络渠道往往以信息技术为工具，把企业价值链和供应链中的活动整合在一起。例如，当一个客户在网上购物时，下订单、支付、配送、售后服务等环节都可以利用互联网进行整合,除最后的实物配送之外,其他过程都可在网上实现。

网络渠道已经显示出了巨大的威力,未来的发展潜力还很大。对此,不管企业是否准备从事网络营销或建立网络渠道,都不能等闲视之。即使不建立自己的网络渠道,企业也应该尽量使用网络技术整合资源,建立以网络技术为基础的营销渠道系统。

第三节 网络环境下的渠道功能重组

互联网对渠道管理的影响,不仅仅限于各种线上新渠道的出现。它是一个更为基础性的变量,既影响各种环境因素的变化,也影响人们生活方式、工作方式和企业管理行为的变化。下面要考虑的问题是:那些在网络环境下生存的企业,除把网络作为新的营销渠道和宣传媒介以外,还可以在企业的渠道管理中怎样利用它呢?这需要从渠道功能的角度理解网络,讨论它所引发的渠道功能安排上的变化。

一、网络的渠道功能

根据营销渠道理论的基本原理,第一,营销渠道的主要功能是收集与传送信息、促销、接洽、组配、谈判、物流、风险承担和融资等,涉及实体流、所有权流、促销流、洽谈流、融资流、风险流、订货与市场信息流及支付流等多种功能流;第二,企业可以通过渠道的结构调整,取消或替代一些渠道参与者,但是那些参与者所发挥的功能不会消失;第三,渠道结构及其演变的实质,是渠道功能在渠道成员之间的安排和重组(参见第一章)。因此,从渠道功能的角度看网络,才能更深刻地理解网络环境的实质。

从渠道功能的角度看,网络就是传递信息的技术。不过,相对于以前的信息传递方式,它的进步是革命性的。通过计算机和互联网,企业获取、处理和传递信息的能力得到了根本性的提高——企业不仅能够更容易地获取、处理和传递各种内部信息,而且从技术角度讲还能够毫无限制地将触角伸向全世界,及时地获取和处理外部信息,与外界进行交互式的沟通。长久以来,这是企业梦寐以求的,同时又是此前的通信技术难以做到的。因此,网络所引发的第一个渠道功能变化就是:企业获取、处理和传递信息的能力(信息能力)得到了空前提高。这意味着:第一,生产制造企业会较少地依赖其他中介机构为其提供、发布和传播信息;第二,以提供或发布简单信息为生的渠道参与者将会被从渠道中逐出;第三,那些因为信息能力不强而不得已采用间接渠道的制造商,会转向直销或网络直销。

这只是网络本身所具有的功能可能引起的渠道变化。除此之外,通过数字化,网络可能改变货款的支付方式、所有权的转移方式,甚至产品实体的移动方式。比如,网络为渠道功能流带来的变化,主要表现在以下方面(方孜、王刊良,2002):

• 商流。在网络环境下,商品所有权转移的主要载体有:(1)电子数据交换(Electronic Data Interchange, EDI),即通过 EDI 订立经济合同,按照一个公认的标准生成结构化的数据报文格式进行电子传输和自动处理;(2)网上下单系统,即消费者在网上浏览和寻找自己需要的商品,按照规定的程序通过互联网提交订单。

● 信息流。在网络环境下,信息流的主要形式有网上发布、电子邮件、电话和信函等。信息流的内容包括:(1)商品信息的提供、促销推广、技术支持和售后服务等;(2)询价单、报价单、付款通知单和转档通知单等商业贸易单证;(3)交易方的支付能力、支付信誉等方面的咨询。

● 资金流。在网络环境下,虽然资金的转移还需要通过银行在卖方和买方及其代理人之间流动,但是网上支付(如支付宝、微信支付)已经成为资金流动的一种重要方式。越来越多的消费者喜欢在线支付,出门只带一部手机,通过手机在线支付随时随地实现购买。

● 物流。在网络环境下,物流包括虚拟商品的网络传送和实体商品的物理空间传送。因为实体商品的物流无法由网络替代,所以催生出了顺丰、圆通、申通、宅急送、韵达、中通、汇通等快递公司。

二、基于网络的渠道功能重组

网络首先改变的是企业的信息能力,这一方面正在改变着信息在企业营销渠道中的流量和流向,另一方面也正在改变着渠道功能在渠道成员之间的分配。

比如,用网络集成企业供应链(包括营销渠道)的各个环节。早期的供应链作为制造业的一个内部过程,主要功能是把从外部采购来的原材料,通过生产过程转化为产品并进行销售,最终由各级批发商或零售商传递给用户。这就使每家企业都有各自的供应链流程,而这些独立运作的流程往往造成了企业间的目标冲突。随着信息技术和网络技术的迅速发展和广泛应用,企业的内部供应链流程逐步向外扩展。供应链逐渐涵盖了由原材料供应商到分销配送商,再到批发商、零售商,直至最终消费者的整个过程,供应链管理则涉及供应商管理、采购管理、库存管理、订货管理、信息管理、渠道管理和客户关系管理等各个环节。

实际上,网络环境下的渠道功能重组,就是按照这一思路,以网络技术为基础,根据企业的营销任务和产品特点,充分考虑网络的能力(网络能做和不能做的)和优势(网络能做好的和做不好的),在渠道成员之间重新分配和安排渠道功能。表11-2是HT公司(一家家电企业)所进行的基于网络的渠道功能重组。

经过重组以后,HT公司的营销渠道更加简单,对营销渠道的控制力大大加强。按照表11-2提供的思路,在渠道成员之间重新分配和安排渠道功能,将会使网络在未来的营销渠道中发挥越来越重要的作用。因为互联网以其超常的信息传输能力降低了产品、价格、促销等营销因素作为竞争优势的重要性,所以营销组合模式会发生改变。试想,如果互联网能够提供较为完整的产品信息,能够使顾客知道所有类似产品的价格,那么产品、价格和促销作为竞争手段的效率将大大降低。与此相反,通过各种网络化的营销渠道,瞄准目标顾客,加强与顾客的沟通和互动,将成为企业获取可持续竞争优势的主要途径。

表 11-2 HT 公司的渠道功能重组

渠道功能	原有的流程	新的流程	重组后网络的作用
实体流	制造商→零售商→消费者	制造商→消费者	制造商负责物流,但通过网络与零售商交换信息,安排物流的调度
所有权流	制造商→零售商→消费者	制造商→消费者	制造商的导购在零售店通过网络下单并收款,完成所有权交易
促销流	制造商→零售商→消费者 制造商→消费者	制造商→消费者	制造商的导购在店内促销;制造商通过网络进行商品的宣传和演示
洽谈流	制造商↔零售商↔消费者	制造商↔消费者	制造商的导购在店内与消费者互动;制造商在线与消费者互动
融资流	制造商→零售商 制造商←零售商	制造商→零售商	制造商与零售商通过跨组织信息系统按期结算并记录和提供结款信息
风险流	制造商↔零售商↔消费者	制造商↔消费者	制造商通过跨组织信息系统提供商品质量担保书和了解商品销售情况
订货流	制造商←零售商←消费者	制造商←消费者	消费者通过制造商的导购在零售店的系统在网上下订单
市场信息流	制造商←零售商←消费者	制造商←消费者 制造商←零售商	制造商通过消费者的反馈了解其导购的情况;零售商通过跨组织信息系统向制造商传送POS系统的销售信息
付款流	制造商←零售商←消费者	制造商←零售商←消费者	电子付款;制造商通过跨组织信息系统监督付款过程

三、网络环境下基于 5P4F 的营销模式创新

有学者提出基于 5P4F 的电子商务模式描述与创新方法(方孜、王刊良,2002),可以将其用于网络环境下的营销模式创新,包括营销渠道创新。其中,5P 是指产品(product)、定价(price)、渠道(place)、促销(promotion)和顾客定位(position)[①],4F 是指商流(business flow)、信息流(information flow)、资金流(capital flow)和物流(logistics flow)。基本思路是:按照 5P4F 分析网络环境下营销模式的多种元素属性,构造营销模式的雷达图,从雷达图各元素属性节点的组合中探索、挖掘新的营销模式。

---

① 注意,这里的顾客定位是指营销模式创新所针对的目标顾客群体,而非市场定位——企业为其产品品牌塑造的特定形象及其过程。因此,从严格意义上讲,这里的顾客定位应该是目标市场。

图 11-7 是新闻服务和比特销售的营销模式雷达图。图中带箭头的直线表示 5P4F 的元素,称为元素线。其中,Pd 表示产品,Pr 表示定价,PL(L 用大写是为了突出渠道)表示渠道,Pm 表示促销,Po 表示顾客定位,Bf 表示商流,If 表示信息流,Cf 表示资金流,Lf 表示物流。元素线上的节点代表元素的属性①;将一种营销模式的每一种属性在 5P4F 元素线上标出,并将所有的属性节点连接起来,便得到一条节点链。这条节点链就是对一种营销模式的描述,比如图中的两条节点链,就是对新闻服务和比特销售两种营销模式的描述。新闻服务采用免费的方式提供,因此在定价 Pr 和资金流 Cf 元素线上没有节点;而比特销售没有物流,因此在 Lf 元素线上没有节点。

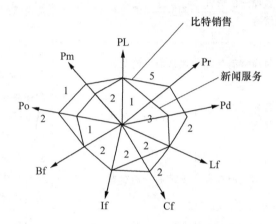

图 11-7 新闻服务和比特销售的营销模式雷达图

根据 5P4F 的描述方法,我们可以从两个方面进行营销模式的创新:元素属性创新和模式组合创新。

(一) 元素属性创新

元素属性创新,就是对具体的营销模式链条,通过改变或增加属性节点的方式进行创新,然后检验新的营销模式的可行性。

比如,新闻服务一般是免费提供的,因此雷达图中定价 Pr 和资金流 Cf 元素线上没有节点。为了充分利用新闻资源,可以在渠道 PL 元素线上增加一个节点,提供手机短信息服务;同时,在定价 Pr 元素线上增加一个节点,即竞争导向定价;在资金流 Cf 元素线上增加一个节点,与电信运营商按比例分成(银行转账)。于是,短信息服务(Short Messaging Service,SMS)这一新的营销模式便产生了。通过 SMS 提供新闻和信息,一些网络公司曾经获得了可观的收入。

(二) 模式组合创新

模式组合创新是指对不同的营销模式进行互相融合和渗透,使不同的模式之间实现

---

① 之所以叫"属性"而不是某一元素的"测量值",是因为这些节点的位置只表示"属性"的元素归属,并不表示它们在某一元素上的大小。

优势互补,从而创造出新的商务模式。首先,按照5P4F的方法描述基本的营销模式;然后,分析不同的营销模式的元素属性、特点和客户价值,对具有优势互补性的营销模式进行组合,形成新的营销模式;最后,根据新的营销模式的特性,对各元素的属性进行调整,以适应市场的需要。图11-8显示了免费电邮(free E-mail)和在线教育(teaching online)的5P4F雷达图,以此为例说明模式组合创新的方法和过程。

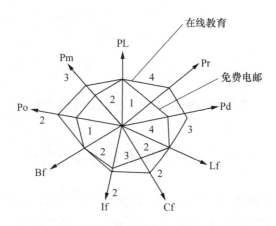

图 11-8　免费电邮和在线教育的雷达图

免费电邮和在线教育既存在一些共同点,也存在一些差异,能够优势互补。免费电邮的特点是:(1)免费提供,用户量大;(2)使用率高,一般每天都使用;(3)面向大众,用户注册信息较为全面和真实。在线教育的特点是:(1)收费服务,但用户量较小;(2)注册用户难以做到每天或经常访问。

根据两种模式的不同特点,可以将其组合成一种新的复合模式:电邮在线教育(teaching online by E-mail)。这种创新模式的特点是:(1)通过电邮有针对性地进行在线教育推广,如免费试用等;(2)教学内容通过电邮每天或按照用户的时间要求发送给用户,用户既可以在线使用,也可以下载使用;(3)用户通过电邮提出建议和反馈使用效果。这样就可以充分发挥两种商务模式的优点,形成一种新的商务复合模式,创造出新的更加符合用户需求的客户价值。

图11-9是模式组合创新后电邮在线教育商务模式的雷达图。图中渠道PL元素线上增加了电邮节点;顾客定位Po元素线上增加了大众化节点,即它针对不同层次和要求的用户;信息流If元素线上增加了电邮节点。这样,一种新的营销模式便形成了。比如,先锋英语、EF英孚教育等初创时均采用这种商务模式。

互联网的发展为营销模式创新开辟了广阔的空间和更高的自由度。企业要时刻关注市场的变化,根据市场发展重新设计企业的营销模式,以保持企业持续的竞争力。5P4F方法为企业在网络环境下进行营销模式创新提供了一种方法和思路,渠道管理者也可以据此思考网络技术带来的和可能带来的变化,进行营销渠道的创新。

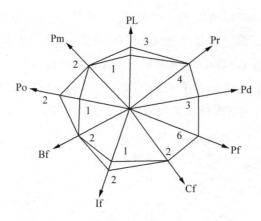

图 11-9 电邮在线教育商务模式的雷达图

第四节 网络环境下的渠道管理

与一般的渠道管理相同,网络环境下的渠道管理也可以从渠道设计、渠道组织(分为渠道成员选择与物流配送)、渠道协调与渠道控制等几个方面来讨论。

一、网络环境下的渠道设计

在网络环境下,渠道设计要多考虑以下三个特殊问题:第一,是否使用网络渠道?第二,是否以网络为基础建立渠道体系或重组企业原有的渠道体系?第三,网络能否在原有的渠道中发挥相应的作用?

(一) 网络渠道的使用

企业是否需要使用甚至建立自己的网络渠道,取决于企业产品或服务的特点、目标市场的特点,以及企业的渠道目标和渠道策略等。

1. 适合网络营销的产品或服务

由于网络渠道是一种虚拟的营销网络,具有不同于线下实体渠道的特点,因此有些产品更适合通过网络渠道进行销售。表 11-3 列出了适合网络营销的产品或服务,按产品形态可以分为三大类:实体产品、软体产品和在线服务。

实体产品。对于实体产品的网络营销,通常采取消费者或用户在线浏览、在线订购,生产经营者送货上门的销售方式。几乎所有的有形产品都可以采用这种方式进行销售,不过以标准化产品(如书籍和个人电脑)和定制化产品(根据消费者或用户的特殊需要而设计制造的产品)最为适宜。买卖双方通过网络对话和交流是网上销售实体产品过程的最大特点:消费者或用户通过卖方的主页考察产品,并通过卖方主页为消费者或用户设置的窗口说明自己对品种、质量、价格、数量的选择,而卖方则将交易现场面对面的交货行为改为邮寄产品或送货上门。

表 11-3 适合网络营销的产品或服务

产品形态		适用的网络营销方式	具体产品或服务举例
实体产品		消费者或用户在线浏览,在线订购,生产经营者送货上门	以标准化和定制化产品为主的各种有形产品
软体产品	信息提供	消费者或用户网上注册,缴纳会费,网上下载	资料库检索,电子新闻,电子图书,电子报刊,研究报告,论文
	软件销售	消费者或用户线下购买软件,网上注册使用	电子游戏,套装软件
在线服务	咨询服务	消费者或用户在线浏览,通过网上或线下多种形式获得咨询服务	法律法规查询,医药咨询,股市行情分析,银行、金融咨询
	互动式服务	会员制或非会员制在线互动	网络交友,电脑游戏,远程医疗,法律救助
	网络预约服务	消费者或用户在线浏览,在线预约,线下获得服务	航空、火车订票,电影、音乐会、球赛入场券预订,饭店、餐馆预订,旅游预约,医院预约挂号

软体产品。软体产品主要是指信息提供和软件销售。它们在网络营销中占有极为重要的地位。因为互联网本身就是信息传输的工具,所以数字化的信息和媒体产品,如电子报纸、电子杂志,最适合进行网上销售,并通过网络将产品送到消费者或用户手中。在未来纸张价格上涨和环保要求日益严格的情况下,网络信息传输无疑具有极大的优势。另外,软件出版商将是未来的大赢家,因为每一个使用互联网的人都在使用电脑,都需要电脑软件,软件出版商可以通过网络把自己的产品销往全世界。对于软体产品的生产经营者而言,网络渠道不仅可以利用,而且一般是主渠道。

在线服务。可以通过互联网提供的在线服务的种类有很多,大致可分为三类:第一类是情报服务,如股市行情分析,银行、金融咨询,医药咨询,法律法规查询等;第二类是互动式服务,如网络交友、电脑游戏、远程医疗、法律救助等;第三类是网络预约服务,如预订机票、车票、代购球赛、音乐会入场券,提供旅游预约服务,医院预约挂号,房屋中介等。这类服务提供商本身就是因网络而生的,所以网络渠道对于它们而言是必需的。

总之,如果企业经营的是软体产品和在线服务,那么网络渠道就是其最重要的营销渠道,必须使用或自建网络渠道,并且交易过程的大部分活动都可以通过网络渠道进行。而如果企业经营的是实体产品,那么由于配送无法由网络完成,所以即使企业自建网络渠道,也必须有线下配送提供支持。

2. 网络营销的目标市场

任何一个市场,都是由购买要求各不相同的买主构成的。一家企业,无论其规模大小,都很难同时满足所有买主对某个产品的所有要求。因此,每一家企业都有它自己的目标顾客群。企业是否使用或自建网络渠道,需要考虑其目标顾客群的生活方式和行为特点;通过网络渠道,企业能够更便捷地接触目标顾客群以及与他们沟通和互动吗?能够为他们节省金钱、时间和精力吗？能够更好地了解和满足他们的需求吗？

根据中国互联网络信息中心发布的《第 50 次中国互联网络发展状况统计报告》，截至 2022 年 6 月，中国网民的基本情况如下：

第一，网民规模达 10.51 亿；手机网民规模达 10.47 亿，使用手机上网的网民比例达 99.6%；使用台式电脑、笔记本电脑、电视和平板电脑上网的比例分别为 33.3%、32.6%、26.7% 和 27.6%；网络支付（含移动支付）用户规模达 9.04 亿。

第二，农村网民占比 27.9%，规模为 2.93 亿；城镇网民占比 72.1%，规模为 7.58 亿。另外，非网民的规模为 3.62 亿。非网民不上网的原因如下：不懂电脑或网络、不会拼音，占比分别为 60.7% 和 28.0%；因为年龄太大/太小，占比为 19.8%；没有电脑或其他上网设施，占比为 16.0%；不需要、不感兴趣，占比 10.6%；没有时间上网，占比 6.4%。

第三，网民的年龄结构如下：20—29 岁、30—39 岁、40—49 岁网民占比分别为 17.2%、20.3% 和 19.1%，高于其他年龄段群体；50 岁及以上网民群体占比为 25.8%。

第四，网民对互联网的主要应用依次为即时通信（97.7%）、网络视频（94.6%）、短视频（91.5%）、网上支付（86.0%）、网络购物（80.0%）、搜索引擎（78.2%）、网络新闻（75.0%）、网络音乐（69.2%）、网络直播（68.1%）、网络游戏（52.6%）。此外，还有其他许多应用，如网络文学、网约车、在线旅游预订、在线医疗等。

如果通过网络渠道，企业能够更好地为其目标市场服务或者扩大目标市场的范围，那么使用或自建网络渠道就是企业的一个必然选择。

3. 企业的渠道任务、目标和策略

企业的渠道任务、目标和策略，也会影响一家企业是否采用网络渠道的决策。比如，如果一家企业的渠道目标只是在一个有限的范围内进行渐进式的渗透，那么它可能对网络渠道没有太大的兴趣。相反，如果一家企业立志要在全国甚至全球范围内推广自己的品牌，网络渠道和网络营销就是必需的。再如，那些以直销为主的企业会发现，建立网络渠道对原有的直销渠道是一个重要的补充。比如，戴尔公司在互联网出现以后，立刻开启"直销+电子商务"的营销模式，巩固了自己的行业领先地位。那些以中间商渠道为主的企业也会发现，建立自己的网络渠道能够增强自己的渠道力量，就如示例 11-2 海尔集团官方建立的海尔商城一样，不仅可以销售海尔的产品，还能够增强海尔与中间商讨价还价的能力。

当然，对于那些以网络为基础而创造了新的盈利模式的企业，如网上书店、网络中间商，网络渠道本身就是其发展战略。网络渠道是这些企业发展和获取竞争优势的主要手段，是它们与客户联系的主要途径。

最后，在网络环境之下，企业即使不使用网络渠道，也不能无视网络在营销上可能给自己带来的影响。企业需要根据其渠道任务、目标和策略，考虑网络渠道的收益和成本，决定在其营销活动中是否采用以及在何种程度上采用网络技术。

4. 建立网络渠道

企业一旦决定使用网络渠道,那么接下来的问题就是:是建立自己的网络直销渠道,还是利用网络中间商的网络渠道?

如前所述(参见本章第二节),网络直销渠道和网络中间商渠道各有优劣。企业需要根据企业产品或服务的特点、目标市场的特点、企业自身的能力以及企业的渠道任务、目标和渠道策略等来做出决定。

不管是否建立自己的网络直销渠道,绝大多数企业都会委托一些知名度较高的网络信息服务商发布信息,如中华人民共和国商务部的信息发布网站(http://www.mofcom.gov.cn/)、商务部中国国际电子商务中心(https://www.ec.com.cn/index.shtml)和中国商品交易市场(http://zhengzhou053957.11467.com/)等。这些网站都采取了一些开放性措施,比如免费链接国内已上网企业的站点或网页;开设各种贸易机会栏目提供国内外商贸信息;提供"网上信息发布"之类的工具,免费发布商业信息;建立国内外各行业企业的名录数据库和门类齐全的产品数据库,并配置操作方便的在线检索手段。这类网站的兴起为国内外企业开展网络营销提供了一条便捷的途径,也有助于网络直销渠道的建立与发展。

(二)以网络为基础建立营销渠道或重组企业的原有渠道

即使企业不使用网络渠道,也需要考虑:是否以网络为基础建立新渠道或重组企业的原有渠道。

网络大大提高了企业获取、处理和传递信息的能力,这一方面改变了信息在营销渠道中的流量和流向,另一方面也改变了渠道功能在渠道成员之间的分配。本章第三节提出,网络环境下,企业有可能以网络技术为基础,根据企业的营销任务和产品特点,充分考虑网络的能力和优势,在渠道成员之间重新分配和安排营销渠道功能,从而达到提高渠道效率和获取渠道竞争优势的目的。具体的思路可参见本章第三节的内容。

(三)网络可发挥的渠道功能

即使企业不以网络为基础建立新渠道或重组企业的原有渠道,其最低限度也需要考虑:网络在原有的渠道中能够发挥什么作用?

网络技术提高了企业获取、处理和传递信息的能力。因此,在传统渠道中,它至少可以发挥获取、处理和传递信息的功能。不过,它的作用还不仅仅局限在信息流上。如前所述,网络技术本身所具有的信息传输功能,能够通过数字化改变货款的支付方式、所有权的转移方式以及产品实体的移动方式。因此,一家企业至少可以在其渠道管理中使用网络技术,按照 5P4F 方法提供的思路(参见本章第三节),提高企业的渠道管理水平和渠道效率。

二、网络环境下的渠道成员选择

互联网为渠道成员的选择提供了新的内容和新的途径。新的内容是,那些决定采用网络中间商渠道的企业必须选择网络中间商;新的途径是,各种各样的企业都可以通过网络寻找、了解和选择渠道成员。

(一)选择网络中间商

如果采用网络中间商渠道,企业就需要选择网络中间商。为了找到好的网络中间商,它们需要熟悉、研究网络中间商的类型、业务性质、功能、特点及其他情况;需要考虑成本、信用、覆盖、能力和连续性五大因素。

成本是使用网络中间商所必须花费的费用。成本有多种不同的形式,如分成、扣点、租金、软件服务费、广告费和保证金等,各个网络中间商的叫法和规定不同,企业需要认真分析和比较。

信用是指网络中间商信用度的高低。网络中间商有很多,变化也很快,常常鱼龙混杂。企业在选择网络中间商时,要特别注意它们的信用度。

覆盖是指网络中间商所能影响的地区和人数,往往由网站知名度所决定。网络中间商的覆盖面并非越大越好。企业在选择网络中间商时,还要看它的覆盖面是否与自己的目标市场相吻合。比如,选择那些与自己的目标市场相吻合的专业性网站,覆盖面可能比较窄,但访问这些站点的网民可能正是企业需要的潜在客户。

能力包括经营能力和网络技术能力。经营能力的重要性显而易见,网络技术能力的重要性也不容忽视。网络技术能力也被称为 IT 能力,特指企业应用网络或 IT 设备、资源和平台实现企业目标的能力(庄贵军等,2012)。它是网络环境下企业的一种重要能力。网络技术能力强的企业,能够在相同的时间内接收、处理和传输更多、更准确的信息,也能够通过网络更恰当地集成企业的业务活动或与其他企业的业务活动相匹配。因此,企业在选择网络中间商时,应该了解网络中间商的网络技术能力是否与自己相匹配。

连续性是指网络中间商及其网络站点的可持续性。网络环境下,很多网络企业的寿命很短,连续性很差。因此,企业在选择网络中间商时,需要考虑网络中间商及其网络站点的历史以及在用户与消费者中的声誉,选择那些连续性强的网络中间商。

(二)通过网络选择渠道成员

即使是在网络环境下,选择渠道成员依然是大部分企业的一项重要的渠道决策。网络只是多了一条寻找、了解和选择渠道成员的新途径。不过,这条途径非常便捷,在渠道成员选择的初期,能够发挥重要作用。

在寻找或了解潜在合作伙伴时,最简便的方法就是通过门户网站的搜索引擎,如搜狐(https://www.sohu.com)、360 导航(https://hao.360.com/)、网易(https://www.163.com)和新浪(https://www.sina.com.cn/)等,键入关键词(比如企业名称或商品名称),按照网站、网页、商品、行业、黄页等方式进行搜寻、查找和阅读。据此企业能够获得大量的相关信息,包括潜在合作伙伴的候选名单、候选者的基本资料、媒体对一些候选者的报道等。这些信息将有助于企业甄别候选者,缩小选择范围,最终选定合适的合作伙伴。

如果候选者是上市公司,那么企业很容易在网上找到候选者的年报。通过对年报资料的分析,企业能够更为详细地了解候选者的经营情况、战略目标、发展战略,以及未来的发展趋势,从而做出正确的判断和选择。

与候选者的接触,也可以先通过网络进行。比如,先通过在网上发广告征寻代理商,然后再通过电邮或微信与候选者进行一对一的沟通。当双方达成初步的意向以后,再面对面接触和商谈。这样做,能够节约合作双方的洽谈成本。

三、网络环境下的渠道配送

即使是在网络高度发达的情况下,单纯依靠网络也无法完成营销活动的全过程,因为相当一部分实物产品必须借助于运输工具送到企业或消费者手中。网络渠道有以下三种主要的物流配送方式:

第一,网站自建配送体系,即制造商网站或平台网站在网民较密集的地区设置仓储中心和配送点。网站自建配送体系的运作机制为:网站根据消费者网上购物清单和收货地址信息,通过互联网传递消费者购物清单信息给设在消费者所在地附近的配送中心或配送点,然后由它们配货并立即送货上门。比如,在示例 11-2 中,海尔商城依托的物流配送体系,就是海尔线下的 5 000 家实体店和海尔旗下的日日顺物流(https://www.rrswl.com)公司,使其能够做到全国大部分城市"24 小时限时送达"。

第二,第三方物流配送体系,即网站根据消费者网上购物清单和收货地址,利用第三方专业物流公司的交通运输和仓储网络,把商品送达消费者手中。第三方物流公司包括专业的货运企业、快递公司,还有一些其他形式的运输企业等。近些年,随着网购的流行,快递公司迅速成长,在中国的大街小巷几乎处处都能看到顺丰、圆通、申通、宅急送、韵达、中通、汇通等公司的"快递小哥"。

第三,邮政寄送体系,经过多年的演变,邮政寄送体系与第三方物流配送体系的运营方式已经没有多少差别。主要区别在于,邮政寄送体系是依托于原有的邮政系统发展起来的。邮政寄送体系极为庞大,投递网点众多,覆盖全中国,能够将消费者网购的商品配送到中国的任何角落。

另外,网络技术可以用于整合企业的物流配送系统,使企业的物流配送在路线上和环节设置上更合理,在实施过程中更安全快捷,在物流费用上更节省。具体来讲,就是通过网络技术的使用,使企业的物流配送系统达到五化:信息化、网络化、智能化、柔性化和虚拟化(冯英健,2016)。

(一) 物流信息化

物流信息化表现为物流信息的商品化、物流信息收集的数据库化和代码化、物流信息处理的电子化和电脑化、物流信息传递的标准化和实时化以及物流信息存储的数字化等。与此相关的网络技术或程序,包括条码、数据库、电子订货系统(electronic ordering system, EOS)、电子数据交换系统、快速反应系统(quick response, QR)、有效客户反应系统(effective customer response, ECR)和企业资源计划系统(enterprise resource planning, ERP)等。

（二）物流网络化

物流网络化有两层含义：

其一，物流系统的计算机通信网络化，即一方面，物流配送相关各方的联系要通过计算机网络，另一方面，上下游客户之间的联系也要通过计算机网络。例如，物流配送中心向供应商提出订单的过程，就可以借助于电子订货系统和电子数据交换技术自动实现。物流配送中心收集下游客户订货的过程也可以通过类似的跨组织信息系统自动完成。

其二，物流组织网络化。例如，计算机的生产，先将芯片、元器件等外包给世界各地的制造商去生产；然后，通过全球的物流网络将零部件发往同一个物流配送中心进行组装；最后，物流配送中心将组装好的计算机发送给订户。这一过程需要高效的物流网络的支持，其基础是物流系统的网络化。

（三）物流智能化

物流智能化是借助于计算机应用软件，将大量的知识和经验整合起来，帮助解决物流过程中涉及的运筹和决策问题，如库存水平的确定、运输路径的选择、作业控制、物流配送中心经营管理的决策支持等。这是网络环境下企业物流发展的一个新趋势。

（四）物流柔性化

借助于网络技术与其他生产技术，国内外许多适用于大批量制造的刚性生产线，正在逐步改造为小批量多品种的柔性生产线。生产柔性化也要求物流柔性化，包括工装夹具设计的柔性化、托盘与包装箱设计的统一和标准化、生产线节拍的无级变速和输送系统调度的灵活性、柔性拼盘管理等。

（五）物流虚拟化

随着全球卫星定位系统的应用，社会大物流系统的动态调度、动态存储和动态运输逐渐取代企业的静态固定仓库。借助于全球卫星定位系统的动态仓储运输体系，能够减少库存，实现物流系统的整体优化。随着虚拟企业、虚拟制造技术的发展，虚拟物流系统已经成为企业内部虚拟制造系统的一个重要组成部分。

四、网络环境下的渠道协调

网络技术的介入，改变了原有渠道成员之间的合作方式，也改变了原有渠道的互依结构和权力结构。比如，随着网络的发展，企业都建有自己的网站。渠道合作有可能表现为渠道成员之间网站的互联。通过网站互联，渠道成员能够共享客户资源和市场信息，提高渠道伙伴交流的透明度和信任度，提升渠道的竞争优势。再如，在网络环境下，制造商可以通过网络比较容易地绕过中间商，直接接触到目标顾客。这使它们在分销中掌握了更大的主动权，降低了对中间商的依赖，直接（通过获得更大的信息权力）或间接地（通过更多的选择）使权力的天平向制造商一方倾斜。另外，网络平台企业（如淘宝、天猫）的参与，将分享部分渠道权力。这些变化预示着渠道管理的领导职能将更多地表现为渠道协调——网络之间的对接和渠道成员之间的沟通。

(一) 新的渠道冲突

有互联网支持的营销渠道,不但不会自动解决渠道运行中的所有问题,还可能导致一些新的渠道冲突。比如,当网络渠道与传统渠道共存于一家制造商时,不同渠道之间就可能在目标、领域以及认知等方面发生冲突。有三种情形(Coughlan et al., 2001):第一,制造商自建网络直销渠道,从而产生网络直销渠道与传统渠道之争;第二,制造商通过原有渠道之外的网络中间商销售,从而产生网络中间商渠道与传统渠道之争;第三,制造商的产品被原有的某些中间商在网上销售,从而产生传统渠道中使用网络渠道的成员与未使用网络渠道的成员之间的争斗。当然,三种情形还可能以组合的方式出现。

这三种情形及其组合,会在制造商与传统渠道成员之间诱发各种各样的冲突。比如,在第一种情形下,即制造商自建网络直销渠道,首先,会引发目标冲突。制造商希望通过各种渠道(包括网络渠道)实现利润最大化。当网络渠道会给制造商提供相对于传统渠道更高的毛利时,制造商更愿意让消费者直接从它的网站上购买,而不是通过传统渠道购买,这就与传统渠道中成员(如线下商店)的目标相冲突。

其次,会引发领域冲突。利用网络渠道销售,制造商会与传统渠道中的渠道成员(如零售商)在较大的范围内争夺顾客,这样就会引发有关经营范围和权限的领域冲突。另外,还可能出现关于渠道成员承担的功能和职责方面的领域冲突,导致一些成员的"搭便车"行为。比如,一个想购买冰箱的顾客光顾了一家家用电器专卖店,向店员询问了一些关于冰箱的问题,在确认价格以后,以更低的价格通过制造商的网站下了订单。在这种情况下,零售商承担了促销费用,但却没有从中得到任何收益,这显然违背了公平原则。

最后,还可能引发认知冲突。制造商通常认为,它们建立网络渠道,只是为了扩大市场、增加销售,使那些不愿或不能从其他渠道中购买商品的消费者买到商品,并不会侵害渠道合作伙伴的利益。但是,渠道合作伙伴却并不这样认为,它们会认为那些建立了网络渠道的制造商是在争夺原本属于它们的生意。

类似这样的冲突,在其他两种情形下也会出现。总之,当制造商从事电子商务以后,无论是自己建立网络直销渠道,还是通过网络中间商进行网上销售,都会增加引发渠道冲突的概率。

(二) 新渠道冲突的解决对策

从制造商的角度看,有以下四种解决这些新冲突的对策(Coughlan et al., 2001):

对策一,网络直销,但给传统的渠道成员提供一些企业网站上没有的优惠。比如,耐克在1999年2月建立了它的网络直销渠道。耐克主动与零售商进行沟通,向它们解释公司建立网络直销渠道不会影响它们的销售活动和业绩,并承诺:网站所售产品的价格就是价格表上所列的价格,不打折扣;耐克网站会帮助购买者寻找零售店,就近购买耐克产品。耐克还向一些大的零售商提供了一些特别利益,如某种样式或某种子品牌运动鞋的独家经销权。通过这些行动,耐克的网络渠道与传统渠道之间并没有发生大的冲突。

对策二,利用产品线差异化,保持传统渠道成员的市场地位。比如,宝洁的网络渠道不销售其传统的美容产品,而是销售在实体店里找不到的全新产品。这种措施降低了领域冲突发生的可能性:消费者既无法在两种不同类型的渠道中购买到相同的产品,也无法在两种不同类型渠道供应的产品之间进行价格比较。

对策三,运用奖励权力,与传统渠道成员分享销售成果。比如,一家家具制造公司,过去一直通过 300 多家专卖店进行销售。这些专卖店只销售这家公司的产品,并且为产品提供室内装饰、送货和组装等售前和售后服务。这家家具制造公司在建立了自己的网络直销渠道以后,仍然让这些专卖店执行其原有的服务职能,并承诺:如果公司自己送货,则顾客所在区域的专卖店可以分得销售额 10%的佣金;如果专卖店帮助提供送货、维修、组装和退货等服务,则其可以分得销售额 25%的佣金。另外,网站还主动将顾客推荐到离他们最近的专卖店。通过这些措施,专卖店不但没有把制造商的网站看成替代它们的竞争对手,反而看成对其销售努力的一种补充。

对策四,避免在制造商自己的网站上进行销售。比如,美国牛仔裤制造商李维斯 1999 年假日期间曾经进行过网上销售,但后来就将网上经营完全关闭了。它的网站还在运行,只不过主要职能是促销,并推荐自己的零售商。如果经济利益不大,并且其他渠道成员能够很好地发挥网上销售功能,制造商关闭自有网络直销渠道也不失为一个明智之举。

五、网络环境下的渠道控制

网络的很多特性都有助于企业的渠道控制。比如,网络的全球性、互动性、开放性和数字化突破了市场的时空界限,使市场价格更加透明,使所有渠道参与者都能够享受更加平等的市场机会。传统渠道中存在于不同地区分销商之间的"价格战"和"窜货"问题以及其他一些投机行为,有望在网络环境下得到部分解决。比如,通过网站的互联和签订适用的网络协议,使整个交易过程更加透明,更少人为操纵,从而减少渠道中的投机行为。

然而,网络也为渠道控制带来了新问题。比如,网络交易安全问题。在网络环境下,网络技术渗入企业管理的每一个环节,如果安全出了问题,轻则企业的生产经营活动不能正常进行,重则企业的运行系统瘫痪、商业秘密泄露,甚至被骗,企业将遭受巨大的经济损失。在网络环境下,企业对传统渠道的控制容易了,但是却不得不想办法保障网络交易安全。

企业对网络交易安全的控制是一个新课题,需要多方面的措施相配合:一是技术方面的措施,如防火墙技术、网络防毒、信息加密存储通信、身份认证、授权等;二是管理方面的措施,包括交易的安全制度、交易安全的实时监控、提供实时改变安全策略的能力、对现有的安全系统漏洞的检查以及安全教育等;三是法律保障方面的措施,如网络立法与执法。

第十一章 网络环境下的营销渠道管理

本章提要

互联网是由多个传送信息的网络互联而形成的一个网络集合。它的出现使计算机不但能够处理信息,而且可以快速地获得和传递信息。通过计算机和互联网,整个世界被联系在一起,分享信息资源。

电子商务是指通过互联网相关的电子化手段来完成交易的商务活动及其业务流程,包括交易当事人或参与人通过电子化手段所进行的货物贸易、服务贸易和知识产权贸易等各类商业活动。

网络环境就是有互联网参与人类生活的环境。不管是否意识到,现在每一个人、每一家企业都生活在网络环境之中,都直接或间接地受到互联网的影响。网络环境的一个深刻变化,是在市场交换中顾客权力的增大。此外,它也带来了企业沟通与管理能力的提高。

网络渠道是指企业以互联网方式或其他与互联网相连接的电子设备寻找、接近消费者或用户,或是消费者或用户通过互联网或其他与互联网相连接的电子设备寻找供应者,进行买卖交易的营销网络渠道。它是网络环境影响企业营销渠道的第一个后果。

网络渠道的构成要素包括网络前台系统、网络后台系统和外部接口系统三个部分。网络渠道可分为网络直销渠道和网络中间商渠道两种渠道类型。网络渠道具有数字化、虚拟性、交互性、即时性、全球性、网络外部性和整合性等几个基本特点。

网络环境首先改变的是企业获取、处理和传递信息的能力,并由此改变了信息在营销渠道中的流量和流向以及渠道功能在渠道成员之间的分配。网络环境下的渠道功能重组,就是以网络技术为基础,根据企业的营销任务和产品特点,充分考虑网络的能力和优势,在渠道成员之间重新分配和安排渠道功能。

5P4F 是一种营销和渠道模式创新的方法。其基本思路是:对网络环境下营销模式的多种属性按照 5P4F 进行系统分析,构造可行的营销模式雷达图,从雷达图各属性节点的组合中探索、挖掘新的营销和渠道模式。

网络环境下的渠道管理,可以从渠道设计、渠道成员选择、物流配送、渠道协调与渠道控制等几个方面来讨论。

网络环境下的渠道设计需要考虑三个特殊的问题:是否使用网络渠道,是否以网络为基础建立营销渠道或重组企业的原有渠道,以及是否使网络技术在原有的渠道中发挥重要作用。

网络环境下的渠道成员选择,一方面,那些决定采用网络中间商渠道的制造企业要考虑如何选择网络中间商,另一方面,各种企业都需要考虑如何通过网络寻找、了解和选择渠道成员。

在物流配送方面,网络渠道不能完全取代传统渠道,但是网络技术却可以用于整合企业的物流配送系统,使其达到信息化、网络化、智能化、柔性化和虚拟化,在路线和环节设置上更合理,在实施过程中更安全快捷,在物流费用上更节省。

在网络环境下,网络技术的介入改变了原有渠道的互依结构、权力结构和合作方式。

当网络渠道与传统渠道共存于一家企业时,可能会在目标、领域、认知和理解等方面发生新的渠道冲突,需要企业采取一些对策进行化解。

网络的很多特性有助于企业的渠道控制,但是也为企业的渠道控制带来了网络安全问题。一个完整的网络交易安全体系,应包括技术方面的措施、管理方面的措施和法律保障方面的措施。

参考文献

方孜、王刊良,2002,《电子商务模式分析与方法创新》,《西安交通大学学报(社会科学版)》,第 2 期,第 65—69 页。

冯英健主编,2016,《网络营销基础与实践》(第 5 版),北京:清华大学出版社。

刘向晖,2014,《网络营销导论》(第 3 版),北京:清华大学出版社。

罗森布罗姆,伯特,2014,《营销渠道:管理的视野(第 8 版)》,宋华等译,北京:中国人民大学出版社,第 361—371 页。

杨立钒、杨坚争,2019,《电子商务基础与应用》(第十一版),西安:西安电子科技大学出版社。

庄贵军、廖貅武、张绪兵、周南,2012,《企业的交互能力与交互策略:基于网络交互技术的一个研究框架》,《营销科学学报》,第 4 期,第 59—70 页。

Coughlan, A., E. Anderson, L. W. Stern, and A. I. El-Ansary, 2001,《市场营销渠道(第 6 版)》,北京:清华大学出版社,第 371—389 页。

Dholakia, U. M., B. E. Kahn, R. Reeves, A. Rindfleisch, D. Stewart, and E. Taylor, 2010, "Consumer Behavior in a Multichannel, Multimedia Retailing Environment", *Journal of Interactive Marketing*, 24(2), 86-95.

练习与思考

1. 什么是网络环境?
2. 请尝试一下网上购买,并根据自己的经验说明网络渠道的特点。
3. 网络技术在营销渠道中都有可能发挥什么功能?
4. 试用 5P4F 分析法讨论网络技术如何改变某种营销模式,注意渠道功能的变化。
5. 网络环境下的渠道设计有哪些特点?
6. 请在网上为一家生产环保型洗涤用品的企业寻找 4—8 家进入欧美市场的中间商。请详细说明你的寻找与选择过程。
7. 网络环境下的物流配送有哪些特点?
8. 你怎样看待网络技术为渠道领导和渠道控制带来的变化?
9. 阅读和分析本书"案例分析"部分的案例 15、案例 16,并回答问题。
10. 再读本书"案例分析"部分的案例 14,讨论网络渠道和网络技术在 WM 公司的渠道转型中能够发挥什么作用。

>>> 案例分析

案例 1

渠道失控的恶果①

三信电工是中国北方一家生产电工产品的大型企业,"一五"期间中国156个重点工程项目之一,一直在全国500家最大工业企业和500家利税大户之列。主要产品包括开关、插座、断路器、配电箱、绝缘胶带、电线、万能表、电笔和其他电气配件等。20世纪90年代初,三信电工的主要经济指标一直居同行业之首,产品是国内名牌,主要用在电力、铁路、矿山系统、大型基建项目以及居民房屋装修中。

然而,进入世纪之交时,三信电工却陷入经营困境,明亏潜亏高达7亿元,到了资不抵债的边缘。究其原因,除了领导决策失误、低水平盲目扩张、企业历史包袱沉重、产品技术含量低等,销售环节管理失控也是一个重要原因。

一、病急乱投医

20世纪90年代以前,三信电工的产品纳入国家计划的订货量每年就有3亿—4亿元,国家物资部门根据订货量以计划价格向其供料。当时,中小企业和乡镇企业是无法与之匹敌的。90年代以后,随着中国的经济体制逐步由计划经济向市场经济转变,市场全面放开,三信电工面临越来越严峻的挑战。

为了适应新形势,厂领导采取了很多措施,其中之一就是成立了专门的销售总公司,统一销售三信电工的产品。但是,由于观念陈旧和根深蒂固的老大思想,销售总公司的工作无法适应市场竞争的需要。此时,厂领导受其他厂家经验的启发,搞起了"全员销售"。除销售总公司的直属门店外,又陆续开办了大批销售门店。具体有四种类型:一是总厂投资在各中心城市设立的销售处或分公司;二是各分公司、车间设立的集体性质的销售门店,解决部分富余人员的就业问题,总厂给予优惠条件;三是职工合伙或个人设立的销售门店,人员停薪留职或是利用业余时间销售;四是其他单位或个人挂三信电工的牌子设立的销售门店,每年向总厂缴纳管理费。

销售门店的销售形式各异,或是完成总厂下达的任务,或是承包,或是代销,还有的

---

① 改写自孙宪法,《失控的营销——对一家大型企业经营失败的原因分析》,《企业管理》,2000年第8期,第27—28页。为了避免不必要的麻烦,原作者对案例中的企业名称做了掩饰性处理。

做牵线的中间人。一般是先交一部分定金,由总厂按出厂价供货,货售完后,货款返回总厂,高出出厂价的部分(费用加利润)归经营者个人或单位。

二、失控

几年运营下来,三信电工的销售失去了控制,总厂、分厂、各部门、三产(即第三产业,这里指各分厂、车间为解决富余人员的就业问题而办的销售门店)、个人以及其他单位在各地设立的大大小小的门店近千个。具体是多少,谁也说不清。销售出现了严重问题:

第一,各销售门店普遍拖欠货款,每年有上亿元货款收不回来,到1998年年底,账面反映有162个门店欠三信电工货款共达1.5亿元。

第二,有些总厂投资办的销售公司大量占用货款,挪作他用。其中南方的一家销售公司,1992—1998年销售三信电工产品4亿元,其中1.6亿元货款没有直接返回总厂,而是无偿地占用这笔货款与他人共同投资兴办了一家股份公司,还打时间差,不间断地用货款做流动资金,发展起一家净资产达3亿多元的企业。

第三,由于推销组织没有统一规划,分散、重复设置,出现了各销售门店争夺市场,产品价格体系混乱,使客户讨价还价力量大增,拼命压低产品价格等现象。

第四,职工、三产办的销售门店公开赖账,有钱不还。

第五,其他单位或个人以三信电工名义设立的销售门店,拿到货款后,人走店空,无处追寻。有的根本不卖三信电工的产品,而卖其他厂家的产品。

厂领导针对这种情况,曾绞尽脑汁想了一些对策。比如,简单地要求各户先交款后提货,但这样做又赶走了一些大的客户。再就是让中间商直接带客户到总厂签合同,返给一定的利润,结果有些有能力和客源稳定的门店感到利润少而不愿再做。两种方法都影响了产品的销售。更严重的是,有些门店已控制了三信电工的部分销售渠道,使三信电工处于想清理这些门店又不能清理的境地。

三、苦果

由于销售环节出现的问题,三信电工的整个营销活动受到了严重影响。

首先,滞留在销售中间环节的货款无法及时回收,使三信电工的流动资金严重不足,不得不增加贷款。20世纪90年代中期是银行利率较高的时期,贷款的增加使三信电工的财务费用激增,加剧了经营活动的困难。

其次,由于财务费用和原材料价格上升,三信电工的产品成本在同行业中处于较高水平,失去了市场竞争力,又使三信电工雪上加霜。

最后,由于许多销售门店以三信电工的名义注册或挂靠总厂,这些门店发生民事纠纷后,由总厂承担连带责任,又造成一部分损失。

▶ 小组讨论

1. 三信电工的产品有什么特点?
2. 三信电工在销售中都使用了什么渠道?
3. 从营销渠道的角度看,三信电工的问题出在哪里?
4. 你觉得用什么方法可以使三信电工摆脱营销困境?

案例 2

旭日为什么升起又落下[①]

1993年,前身为河北冀州供销社的旭日集团成立。1994年,旭日集团投入3 000万元用于冰茶的生产和上市,并于当年获利数百万元,从此开启了"冰茶神话"之旅。1995年,旭日升冰茶销售额达到5 000万元,1996年升至5亿元,1998年达到30亿元,此后几年一直保持在20亿元的水平。短短几年间,旭日集团一跃成为中国茶饮料市场的龙头老大。

旭日升冰茶的成功,首先是因为它选择了一个百姓熟悉而市场又缺少的产品作为切入点,创造了一个全新的"冰茶"概念;其次是它的营销网络,创业早期,旭日集团在全国29个省、自治区、直辖市的大城市密集布点,建立了48家营销公司、200多家营销分公司,进行密集营销。

旭日升冰茶的成功引来了众多跟风者,旭日集团的独家生意很快被瓜分。康师傅、统一、可口可乐、娃哈哈等各种各样的"冰红茶""冰绿茶"相继出现。2001年,旭日升冰茶的市场份额从70%跌至30%,销售额也大幅下降。2002年下半年,旭日集团突然停止向市场供货,旭日升从此一蹶不振。

2004年10月12日,旭日集团破产;2010年12月20日,北京汇源果汁集团以1 201万元拍得"旭日升"全部164枚商标所有权。可令人遗憾的是,汇源也没有做好旭日升冰茶这个品牌,旭日升冰茶最后无奈地退出了人们的视野。

对于旭日升衰落的原因,有各种不同的说法。直接原因是始于2000年旭日集团内部的"管理变革"。有人说,这好比是一个体质很差的病人,给他用药太猛,病未愈先把命丢了。然而,旭日集团在管理上出现的问题,尤其是在渠道管理方面的问题,才是根源所在。

首先,旭日集团的市场理念引来了窜货。在旭日集团高层领导的心里,只有回款是最重要的。只要可以在冀州收到来自全国各地的回款,那就万事大吉了。在这种市场理念的指导下,旭日集团形成了"鼓励"窜货的考核机制,即按照回款多少进行工作考核,一切以回款为目标,而不管回款是怎样得来的。

其次,旭日集团制定了一系列与之配套的、旨在促进回款的奖励政策。比如,旭日集团曾搞过一个大型的渠道促销活动:每进30件冰茶搭赠1辆价值180元的自行车;每进50件搭赠1辆价值500元的人力三轮车;不足30件的则赠购物卡。各地区搭赠的物品不尽相同,但原则是平均每一件有6元的促销费。再如,厂家给经销商定下任务,并承诺年底完成销售额100万元的,奖励价值3.6万元的松花江汽车1辆。

在奖励政策的激励下,分公司和经销商争相订货,并且为了扩大销售,不遗余力地低

[①] 资料来源:《案例:窜货是导致旭日升衰落的重要原因之一》,《中国商贸》,2002年第9期,第13页;《旭日升断腕重组 饮料巨头驳火茶世界》,http://finance.sina.com.cn/b/20010723/85904.html,2023年4月13日读取资料。

价跨区销售,生怕自己吃亏。比如,渠道促销活动的政策刚一出台,保定某县的一家经销商就进货1万件,并在极短的时间内出手后,要求再次进货。其实,这1万件冰茶该县根本就消化不了。那家经销商利用促销机会,以低于公司规定的市场价把货窜到其他市场上了。

再如,经销商为了完成企业下达的年度任务,得到松花江汽车的奖励,把车款或多或少地融入价格中去冲货,最后引发了经销商之间的跨区域价格大战。有些经销商天真地认为可以先凭实力打败其他经销商,然后自己再来整顿市场,扭转乾坤。可是价格战一打起来,就控制不住了。

跨区域低价窜货导致的直接后果,是引起了产品销售价格的混乱。当时,冰茶的出厂价是41.6元/件,而由于渠道内打起了价格战,冰茶的销售价一度跌到了33元/件。

在旭日集团,由于有那样一种指导思想,窜货行为人不但不被处罚或管制,还被领导认为有能力。一些酒气冲天的老总们常常在会议上骄傲地说,旭日集团的市场是冲开的。在他们眼里,窜货根本就没什么大不了的。

除此之外,企业针对各个地区,甚至不同业务员的销售政策也有差异。比如,河北市场返利是3%,天津市场是4%,北京市场则是5%。许多分公司老总都是原来冀州供销社的骨干,他们在集团内部有着很好的人际关系,因此许多政策是可以"要"来的。这样,同一地区不同的经销商就可以拿到不同的价格。很多业务员为了应付企业的考核,和经销商达成协议:"只要你答应我的回款要求,我就可以答应你的返利条件。"因为他们可以从集团那里要到特殊的政策。在这种氛围里,几乎所有的经销商都挤破脑袋与集团骨干拉关系,希望得到最优惠的销售条件,去冲别人的市场。

经销商则利用旭日升的政策,放手去冲击其他市场,甚至是赔钱卖货。当然,经销商是不会赔钱的。他们利用"旭日升"这个品牌来吸引客户,"带货销售",卖旭日升不赚钱,卖其他产品赚钱。

这时,旭日升的业务员又干什么去了?他们得到回款以后,就去做发财梦了。因为在他们看来,做业务就是催款。如果业务员管得太多,经销商就会把情况汇报给区域经理;区域经理为讨好大经销商,则会使用权力压服那些不听经销商话的业务员,业务员就只好唯经销商之命是从了。

▶ 小组讨论

1. 旭日集团的问题出在哪里?
2. 哪些属于企业内部的管理问题?哪些属于跨组织的管理问题?
3. 了解一下:什么是窜货?它对企业有什么危害?
4. 结合案例,谈谈营销渠道管理的重要性。

案例 3

力帆早期的渠道管理①

1992年，尹明善携20万元人民币，带领9个员工在重庆开始了力帆最初的创业。2010年11月18日，力帆实业（集团）股份有限公司[现改名力帆科技（集团）股份有限公司]在上海证券交易所上市，股票代码：601777。截至2016年年底，力帆已经从摩托车及其零配件制造发展为一家以汽车、摩托车和发动机的研发、生产和销售（包括出口）为主，融投资、金融于一体的大型民营企业。力帆涉足的领域包括新能源、汽车制造、发动机生产、房地产和金融等行业；销售收入达110.6亿元人民币，出口创汇37.3亿美元，拥有授权专利8 901件，员工10 481人；连续多年入选中国企业500强，成为重庆市汽车、摩托车行业出口第一名。力帆的成功有很多原因，早期成功的渠道管理是其中一个重要原因。

力帆早期采用的是一个相对简单、层次较少的营销渠道网络。在设计渠道网络时，根据摩托车产品的特点，力帆有一个"六定"原则：第一，定区，即将营销渠道网络以行政区域辅以销售有效半径划分成25个片区，每个片区设立1个办事处、1个总代理；第二，定人，即每个片区由办事处主任、业务员、核算员、售后服务人员组成；第三，定客户，即建立客户档案，内容涉及客户名称、地点、联系方式、经营品种、规模、购买周期、每次购买量、负责人及其信用状况，有时还涉及大客户主要负责人的个人信息，如父母、对象、孩子等的生日等；第四，定价格，即为了保持地区价格稳定，所有片区实行统一价格；第五，定占店率，即片区业务员将所在片区的零售商准确地标记在分区图上，按销量大小分为A、B、C三级，业务员要在规定的时间内，协助总代理占领一定比例的零售店，并引导B、C级店向A级店发展；第六，定激励，即根据代理商完成任务的情况（包括销量完成率、价格控制、销量增长率、是否窜货等）进行奖励。

针对市场开发初期的跨区窜货和低价竞销现象，力帆采用了标本兼治的办法。

一是完善渠道的控制系统，按照地域层层分区，中间构筑"防火墙"，以求治标。比如，对发货车统一备案，统一签发控制运货单；在运货单上，标明发货时间、到达地点、接收客户、行走路线、签发负责人、公司负责业务员等，以便进行监督；设立监管队伍，利用每台车的条形码进行跟踪，对违章的经销商实行重罚，对受损市场进行补偿。

二是与经销商建立"厂商一体"的关系，以求治本。力帆在渠道伙伴的甄选上，除从规模、资金实力、财务状况、销售能力、销售额、销售增长速度、仓储能力、运输能力、社会关系和影响等多个方面考评外，经销商的目标和价值观也是考评的一项重要内容。他们经常邀请一些有实力的、胸怀长远打算的摩托车经销商组团到力帆考察，还以内部报纸和经销商会议等形式进行交流，使经销商加深对力帆品牌和力帆集团的了解，坚定其经

---

① 资料来源：林湘钰，《力帆，力推厂商一体化》，载刘韧，《渠道为王》，成都：四川科学技术出版社，2003年，第108—111页；《力帆实业（集团）股份有限公司首次公开发行股票招股意向书摘》，https://finance.sina.com.cn/stock/t/20101105/01218902859.shtml，2023年4月13日读取资料；《力帆股份2016年年度报告摘要》，https://vip.stock.finance.sina.com.cn/corp/view/vCB_AllBulletinDetail.php?id=3232646，2023年4月13日读取资料。

销力帆摩托车的信心。

为了加强对渠道成员的管理,力帆首先为经销商提供服务,然后与经销商建立伙伴关系,最后在互信的基础上实施管理。力帆为经销商提供的支持重在三点:第一,界定经销区域,最大限度地保证经销商的权力;第二,为经销商提供"造血机制"——通过力帆的业务员给经销商一套解决方案,提高经销商的获利能力;第三,培训经销商,提升其整体素质。比如,为了培训经销商,力帆建立了一支由公司资深管理人员和外聘专家组成的"特派队伍",专门针对经销商进行专业技术、销售能力、管理水平和财务分析能力等方面的培训。另外,还不定期组织经销单位业务员、营销员和维修服务人员进行专业培训,内容包括企业文化、管理制度、产品特征、商务礼仪等。

采用以上渠道管理方法,到2009年年底,在国内摩托车的销售上,力帆拥有6 401家经销商,建成9 101个经销网点,销售和服务范围覆盖全国绝大多数区县;在海外销售上,力帆拥有摩托车海外代理网点1 105个。

▶ **小组讨论**

1. 力帆早期的渠道管理有什么特点?
2. 在早期的渠道管理中,力帆是如何处理与经销商的关系的?
3. 试用图2-3"渠道管理程序"来分析力帆早期的渠道管理。
4. 请上网查找相关资料,看看现在力帆的渠道管理发生了什么变化。

案例 4

处于十字路口的中间商①

环绮化工(上海)是一家年轻且专注于涂料、油墨及塑料等领域特种化工产品经营的小企业。从1992年成立到2006年,公司先是靠代理分销从食用油中提炼的几种化工产品起家,而后将业务重点转移至建筑涂料、塑料和油墨化工产品的专业代理;建立了一个仓库,提供第三方库存及运输服务;通过恰当的经营策略和稳定的业务系统,迅速提高了公司的销售额及利润额。截至2006年,公司的销售额达到1.32亿元,利润额达到1 800多万元,员工(含总经理)18人。

与大多数中国化学产品分销商类似,环绮化工(上海)的崛起从根本上讲得益于中国经济和相关行业的迅速发展以及国际厂商对中国营销环境的陌生。因此,在相关行业的发展速度开始放缓、国际厂商对中国的营销环境越来越熟悉并开始本土化营销以后,环绮化工以及与其相似的企业必然会感受到生存、发展的压力与挑战。它们站在了十字路口上,必须做出下一步朝哪个方向走的选择。

公司总经理王惠涛非常清醒地认识到了这一点。他将公司面对的挑战或潜在威胁归结为市场增长放缓、竞争加剧、国际厂商本土化以及客户集中化等四个方面;另外,根据公司的资源条件和外部环境,开始思考甚至尝试采用"开辟新业务、建立自营品牌、为现有代理产品设计新用途和增加新的代理产品"等四种战略进行应对,并且对这些战略有了初步的评价。

那么,环绮化工(上海)应该向哪里走呢?应该采用哪一种或几种战略应对这些挑战呢?还有其他选择吗?这是问题的核心,也是王惠涛的困惑所在。

实际上,王惠涛的困惑涉及以下几个层次的战略问题:

第一,公司的发展战略问题。虽然未必意识到,但这是王惠涛最感困惑的。从王惠涛对几种战略的评价来判断,环绮化工(上海)的发展战略并不清楚,公司甚至没有一个明确的愿景(vision)和使命(mission)。公司愿景说明公司未来想成为什么样子,公司使命则说明公司的价值取向、经营范围。从王惠涛对四种战略的初步评价看,他关注了现有业务的特点、公司资源、市场潜力和进入难度,但是恰恰忽视了从公司愿景和使命的角度来评价四种战略。由于公司愿景和使命不明确,所以王惠涛才有下面的困惑:环绮化工(上海)是一如既往地"专注于涂料、油墨及塑料等领域特种化工产品"的经营(代理)呢,还是既搞经营也搞生产?公司是只"专注于涂料、油墨及塑料等领域特种化工产品"的经营呢,还是广开门路,代理经营更多的产品?如果在王惠涛的脑海里没有清晰的公

---

① 这是本书作者应邀对言培文、许雷平的案例《上下挤压,中间商出路何在》,《中欧商业评论》,2008年第2期,第130—137页所做的一个点评,题目是"思考三个战略问题"。在发表时,限于篇幅,一些关于案例事件的归纳被删掉,因此在逻辑上显得没有那么严密,这里补上。建议将这个案例与原案例结合起来使用,最好在阅读本文之前,先扫本书扉页上列示的二维码阅读案例原文。另外,这个案例还可以作为案例分析的一个示范。

司愿景和使命,那么上面两个问题就难以回答。

第二,公司的竞争战略问题。王惠涛对公司竞争战略方面的问题还是比较清楚的。比如,在对公司现状和问题进行分析时,他虽然没有严格按照五力模型分析行业的竞争结构,但是考虑了影响公司盈利能力最重要的三种力量:业内竞争者、国际厂商和国内客户。在评价可选战略方案时,他也比较清醒地从公司的优劣势出发,来考虑公司的发展机会和环境威胁。然而,他还没有关于公司竞争战略的总体规划。比如,从现有的威胁来看,国际厂商的中国本土化营销对环绮化工的影响最大,因为国际厂商可能采取前向一体化战略甩掉环绮化工(上海)。换言之,五力模型中供应者的威胁最大。那么,环绮化工(上海)可以采用什么方法来化解这一威胁呢?实际上,公司可以采用的方法还是很多的,比如:交叉持股,与供应者建立战略联盟;代理更多厂商的产品,减轻对几家国际厂商的过度依赖;提高效率,让国际厂商认为建立自己的渠道远不如利用这一条老渠道。但是不管采用哪种或哪些方法,都需要对国际厂商进行中国本土化营销的动机有更深入的了解。

第三,公司具体运作方面的战略问题。比如,按照王惠涛的评价,"新用途"和"新产品"这两种战略比较好一些。如果不增加条件,则应该采用这两种战略。因为这两种战略虽然不一定是环绮化工(上海)发展最快的战略,但却是最稳妥的战略。这两种战略建立在环绮化工(上海)现有的资源条件上,其在自己最熟悉的领域进行运作,风险要比其他两种战略小很多。如果公司最终选择了执行这一战略,那么接下来的问题就是:哪些"新用途"和哪些"新产品"?如何推广"新用途"?哪里能够找到利润较高的"新产品"?当回答这些问题时,环绮化工(上海)就进入了具体的运作层面,即使犯一些小错误,也不会对公司造成太大的伤害。

总之,本案例中的环绮化工(上海)面临多个层面的战略问题。其中,最紧迫需要解决的,是明确公司的发展战略,尤其是提出清晰的公司愿景和使命。王惠涛现在最需要做的,就是静下心来认真地思考一下公司的未来和他的下一步计划:他是准备把环绮化工(上海)现在做的事情看作一个赚钱的手段呢,还是把它作为一种实现人生价值的追求?如果是前者,那么只要能赚钱,做什么都没有错。如果是后者,那么他能想象出十年以后环绮化工(上海)是什么样子的吗?如果他很清楚地知道,那么就应该根据自己的想象选择其认为能够实现愿望的战略。如果不知道或不清楚,那么就应该把这个问题想清楚了,然后再决定下一步干什么。

▶ **小组讨论**

请阅读言培文、许雷平的案例文章《上下挤压,中间商出路何在》,然后讨论下面的问题:

1. 你们同意作者的如下观点吗:环绮化工的崛起从根本上讲得益于中国经济和相关行业的迅速发展以及国际厂商对中国营销环境的陌生。因此,在相关行业的发展速度开始放缓、国际厂商对中国的营销环境越来越熟悉并开始本土化营销以后,环绮化工(上海)必然会感受到生存、发展的压力与挑战。请说明理由。

2. 结合环绮化工(上海)出现的问题,谈谈公司发展战略和竞争战略对公司的渠道管理有什么影响。

3. 你们觉得环绮化工(上海)走出困境有什么短期战略和长期战略?

4. 尝试用SWOT矩阵分析环绮化工(上海)面临的困境。

案例 5

公牛集团被罚[①]

2021年9月27日,公牛集团因对经销商固定和限定价格的垄断行为被罚2.9481亿元,相当于该公司2020年度中国境内销售额98.27亿元的3%。

公牛集团股份有限公司,前身是成立于1995年的公牛电器。2008年4月17日,公司名称变更为"公牛集团有限公司"。2017年12月27日,公司全称又变更为"公牛集团股份有限公司",2020年2月6日在上交所主板挂牌上市。公牛集团注册地址为浙江省慈溪市观海卫镇工业园东区。

公牛集团专注于以转换器、墙壁开关插座为核心的民用电工产品的研发、生产和销售,注册商标为"BULL公牛",是国内领先的高档开关插座、转换器的专业供应商,也是中国制造业500强企业。2022年8月27日,公牛集团公布2021年中报,上半年收入58.20亿元,同比增长41.65%,净利润达到14.21亿元,电连接业务、智能供电照明业务、数码配件业务的收入分别为29.88亿元、26.40亿元和1.74亿元。

在民用电工领域内,公牛集团的销售模式以经销为主、直销为辅;经销商3 000家左右,均为一级经销商;线下渠道主要是五金渠道和装饰渠道,线上渠道包含京东、天猫等平台。

公牛集团推行线下"配送访销"的销售方式,协助经销商拓展终端网点,维护客户关系,加强对渠道的管控力。截至2021年5月,公牛集团已建立了覆盖全国城乡、110多万个终端网点的线下销售网络和专业的线上销售渠道。

公牛集团严格管理经销商的销售价格,为经销商划定了"保护价",禁止经销商低于该价格出售产品,还让工作人员假扮客户去讨价还价,如果经销商开单低于"保护价",将受到惩罚。

2014年至2020年间,公牛集团制定了多份含有固定产品转售价格、限定最低转售价格内容的文件,并通过发布价格政策、与经销商签订经销合同、承诺书等方式,实现对产品价格的管控。

《经销合同》显示,公牛集团要求经销商"严格执行在公司备案的或者公司要求的加价率";在调价政策中明确,"终端零售价,指导价为7.5折,最低6.5折,最高8.5折";并在QQ、钉钉群等发布产品价格表,要求经销商按照价格表中标识的"销售价格"进行销售。执法机构指出,2020年度公牛集团线上线下发出违约通告1 000多份。

为了保证价格政策的落实,公牛集团组建了市场督查部,通过分布在各地的办事处明察暗访市场价格。市场督查部还委托来自上海、杭州的五家第三方公司监督经销商的

[①] 资料来源:改写自《公牛集团被罚近3亿背后:对经销商实施控价,为何构成垄断?》,https://new.qq.com/rain/a/20210930A04S6R00,2023年4月13日读取资料;《浙江省市场监督管理局行政处罚决定书》(浙市监案〔2021〕4号)。

零售价。一旦核实发现窜货、低于最低价销售等行为,公牛集团会对经销商实施惩处,包括扣分、收取违约金(扣除经销商返利或者保证金等)、取缔经销资格等方式。

经执法机构查证,2014年至2020年间,公牛集团制定了含有固定产品转售价格、限定最低转售价格内容的《市场运营规范》《经销商管理规则》《线上市场管理规范》《承诺书》等文件,并通过发布价格政策、与经销商签订经销合同、承诺书等方式,实现对产品价格的管控。

执法机构判定,通过采取强化考核监督、委托中介机构维价、惩罚经销商等措施,公牛集团的价格管控行为在线上和线下经销商群体内均得到了实际执行。

2021年9月27日,浙江省市场监督管理局出具《行政处罚决定书》(浙市监案〔2021〕4号),对公牛集团罚款2.9481亿元。其中,有如下判词:"鉴于当事人产品的市场优势地位,经销商对其重点产品具有一定依赖性。当事人固定和限定价格的行为,排除、限制了相关产品在经销商之间的竞争和在零售终端的竞争,损害了消费者合法权益和社会公共利益。……当事人的上述行为违反了《中华人民共和国反垄断法》第十四条'禁止经营者与交易相对人达成下列垄断协议:(一)固定向第三人转售商品的价格;(二)限定向第三人转售商品的最低价格'的规定,构成与交易相对人达成并实施垄断协议的行为。"决定书中还列举出17种不同来源的数据和证明。

2021年9月28日,公牛集团发布《关于收到〈行政处罚决定书〉的公告》,表示服从判决,并说明了整改情况:"自公司收到反垄断立案调查告知后,公司第一时间成立了由董事长兼总裁为组长的反垄断合规自查及整改小组,组织内部全面自查、整改和落实,不断强化企业及相关人员的法律意识、责任意识,守法合规经营,实现可持续和高质量发展,为投资者创造持续的价值回报。"

此案件虽然尘埃落定,但是它所引发的讨论和思考却远没有完结。最主要的原因是:第一,法律界对纵向价格垄断协议的违法性质有争论;第二,纵向价格垄断协议的执法尺度不统一。

这使很多企业在渠道管理中常常无所适从,触犯此条法律的案件时有发生。五粮液、茅台、合生元、长安福特、奔驰、海尔等知名企业都曾因为价格垄断而被罚。2021年4月15日,国内医药龙头企业扬子江药业更是因价格垄断被罚7.64亿元。

执法机构认为,保障产品质量与服务不应以控价为前提。厂商与经销商达成此类协议,更多的是为了消除竞争,尤其当涉案企业及其重点产品具有市场优势地位时,由此产生的排除、限制竞争效果更明显。

▶ 小组讨论

1. 企业应该如何规避纵向价格垄断协议相关的法律风险?
2. 纵向价格垄断协议是否以及如何限制了竞争?
3. 纵向价格垄断协议是否以及如何损害了消费者利益?

案例 6

一起特许加盟的违约案件①

2015年7月的一天，HL超市公司（以下简称"HL超市"）与S市的秦某签订了《特许加盟连锁经营合同》，约定：(1)HL超市同意秦某以"HL超市"为悬挂招牌开设"126号加盟连锁店"；(2)秦某应向HL超市缴纳保证金3万元，并应在每季度第一个月的20日前按5 500元的固定金额向HL超市支付上季度的特许权使用费；(3)如逾期支付特许权使用费，须按每日0.5%的比率支付滞纳金，若逾期两个月未支付，HL超市有权解除合同并要求秦某支付滞纳金及违约金；(4)合同解除后，秦某必须在7日内拆除"HL超市"的标章、图形以及与此有关的文字、图案设计、招牌或其他营业标记，如秦某在7日内不予拆除，则HL超市有权指定他人拆除，费用由秦某承担，同时秦某应支付HL超市违约金10万元。

合同签订后，秦某以S市经济开发区HL超市126号店的名义加盟，并按约支付了保证金3万元。

然而，2016年11月初（秦某的加盟店开业不到一年），HL超市就因秦某未支付2016年度第二、三季度的特许权使用费而向其发出催交特许权使用费的函，向秦某催讨其所欠的1.1万元特许权使用费以及逾期付款滞纳金。同年11月16日，HL超市又向秦某发出整改通知，提出秦某的加盟店在经营中存有下列违反合同约定的行为：(1)自行采购其他商品，且未经申报即上架，致使商品的质量无法保证；(2)未按约定时间足额支付加盟金；(3)向HL超市的进货比例低于合同有关规定。同年12月18日，HL超市在再次巡查中发现，秦某经营的店铺仍存有上述情况未得到整改，故再次向秦某发出整改通知。因秦某收到整改通知后仍未予以改正，HL超市在2017年1月12日函告秦某，解除双方签订的加盟协议，并取消126号店使用"HL超市"品牌的授权，要求秦某向HL超市缴纳10万元的违约金，同时要求秦某在接到函后7日内摘除HL超市的营业标识，不得再以"HL超市"的名义开展任何经营活动。

由于之后秦某未向HL超市支付特许权使用费，并仍在以"HL超市"的名义经营，HL超市于2017年6月25日向法院提起诉讼。法院经审理后认为：HL超市与秦某之间的《特许加盟连锁经营合同》合法、有效。秦某应当按照约定按时足额缴纳特许权使用费，现秦某不仅未按约定支付相关费用，且在HL超市多次催讨后仍未支付，明显属于违约，理应承担相应的违约责任。由于秦某存在拖欠特许权使用费的违约行为，依据双方合同约定，HL超市享有解除合同的权利，秦某在收到HL超市解除合同通知之日即为合同解除之日，他应当按照合同约定，在合同解除后7日内拆除所有与"HL超市"相关的营业标

---

① 资料来源：《合同解除后继续使用店招 加盟店支付10万违约金》，https://www.chinacourt.org/article/detail/2007/10/id/269200.shtml，2023年4月13日读取资料。为了避免不必要的麻烦，作者在改写时只保留了事件的脉络，隐去了真实事件发生的时间、当事人的真实姓名和其他一些细节。

识。由于秦某在收到解除合同的通知后，未在约定时间内拆除所有与"HL超市"相关的营业标识，仍在以"HL超市"的名义对外经营，理应按合同约定对此违约行为支付违约金。

法院据此做出一审判决：秦某除要支付所欠的特许权使用费及滞纳金外，还要支付违约金10万元。此外，秦某应停止以"HL超市"名义进行一切经营活动，并拆除"HL超市"的标章、图形以及与此有关的文字、图案设计、招牌或其他营业标记。

在第一次庭审中，秦某表示欠费属实，愿意支付相关费用，但希望继续履行合同。而在第二次庭审中，他又表示愿意解除合同，但提出HL超市主张的违约金过高。

对于双方争议的10万元违约金是否过高的问题，法院经审理后认为：首先，秦某的违约行为具有明显故意，而从双方对该项违约金的约定来看，违约金10万元不仅具有对HL超市损失的补偿性，还兼具惩罚性。其次，鉴于HL超市系知名品牌，在全国拥有多家加盟店，且经营的商品大多为食品等涉及一般消费者的生活必需品，若擅自使用该品牌，不仅会影响HL超市品牌的信誉，对消费者而言更可能产生较大损害，因此双方约定此数额的违约金具有合理性。另外，秦某亦未提供收取10万元违约金过高的依据。故HL超市依据合同约定主张10万元违约金合法有据，法院对违约金的数额不予调整。

最后，法院判决：秦某支付HL超市特许权使用费人民币1.1万元以及滞纳金人民币125元；秦某停止以"HL超市"名义进行一切经营活动，并拆除"HL超市"的标章、图形以及与此有关的文字、图案设计、招牌或其他营业标记；秦某偿付HL超市违约金人民币10万元；HL超市返还秦某保证金人民币3万元。

▶ **小组讨论**

请找一个小组的同学认真阅读国务院2007年2月6日颁发的《商业特许经营管理条例》，在课堂上分享他们的解读。然后，结合本案例讨论：

1. HL超市与秦某的商店是什么关系？
2. HL超市采用的是什么组织形式来对秦某的商店进行治理？
3. HL超市的治理策略有什么特点？
4. HL超市使用了什么渠道权力处理它与秦某的纠纷？

案例 7

优秀的代理商为何被"革"掉?[①]

崔经理是一名代理商,由于代理 D 公司的产品质量不错,品牌知名度也高,加上他本人有良好的经营能力,所以仅用了三年时间,就把销售额做到了 4 000 多万元,成为 D 公司代理商中业绩最好的一个。崔经理对 D 公司的产品寄予厚望,相信凭借自己的能力能够让销量再上一个台阶。

"但是正所谓乐极生悲,我在代理商生涯最辉煌的时刻被 D 公司轻轻拿下了。"崔经理感慨万千地讲起自己的故事。

一、从宠儿到弃儿

2001 年年中,当我正准备雄心勃勃地大干一场的时候,D 公司的渠道发生了很大的变化。D 公司先是在渠道上设立了八大营销部,之后将其逐渐分化演变为各省级分公司,主要负责市场的管理规划和开发。有了分公司管理,市场规范了,更有秩序了,开发和维护起来也更方便和合理了。

不过,2002 年年底,D 公司又有了新的变化。我所在的安徽区域,分公司的权限由原来的管理改变为经营兼管理。伴随这个决定发生的戏剧性变化是,分公司经理在一夜之间摇身一变成了一级代理商,而我这个代理商一夜之间降级为产品分销商。

原来我直接从 D 公司进货,而现在要从分公司经理,也就是新的代理商那里进货。分公司经理与 D 公司各个层面有着千丝万缕的联系,另外对 D 公司的政策和执行程序也非常了解,腐败行为时有发生。D 公司制定的市场政策也被执行得走了样,如产品促销活动到我这里就多了许多附加条件。

原来我一直以我的渠道为豪,而且销量也归功于这个网络的辐射能力,三年的代理商生涯也一直因为是销售大户而受到 D 公司的器重和奖励。但是在渠道变革之后,我却成了公司重点防范的对象,新代理商多次警告我不许跨区销售、不许窜货、不许低价销售,否则就停我的货或扣掉我的促销品、撤销优惠条件。

出于对新代理制的不满,我曾经鼓动我的经销商在背后搞小动作,而且是怂恿不少经销商串通一气联合"作战",并承诺损失由我独自承担。但是在损失了几万元的利润之后,我感觉这不是一个好办法。

二、走出危机

虽然分公司代理存在这样或那样的弊端,但是 D 公司在变革后还是占据了很大的优势。这让我多了不少危机感,也迫使我梳理一下思路:

第一,重新梳理我的网络。在被公司降级之后我曾经反思过,经销商的价值所在是网络,但是网络广、覆盖面大不是优势而是劣势。健全的网络是密集高效的网络,这样的网络有利于深度精耕和配送服务,并且才是符合潮流的有价值的网络。

[①] 资料来源:南木,《被"革"掉的代理商》,《中国市场》,2004 年第 6 期,第 52 页。

第二,增强服务功能。仅仅有一个网络还不行,还要有很专业的服务功能。目前我正在给我公司的员工培训,彻底摒弃原来的大户意识。

第三,企业选择经销商,经销商同样也可以选择企业。变革改变了我的命运,同时也给我指出了一个新的方向。

▶ **小组讨论**

1. 请谈谈崔经理业务的性质。
2. 崔经理为什么会被"革"掉?
3. 在营销渠道的变革中崔经理的身份发生了怎样的变化?渠道功能是否也在改变?
4. 几经挫折,崔经理最后所做出的决策是否正确?你认为他还应该从哪些方面进行调整?

案例 8

百年润发：奥妮品牌的故事①

奥妮的前身，是成立于20世纪70年代的一家集体企业——重庆红星汽车配件厂。1981年，该厂开始生产洗发类产品并更名为重庆化妆品厂。1985年，拥有员工180多人的重庆化妆品厂经营陷入困境，年销售额仅180多万元。黄家齐临危受命，由上级组织委派出任厂长。1991年，重庆化妆品厂与香港新成丰贸易公司组建了合资企业，新成丰占股25%，重庆化妆品厂占股75%。新公司的诞生使奥妮不但可以享受"两免三减"等国家税收优惠政策，而且也取得了独立的经营权、人事权与分配权。黄家齐由此开始了奥妮的品牌之旅。

1992年6月，在济南举办的化妆品展销大会上，黄家齐突发奇想，租赁了一架军队教练用直升机，垂下一条巨大的横幅，写着"中国洗面大王——奥妮洗面奶"，在会场上空盘旋。同时，奥妮还承揽了展销会期间所有的广告。餐券、手提袋、酒店接送点广告牌、出入口广告牌等，都打着奥妮的广告。仅一天，黄家齐就拿到5 000多万元的订单。此后，奥妮打破本土洗发水品牌以低价位默默做终端的习惯，请当红歌星代言洗发用的啤酒香波广告，开创了中国洗发水行业请明星做广告的先河。这一年，奥妮产值过亿元。

1994年，奥妮推出皂角洗发浸膏，以"植物一派"的概念与宝洁、联合利华等跨国品牌正面抗衡。1996年，沿用"植物一派"的运作模式，奥妮以强大的广告攻势推出首乌洗发露。这个广告最大的热点是用刘德华和周润发做代言人，而最大的卖点则是"乌发"。这一年，奥妮的销售收入达到5.8亿元。1997年，黄家齐以"百年润发"的广告创意把其"创意+广告"的营销模式发展到了顶峰，实现销售收入8.6亿元，市场占有率提升至12.5%，仅次于飘柔，居第二位。

不过，这样的辉煌给它埋下了内外两重忧患。对外方面，奥妮的节节胜利不但引起了宝洁的注意，而且引来了本土二、三线品牌的跟风。奥妮的成功起了一个示范作用，无数洗发水品牌也开始大砸广告，广告的边际效应大幅度下降。对内方面，奥妮沉浸在广告所带来的巨大效应之中，没有看到其中蕴含的危机。1997年，香港回归期间，奥妮打出了"长城永不倒，国货当自强"的口号，足足投入了上千万元的广告费。1998年，奥妮又花巨资与奥美国际广告公司合作，但最后以失败而告终，2000年前后公司陷入困境。

总结经验教训，管理层发现：导致奥妮销售低位徘徊的主要原因，是它的渠道策略。多年来，奥妮几乎不用经销商，都是通过零售商销售产品。这种策略在奥妮刚起步时还可以，但随着产品品牌的增加，尤其是市场竞争的加剧，这种策略的弊端就显现出来了。

公司在北京做了一个简单的调查，结果发现：在家乐福等大型超市里，在众多品牌中，百年润发总是摆在洗发水货架最不起眼的位置上，甚至还落满了灰尘；西亚斯等奥妮

---

① 资料来源：《奥妮复出背后的战争》，https://finance.sina.com.cn/leadership/mroll/20101103/17168894826.shtml，2023年4月13日读取资料；立白科技集团官网（http://www.liby.com.cn/），2017年8月22日读取资料。

其他品牌更是难觅其踪。即使在一些中小超市里，奥妮也争取不到主动地位，反倒被近几年崛起的一些中小品牌抢了先机。奥妮2002年的市场销量下滑得很厉害，堆头费、进场费、陈列费、导购费等支出阻碍了其在大中城市通过卖场进行渗透。在二、三级市场上，奥妮的销售也不是很好。

公司曾经对从泰国引进的国内独一无二的产品印度按摩浴露西亚斯寄予厚望，在广告中也刻意没有提到这个产品是由奥妮生产的，希望通过这个产品拉动奥妮的整体销售。但由于其渠道策略没有摆脱奥妮的老路，因此难以被市场认可。

"以前我们没法与奥妮合作，它总是把经销商搬在一旁自己做市场。日化这个行业虽然市场份额大，走货也非常快，但变化同样快，一不留神就会被对手远远抛下。奥妮以前凭借自己做终端，不依靠经销商，全国市场这么大，怎么顾得过来，所以它的产品就卖不好了。"一家经销商的经理这样说。

2002年奥妮的销售业绩不尽如人意，迫使公司开始酝酿重组。到2003年5月，奥妮正式交由重庆市江北区区属管理，由香港海润国际投资控股有限公司、香港新成丰国际控股有限公司和重庆化妆品厂等几家股东控股。新公司迎来了新的执行总裁王某。

王总上台以后，很快就推出了新的黄连除菌产品。除大做广告以外，还提出了一个新的"共胜营销"理念。对于这个概念，王总解释说："我们现在要让经销商参与我们的市场活动，而且还不是一般的参与。包括市场管理、终端网络建设、地方媒体投放等，我们都希望经销商参与合作。以前我们的销售经理做的很大一部分工作是卖场工作，但是他们现在做得最多的工作是帮助经销商赚钱。"

至此，奥妮的渠道策略已经很明确——黄连除菌不仅是奥妮的新品牌、新产品，而且更是其拉拢经销商、吸引经销商，改变渠道策略的一个工具。

"有钱赚，我当然做啦！"一个颇有实力的经销商表态说："做日化的做到我这个程度，就不想再做宝洁这样的牌子了，因为利润太低，太辛苦。可这次不同，奥妮给我们经销商的利润空间很大，有了这个空间，我就可以回去召集底下的分销商，把一部分利润让给他们。"

经销商看中的是利润，而奥妮看中的是经销商手中的分销网络和这么多年市场打拼的终端经验和关系网。

对于奥妮，此次的渠道策略调整是前所未有的。在2003年"非典"期间，奥妮推出"黄连除菌"品牌，聘请港派职业经理人并在央视投放招商广告，全面进行代理制经营。可惜此时的奥妮已经病入膏肓，广告已经只能打给经销商看，而无力拉动市场。

2006年4月，奥妮终因拖欠供货商货款近千万元而被告上法庭，并被推上了拍卖席。在拍卖现场，"奥妮"商标以263.25万元起拍。在经过几十位买家368次加价拉锯后，奥妮的23个商标被广州立白以3 100万元的价格拿下。之后，又发生了广州立白、香港奥妮与浙江纳爱斯之间关于奥妮品牌的争夺战。打了四年的官司，直到2010年10月，广州立白生产的奥妮洗发水才又出现在重庆和山东一些商店的货架上。

不过，蹊跷的是，尽管奥妮洗发水的上市被广州立白称为"立白迈入洗发水子行业战略的重要一步",但是重新上市不久,奥妮品牌就销声匿迹了。广州立白集团的官网上也没有奥妮这个品牌。究竟发生了什么事情?迄今没有看到相关的报道。只看到纳爱斯生产的"百年润发"(注册商标)洗发水在商店里销售。有不少消费者在网上询问哪里可以买到奥妮洗发水,当得知已经难觅奥妮的芳踪后大发感慨,毕竟,周润发和刘德华代言的"百年润发"广告给他们的青春留下了美好的记忆。

▶ 小组讨论

1. 奥妮的故事让你有什么感触?
2. 2002 年以前奥妮不用经销商而用零售商销售产品的利弊何在?
3. 2002 年以后奥妮用什么方法激励经销商?
4. 奥妮在 2002 年以前和以后分别采用了什么渠道治理策略?

案例 9

一场短命的联合促销①

2003年年末,为了迎接"双节"销售旺季的来临,由格兰仕牵头,全国11家知名家电生产企业加盟,在北京隆重推出了一项联合促销计划——《互动联合营销联盟公约》。按此公约,消费者购买联盟内任一企业的任一产品,均可获赠总值不超过5 000元的各式优惠券,消费者凭相应产品的优惠券到指定地点购买时,价格上可享受优惠券的同等面值折扣。比如,某顾客购买了格兰仕光波炉,便可得到随机附送的优惠礼包;如果他还想购买一台市价1 498元的康宝消毒柜,那么他只需拿一张900元的优惠券,再加上598元的现金就可以了。这是格兰仕筹划了半年多推出的一种促销方式。

联合促销的最大优点,就在于它的叠加效应。在联盟内,各家的优惠券面值都有限度,如希贵电器提供160元面值的优惠券,康宝电器提供480元面值的优惠券,如果二者分开,单品让利额度对消费者吸引力都不大。联合促销就不同了,单品让利虽然不大,但多品合起来,却能给顾客在总价格上以很大的折扣。

另外,消费者还能够享受多重选择——消费者在得到5 000元的优惠礼包后,可以视自己的需要任意组合,不受单品捆绑销售的限制。

通过联合促销,格兰仕企图进行一个跨行业的渠道大整合,构筑一个资源共享的终端网络。在其构想中,联盟企业可以借格兰仕遍及全国的两万多个销售终端搭售产品,同时联盟企业的销售终端也能为格兰仕所用。几十家战略盟友合力推广,就会有几十万、上百万个销售终端,这样势必会大幅降低产品的市场推广成本,进一步增强和巩固联盟企业的市场竞争优势。根据格兰仕的设想,今后盟友会发展到上百家、上千家。

但是,此设想要实现,绝非易事。

首先,买赠促销在市场上已经被用滥,价格虚高、有价无货等现象时有发生,消费者对此早有不满。

其次,此活动对联盟企业只有很软的道德约束——"对自己负责,让其他盟友监督"。因此,联合促销的可信度较低,促销中无法保证联盟企业不玩先升后降的游戏。严重的可能还会以次充好,欺骗消费者。

再次,从联盟成员的构成上看,11家企业虽然来自微波炉、复读机、消毒柜、掌上电脑和橱柜等不同的子行业,但是均在各自的子行业里有较强的实力。如果大家同床异梦,格兰仕很难镇得住。

最后,格兰仕自有终端对于容纳自己种类繁多的产品尚能应付,若让其他产品掺杂进来,将涉及卖场布局、产品陈列、促销重心等方面的调整。这是很复杂,也是很烦琐的。其他企业的销售终端也有类似的问题。特别是当联盟企业的利益不一致时,会引发很多矛盾。

---

① 改写自《一场短命的婚姻——透视格兰仕"联合促销"行动》,https://finance.sina.com.cn/jygl/20040312/1454668636.shtml,2023年4月13日读取资料。

2004年1月,在活动推出后一个月,联盟的倡导者格兰仕就悄然隐退,将活动的组织权转交给了商务部,并表示:以后如果商务部推广类似的活动,格兰仕也将根据市场情况决定是否参与。

随着格兰仕的隐退,联盟实际上已名存实亡。负责此次活动的希贵电器品牌经理离职,其内部无人再负责联合促销活动。京东方仅有一个型号的数码相机参加了联合促销活动,此型号的数码相机只有1/5的销售额与联合促销活动相关。

康宝电器是联盟中不多的受益者之一。这次活动给它带来了相当不错的销售业绩:康宝电器的整体销售量被拉升了30%左右。康宝电器的负责人表示,康宝电器还会联合其他企业继续推动联合促销计划。

联合促销瓦解的原因是多方面的:

第一,利益冲突。联盟是一个松散的利益联合体,由于集合了多行业、不同市场地位、不同资源禀赋的多家企业,所以联合促销方案不可能对所有成员带来均等的利益。比如,联盟内成员终端网点的布局不均衡,在某一地域,有的品牌网点多,有的网点少,网点多的获得了较多的利益;在5 000元的总值套餐中,各品牌优惠幅度也各不相同,盟内某一品牌过大的优惠幅度必然会鼓动消费者优先考虑。这样,优惠较小、刺激不大的品牌在5 000元的组合中就会受到冷遇。

第二,合作时限。联合促销计划并没有一个明确的时间限制,因此各企业将其看作一个边做边看的实验。一旦效果不佳,就会萌生退意。

第三,成本分摊。联盟的集结、联盟活动的推广、成员间冲突的调解以及成员的更替所引致的花销,是一笔不小的费用。成本均摊遭到了一部分未得利益者的反对,但其他方法,如按产品项目、成交额度、企业规模或既得利益分摊,又很难操作。

第四,风险株连。个别企业的产品质量、价格和品牌形象在出现问题时,会株连到盟内其他企业。比如,有人质疑联盟成员之一的京东方,因为京东方声称在此次活动中将亮出世界上最小的200万像素的数码相机。但是,市场上当时流行的数码相机已经是300万或400万像素的,200万像素的数码相机是市场的淘汰品。那么,京东方是否在借这次联合促销倾销淘汰品?这一质疑,对所有盟员都有影响。

▶ 小组讨论

1. "格兰仕联合促销计划"有什么特点?
2. 联合促销出现了什么问题?根源是什么?
3. 格兰仕是渠道领袖吗?它起到渠道领袖应起的领导作用了吗?
4. 你们对康宝电器有什么建议?

案例 10

南昌百货大楼事件①

南昌百货大楼事件是渠道冲突的一个经典案例。虽然已经过去了二十多年,但是还具有现实意义。因为直到现在,一些大型零售店"店大欺供"的现象还时有发生,很多零售商还在向供货商收取各种各样的费用。这一事件的社会反响很大,曾引发了人们对"供零关系"、渠道冲突等问题的深入思考和讨论。

一、事件的起因

2001年6月,炎热的南昌被"百货大楼事件"搅得沸沸扬扬。人们熟悉的一些副食品牌,诸如上好佳薯片、阿明瓜子、五洲牛肉干等在南昌百货大楼都买不到了。有25家供货商正联手抵制南昌百货大楼,正在把200多个副食品牌从商店撤离……

事件的起因是一个"不平等条约"。2001年5月下旬,南昌百货大楼新建的城东分店开始招商,除要求供货商缴纳约定俗成的各种费用以外,还要求各供货商每月缴纳促销人员管理费450元。许多供货商则认为,在南昌百货大楼城东分店,它们不需要促销人员,促销人员管理费明显属于不合理收费。于是,它们纷纷表示不能接受南昌百货大楼的条件,不想进入城东分店。

南昌百货大楼使出"杀手锏"——如果不进入城东分店,那么南昌百货大楼所属的所有卖场都不能进入,原本与南昌百货大楼之间的业务也将终止。为杀一儆百,南昌百货大楼将上好佳薯片撤出柜台,一些供货商也接到了撤货通知。随后不久,阿明瓜子、万基洋参、五洲牛肉干3个品牌的商品被撤柜,5家公司还被勒令撤场。

不过,南昌百货大楼的这招"杀手锏"不仅没有让这些供货商屈服,反而使它们携起手来对抗。2001年6月17日,16家供货商联名发出《告供货商书》,呼吁规范市场,共同抵制"不平等条约",保护自身的合法权益和平等地位。同时,向南昌百货大楼发函,要求:(1)取消促销人员管理费;(2)是否进入城东分店由供货商自愿决定,不得与其他卖场挂钩。《告供货商书》要求南昌百货大楼在19日前给予答复,否则供货商将同时停止供货,200多个品牌将从南昌百货大楼所属卖场撤离。南昌百货大楼则态度强硬,宣称供货商如果不与南昌百货大楼合作,不进入城东分店,南昌百货大楼只有终止与它们的合作。

19日,距城东分店开业还有一个星期时,又有9家供货商加入了抵制的行列。22日,由于一直未收到南昌百货大楼的答复,25家供货商决定从当天开始,全面停止对南昌百货大楼供货,并表示:停止供货只是第一步,目的是使南昌百货大楼回到谈判桌上;如果南昌百货大楼依然把门堵死,那么它们将采取进一步行动,从南昌百货大楼撤出其所

---

① 改写自《综述:南昌百货大楼与供货商的风波 已达成妥协》,http://www.linkshop.com/web/Article_news.aspx? ArticleId=25036,2023年4月13日读取资料。

代理的所有品牌。而此时,又有一些供货商准备加入供货商联盟。

二、事件的根源

这一事件,表面上看起来是一起费用之争,而实质上则是根源于南昌百货大楼的霸道和强权。

南昌百货大楼始建于20世纪50年代,2000年年底完成了国有商业的股份制改造,是当时南昌本土最大的商业集团之一,在南昌商界具有"龙头老大"的地位。由于知名度高,成为当地消费者首先的购物场所,许多品牌也因此希望进入这一重要的销售阵地。当然,南昌百货大楼也因此愈加霸道,进入门槛很高,有形形色色的收费名目。

一般而言,供货商每个品牌入场就要缴纳1 500元的"入场费",每个品牌的每个品种又要缴纳150元的"条码费"。入场后,紧接着又要缴纳陈列费。各种商品的陈列费,按照在货架上摆设位置的优劣和所占面积的大小而收费。货架两端被认为是最佳的摆设位置,端架费一般是每月600元。不上货架、堆在地面上的商品则要收取堆头费。遇到春节、元旦、端午节、中秋节和南昌百货大楼店庆,又要反扣供货商10%—15%的货款,称为"节日扣点"。除此之外,装修一次,南昌百货大楼就要求供货商赞助一次。

许多供货商为南昌百货大楼的货款结算也伤透了脑筋。做粮油生意的某供货商自从给南昌百货大楼供货,就没有开心过。南昌百货大楼经常中途强迫其签订协议,如果不签,就以扣除货款相威胁。南昌百货大楼原承诺一个月结一次账,但事实上经常两三个月都不结。

虽然数月前海尔曾因南昌百货大楼的条件苛刻而退出,圣得西西装、森达皮鞋等知名品牌也相继离开了南昌百货大楼,然而大多数供货商还是因为不愿放弃这块"风水宝地"而忍气吞声。

三、结果

事态的扩大引起了当地媒体及工商部门的关注。如果200多个品牌撤离,那么南昌百货大楼将失去60%的食品种类,这样既会使南昌百货大楼遭受损失,也会给顾客购物带来不便。而供货商失去南昌百货大楼这块黄金卖场,损失也不言自明。所以,任其发展,会是一个多输的局面。于是,工商行政部门出面进行协调。在多方介入和舆论的压力下,供货商和南昌百货大楼最终握手言和。南昌百货大楼做出让步——25家供货商如要进入城东分店,可免交促销人员管理费,并将撤柜的产品在2001年6月28日前全部重新上架。

不过,这些供货商对未来却充满忧虑。它们认为,南昌百货大楼做出妥协,事件只是暂时得到了平息。如果零售商认识不到供货商和商场相互依存的关系,不诚实守信,不遵守"公开、公平、公正"的游戏规则,不改变妄自尊大的霸道做法,那么往后商场和供货商将很难和平共处。如果真是这样,那么这一事件只是"战争"的开始。

▶ **小组讨论**

1. 直至现在,零售商向供应商收取各种费用仍然是一个普遍现象。你们怎样看待这一现象?
2. 如果你们是南昌百货大楼的供货商,你们准备用什么方法应对它?
3. 南昌百货大楼事件是如何解决的?
4. 该事件中,有关方面采用了什么冲突处理方法?有可能带来什么后果?

案例 11

如何解决 QY 公司的客户欠款问题？①

2019 年年末的一个傍晚，QY 工业气体公司的总经理李威与助手小张坐在飞往山东的航班上。两人这次去山东，主要是解决 QY 公司的客户欠款问题。李威一边翻看子公司最近的财务报告，一边紧锁眉头，和旁边的小张说道："这眼看着就到年底了，客户欠咱们的第二和第三季度的账款还没结清。咱们这资金周转不过来，银行又天天催，真是要命啊！"小张叹了口气："平日里咱们跟客户也挺和气的，可一说到还钱，对方脸色就不好了，说啥都不好好给。"

QY 公司自创办以来，已经开设了十几家子公司为客户提供专业的工业气体服务。然而，随着频繁出现的应收账款拖欠问题，QY 公司已经很难拓展新的业务。这让李威头疼不已："整天出差的目的就是要账！人常说，办法总比问题多，可我们的问题有办法解决吗？"

QY 是一家大型工业气体公司，专业从事工业气体项目的投资、运营和气体销售，致力于为制造企业提供安全、稳定、长周期运营的工业气体。随着企业的快速发展，客户拖欠气款的问题越来越严重，不但降低了公司的盈利能力，而且困扰着公司的管理层，成为让管理层头痛的老大难问题。

本案例从 QY 公司总经理李威的视角，描述了应收账款拖欠问题的来龙去脉、解决问题的难点，以及公司为解决问题所做的努力。通过本案例的解读和讨论，我们希望引发读者对工业品营销中企业间交易关系的深入思考，尤其是加深读者对交易专有资产的认识，以便寻找解决欠款问题的有效方法。

▶ **小组讨论**

1. 工业气体产品有什么特点？
2. QY 公司的客户欠款问题是如何产生的？根源是什么？
3. 从交易专有资产的角度讨论：针对客户欠款问题，为什么 QY 公司"明明有理，还不能用强"？
4. 如何解决 QY 公司的客户欠款问题？

---

① 本案例由庄贵军和李思涵撰写，在使用本案例时，请扫本书扉页上列示的二维码阅读案例原文。

案例 12

绿洲啤酒公司如何应对经销商的冲货行为[①]

阅读黄铁鹰、张春燕发表在《中欧商业评论》2010年第7期上的案例文章《冲货深深几时休》。此案例描述了绿洲啤酒公司营销渠道中存在的冲货问题以及相关的很多细节。以下的点评基于此案例所提供的信息。

此案例所讲述的是一种发生在不同市场之间的冲货行为。它的实质是经销商为了自己的利益，违反经销合同的约定而进行的跨区经营。一般而言，同一商品在价格上存在地区差异或者在不同地区的畅销程度不同，就可能出现这种冲货现象。当然，如果企业制定的销售政策有问题，比如以回款为目标，按照回款的多少进行业绩考核和奖励，那么也容易诱发不同市场之间的冲货行为。

冲货是营销渠道中的正常现象，不仅出现在同一国家不同的市场之间，而且出现在国际贸易中。人们在日常生活中所说的"水货"，就是来源于国际贸易中的冲货或窜货行为。在国际贸易中，它被称为"平行进口"(parallel importing)或者"灰色营销"(gray marketing)。

冲货并非总是有害的。比如，相邻市场的边界常常会有一个交叉区域，自然而然会形成一些跨区销售。另外，企业在市场开发初期，一些经销商也可能会跨区域将产品推向其他市场的一些空白处。只有那些为获取不当利益，蓄意向自己辖区以外的市场倾销产品的行为，对生产制造商而言，才是恶性的或有害的。它会扰乱企业的价格体系，引发价格战；使一些优秀的经销商对企业产品失去信心，丧失市场开拓的积极性，严重时还会放弃企业产品的经销权；混乱的价格也会导致消费者对企业产品或品牌的不信任。因此，企业需要认真对待并设法杜绝的是这种恶性冲货行为。

根据案例所提供的信息，绿洲啤酒公司的营销渠道系统是按制造商→制造商的大区事业部→制造商的省级销售分公司→制造商的直管办事处→分销商→零售商（饭店、卡拉OK厅和夜总会）→消费者来组建的。这种层层放大、呈金字塔状的营销渠道结构，为不同市场之间的冲货提供了可能。比如，在市场Ⅰ有分销商甲，在市场Ⅱ有分销商乙，甲之下又有零售商A，乙之下又有零售商B。甲将货倒给B，在市场Ⅱ销售，或者乙将货倒给A，在市场Ⅰ销售，这就出现了不同市场之间的冲货行为。

然而，仔细分析新佳公司和欣舜批发部的冲货行为，二者在性质上是有区别的。欣舜批发部利用"公司自提政策"，从上海提货后在往回走的路上沿途给一些批零网点配货，虽然把货冲到了苏南市场，但是苏南各办事处"并不愿意跟它较真"。原因是欣舜批发部的冲货区域是绿洲啤酒公司在该地区内的销售薄弱区，偏远、非重点、量不大，利润

[①] 这是本书作者应邀对黄铁鹰、张春燕的案例，《冲货深深几时休》，《中欧商业评论》，2010年第27期，第96—105页，所做的一个点评，题目是"性质不同，区别对待"。请将这个案例与原案例结合起来使用，在阅读本文之前，先扫本书扉页上列示的二维码阅读案例原文。注意，为了避免不必要的麻烦，原作者对案例中的啤酒名称和企业名称做了掩饰性处理。

也不高,如果欣舜批发部不占领,还可能被竞争对手抢走。另外,苏南各办事处也没有更好的办法抢占这一市场。而欣舜批发部则可以通过过路过桥费、燃油费的节省以及批零差价获取更高的利润。简言之,欣舜批发部的冲货行为给自己带来了利益,但并没有给苏南各办事处带来明显的损害,还为绿洲啤酒公司填补了一定的市场空白。因此,绿洲啤酒公司虽然不一定鼓励其冲货行为,但是却可以采取一种默许的态度,"睁一只眼,闭一只眼"。

相反,新佳公司的冲货行为则有所不同。它是在绿洲啤酒公司销售任务的重压之下,由江阴办事处的市场主管老陈与江阴的总经销商新佳公司串谋,蓄意向自己辖区以外的市场倾销产品的冲货行为。它已经扰乱了绿洲啤酒公司的价格体系,引起了其他区域经销商的不满,如果置之不理,将可能危及企业整个营销渠道系统的正常运行。因此,企业必须认真思考对策,解决这一问题。

然而,要解决这一问题,不是靠彰诚的一己之力就可以办到的。首先,企业需要认真检讨不切合实际的销售政策和销售任务。过高的销售任务,再加上与之配套的、以销售业绩为依据的考核方法与薪酬制度,是恶性冲货行为的主要驱动力。企业在确定考核指标时,应该根据不同区域的市场特点,设定不同的销售任务指标;为了鼓励新市场的开拓,可以在考核指标中对新市场开拓的销售额赋予较大的权数;为了杜绝恶性冲货行为的出现,还可以在考核指标中加入对冲货的考察内容。

其次,企业需要正确认识营销渠道中的冲货行为,一方面,要将良性冲货行为与恶性冲货行为区别开,对前者采取默许态度,对后者则要惩罚;另一方面,要认识到营销渠道中的冲货行为很难完全避免,因此在监视恶性冲货行为时,切忌监视过严,以免"水至清则无鱼"。要明白监视的目的是更好地合作,只要将冲货行为控制在一定的限度之内就可以了,而不是要试图将其完全杜绝。

再次,企业需要建立可行的监督体系。在信息不对称的营销渠道关系中,经销商有可能采取冲货行为而不被察觉。监督的目的就是通过降低信息的不对称性,在一定程度上解决这一问题。另外,监督行为本身也会给被监视者形成一种压力,使被监视者在采取冲货行为时有所顾忌。比如,康师傅建立的"渠道共同体"就可以在一定程度上抑制经销商的冲货行为。康师傅在各城市建立城市营业所,通过自己的业务代理加强与下级经销商和零售店的联系,帮助一级经销商拓展业务——业务代理虽然争取订单,但是会将争取来的订单交给康师傅在当地的经销商,而不会直接向下级经销商或零售店供货。因此,这些业务代理不但可以帮助经销商寻找新的商机,而且可以掌握各级经销商的销售状况,减轻了信息不对称性对企业控制冲货行为的不利影响。

最后,企业需要加强对恶性冲货行为的控制。具体的方法有权力、合同和规范三种机制。(1)利用权力机制进行控制。企业通过权力和权力的使用来控制经销商,比如使用奖励权力、强迫权力、法定权力、认同权力、专家权力或信息权力施加影响,进行惩罚或奖励,使经销商不冲货或少冲货。(2)利用合同机制进行控制。企业通过与经销商签订合同并严格监督合同的执行情况对其冲货行为进行控制。(3)利用规范机制进行控制。

企业通过与经销商达成默契,提高彼此的互信、相互承诺和合作水平对其冲货行为进行控制。这三种控制机制并不相互排斥,可以组合起来使用。

▶ 小组讨论

    1. 作者认为新佳公司和欣舜批发部的冲货行为应该区别对待,为什么?

    2. 仔细分析新佳公司和欣舜批发部冲货行为的成因,提出解决方案。

    3. 渠道控制是一种交叉着企业内部控制的跨组织控制。结合原案例中提供的细节,谈谈你们对这句话的认识。

案例 13

波导的渠道效率分析[①]

波导是一家在沪市上市的股份有限公司,股票代码600130。公司位于浙江省宁波市,创立于1992年10月,2000年7月上市,专业从事手机主板及整机以及与其相配套的软件的研发、生产和销售。波导曾经有很风光的历史,号称"手机中的战斗机",手机产销量连续多年保持国产第一。不过,波导2010年以后的日子似乎越来越不好过,其2016年的年报显示:尽管该年度的营业收入接近32亿元,但是利润不到2000万元。

以下是专业人员对波导2002年渠道效率的评估。我们这里只是把它当作范例来使用,一方面展示渠道效率的分析方法,另一方面引发大家对渠道效率分析方法的讨论。

一、引言

波导采用自营销售模式,设置专卖店销售。营销管理部门主要负责销售拓展、客情维护、货物配送、回收账款等工作,不直接销售。

2002年,在市场竞争日益加剧的情况下,波导取得了手机销售量678万台的佳绩。

根据其财务报表的数据,下面从推销费用使用效率、库存周转效率和信用管理效率来分析波导的营销渠道效率。

二、推销费用使用效率

推销费用使用效率,主要衡量销售费用与销售收入之间的投入-产出比是否合理。从波导2002年的财务报表可以看出,当期销售费用比2001年增加了96.46%,销售收入增长了146%,销售费用与销售收入的比率由2001年的6.5%下降到当期的5.2%,低于销量相近的TCL(623.6万台)的9.2%。

由于销售费用不是付现成本,可能还有以前年度的费用摊销,比如销售网点的固定资产折旧等,所以这里引入广告费和促销费两个付现数据来考察上述推销费用使用效率的可靠性。2002年波导广告费与销售收入、促销费与销售收入的比率分别为3.1%和1.2%,这在手机行业中都是较低水平。这表明波导的推销费用使用效率较高。

需要特别指出的是,波导采用的是自营销售模式,不同于委托-代理销售模式。与那些采用委托-代理销售模式的企业相比,波导必须承担更多的固定资产折旧、人员费用。然而,从实际情况看,其推销费用无论是从绝对额还是从相对额上看都低于5家采用委托-代理销售模式的手机上市公司(TCL、中科健、康佳、夏新、东方通信)。这说明波导采用的自营销售模式在大批量销售的前提下,效率可能比委托-代理销售模式更高。

当然,自营销售模式也有不足。通过对比2001年、2002年财务报表中销售费用、当期实付广告费、促销费以及业务招待费等明细科目,倒推出销售费用中的折旧和人员费

[①] 资料来源:吴磊磊,《波导股份公司的销售渠道效率分析》,《时代财会》,2003年第12期,第40—41页;《波导股份2016年年度报告》,https://vip.stock.finance.sina.com.cn/corp/view/vCB_AllBulletinDetail.php?id=3147694,2023年2月15日读取资料。

用并没有太大的增加。这表明2002年波导的销售系统在销量接近翻番的情况下并没有扩张。如果下一年度销量增幅仍保持前一年同期水平，那么现有的销售规模很有可能无法满足需要。如果增加销售单位，那么分期摊销的折旧和增加的人员费用会增大今后销售费用控制的难度。而且，一旦市场达到饱和，对过剩自营销售渠道的关停带来的营业外支出也会对利润产生负面影响。

综上所述，2002年，波导的推销费用使用效率在行业内是比较高的，但是如果要继续扩大销售规模，目前的自营销售模式可能会留下隐患。

三、库存周转效率

手机属于贬值率很高的商品，年平均贬值率高达13%。考虑到行业的平均毛利率在2002年仅为23%左右，如果商品的周转天数太长，就会造成销量越大亏损越大的情况。因此，库存周转效率是手机行业能否成功的一个要素。

波导2001年、2002年的库存周转率分别为4.67%和3.44%，而行业平均值分别为5.77%和4.77%。竞争对手中科健的周转率分别为9.52%和6.17%。较低的库存周转率导致波导存货跌价比率高达15%，位列行业最高。更严重的是，由于波导手机以中低端产品为主，原有利润空间本身就比高端手机小，所以其跌价损失对利润的影响更大。

将它与高端手机生产厂商TCL比较，我们发现：第一，两家公司2001年、2002年手机销量都超过了620万部，库存周转率均为4.6%。第二，波导手机平均出库价格为931元/部（用销售收入除以销量），跌价损失为135元/部，占销售价格的14.5%，而毛利率为24.55%，二者相抵实际毛利率为10.05%；TCL手机出库价格为1 317元/部，跌价损失为304元/部，占销售价格的22%，但因其毛利率高达35.9%，二者相抵实际毛利率为12.9%。所以，一旦波导存货周转率与高端手机生产商拉不开距离，那么单位利润水平必然低于高端手机。2002年TCL的每股收益比波导高出8%，就是这个情况的反映。

值得注意的是，波导采用的是自营销售渠道，周转控制中最关键的环节——终端信息采集和汇总工作——应该快于采用代理销售渠道的同行，商品生产和出库数量安排也应该更为合理，因此周转率水平至少应该不低于行业平均值，然而，实际情况却恰恰相反，说明波导的物流管理较之行业的高水平有较大差距。

四、信用管理效率

信用管理即应收账款管理，其不仅是企业日常资产管理的一个重要组成部分，而且是销售管理的一个关键环节。信用管理直接关系到销售收入能否最终被确认，企业利润能否最终实现。

波导采用自营销售模式，除与关联公司的少量赊销交易外，基本不存在与其他经销商的赊销关系。因此，2002年以前，应收账款周转天数一直短于主要的竞争对手TCL和科健10天以上，周转天数为5.2天。不过，TCL在2002年施行了ERP+CRM管理系统以后，周转天数缩短为5天。

高水平的信用管理保证了高收益的实现。波导销售商品收到的现金占主营业务收入的比例一直在110%以上，经营性现金流量每股更是高达4.56元，呆账比例则处于行业的较低水平。虽然 2002 年呆账比例突然增加了 5 倍，达到 20.02%，但这主要是 2000 年波导上市时与母公司的一笔巨额关联销售一直未得以收现所致。这可能与波导为了满足上市要求进行的某些财务安排有关——企业会计准则要求上市公司将 3 年期以上无法收回的应收账款确认为呆账。

2002 年波导的财务报告显示，其 2 年期的应收账款比例仅为 3.04%，所以在不出现特别事件的情况下，可以预期其 2003 年的呆账比例将再次恢复到正常水平。随着此笔关联交易的呆账在 2002 年全额计提为坏账损失，影响波导未来利润的隐患得以消除。

五、总结

综上所述，波导通过自建的销售体系很好地控制了推销费用的增长，以较少的投入换得了较大的产出。而且，自营销售模式也减少了应收账款的金额，保证了销售收入的可靠性，提高了利润的真实性。但是，由于波导疏于对物流成本的控制，导致存货周转天数居高不下，使跌价损失吞噬了利润中的很大一部分，所以波导需要对物流体系做进一步的分析和研究，想方设法减少因存货周转率高而导致的跌价损失。

▶ 小组讨论

1. 本案例采用了什么方法分析波导的渠道效率？有什么优点？
2. 对波导的渠道效率还可以用什么方法、从哪些方面分析？
3. 为波导设计一个渠道效率评估的指标体系，说明如何进行综合评估。

案例 14

WM 公司的营销渠道转型之路①

2020年2月中旬，全国人民刚刚度过一个特别的春节。在许多地方，因为新冠疫情肆虐，人们只能停工停课或居家办公。

WM 公司的创始人朱辉请来公司的几位经理，在他的办公室里开会讨论春季时尚女装线上发布会的事情。原先负责3月份线下发布会筹备工作的吴佳一脸无奈地说："朱总，年前订的机票和酒店都已经退了，线下发布会的场地也取消了。接下来，还需要做些什么？"而负责线上发布会的张青则面露难色："朱总，线上发布会的邀请函都发出去了，我也亲自跟几位大客户通了电话，介绍我们这次直播发布会的情况，但是他们好像不太情愿。"

朱辉点点头，示意他已大致了解情况。因为新冠疫情的影响，年前规划好的在深圳举办的"W&M 品牌春季发布会"被迫取消。更严重的是，疫情沉重打击了公司的线下渠道。正值春夏系列的提货期，线下渠道的经销商纷纷要求暂缓交货并减少提货量。公司一下陷入了迷茫。怎么办呢？几经思考，朱辉将目光聚焦于视频直播平台。彼时，视频直播带货正借着疫情期间线下零售店全面停业而迅速崛起。朱辉让张青带队策划一场视频平台的线上直播发布会，邀请线下一百多家长期合作的经销商参加。然而，经销商对此却不以为然，他们认为线上公开直播会侵蚀他们的利益，因此愿意参加的经销商不到20%。

张青建议："要不，我们改为腾讯会议之类非开放式的直播形式吧？相当于把线下发布会放到线上，这样老客户就没什么可说的了。"朱辉不容分辩地说："不，就按原计划进行！把直播流程发给我看看，我修改确定后就执行。"在朱辉的计划中，这次视频平台的直播发布会，远远不只是从线下到线上这么简单。疫情暴露了公司一直以来单纯依赖线下渠道进行营销的局限，这次他想借机开拓线上新渠道，然后再围绕社区体验店，实现"线上渠道+社区体验店"的"轻社交购物场景下"的多渠道营销。

WM 公司是一家以时尚女装原创设计和开发为核心竞争力的民营企业，长期以来主要通过批发商、OEM 品牌商和出口商销售产品。2020年年初，由于新冠疫情的影响，公司的营销渠道出现了严重危机，迫使其从原先的线下 B2B 渠道向线上的 B2C 渠道转移。公司以此为契机，开始打造"线上渠道+社区体验店"的"轻社交"购物模式，拓展 C 端（消费者端）业务，满足女性消费者购物、娱乐和社交的综合需求。

本案例介绍 WM 公司营销渠道转型的思路和在渠道转型过程中遇到的问题与挑战，以期引发学生对渠道结构、渠道冲突、跨渠道冲突、跨渠道整合以及多渠道和全渠道营销等问题的讨论，提高学生分析问题和解决问题的能力。另外，还可以帮助学生了解新的

---

① 本案例由庄贵军、余婉仪、李佳佳、吴军、柯林、霍彤、宋迎超撰写，在使用本案例时，请扫本书扉页上列示的二维码阅读案例原文。

网络环境下营销渠道发展的新趋势和理论研究的前沿课题,关注全渠道营销带来的机会,为企业的全渠道转型提供具有可行性的解决方案。

▶ 小组讨论

1. WM 公司在渠道转型之前都使用了哪些渠道?其渠道结构有什么特点?
2. WM 公司在渠道转型之后增加了什么渠道?其渠道结构有什么特点?
3. 渠道转型前后 WM 公司的渠道结构策略发生了怎样的变化?
4. WM 公司的渠道转型可能带来哪些方面的冲突?有哪些化解方法?
5. WM 公司的社区体验店有什么特点?按照朱辉的规划,社区体验店将来会在 WM 公司渠道系统中发挥什么作用?带来怎样的变化?

案例 15

郸酒的移动互联营销①

河北邯郸有家酒厂叫永不分梨,成立于 2008 年,主要生产梨子酒。永不分梨酒厂以本地的团购市场为主要渠道,梨子酒每年的销售额有 2 000 万元。2013 年 8 月,五粮液集团投资并控股了永不分梨酒厂。除了五粮液集团,永不分梨酒厂的股东还有当地政府扶持的国有企业、原企业的股东和北京和君咨询有限公司等。五粮液集团向永不分梨酒厂注入资产,永不分梨酒厂则投资 5 亿元,建造了产能为 3 万吨的白酒生产基地,并开发了一款白酒,取名"郸酒",年产值近十亿元。郸酒的基酒源自五粮液酒厂,按照五粮液的技术标准及操作流程进行生产,保证与五粮液产品的品质一致。

不过,在整个磨合期,永不分梨酒厂发展缓慢,品牌影响力弱,无畅销产品,渠道资源匮乏——愿意经营郸酒的经销商并不多,有实力的经销商更不愿意主动与其合作。此外,永不分梨酒厂面临的竞争十分激烈。邯郸当地的丛台酒业是河北省的老牌企业,生产和销售规模是永不分梨酒厂的七八倍;衡水老白干、洋河这些品牌在邯郸的销售额过亿元,也都强于永不分梨酒厂。在众多强势品牌的包围中,郸酒举步维艰。

不进则退。在控股一年后,五粮液集团为永不分梨酒厂任命了新的董事长宋瑞明。之后,2014 年 9 月,和君咨询有限公司的合伙人陆林风受五粮液集团的邀请,向永不分梨酒厂介绍他集十多年经验专门为白酒营销所创立的企业互联网 1.5 模式。宋瑞明很受启发,当场决定与陆林风合作,开展"郸酒的移动互联营销"。

经过三个多月的实践,到 2014 年年底,永不分梨酒厂的郸酒取得了骄人的销售业绩:其一,郸酒的实际销售额比预期目标翻了几番,郸酒上市预期目标为年销售额 500 万元,结果达到了 2 000 多万元;其二,品牌影响力得到迅速提升,郸酒品牌满城皆知,永不分梨酒厂也被社会高度认可;其三,永不分梨酒厂找到了一条新产品上市快速启动市场的道路,销售量直逼对手,后劲强大;其四,经销商反应积极,"郸酒的移动互联营销"受到了当地经销商、终端商的热烈追捧,都在谋求与永不分梨酒厂合作;其五,永不分梨酒厂员工士气高涨,上下同心,信心满满;其六,得到了大股东的肯定,五粮液集团领导班子开会,专门研讨学习"郸酒的移动互联营销"。当然,由于和君咨询有限公司的项目组在整个过程中深度参与,承担了很多具体的运营工作,五粮液集团对此也给予了高度评价。

那么,他们是怎样做到,这一切的呢?

以上是案例"郸酒的移动互联营销"的引言。此案例描述了和君咨询有限公司的合伙人陆林风先生带领的项目组利用微信这一移动互联工具为永不分梨酒厂销售郸酒的过程。陆林风积极探索白酒的移动互联营销,专门为白酒的移动互联营销创立了所谓的

---

① 本案例由庄贵军和林枫撰写,在使用本案例时,请扫本书扉页上列示的二维码阅读案例原文。

"企业互联网1.5模式"。此案例展现了这一模式是如何将移动互联网的特点融入白酒的营销之中,使白酒的移动互联营销成为植根于移动互联网环境的一个完整体系的。

▶ 小组讨论

1. 移动互联网和微信有什么特点?
2. 永不分梨酒厂为什么与和君咨询有限公司合作销售郸酒?
3. 移动互联营销从哪些方面加强了永不分梨酒厂对营销渠道的控制?
4. 移动互联营销对企业的促销活动和促销渠道有什么改变?

案例 16

苏泊尔卫浴产品的跨渠道冲突[①]

苏泊尔集团是中国最大、全球第二的炊具研发制造商,也是中国炊具行业首家上市公司。苏泊尔卫浴有限公司(以下简称"苏泊尔卫浴")则是苏泊尔集团2008年以后重点投入和培育发展的实业项目。凭借其20多年的不锈钢炊具制造经验,苏泊尔集团上马了两个卫浴项目:不锈钢产品项目和陶瓷产品项目。

2008年5月,苏泊尔卫浴在浙江建立了不锈钢卫浴研发基地,随后又在沈阳建立了占地约86万平方米的全球最大的不锈钢龙头生产基地。到2013年年底,苏泊尔卫浴的投资已超过20亿元,建成了11条自动化生产线,月产能达到70万只。除不锈钢卫浴项目外,苏泊尔卫浴还投资生产了陶瓷卫浴项目。2011年7月,苏泊尔卫浴在东北瓷都——沈阳法库县投资兴建了苏泊尔陶瓷卫浴生产基地。

苏泊尔卫浴主营的产品为:五金制品,主要包括龙头、淋浴器、五金挂件(毛巾杆)、小角阀、地漏;陶瓷产品,主要包括马桶、洗手盆、小便斗、蹲便器、浴室柜、淋浴房。基本上涵盖了卫浴产品中所有的品类。苏泊尔卫浴2014年的销售收入接近3亿元人民币,2015年为5亿元左右,2016年保守估计也能达到10亿元。

苏泊尔卫浴的营销渠道从线下开始建设,主要是招募经销商、代理商、建立直营店,以及入驻商超、3C卖场等。随着电子商务的发展,苏泊尔卫浴也成立了电商部门,开设了天猫旗舰店等。由于产品线较少以及电商运营的经验不足,苏泊尔卫浴自营电商的效果不佳。于是,苏泊尔卫浴将电商渠道外包给了专业的电商代理X公司。

然而,线上、线下渠道的政策不平等,引发了线上、线下渠道的跨渠道冲突。苏泊尔卫浴不得不停下来,开始对营销渠道进行反思:应该采取何种策略消除目前的渠道冲突、提升渠道合作绩效呢?

以上是案例"苏泊尔卫浴:渠道冲突,何去何从"的一个简单介绍。此案例详细介绍了苏泊尔卫浴的渠道实践,重点描述了引入网络渠道之后其所面临的跨渠道冲突问题。这一问题在传统制造企业中具有普遍性,因为在"互联网+"的大潮中,许多企业纷纷"触电上网"、建立线上渠道,但是都遇到了跨渠道冲突问题。

▶ 小组讨论

1. 卫浴行业的营销渠道都有哪些类型?苏泊尔卫浴都采用了哪几种?
2. 苏泊尔卫浴在引入电商渠道后都遇到了哪些问题?原因是什么?
3. 请对苏泊尔卫浴的跨渠道冲突进行分析,说明其发生的情形和性质。
4. 你们觉得苏泊尔卫浴应该采用什么方法消除或降低跨渠道冲突?
5. 在网上检索最新的资料,看看苏泊尔卫浴是如何做的?

---

① 本案例由苏敬勤、杜艺伟、崔淼和胡轶轶撰写,原题为《苏泊尔卫浴:渠道冲突,何去何从》,中国管理案例共享中心,2016年8月入库,编号,STR-0491。在使用本案例时,请扫本书扉页上列示的二维码阅读案例原文。

第一版后记

终于写完了。我靠在靠背椅上,长长地舒了一口气。

一年多时间,放下手中其他的事情,一心一意地在写这本书。对于我而言,这不是一本教材,而是我们多年学习与研究工作的总结报告,也是我们今后继续学习与研究的一个新的基础,其中的好几个理论框架都暗含着我们今后的研究方向。

早在20世纪80年代初我就开始接触市场营销理论,也初步了解了营销渠道的一些基本概念和基本理论。不过,真正开始作为一个研究者,比较深入地学习营销渠道理论和研究营销渠道管理中的理论问题,还是在1997年到香港城市大学攻读博士学位之后。经过多年的努力,我除了在2001年完成了一篇以营销渠道行为为研究主题的博士论文,还陆陆续续发表了一些与营销渠道行为有关的研究论文,包括一篇被 *European Journal of Marketing* 接收但至今还没有发表的论文(已经快两年了)。除此之外,我2003年主持的一项国家自然科学基金资助的面上项目、一项国家自然科学基金资助的对外交流与合作项目,都与营销渠道有关。这两个项目使我和我的研究伙伴们倍受鼓舞,也有了一种想更深入研究这一课题的使命感。我们希望通过我们的学术研究活动,使相关的理论本土化或总结出本土化的理论,成为指导中国本土企业营销渠道管理活动的有用工具。

多年学习与研究工作的积累,使我非常想有一个机会,把我们学习与研究的心得整理一下。当然,如果能够发表出来,与大家分享,就更好了。恰在此时,老朋友——北京大学光华管理学院的符国群教授来电,邀请我为北京大学出版社写一本营销渠道管理的教材,给了我这样一个机会。

写作中的艰辛是一言难尽的。有半年多的时间,我每天都要坐在电脑前工作十多个小时。由于注意力太集中和盯着电脑的时间太长,在本书收尾时,我的脖子像落枕了一样,有大约一个月的时间无法扭头。就在我坐在这里写这段文字的时候,也还没有好利索。不过,痛并快乐着。

对于这本书,我们还有一些话要说。目前,市面上营销渠道管理的教材有很多不同的版本,但都存在以下几个问题:

第一,大多数中国本土学者撰写的教材在理论上缺乏深度,表现是介绍多于解释,只告诉我们"应该怎样做",而不告诉我们"为什么要这样做"。有些实战派的东西,口气很大,爱用一些新名词,常说自己在进行理论创新。但是,仔细阅读,我们发现大多名不符实,除一些实战中的个案可以在上课时给学生讲故事以外,在理论上并没有多大的价值。

第二,翻译的教材又大多文字拗口,词不达意,英文原本是很清楚的东西,翻译成中文时就让人看不懂了。

第三,在教材的本土化方面做得很不够。即使一些本土学者写的教材,也大量使用国外的示例或案例。要知道,中国的国情有其特殊性,美国适用的东西、欧洲国家适用的东西,在中国常常很难适用。我们在教学中经常遇到这样的情况:让学生分析另一个国家的案例时,尽管案例写得很详细,提供的信息也比较多,但是学生仍然觉得很难下手,勉强做出来的东西,总让人有一种"理论上正确,实际上无用",隔靴搔痒的感觉。究其原因,是我们的学生对别国的环境不了解,没有感觉,但是我们又不可能为了锻炼他们的动手能力而让他们先去熟悉环境,然后再做案例。

第四,理论的体系感还不是很强。表现在内容的结构安排上显得比较随意,很多教材甚至不告诉读者它们是按照什么理论框架安排内容的。

针对上面这些问题,我们在本书的写作过程中,刻意突出和强调了营销渠道管理理论的独特性、体系感、理论深度、本土化和可操作性(参见第一版前言)。希望我们的努力能够得到读者的认可。

本书能够出版,首先得感谢北京大学光华管理学院的符国群教授,没有他的推荐,我们不会很快就写这样一本书。其次,感谢北京大学出版社的林君秀编辑,她在编辑方面所给予的专业帮助使这本书得以顺利出版。再次,还要感谢我攻读博士学位时的两位导师:尼尔·赫恩登(Neil Herndon)博士和周南教授,是他们俩把我带入了这个研究领域。另外,也得感谢我的几个学生:许文、刘世超、李科和王丽娟,他们做了一些辅助性的工作,如文献回顾和课件制作。最后,感谢我们在本书中所引用著述的作者们,没有他们先前的努力,我们也无法很好地完成本书的写作。

由于作者水平所限,错误在所难免,热忱欢迎各方面的批评和指教。

庄贵军
2004 年 7 月 22 日
于西安交通大学校园内

教辅申请说明

　　北京大学出版社本着"教材优先、学术为本"的出版宗旨,竭诚为广大高等院校师生服务。为更有针对性地提供服务,请您按照以下步骤通过**微信**提交教辅申请,我们会在 1~2 个工作日内将配套教辅资料发送到您的邮箱。

◎ 扫描下方二维码,或直接微信搜索公众号"北京大学经管书苑",进行关注;

◎ 点击菜单栏"在线申请"—"教辅申请",出现如右下界面:

◎ 将表格上的信息填写准确、完整后,点击提交;

◎ 信息核对无误后,教辅资源会及时发送给您;如果填写有问题,工作人员会同您联系。

温馨提示:如果您不使用微信,则可以通过以下联系方式(任选其一),将您的姓名、院校、邮箱及教材使用信息反馈给我们,工作人员会同您进一步联系。

联系方式:

北京大学出版社经济与管理图书事业部

通信地址:北京市海淀区成府路 205 号,100871

电子邮箱:em@pup.cn

电　　话:010-62767312

微　　信:北京大学经管书苑(pupembook)

网　　址:www.pup.cn